普通高等教育新形态教材

发展心理学

FAZHAN XINLIXUE

刘希平　唐卫海　张胜男 ◎ 编　著

清华大学出版社
北京

内 容 简 介

发展心理学是心理学专业基础课程之一。它关注生命全程心理发展变化的规律，以及这种变化规律的物质基础。这本《发展心理学》，结合国内外心理学研究的最新进展，采用纵向介绍的方式，用五编十七章分别介绍了发展心理学研究的基本问题，心理发展的物质基础，动作和言语的发展，认知的发展与智慧的形成，以及社会性与人格的发展。

作者贴心安排了"章前导读"，把每章所涉及的心理学基础知识首先进行了简单介绍。为理解阅读相应的发展心理学的内容提供了基础知识的线索；在每章之后，作者利用思维导图的形式对一章的主要内容进行梳理，试图帮助读者建构起相应的知识结构。

如果你对儿童的成长感兴趣，如果你对青少年的叛逆很好奇，如果你想了解青年人的哲学迷思，如果你想更好地应对中年危机，如果你想知道为什么那么聪明的母亲如今却这么难缠……如果你想弄清楚为什么邻家孩子那么优秀，如果你想弄明白为什么跟你妻子斗嘴的时候斗输的总是你……如果你想知道为什么工位旁边的女孩又生气了，如果你想弄清楚给大学生设计的手机怎样才可以更受欢迎……打开这本《发展心理学》，也许会有所启发。

本书封面贴有清华大学出版社防伪标签，无标签者不得销售。

版权所有，侵权必究。举报：010-62782989，beiqinquan@tup.tsinghua.edu.cn。

图书在版编目(CIP)数据

发展心理学 / 刘希平，唐卫海，张胜男编著．—北京：清华大学出版社，2022.6
普通高等教育新形态教材
ISBN 978-7-302-61121-9

Ⅰ.①发… Ⅱ.①刘… ②唐… ③张… Ⅲ.①发展心理学－高等学校－教材 Ⅳ.①B844

中国版本图书馆 CIP 数据核字(2022)第 111973 号

责任编辑：刘志彬
封面设计：汉风唐韵
版式设计：方加青
责任校对：王荣静
责任印制：丛怀宇

出版发行：清华大学出版社
网　　址：http://www.tup.com.cn，http://www.wqbook.com
地　　址：北京清华大学学研大厦 A 座　　邮　编：100084
社 总 机：010-83470000　　邮　购：010-62786544
投稿与读者服务：010-62776969，c-service@tup.tsinghua.edu.cn
质 量 反 馈：010-62772015，zhiliang@tup.tsinghua.edu.cn

印 装 者：北京同文印刷有限责任公司
经　　销：全国新华书店
开　　本：185mm×260mm　　印　张：24　　字　数：591 千字
版　　次：2022 年 8 月第 1 版　　印　次：2022 年 8 月第 1 次印刷
定　　价：79.00 元

产品编号：095415-01

序

2021年，在中国共产党的领导下，我们实现了第一个百年奋斗目标，全面建成小康社会，同时开启了第二个百年奋斗目标，全面建成社会主义现代化强国。习近平总书记指出：办好中国的事情，关键在党，关键在人，关键在人才。实现第二个奋斗目标，要培养大批德、智、体、美、劳全面发展的社会主义建设者和接班人。在人才培养过程中，必须尊重个体心理发展规律，在此基础上开展的教育培养才能达到事半功倍的效果。

刘希平和唐卫海两位教授是我的同事，他们长期从事发展与教育心理学的教学和科研工作。在多年的实践基础上，他们带领课题组撰写的《发展心理学》著作，有五编十七章，共60万字左右。本书不仅介绍了国内外发展心理学研究的最新进展，而且以专题形式阐述了心理发展的物质基础、动作和言语的发展、认知的发展与智慧的形成、社会性与人格的发展。仔细阅读此书，发现有以下几个特点。

第一，书稿结构体现了作者的理性移情能力。发展心理学读物是大众普遍关注的心理学读物中比较基础且和生活又比较接近的读物。有些读者，并没有接受过系统的心理学基础知识的培训，可能他们首先读到的心理学方面的书籍就是《发展心理学》。如果没有普通心理学的基础，直接阅读介绍发展心理学的书籍，势必会有囫囵吞枣的感觉。作者非常体贴地把每一章需要的基础知识给了"章前导读"，这就为读者更好地理解发展心理学的具体内容做了铺垫。无论读者心理学基础如何，都可以直接阅读这本书。

第二，书稿中与身心发展相关的大量照片，都来自中国人。这突破了困惑读者几十年的言必称欧美、图必用外人的困境。一方面佩服作者在这方面的坚持，另一方面更佩服照片提供者分享的境界。

第三，每章开始前的诗词创作令人印象深刻。每章中的内容，通过诗词加以引导，实在是奇思妙想。这体现出社会主义新时代的文化自信。同时，每一首章前诗词，都凝聚着本章的具体内容。难以想象，用诗词的形式表达心理学的原理，可以如此贴切。文学和心理学可以结合得如此巧妙。

第四，每章后面都安排了章后小结，用思维导图的形式汇总一章内容。导图的思路可以各不相同，但导图的使用符合布鲁纳"学习，首先要掌握学科基本结构"的科学理念。

第五，每种生理、心理发展的具体内容中，都突出了性别差异。这反映了作者客观的、实事求是的态度，以及对不同性别的个体发展差异的尊重；反映了心理学对规律中的特殊性、对特殊性中的一般性的辩证统一的解读。这势必引导发展心理学工作者关注性别差异，也对一般读者理解发展心理学中的性别差异提供了科学思路。

第六，优化。在介绍发展心理学的传统原理和新进展的过程中，作者还适当关注身心品质的优化方式，为普通家长和教师促进儿童健康成长、为中老年人本人和子女减缓老人心智衰退，提供了心理学的思路。这使得发展心理学不仅关注人们身心发展的历程，也关注心理规律的应用。

当然，书中还存在进一步提高之处，也请读者批评指正。

总之，坚持走中国特色的心理学之路，此路一定会越走越宽广！

此为序。

白学军

天津师范大学副校长、心理学部部长

国家万人计划哲学社会科学领军人才

中国心理学会原理事长

目 录

第一编 绪论

第一章 发展心理学的研究对象 ·········· 2
章前导读 ·········· 2
第一节 发展心理学的研究内容 ·········· 3
第二节 发展心理学的研究历史 ·········· 7
章后小结 ·········· 17
即测即练 ·········· 17

第二章 发展心理学的研究方法 ·········· 18
章前导读 ·········· 18
第一节 发展心理学的研究原则 ·········· 19
第二节 发展心理学的研究设计 ·········· 20
第三节 发展心理学的具体研究方法 ·········· 23
第四节 发展心理学的研究范式 ·········· 31
章后小结 ·········· 41
即测即练 ·········· 41

第三章 发展心理学研究的核心问题 ·········· 42
章前导读 ·········· 42
第一节 发展心理学的基本理论问题 ·········· 43
第二节 心理发展的具体研究问题 ·········· 50
章后小结 ·········· 51
即测即练 ·········· 51

第二编 心理发展的物质基础

第四章 神经系统的形成 ·········· 53
章前导读 ·········· 53
第一节 胚胎的形成 ·········· 58
第二节 神经系统的形成 ·········· 64
章后小结 ·········· 70
即测即练 ·········· 70

第五章　神经系统的发育 ··· 71
章前导读 ··· 71
第一节　神经系统的自然成长 ··· 71
第二节　神经系统的性别差异 ··· 83
章后小结 ··· 87
即测即练 ··· 87

第三编　动作和言语的发展

第六章　动作与活动的发展变化 ··· 89
章前导读 ··· 89
第一节　动作发展的一般规律 ··· 91
第二节　动作发展的具体过程 ··· 94
第三节　动作发展的性别差异 ··· 105
第四节　个体动作的促进 ··· 107
第五节　活动的变化 ··· 112
章后小结 ··· 131
即测即练 ··· 131

第七章　言语的发展 ··· 132
章前导读 ··· 132
第一节　口头言语的发展 ··· 133
第二节　书面言语的发展 ··· 140
第三节　内部言语的发展 ··· 142
第四节　言语获得和发展的性别差异 ··· 143
第五节　言语活动的促进 ··· 145
章后小结 ··· 149
即测即练 ··· 149

第四编　认知的发展与智慧的形成

第八章　感知觉的发展 ··· 151
章前导读 ··· 151
第一节　感觉的发展 ··· 153
第二节　知觉的发展 ··· 166
第三节　感知觉发展的性别差异 ··· 171
章后小结 ··· 172
即测即练 ··· 172

第九章　记忆的发展 ··· 173
章前导读 ··· 173

第一节	外显记忆的发展	174
第二节	内隐记忆的发展	185
第三节	元记忆的发展	191
第四节	记忆发展的性别差异	220
章后小结		223
即测即练		223

第十章 思维的发展 …… 224

章前导读		224
第一节	概念的获得	226
第二节	问题解决	230
第三节	创造性思维的发展	235
第四节	元思维的发展	239
第五节	思维发展的性别差异	244
章后小结		246
即测即练		246

第十一章 注意的发展 …… 247

章前导读		247
第一节	婴儿注意的发展	250
第二节	幼儿注意的发展	253
第三节	儿童注意的发展	254
第四节	青少年注意的发展	258
第五节	中老年注意的发展	259
第六节	注意发展的性别差异	260
章后小结		261
即测即练		261

第十二章 智慧成长的理论 …… 262

章前导读		262
第一节	皮亚杰的认知发展理论	263
第二节	维果斯基的发展理论	266
章后小结		270
即测即练		270

第五编 社会性与人格的发展

第十三章 情绪情感的发展 …… 272

章前导读		272
第一节	情绪的发展	274
第二节	情感的发展	284

第三节　情绪发展的性别差异……………………………………………………292
　　章后小结………………………………………………………………………………294
　　即测即练………………………………………………………………………………294

第十四章　意志的发展………………………………………………………………295
　　章前导读………………………………………………………………………………295
　　第一节　动机的发展…………………………………………………………………298
　　第二节　意志品质的发展……………………………………………………………307
　　第三节　意志发展的性别差异………………………………………………………313
　　章后小结………………………………………………………………………………315
　　即测即练………………………………………………………………………………315

第十五章　朴素理论的发展…………………………………………………………316
　　章前导读………………………………………………………………………………316
　　第一节　朴素物理理论的成长………………………………………………………318
　　第二节　朴素生物理论的成长………………………………………………………323
　　第三节　朴素心智理论的成长………………………………………………………327
　　章后小结………………………………………………………………………………332
　　即测即练………………………………………………………………………………332

第十六章　积极心理特质的获得……………………………………………………333
　　章前导读………………………………………………………………………………333
　　第一节　积极的心理特质……………………………………………………………336
　　第二节　积极心理特质的形成………………………………………………………345
　　第三节　积极心理特质形成的性别差异……………………………………………349
　　章后小结………………………………………………………………………………350
　　即测即练………………………………………………………………………………350

第十七章　人格成长理论……………………………………………………………351
　　章前导读………………………………………………………………………………351
　　第一节　弗洛伊德的人格发展理论…………………………………………………352
　　第二节　埃里克森的人格发展理论…………………………………………………355
　　第三节　布朗芬布伦纳的生态系统理论……………………………………………360
　　第四节　积极心理学的人格成长理论………………………………………………363
　　章后小结………………………………………………………………………………367
　　即测即练………………………………………………………………………………367

主要参考文献……………………………………………………………………………368

后记………………………………………………………………………………………374

第一编

绪 论

第一章 发展心理学的研究对象

研究对象
（毕然然）
人生海海似无常，规律冥冥已暗藏。
发展研究该对象，出生成长至衰亡。

章前导读

心理学研究心理活动的规律。例如，人们是如何记忆的，为什么有时候没想记住的东西一下子就记住了，而有时候想记住的东西却怎么也记不住。小明为什么总有出其不意的想法，而静静为什么总是无端受到攻击？心理活动非常复杂。心理学家对心理活动进行了梳理，将其分解成不同的具体内容。尽管研究者对心理活动的分解、具体思路不尽相同，但主要的心理活动可以用图1-1表示。

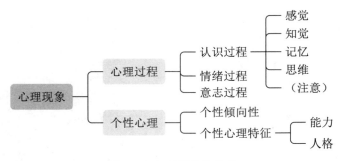

图1-1 心理现象的分类

图1-1中所列各种心理现象，基本囊括了人类复杂的精神世界。它表明，人们利用感知觉，借助各种感官接收外界信息，获得对世界的直接或间接经验；同时因为记忆的参与，这些经验储存在人脑中，成为分析、综合、解决问题的基础；在对经验中的信息进行思考的过程中，生活工作中的问题获得处理。在对客观世界认识的基础上，人们对

某些事物会产生喜欢、厌恶等情绪情感体验；因为有这些体验，人们趋近或回避某些信息；而这种趋近或回避对某些事物认知的倾向，又反过来影响人们对事物的了解；在与环境打交道的过程中，常常需要克服困难。与克服困难、实现目标相联系的心理过程，则为意志。

在这些活动的过程中，人们会因为"三观"以及兴趣爱好、需要、动机的不同，表现出个人心理活动的倾向性；而完成活动的效率也因人们的能力不同有所差异；即使能力相同的人，其活动风格也不尽相同，此为人格差异。上述差异就是个性心理的具体表现。

发展心理学就是从个体成长的角度探索上述心理活动发展的规律。

第一节 发展心理学的研究内容

⭐ 一、什么是心理发展

发展是指事物的运动和变化。心理发展是指心理活动的变化。心理活动的变化在儿童时期表现为从无到有、从小到大、从弱到强、从低级到高级、从具体到抽象、从无意识到有意识的成长……同时，心理活动的变化也表现为成长之后的衰退。

只要变化，就需要时间。描述个体心理发展的时间维度为年龄。所以个体心理发展实际上是探讨随着年龄的增长，各项心理机能是如何变化的。

当然，年龄在心理发展中，不能被看作决定心理发展的因素，它是我们看待心理变化的视角之一。

心理发展有特定规律。第一个规律是顺序性。心理发展都是按照特定顺序进行的。比如，先会爬，然后才会走；先会唱数，然后才会点数；先会死记硬背，然后才会有意义记忆。第二个规律是连续性。发展是一个连续的过程，没有间断，即使表现为没有变化，也并不表示停滞不前。也许，正在厚积等待薄发。第三个规律是不平衡性。人的心理活动包括知、情、意各个方面，每个方面还涉及众多具体细节。这些心理品质的发展，在某个人身上的表现是有些发展快、有些发展慢；在不同人身上则会表现出同一种心理品质，同时，即使相同年龄的个体，其发展水平也不一定相同。不平衡性还体现为心理品质的发展并不是匀速的，常常是时快时慢。第四个规律是个体差异。发展心理学家试图揭示人们心理活动发展变化的趋势和特点，但这并不意味着每个个体都符合相应的规律。在规律中总会有些参差，好与差，快与慢，高与低……人与人存在差异是常态。所以，发展心理学家所揭示的发展的年龄特征，只是代表了某个年龄段典型的特征。

⭐ 二、什么是发展心理学

发展心理学是研究个体心理活动发生、发展规律的学科。发展心理学是心理学的一个分支。如果把心理学看成一棵大树，图 1-2 就大体表达了心理学这棵大树的根基、主干、分支。

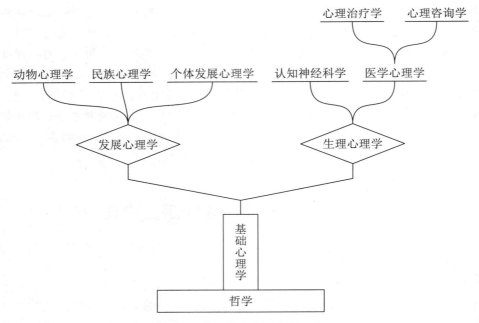

图 1-2　心理学及其分支示意图（片段）

由图 1-2 可知，基础心理学是发展心理学的基础，发展心理学是基础心理学的深化。

发展心理学是心理学的一门分支学科。发展是各种基本的心理机能的发展。研究心理的发展，就是研究基础心理学中所介绍的各种心理机能的发展变化的规律，是把各项心理机能从时间的维度上进行考量。

发展心理学是一门基础学科。学校的教育教学要基于学生的心理发展，产品的设计研发要基于用户的心理发展，市场的宣传推广要基于客户的心理发展，人事的管理要基于员工的心理发展……没有对不同年龄阶段心理规律的了解，就不知道给幼儿园的小朋友研制的玩具应该具有什么特点；没有对不同年龄阶段心理特征的了解，就不知道如何跟青春初期的少年打交道；没有对不同年龄阶段心理特征的了解，就无从对老年人的心理活动衰退做好应对准备……

★ 三、发展心理学的任务

（一）描述随年龄增长心理机能变化的规律

随着年龄的增长，心理的发展表现出什么样的趋势：是一直上升，还是有升有降；是持续不断，还是断断续续；是速度均衡，还是时快时慢……具体来说，人们的视觉是如何产生的，为什么婴儿对面前的事物熟视无睹，视觉的水平随年龄增长如何变化，有没有衰退，衰退速度如何；同一年龄的群体其情绪特征是否具有共同性，小学生和初中生的情绪表达方式有什么差异；内向的人有什么特点，外向的人有什么特点……

现有研究发现，不同的心理机能成长变化的规律有所不同。从宏观看，心理机能随年龄发展变化的趋势，大体表现为如图 1-3 所示的几个模式。

图 1-3 说明，随年龄增长，心理机能的成长可以表现为先慢后快、匀速发展、先快后慢、先成长后停顿、先成长后衰退等几种不同的模式。模式不同，且发展中有波动，这反映了不同心理机能成长变化的共同规律。

发展心理学的任务之一，就是利用科学的手段，揭示不同年龄的个体共同的心理特征，确认不同心理机能在成长过程中的变化规律。

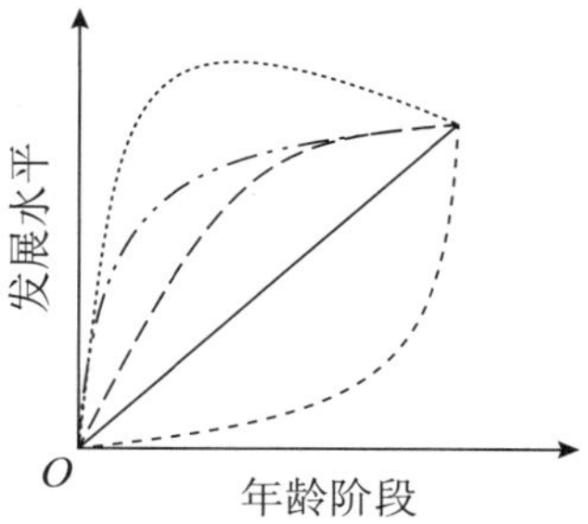

（二）解释心理发展变化的原理和机制

图 1-3　心理机能发展趋势示意

一个人成为他今天的样子，究竟是遗传决定的，还是环境决定的；与我们的发展息息相关的遗传因素究竟是什么，它在多大程度上制约了人的心理成长；环境因素在人的成长中起什么作用，有什么样的贡献；为什么婴儿不能用拇指和食指对捏物品；为什么经过短短的 3 年时间，小朋友就从出生时的一无所知，变得可以随心所欲表达自己的需求；为什么儿女都上了大学，父母还要离婚；为什么老年人那么怀旧……解释生命历程中心理发展的原理和机制，是发展心理学的第二个任务。

（三）推断和预测尚未发生的心理与行为

大量的发展心理学的研究，把推断和预测个体将来的成长作为目标。俗话说的"三岁看大，七岁看老"就类似于发展心理学工作者所做的预测性工作。所不同的是，心理学家用更科学的手段预测个体将来成长的状况。例如，智力测验，如果测得某个体七八岁的智商，则基本上可以预测其成年之后的智力水平，从而预知在与智慧相关的活动中的表现。根据儿童早期的自我控制能力的高低，可以较好地预测青年期的学业成就。预测个体的心理与行为是发展心理学的第三个任务。

（四）优化个体的心理成长

了解了个体不同年龄阶段的心理发展的特殊性，了解了制约心理成长的因素，熟知了心理机能的变化与各种因素之间的关系，就为优化个体的心理成长奠定了基础。例如，了解了遗传与环境对个体成长的影响，就使人们认识到优化个体的心理成长应从优生开始，而择偶、健身、胎教就可能是优生的"三部曲"。

个体出生之后，创造什么条件才能使其获得最优发展；"穷养儿，富养女"究竟好用不好用；不同的学校对学生成长究竟是如何发挥作用的，什么样的办学理念和教育方式最有利于学生成长。这些问题同样是发展心理学关注的焦点。

不同年龄阶段心理优化的任务可以用图 1-4 表示。

促进个体的积极成长在人生不同阶段任务不同：尽可能促进儿童心理品质的成长；尽可能保

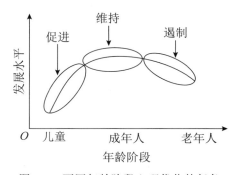

图 1-4　不同年龄阶段心理优化的任务

持成年人高水平的心理品质，使其维持时间尽可能长久；尽可能遏制老年人心理机能的衰退。这是发展心理学的第四个任务。

⭐ 四、发展心理学研究的三个视角

心理活动产生的标志，有三种不同的观点。第一种观点认为感觉的产生是心理产生的标志。个体可以看见光线、听到声音、尝到滋味……唯其如此，才有心理。如以此为据，则胎儿就有了心理活动。第二种观点认为心理活动的产生应以无条件反射为依据。无条件反射是指生来就有的反射活动。比如，吃东西的时候会分泌唾液，摸到烫手的东西会躲开……如果有机体具有无条件反射能力，就说明有了心理活动。按照这种观点，人在出生的时候就有了心理活动。第三种观点坚持认为，条件反射才是心理产生的标志。条件反射是指后天具有的反射活动。有机体把与生命原本没有关系的事物（中性刺激，如铃声）和与生命息息相关的事物（无条件刺激，如肉）建立起暂时神经联系，中性刺激一出现，就作出（无条件刺激引起的）反应。毫无疑问，这说明有机体已经在中性刺激和无条件刺激之间形成了一种经验的联系。而这种联系是学习的结果。例如，狗听到铃声分泌唾液，是因为在反复练习的过程中，狗把铃声当成提供食物的信号了。按照这种观点，儿童的心理活动大约在出生两周时获得。

心理学家普遍认可的标准是条件反射。不同的研究、不同的心理学家对心理活动产生的标准尚有分歧。所以，在理解心理活动发生发展的过程中，需要心存不同标准。

发展心理学在探讨心理活动发生发展的过程中，形成了三个视角。

（一）发展心理学研究动物心理的进化

从没有心理活动到有心理活动，从有了基础的心理活动到形成复杂的心理机能，动物心理是如何产生、如何演变的，这是发展心理学研究的一个视角。

心理学家发现，神经系统水平不同的动物，其心理水平也不相同。网状神经系统的动物，如水母，刺激其身体的局部，全身都有反应。刺激在体内的传导是弥漫性的。因此它没有更复杂的精神活动。节状神经系统的动物，如昆虫类，其神经细胞在体内汇聚成一小节一小节的，节与节之间靠神经链连接。它们可以对事物的个别属性加以反应。例如，蚂蚁可以借助触须嗅到对方发出的气味，蜘蛛对昆虫撞到蛛网上带来的颤动格外敏感……研究者称它们的心理活动为感觉水平。低等脊椎动物，其神经系统有了较大的聚集，形成了初步的头。有机体有了统一的司令部，其心理活动表现就相对高级。它们可以对事物的整体加以反应。例如，主人将啃过的骨头放到桌子上，狗不去吃；放到狗的盘子里，狗才去吃。这说明狗有这样的能力：把食物与食物所在的环境结合在一起加以反应。研究者称之为知觉水平的反应。灵长类动物，其神经系统越发集中。更多的神经细胞汇聚到头部。头部更加发达，其心理活动也越发复杂。它们可以做到由已知推断未知。例如，在搬箱子之前，它们似乎就知道站在箱子上离房顶上的香蕉更近。而且，此时，动物对同类的内心世界开始有了了解。例如，一只猩猩拿着竹竿够香蕉不得，另一只猩猩就会主动递上另一根竹竿。这说明后者有能力猜测对方的意愿和需要。

人类的神经系统更加发达。成熟的人类其体内神经细胞数以亿计。脑内的神经细胞大约有 860 亿个。高度发达的人脑，使人心理活动的复杂化成为可能。人的高于动物的心理活动也被称为意识。意识具有目的性、概括性、主观能动性和社会制约性。目的性使人在活动之前就想好了活动结果；概括性使人举一反三、触类旁通；主观能动性使人能够利用人们对自然界的认识改造自然，服务人类；社会制约性使人按照自己在社会关系中的地位言行，更好地适应社会环境。

（二）发展心理学研究民族心理的演变

特定民族其特殊的心理活动特点，以及心理活动发生发展的规律，也是发展心理学关注的内容。例如，游牧民族豁达粗犷，农耕民族独立自主，商业民族擅长计算……这些心理活动特点的产生及变化，就成为发展心理学的研究内容。民族心理学是这一领域的分支学科。

（三）发展心理学研究个体心理的成长

个体整个生命历程中各种心理活动发生发展的规律，是个体发展心理学关注的焦点。人类的各种心理活动，在个体成长过程中是什么时候产生的，是如何产生的，受了哪些条件的制约，产生之后又是如何发展变化的……这些都是个体发展心理学关注的核心内容。

一般的发展心理学著作关注的是人类个体心理的成长。发展心理学研究个体从受精卵开始到出生，到成熟，直至衰老的生命全程中，心理活动发生发展的特点和规律，即研究毕生心理活动发生发展的特点和规律。

第二节 发展心理学的研究历史

一、儿童心理学诞生之前的准备

受生产力发展的影响，14 世纪，在意大利的佛罗伦萨兴起了文艺复兴运动。它是一种新文化运动，主张对历史和文化的重新学习，在学习中创新。它倡导人文主义精神，提倡个性解放。这一运动很快扩展到整个欧洲，持续了将近 300 年的时间。运动对文学、艺术、物理、数学、建筑、教育等各个领域影响至深。新兴资产阶级从经济上、政治上以至意识形态上进行了反封建、反教会的斗争。一些进步的思想家开始提出尊重儿童、发展儿童天性的口号。其中，与儿童心理学诞生息息相关的是文艺复兴之后的人文主义教育家，如夸美纽斯（J. A. Comenius）、卢梭（J. J. Rousseau）、裴斯塔洛齐（J. H. Pestalozzi）等。

17 世纪，捷克教育家夸美纽斯编写了第一本儿童课本《世界图解》。这是作者根据他所提出的适应自然和直观教学原则写成的一本小学教科书。这本教科书包含附有插图的短文 150 篇。其内容包括自然（宇宙、地理、植物、动物、人体等）、人类活动（手工业、农业、交通、文化等)、社会生活(国家管理、法院)和语言文字等。作者试图授予儿童百科全书式的知识。著作在欧洲广为流传。同时代的英国唯物主义哲学家洛克(J. Locke)提出对儿童的教育要"遵循自然的法则"。

18世纪,法国启蒙教育家卢梭发表了有名的儿童教育小说《爱弥儿》。他抨击当时的儿童教育违反儿童天性,指出:"……他们总是用成人的标准来看待儿童,而不去想想他在未成年之前是个什么样子。"他强调自然教育、人的教育、事物的教育三者的和谐统一,才是被教育者健康成长的关键。在《爱弥儿》中,他提出了对不同年龄阶段的儿童进行教育的原则、内容和方法。全书围绕主人公爱弥儿的成长,分成五卷,探讨随年龄增长如何进行教育。第一阶段,婴幼儿期(0~2岁)。书中论述了对2岁以前的婴幼儿如何进行体育教育,使儿童能自然发展。第二阶段,儿童期(2~12岁)。卢梭认为此时儿童在智力方面还处于睡眠时期,缺乏思维能力,因此主张对这一时期的儿童进行感官教育。第三阶段,少年期(12~15岁)。书中论述了对他们的智育教育。第四阶段,青年期(15~20岁)。此时的年轻人开始进入社会,所以书中主要论述对他们的德育教育。第五阶段,成年期(20岁以后)。书中讨论对青年人的爱情教育。卢梭对个体按照年龄特征进行教育的思考,无疑对后来的儿童心理学的诞生产生了重大影响。

裴斯塔洛齐在1774年还特别对他一个不到3岁的孩子用日记法写下了大约一个月观察记录。虽然现在看来,科学价值不大,但这应当算是儿童心理研究的先声之一。

后来,人们逐渐对儿童的心智成长进行观察,提炼其中的规律,为儿童心理学的诞生奠定了基础。达尔文(图1-5)的《一个婴儿的传略》是其中的典型代表。

达尔文对自己的孩子进行了观察。观察结果在书中进行了详细记录。书中描述了孩子的动作变化,例如,婴儿出生后第7天就有了打哈欠的动作,4个月表现出双手的配合……书中还记录了婴儿表情变化的历程,如45天前后孩子会微笑,2岁3个月时孩子会害羞……同时记录了儿童观念的获得,如5个月时孩子可以在事物与事物之间作出观念的联结……

图1-5 达尔文(Charles Robert Darwin,1809—1882)

借助这些思想家、教育家的推动,到了19世纪后期,研究儿童的著作和组织就如雨后春笋般地出现了。

★ 二、儿童心理学的诞生

时间到了1882年。德国心理学家普莱尔(图1-6)出版了其代表著作《儿童心理》。这部著作的出版,标志着儿童心理学的诞生。普莱尔对自己的孩子从出生到3岁每天进行系统观察,有时也进行一些实验性的观察,最后把这些观察记录整理成册。

《儿童心理》被公认为第一部科学的、系统的儿童心理学著作。它主要包括三编内容。第一编:感觉的发展;第二编:意志的发展(动作);第三编:智力的发展(语言)。

人们把普莱尔看作"儿童心理学之父",是有基本依据的。第一,著作出版时间较早。

《儿童心理》出版于1882年，是第一部研究儿童心理发展的专著。第二，著作内容比较专业。达尔文的《一个婴儿的传略》，从进化的视角看儿童的成长；卢梭的《爱弥儿》是一部小说，其内容不仅涉及儿童心理的成长，还涉及对不同年龄阶段个体的教育；《儿童心理》更多关注儿童自己的成长，是儿童心理发展的专著。第三，方法更科学。普莱尔对自己的孩子从出生到3岁进行了系统的观察，有时还对观察情境进行设计，得到的数据更有说服力。第四，影响更广泛。《儿童心理》一经出版，就受到了国际心理学界的高度重视，被译成十几种文字。从此，儿童心理学逐渐得到发展。

图1-6　普莱尔（W. T. Preyer, 1841—1897）

★ 三、发展心理学的形成

随着对儿童心理发展研究的深入，人们开始关注更大年龄个体心理的变化。在这方面卓有影响的心理学家是霍尔（图1-7）。

霍尔是在推动美国儿童心理研究上最有影响的人物。在儿童心理学领域，他的影响主要包括几个方面：第一，他把普莱尔的《儿童心理》译成英文，使相关的思想得以传播。第二，他创办了《教育学报》，大量刊载有关儿童心理研究的论文报告。霍尔逝世后，《教育学报》改名为《发展心理学杂志》。第三，他积累了大量的研究资料。第四，在研究方法上，他广泛运用问卷法，为儿童心理研究提供了新的思路。第五，他在理论上提出复演学说，来解释儿童心理的发展。第六，他出版了著作《青年期》《衰老：人的后半生》，扩展了儿童心理研究的年龄范围，为儿童心理学转变为发展心理学奠定了基础。

图1-7　霍尔（G. S. Hall, 1844—1924）

早期对儿童心理研究更多使用传记法或日记法，一次研究的对象只能是一个或少数的几个。霍尔的问卷法可以同时用于较多儿童。这无疑提高了数据收集的效率，但科学性不足。

在对问卷进行科学化的操作之后，问卷法就演变成了心理测验。心理测验方法的出现，对于用比较精确的数量方法研究更多儿童，提供了行之有效的手段。法国心理学家比内（图1-8）是较早使用心理测验法的代表人物之一。

受法国当局的委托，比内和西蒙（T. Simon）编制了第一套被公认的智力测验，用于测量入学儿童的智力水平，以便按照智力测验的成绩对儿童分班教学。1905年，他和西蒙一起撰写的文章《诊断异常儿童的新方法》，发表在法国《心理学年报》上，标志着智力测验的诞生。

这套智力测验被称为比内-西蒙智力测验（也简称为"比-西量表"）。其中包括对判断、理解和推理的测验。经过几年试用，1908年，比内对比-西量表进行了第一次修订，修订的结果以"儿童智力的发展"一文呈现。文章中公布了新的量表。新的量表把题

图1-8　比内（Alfred Binet, 1857—1911）

目按正常儿童所能通过的年龄分组排列，使测验由单纯鉴定智力落后儿童转变为智力的测量工具。1911年，比内对比－西量表进行了第二次修订。这使得智力测验更好应用。遗憾的是，比内在第二次修订比－西量表之后，不幸去世。

世界各国的心理学家结合本国的实际情况，陆续修订了比－西量表。1916年，美国的特尔曼（L. M. Terman）对比－西量表进行了修订。修订后的量表称为"斯坦福－比内量表"。在修订后的量表中，表达智力水平高低的标准由原来的智力年龄（MA）调整为智商（IQ）。1924年，中国的陆志韦把斯坦福－比内量表介绍到中国，根据中国实际情况，进行了修订。修订后的量表被称为"中国比内测验"。

除了修订比内－西蒙智力测验，用来对儿童的智力进行研究之外，另有心理学家编制了儿童发展测验。其中具有代表性的是格塞尔（图1-9）的耶鲁量表。

格塞尔是美国著名的儿童心理学家，耶鲁大学心理学教授。他对发展心理学研究的贡献不容忽视。第一，方法上，他采用追踪式研究或纵向研究。对儿童心理发展做长期的追踪考察，为后续研究提供了设计思路。第二，手段上，他注重智力测验的研究。他编制出自己的儿童发展量表，叫作耶鲁量表。第三，技术上，他更多地运用摄影记录。第四，理论上，他提出"成熟势力说"。他认为支配儿童心理发展的因素有二：成熟和学习。他指出非成熟条件下的学习，常常是无效的。第五，研究成果颇丰。他撰写出版了一系列著作，如《学前儿童心理发展》《儿童生活的最初五年》《儿童发展研究》《儿童从五岁到十岁》《青少年，从十岁到十六岁》等。

图1-9 格塞尔（Arnold Lucius Gesell，1880—1961）

这些工作对后来发展心理学的诞生，无疑起到了至关重要的作用。

1957年，美国心理学年鉴中，用"发展心理学"取代了"儿童心理学"，标志着发展心理学的诞生。从此，毕生心理发展的理念逐渐被认可，生命全程的心理发展研究由此展开。

四、发展心理学的发展

发展心理学诞生之后，研究者探讨了个体对无生命的物质世界的认识、对有生命的物质世界的认识以及对主观（精神）世界的认识。这个领域的研究，被称为"朴素理论"（naive theory）。所谓朴素理论，是指随着生活阅历的增加，自然而然获得的对世界的认识。威尔曼和格尔曼（Wellman, et al., 1992）把人们对世界的认识分解为三个核心领域。一个是物质世界，一个是生命现象，一个是精神世界。探讨人们对物与物之间关系的认识的领域，被称为"朴素的物理理论"（naive physics）；探讨人们对生命现象认识发展的领域，被称为"朴素的生物理论"（naive biology）；探讨人们对精神世界认知发展的领域，被称为"朴素的心理理论"（naive psychology）。发展心理学家把个体朴素理论分解为这三个核心领域。

在这三个核心领域中，研究者发现，朴素的物理理论是最先发生的。儿童在几个月大的时候，就对物质与物质之间的关系有所了解。比如，儿童可以了解，高的东西不可能被矮的东西遮挡住，宽的东西不可能放到窄的容器里，在路中间的大型物体会阻挡其他物体的前进等。这说明，朴素的物理理论在三个领域中，是儿童最先把握的。也许正是因为如此，婴儿在很小的时候，与周围打交道，就表现得小心谨慎。例如，当小朋友发现自己有摔倒的可能性的时候，就会压低身体。当小朋友面对斜坡时，就会伸手让成人牵着。图1-10就反映了朴素的物理理论。

朴素的生物理论发展在后。婴幼儿时期，小朋友就可以理解生命现象，如生、老、病、死、繁殖等。你问幼儿园的小朋友大马会不会生小马，小朋友说会生。但你问小朋友小马会不会生大马，小朋友会告诉你长大了会生。如果你问为什么，小朋友的回答五花八门。有的小朋友看见小乌龟死了，会放声大哭，他知道再也见不到小乌龟了。

图1-10 准备爬（糖豆儿，9个月）

在三个核心领域中，最复杂的是朴素的心理理论，也称为心智理论（theory of mind）。心智理论指个体对主观世界的认识。笔者曾经写过一篇文章，专门介绍了儿童对主观世界认识的发展研究，摘录如下。

儿童对主观世界认识的发展研究经历了三次浪潮。一次是皮亚杰（Jean Piaget）的研究及他的"自我中心主义"（egocentrism）的学说。皮亚杰认为，儿童最初认为没有像概念、知觉、情绪等观点的存在。因此很自然，儿童并不能意识到自己有关于外界物体和事件的观点，不能意识到别人有这种观点，更不可能意识到自己的观点与其他人的观点有可能不同，也不可能意识到当要求报告他人的观点时，他们不明智地报告了自己的观点。儿童对主观世界的知识是如何获得的？在获得了这些主观知识后，儿童是如何使用它们的？在使用它们时，不同年龄的儿童有怎样不同的表现？对这些问题进行研究的心理学家，很显然是以皮亚杰的理论作为自己的研究基础的。

儿童对主观世界的认识发展的研究的第二次浪潮是弗拉维尔（J. Flavell）和他的同事们在20世纪70年代引发的。1971年，弗拉维尔提出了"元记忆"（metamemory）这个概念。它指对记忆的认知。后来，相应的研究在所有的认知活动中展开，这个概念也被扩展为"元认知"。所谓元认知，是指对认知的认识和监控。尽管元认知的发展涉及对儿童理解、交流、解决问题等诸多内容的研究，但其中大部分关于认知的研究还是以探索儿童元记忆的发展为核心。

20世纪80年代早期，兴起了第三次儿童对主观世界的认识发展的研究，也被称为"心智理论"（theory of mind）的研究。这次浪潮受整个儿童发展心理学的影响，认为婴幼儿并不像传统的心理学研究的结果所揭示的那样无能为力，只要方法适当，就会发现，即使很小的婴儿也有相应的复杂的认识活动。心智理论的研究，集中在年幼儿童对主观世界的理解和此理解随着年龄增长的发展变化上。例如，儿童对信念、愿望、打算、意图等的理解。到目前为止，心智理论的研究仍然是儿童心理发展研究最活跃的领域之一。

在儿童对主观世界的认识发展的研究的三次浪潮中，形成了两条清晰的研究路线：一条是元记忆发展研究的路线，另一条是心智理论研究的路线。

元记忆发展的研究，关注儿童对与记忆有关的主观状态的理解，特别强调儿童在理解的基础上对相应知识的应用。经过三四十年的研究，对元记忆发展的研究已经形成了相对完整的理论框架。目前，人们普遍接受的框架是尼尔森（T. O. Nelson）等1998年总结的关于陈述性元记忆（declarative metamemory）和程序性元记忆（procedural metamemory）的划分。他们认为，元记忆包括两方面的内容：一方面可以称为陈述性元记忆，是指有关的元记忆知识（the knowledge of metamemory）。其主要涉及两项内容：第一，"是什么"的知识，包括个人特征的知识、任务特征的知识和记忆策略的知识；第二，"为什么"的知识，考察的是自己对记忆活动中作出的决定进行解释和证明的能力。另一方面是程序性元记忆，也称之为记忆监控（memory monitoring and control）。其主要研究主体对自己的客体记忆的监督和调节，是元记忆发展研究的核心。记忆监控包括记忆监测（memory monitoring）和记忆控制（memory control）。记忆监测是指从客体记忆接收信息，形成对客体记忆的难度、自己的记忆（学习）程度、提取情况等的判断，以了解客体记忆的情况。其具体包括预见性监测（prospective monitoring）和回溯性监测（retrospective monitoring）两大类。前者发生在提取行为之前，后者发生在提取行为之后。预见性监测包括任务难度的预见（easy of learning）和学习程度的判断（judgment of learning）；回溯性监测包括提取自信度的判断（judgment of confidence）和知晓感的判断（feeling of knowing）。按照尼尔森等的观点，知晓感的判断有时候也发生在提取行为之前。记忆控制是就记忆监测的结果对客体记忆进行调节（regulation）和控制（control），以有效地实现记忆目的。记忆控制的核心是学习时间的分配，有效的学习时间分配建立在准确的记忆监测的基础上（Mazzoni et al., 1998）。这一理论框架比较全面和有序地说明了元记忆与客体记忆的关系，以及元记忆发展研究的各项内容。毫无疑问，元记忆发展的研究，是以程序性元记忆为核心的，关注的最终目标是儿童对自己记忆过程的监测和调整，在此基础上有效地提高记忆效果。

心智理论的研究起源于两项相互独立的研究。一项研究是被一个哲学讨论所激发的（Premack et al., 1978），这个讨论是：黑猩猩是否具有心智理论，即黑猩猩是否具有对信念的理解。

他们的研究基于这样一种推断：如果个体把主观状态归因于自己或他人，那么这个个体就具有心智理论。之所以把这样一个推理系统当作一种理论，是因为像这样的状态不能被直接观察到，而且这样一个系统可以被用来对其他人的行为进行预测。哲学家所使用的方法是所谓"意外转移"（unexpected transfer）：黑猩猩被试看到一只黑猩猩把物体X放入一个容器A中，之后离开那儿；然后又看到在这只黑猩猩不在的情况下，另一只黑猩猩把X从容器A中移到容器B中。如果黑猩猩被试的期望是返回的第一只黑猩猩会到容器A中而不是容器B中找寻物体X，那么心理学家就应该确信，黑猩猩被试对信念有一些理解。

在一个经典的研究中，研究者（Wimmer et al., 1983）把这个话题转移到了人类，他们借用由哲学家提出的"意外转移"的方法，来考察年幼儿童对错误信念（false belief）的理解，其经典的程序是：让被试观察男孩 Maxi 将巧克力放到厨房的一个碗柜里，然后离开；他不在时，妈妈把巧克力放到另一个碗柜里。让被试判断，Maxi 回来后会到哪个碗柜里去拿巧克力。

发展了的实验程序被称为"欺骗外表"（deceptive appearance）。主试向儿童展示一个糖果盒，糖果盒上贴着一张画着糖果的图片。然后问儿童，糖果盒里有什么，儿童回答"糖果"。这是预期的回答。然后让儿童往盒子里看，让他吃惊的是，里边是蜡笔而不是糖果。现在，主试问："另外一个孩子在没有打开盒子的情况下会认为里边是什么？"如果儿童回答"糖果"，说明他能够清楚地知道他人有可能持有错误信念；相反，如果儿童回答"蜡笔"，则说明儿童还不能够区分他人的信念和自己的信念。从 5 岁儿童那里得到的答案是"糖果"。主试用相同的过程询问了一个 3 岁的孩子，第一个问题得到的答案跟预期的相同，他回答"糖果"，但对第二个问题的回答却出乎意料，他回答的是"蜡笔"。更让人吃惊的是，这个小孩修正说，他自己开始也认为盒子里装着蜡笔而不是糖果。3 岁的儿童并没有像 5 岁的儿童那样揭示出他们能够意识到自己或他人都有可能持有错误信念。后来的心智理论发展研究已经说明了儿童对主观状态，如愿望、意图、情绪、注意和意识的理解。

上述研究思路是沿着哲学家的方式进行的。另外一项研究直接和元记忆的发展研究相联系，即评估儿童对心理动词（如知道、忘记）的理解（Johnson et al.，1980；Wellman，1985）。

威尔曼等设计了一个有趣的实验来调查儿童对心理动词记得（remember）、知道（know）、猜测（guess）的理解。他们让儿童经历三种实验条件：在"记得"的情境中，让儿童看到物体被隐藏在两个容器中的一个下面；在"知道"的情境中，不让儿童看到隐藏物体的过程，但儿童可以通过一个透明的容器看到里边是否有被隐藏的物体；在"猜测"的情境中，既不让儿童看到物体被隐藏，也不给儿童呈现透明的容器。在三种实验情境下都要求儿童指出物体所在。然后向儿童提问：你"记住"物体在哪儿？你"知道"物体在哪儿？你"猜"出来物体在哪儿？结果发现，即使是 4 岁儿童，也有超过一半的被试能够区分这三个心理动词。

威尔曼和他的同事们把儿童的发展性元记忆知识和他们对心理动词的理解定义为"心智理论"的发展。因此，今天的心智理论的研究，实际上是以儿童对"错误信念"的理解和对"心理动词"的理解为源头的。

从心智理论研究的起源不难看出，心理学取向的研究来源于儿童对与记忆相关的心理动词的理解，即后来称之为陈述性元记忆的研究。不过，当它被冠为"心智理论"之后，其研究的内容在不断扩展，再加上哲学取向的研究，逐渐演变成今天的"心智理论"的研究。

从一般的意义上讲，元记忆与心智理论两个传统领域下的研究者分享着总体相同的研究课题，即调查儿童对主观状态的认知。事实上，大多数心理学家也许认为，"元认知"和"心智理论"这样的术语或多或少是同义的，仅仅作为不同的方式来指称相同的认知现象。由于在心智理论的发展文献中越来越广泛地使用"元表征的"（metarepresentational）来进行表达，这种相同的含义就更加扩大了。

尽管如此，研究文献令人吃惊地被区分开、没有联系。大多数心智理论发展的文章并不引用元记忆发展的文献；相反，大多数元记忆发展的论文也不参考心智理论的研究工作。当寻找成人被试作为对照时，就会得到进一步的感觉，即两者是没有连续性的。研究者利用成人进行了大量的心理学研究来探讨元记忆，例如，学习程度的判断、知晓感的特点、记忆策略的使用等，但却很少用成人被试做心智理论的研究。

归纳现有的文献发现，元记忆发展的研究和心智理论发展的研究的区别主要表现在如下几个方面（Flavell，2000；Kuhn，1999，2000）。

两者所关注的内容有区别。心智理论发展的研究者关注儿童对不同主观状态存在（如愿望和目的）的基本认识，研究儿童在什么时期形成心智理论以及心智理论的发展变化。而元记忆发展研究者更多关注与记忆任务有关的主观过程。儿童什么时候能够将自己的信念与客观事实区分开？什么时候能够将他人的信念与自己的信念区分开？这种区分和理解是否带有稳定性？儿童能否在稳定的认知基础上对他人的行为进行预见？作为成年人，可以通过了解一个人思考什么，知道他渴望什么，从而对他的行为进行预见。例如，成人了解到如下信息：儿童知道巧克力在碗柜里，并且认为只要到那去就会得到巧克力，使之成为自己的私有财产，而儿童的确想把巧克力作为自己的私有财产，那么成人就可以作出行为预见：儿童将接近碗柜。这种典型的三段论式的推理，儿童什么时候才能获得？这一系列问题是心智理论发展研究者关注的内容。

元记忆发展研究者在研究儿童对记忆的知识知道多少的同时，更多关注的是程序性元记忆的发展。例如，对记忆过程中监测能力的发展，儿童策略选择能力的发展变化趋势。具体说，元记忆的研究关注在完成记忆任务的过程中，儿童能否对自己的记忆过程进行准确的监测，对任务的难度、自己的学习程度、已经提取的材料的确信程度、没有提取的项目再提取的可能性的判断水平的发展变化，以及在这些判断的基础上进行的自我调控能力的发展。

心智理论发展研究者主要关心主观状态知识的起源，他们关注儿童对大多数典型的主观状态（愿望、信念等）的最原始的和最早的解释，所以他们倾向于研究婴幼儿；元记忆发展研究者主要研究知识构成和策略的使用，而这些知识构成和策略使用需要对主观状态进行理解，因此他们研究的对象是具备相应的主观知识、年龄稍大的儿童和青少年，当然也不拒绝对低龄儿童的研究。如果一个儿童太小，以至于他不能理解"记得"是什么意思（心智理论），就无法考察儿童对记忆策略的理解和使用（元记忆）。

心智理论发展研究者所探讨的是儿童对他人的主观世界知道些什么（Flavell，2000），从而为有效地感受他人的主观世界，为与他人进行顺利的沟通提供心理学的支持。元记忆发展的研究解决的问题是儿童对自己的主观世界知道些什么，以及如何利用这些知识对自己的记忆过程进行有效的调整，从而提高记忆效率。大多数心智理论发展的研究调查了儿童关于多数的基本的主观状态的最初的知识，如愿望、知觉、信念、知识、思想、意图、感觉等。心智理论发展的研究者试图确定不同年龄的儿童对这些主观状态的存在以及相应的行为的理解：确定不同年龄的儿童对"主观状态是如何被有机地与知觉输入、行为及其他的主观状态联系在一起的"这个问题理解多少。例如，低龄儿童是否理解"知道"意味着什么，或者他们是否认识到愿望没有获得满足常常引起负向情绪，是否知道寻求新的行为来满足这些愿望。

相反，元记忆发展的研究者常常更加关注与任务相关的主观行为，例如，如果一个人想记住一些材料，他应该进行什么样的心理活动。这些元记忆行为包括：对各种任务进行记忆加工或对加工进行监测的策略准备、使用策略。

在调查儿童对"记得"和"忘记"两个概念的理解上，心智理论的研究和陈述性元记忆的研究存在着直接的重叠。Lyon和Flavell发现，在4岁之后，儿童就能够稳定地认识到，只有一个人曾经拥有一个事实的知识才会"记得"或"忘记"这个事实。儿童也能够确定一个记得物体所在位置的人一定是发现物体之所在的人，而不是没有找到物体的人。而记得物体在哪的人一定是先前看到物体被藏起来的人，而不是当前盯着它看的人。相反，大多数3岁儿童倾向于用当前的"知道"定义"记得"，用"不知道"定义"忘记"。后来的心智理论发展的研究工作证实，对心理动词的认识是一个长期发展变化的过程（Premack et al.，1978；Kuhn，1999，2000）。相对于成年人的理解，儿童的理解是很有限的，包括词语，如记忆-理解、回忆-再认、计划-比较等。另外，Johnson和Wellman的工作揭示：从4岁开始，儿童可以利用心理动词来描述人的心理状态（Johnson et al.，1980）。因此，尽管学龄前儿童和幼儿看起来仅有有限的对记忆概念的理解，但他们仍可以掌握基本的心理动词。

不难看出，尽管研究是分别进行的，但心智理论和元记忆发展的研究，不约而同地关注儿童对有关记忆的心理动词的理解。在元记忆的理论框架之下，对心理动词的理解，是一种元记忆知识，归属于陈述性元记忆的范畴。显然，陈述性元记忆与心智理论的研究存在着明显的交叉和重叠。

前人有关元记忆的研究发现，儿童对自己的客体记忆过程的监测存在着明显的发展缺陷，他们对自己的记忆效果往往做过于乐观的估计。施耐德（W. Schneider）曾经对儿童元记忆监测的缺陷进行探讨，目的在于弄清究竟儿童是不能有效地进行监测，还是受到什么其他因素的干扰。于是，他选择4、6、9岁儿童，要求他们预见自己在运动项目（扔球和跳跃）上的表现和记忆成绩（记忆容量和藏找任务）上的表现。他为儿童设计了两种情景，一种是"预期"（expect）情景，另一种是"预测"（predict）情景。在"预期"的条件下，要儿童表明，他们预期在下一次尝试中获得什么样的成绩。在"预测"条件下，要求儿童预测下一轮成绩如何。然后比较被试的表现和让被试对活动结果进行判断。结果发现，所有的儿童都能够在两种任务中很好地监测他们的行为。尽管如此，4岁和6岁的儿童不能区分预期和预测，甚至9岁的儿童，也只在跳跃项目上发现了预期和预测的显著性差异。显然选择不同的难度指标，儿童对心理动词的理解就表现出不同的发展特点（Schneider et al.，2000）。

同时，施耐德等人研究还发现，虽然学前儿童对自己的记忆成绩往往做过高的估计，即学前儿童的记忆监测水平较低，但他们对同伴的记忆成绩的预测结果往往要客观得多，说明儿童对他人主观状态的认识较准确，即相应的心智理论发展水平较高（Schneider，1998）。由此不难看出，心智理论发展的研究和元记忆发展的研究很难在具体的研究中截然分开。而元记忆发展的研究从与记忆密切相关的角度，为心智理论发展的研究提供了相应的研究数据的支持。

正如弗拉维尔所说，元记忆是"心智理论的应用"（applied theory-of-mind）（Flavell，2000）。大多数元记忆发展的研究关心被试对"如何利用自己的头脑"知道些什么，而不是对"如何利用他人的头脑"知道些什么。在与任务相关的研究中，研究他人对头脑的使用，对理解被试如何使用自己的大脑也许是有好处的，但是，被试使用或不使用自己的大脑，如何使用，才是元记忆研究最初的兴趣所在。心智理论的研究探讨了儿童对主观世界的认识，无疑为进一步探讨儿童对主观世界知识的应用提供了基础。正是从这个意义上说，程序性元记忆的发展是心智理论发展的应用。

事实上，早在 1929 年，皮亚杰就对成人最核心的思维和理解的内容进行了心理、物理、生物现象的区分。近年来，随着对儿童特别是婴幼儿的心理发展研究的深入，人们认识到，儿童也有三个可称为"核心的"知识领域：心理的、物理的和生物的。儿童在三个领域内的发展，能否构成所谓"理论"，关键在于儿童能否进行本体区分（ontological distinction）、是否具有一致性（coherence）的反应和可否形成因果解释框架（causal-explanatory framework）。如果儿童可以顺利进行上述三种活动，就认为儿童具有了相应的"理论"（Wellman）。目前对儿童在三个核心领域的认知发展的研究，正在逐渐形成独立的理论体系。因此，儿童心智理论发展的研究，是与儿童物理理论和生物理论的发展并行的。而元记忆的发展研究则是从信息加工的角度，沿着人脑加工信息的过程展开的。从这个意义上讲，元记忆与心智理论的研究走的是两条分离的路线。

在威尔曼看来，元认知，特别是元记忆的发展，至少涉及如下五个方面：①存在。儿童必须知道思想以及内部主观状态的存在，这些主观状态和外在的行为、事件不同。主观状态是独立于外部行为和事件而存在的。②截然不同的加工过程。儿童要能够清楚地意识到，主观行为之间存在着完全不同的加工方式。要能够抓住使任何两种主观活动得以区别的最根本的特征，才表明儿童对相应的心智理论的理解。③整合。尽管在不同的主观活动之间存在着大量的可能的区别，但是，所有的加工过程都是相似的、有联系的。不同的主观过程之间的相似性及交互作用一定包含在同一种心智理论之中。④变量。任何一种主观行为都受大量的其他因素和变量的影响。任何一种心智理论一定要把那些影响不同的认知行为的因素和变量与它们的特殊效果结合起来。⑤认知监测。所谓认知监测，就是准确评估个人认知系统内部的信息状态的能力。

威尔曼认为，"元认知"的获得是一个非常复杂、非常广泛的过程，涉及多种"心智理论"的获得。不难看出，威尔曼把元认知的获得放到了心智理论的框架之下。用心智理论统率所有对主观状态的认识，似乎是威尔曼将元认知和心智理论统合在一起的方式。

库恩（D. Kuhn）设计了另外一个概念的框架，试图把心智理论研究和元记忆的研究借助"元认知"这一概念联系起来（Kuhn，1999，2000），如图 1-11 所示。

库恩选择了"元知晓"（meta-knowing）作为总体的研究目标，这个词概括了所有对认知的知识，无论是对自己的认知还是对别人的认知。她把元知晓分为"元认知知晓"和"元策略知晓"，前者指对主观世界的知识，后者指对记忆的知识。库恩使用程序性元记忆（知道怎么样）和陈述性元记忆（知道事情本身）的二分法来区别"元策略知晓"的不同类型。将陈述性元记忆知识理解为"元认知知识"，将程序性元记忆理解为"元策略性知识"。在库恩的框架中,"元认知知晓"阐述的是儿童对心理状态的理解,因此是与心智理论研究有关的;而"元策略知晓"指儿童对他们的认知过程知道多少,以及这些知识对他们的认知行为有什么影响,这是元记忆发展研究阐述的核心问题,它一方面涉及学习主体对自己记忆过程的监测,另一方面涉及在监测的基础上的有效控制和调整。库恩把元记忆和心智理论发展研究统一到一个被具体化为"元知晓"的框架下的想法无疑是富有创造性的。

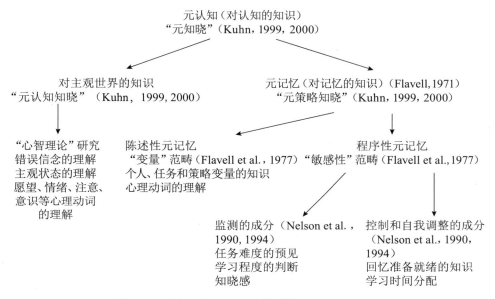

图 1-11　元记忆与心智理论关系图(Kuhn,2000)

章后小结

即测即练

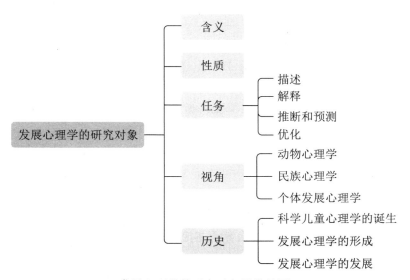

发展心理学的研究对象思维导图

第二章 发展心理学的研究方法

鹧鸪天　研究方法
　　（毕然然）
心理科学不一般,研究方法画航线。
观察调查和实验,描述预测并推断。
横比较,纵寻源,聚合交叉免弊端。
追求真理而求索,首要原则讲客观。

章前导读

　　心理现象是一种客观存在的主观现象。这种主观现象是看不见、摸不着的。我们所能看到的是人的言行,而言行是心理活动的外化,不是心理活动本身。一个人的心理活动,外人是没法看见、没法摸到的。正因为如此,才有人对心理现象可不可以进行研究产生疑问。

　　为什么说心理现象可以研究?虽然心理活动本身是看不见、摸不着的,但任何心理活动的产生都有原因。原因涉及生理方面和环境方面,或者涉及之前形成的心理对当前心理活动的影响。研究者可以从产生心理活动的原因,来推断心理活动的产生。例如,你经过几年努力,拿到了梦寐以求的学位,会高兴自豪;你被领导批评了,会感觉伤心、内疚、无助等。

　　除了产生心理活动的原因,人们的言行与心理活动之间也存在因果关系。只不过此时,心理活动为原因,人们的言行为结果。人的心理活动会通过言行得以外化。心理活动外化出来的言行,是受心理活动制约的。例如,你笑了,可能说明你开心;你哭了,可能说明你伤心;你蔫头耷脑,可能说明你沮丧。有了因果关系,人们就可以顺藤摸瓜,了解言行背后的心理活动。因此,心理现象本身虽然看不见、摸不着,但可以借助引起心理活动的原因和受心理调节支配的言行来间接地推断心理活动。从这个道理上讲,人的心理活动或者说心理现象也是可以研究的。心理学家正是利用这样的道理来探讨人心理活动的规律。

如果心理学家探讨和解释问题，则常常属于基础研究，与实践的直接联系没有那么紧密；而如果心理学家进行预测和控制性的研究，则与实践常常具有直接联系。对于普通百姓而言，应用性的研究更具有实践指导意义，因此大家更感兴趣。而对于科学家而言，基础研究也常常是研究的兴趣所在。从国家科学研究的视角看，可能更鼓励基础研究。因为越是基础研究，所辐射的范围越宽广。例如，研究者发现，人的信息加工通道的容量是有限的。这是基础研究的成果。但它可以解释很多实践中的问题：例如，为什么边玩手机边开车容易出车祸；为什么遗传基因还不错且在学校时不时被老师表扬的孩子，在你眼里总是那么笨……

第一节　发展心理学的研究原则

★ 一、客观性原则

客观性原则是指实事求是。实事求是进行文献总结，实事求是进行方案设计，实事求是进行数据收集，实事求是进行数据处理，实事求是报告研究结果，实事求是得出研究结论。

客观性原则，就是有目共睹。一个实验室的研究结果，另外一个实验室应该可以获得；在一定条件下发现的规律，在另外的条件下应该可以经得起检验；在一种文化背景下发现的现象，在获得跨文化的结果之前，不能贸然推断其具有跨文化的共性。

客观性原则，就是尊重事实。尊重事实，就是研究选题不带偏见，研究假设尊重逻辑，研究设计具体可行，研究结果有一是一，研究结论水到渠成，研究报告简洁朴素。

★ 二、发展性原则

发展性原则是指在进行研究过程中，充分考虑研究对象的动态变化过程。发展性原则强调把研究对象看作一个不断成长变化的生命，不断章取义地理解某个年龄段的特征。发展性原则，是指研究既要关注研究对象的成长历史，又要关注研究对象的发展愿景，更要关注当下的具体情境。

★ 三、教育性原则

教育性原则是指研究本身对研究对象而言，起到学习教育的作用，而不能对研究对象的成长造成负面影响。例如，有人研究青少年对毒品的认知。其中列出一个题目，请青少年面对所列的毒品，让其选择认识的。这种研究对研究对象就具有一定的负面作用，需要避免。

第二节　发展心理学的研究设计

一、纵向设计

纵向设计（longitudinal design）是指在比较长的时间内对同一组被试进行定期测量，以考察随着年龄的增长，其心理发展进程和水平的变化。例如，普莱尔的《儿童心理》、皮亚杰的《儿童心理学》、陈鹤琴的《儿童心理之研究》等，都是连续观察自己的孩子之后写成的心理学著作。

在心理学领域中，最长时间的纵向设计，当属哈佛大学的75年的追踪研究。研究的目的是探讨什么因素和人的快乐生活息息相关。在追踪过程中，研究者换了四批。经过75年对724名对象的追踪，研究者最终发现，人际关系（relationship）与人们的快乐生活息息相关。但凡生活快乐的人，其人际关系都是和谐的。

发展心理学的研究纵向设计示意如图2-1所示。

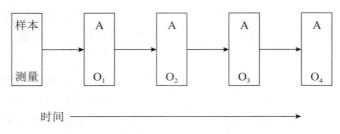

图2-1　纵向设计示意

当然，纵向设计的时间跨度随研究目的而定，可长可短。一般在发展心理学的研究中，研究者常常有自己关心的研究对象的年龄范围。例如，有的研究者关注幼儿，有的研究者关注小学生，有的研究者关注中学生，有的研究者关注老年人等。纵向设计是发展心理学研究的理想设计。

纵向设计的优点：①能看到比较完整的发展过程和发展过程中的一些关键转折点。②特别适用于研究发展的稳定性，也适用于个案研究。

纵向设计的缺点：①时间、经费和人力的花费较多。②研究的时效性比较差，有时候需要等很久才能得到研究结果，有时候研究课题的意义随着时间的推移而逐渐减弱，或研究手段逐渐变得落后。③由于纵向研究耗时较长，可能发生被试流失的情况，从而影响被试的代表性和研究结果的概括性。④由于纵向研究需要对同一批被试重复进行研究，有时可能出现练习效应或疲劳效应。⑤长期追踪要经历时代、社会的变迁，可能导致变量的增多。⑥存在跨代问题。追踪研究的目标群体来自某一特殊年代，该年代的显著特征为该群体带来了特定的影响，从而使研究结果难以推广到其他代际中。

为了克服纵向设计的局限，发展心理学家提出了横断设计（cross-sectional design）的思路。

⭐ 二、横断设计

横断设计是指在同一时间对不同年龄被试的心理进行测量和比较，以探讨心理发展的特点和规律。横断设计的逻辑前提是：高年龄段被试的心理水平与低年龄段被试长到高年龄段的时候表现相同。但这种前提条件几乎难以百分之百成立。这就对横断设计提出了一些研究框架的要求。为了尽可能减小前提条件中的误差，横断设计使用的条件是随年代的变迁，所探讨的心理品质少有变化，所研究的对象年龄跨度不大。

现今发展心理学的研究大多采用的是横断设计的方式。例如，刘希平等对小学生学习时间分配策略的发展研究，采用的就是横断设计的方式（刘希平，2005）。他们在同一时间，考察了小学二年级、四年级和六年级的学生在面对挑战情境时，如何分配时间。在这项研究中，研究者假设四年级学生的水平与二年级学生两年后的水平相仿；六年级学生的水平与二年级学生四年后的水平相仿。

横断设计的优点：①横断设计研究可以在短时间内收集大量数据资料，比较节省时间和经费，易于实施。②由于横断设计研究可以对较多被试进行研究，故被试的代表性往往较强，研究所得结果也就具有较好的概括性。③横断设计研究的时效性比较强，可以较快获得研究结果，同时避免了被试流失。

横断设计的缺点：①横断设计研究可能存在组群效应（cohort effect）。组群效应是指横断设计研究将社会环境影响不同而造成的差异当成是年龄增长引起的。②无法获得个体真实的心理活动连续发展变化的趋势。

发展心理学的研究横断设计示意如图 2-2 所示。

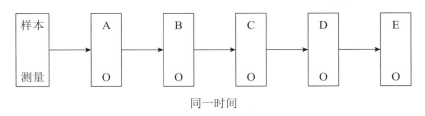

图 2-2　横断设计示意

⭐ 三、纵横交叉设计

纵横交叉设计（crisscross design）是指在纵向设计图式中分段进行横断设计，选择不同年龄的群体为研究对象，在一定时期内重复观察这些对象，这样既克服了纵向设计的缺点，又保持了横断设计的长处。

发展心理学研究纵横交叉设计示意如图 2-3 所示。

这种设计既能在较短的时间内了解各年

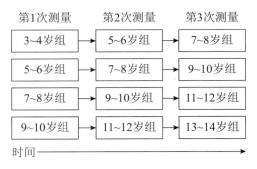

图 2-3　纵横交叉设计示意

龄阶段儿童心理发展的总体情况，又能从发展的角度了解样本中的被试随年龄增长出现的各种变化，以及社会历史因素对儿童心理发展的影响。它得到的结果比横断设计准确，用时比纵向设计短。

纵横交叉设计研究结果示意如图 2-4 所示。

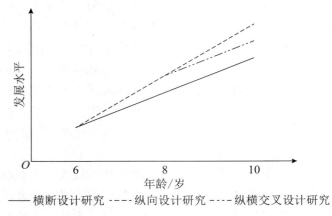

—— 横断设计研究 ---- 纵向设计研究 -·-· 纵横交叉设计研究

图 2-4　纵横交叉设计研究结果示意

纵横交叉设计的特点：①既具有纵向设计系统、详尽的特点，使我们能掌握心理发展的连续过程及其特点，又具有横断设计大面积测查的特点，克服了纵向研究被试样本少、受时间限制等问题。②采用纵横交叉设计不仅可以部分排除组群效应，而且可以不断补充被试，避免被试流失所造成的影响。③纵横交叉设计研究耗时比典型的纵向设计少，准确性又比横断设计高。④通过比较同时代出生但先后参加实验的被试，可以了解是否存在练习效应或疲劳效应。⑤采用纵横交叉设计，可以对发展的稳定性问题和早期影响的作用问题进行研究。

可以说，从理论上讲，纵横交叉设计是实际操作过程中比横断设计和纵向设计都相对实用的设计方式。

四、交叉滞后设计

发展心理学的研究任务决定了大多数发展心理学的研究实际上属于调查。例如，了解认知能力的性别差异。表面上看，性别是一个自变量，认知能力是因变量。实际上，性别作为一个被试变量，研究者是无法操纵的。因此，它只是一个分类变量，而不是真正的自变量。即使对测量的结果进行了性别差异的比较，发现了性别差异存在，也不能得出"性别影响认知能力"的结论。"年龄"在研究中的地位与"性别"相当。即使研究发现，随着年龄的增长，儿童的社会化水平在提高，也只能了解某个年龄段其社会化水平如何，而不能得出"年龄影响社会化水平"的结论。如人们发现吸烟多的人，得肺癌的概率大，但不能因此就推断吸烟是导致肺癌的原因。因为吸烟多少不是由研究者操纵的，而是研究之前就存在的。这样吸烟多少的不同人群，就存在除吸烟之外的其他方面不同质的可能性。例如，可能是工作压力大造成了焦虑过度，而焦虑使得其喜吸烟，从而造成身体健康问题。

那发展心理学的研究可否作出因果推断呢?

为了弄清楚暴力网游是不是导致儿童攻击性行为的原因,一种方法是操纵儿童暴力网游的时间长短或强度大小,考察儿童生活中攻击性行为的表现。如果暴力网游玩得多,攻击性行为表现强,就说明网游与攻击性行为之间存在因果关系。但这种研究思路显然有悖伦理。另一种方法是利用交叉滞后设计(cross-lagged regression design)。

交叉滞后设计,是指在个体成长的不同时期,考察所关注的两类事物之间的相关。如果在不同时期两类事物之间的相关存在,且都是稳定的,说明两类事物之间确有因果关系。此时关注前后两个时间节点上两类事物的交叉相关,从而判断谁是因、谁是果。

例如,暴力网游时间长短与攻击性行为表现之间存在相关,且在不同时间节点上相关稳定。然后考察在时间节点 1 中的暴力网游时间长短与时间节点 2 中的攻击性行为表现之间的相关 r_1,以及时间节点 1 中的攻击性行为表现与时间节点 2 中的暴力网游时间长短之间的相关 r_2,比较 r_1 和 r_2 的大小。如果 r_1 大于 r_2,则说明暴力网游的时间长短是导致攻击性行为的原因,因为原因永远在结果的前面。否则反之。为了方便读者记忆,特出示交叉滞后设计示意,如图 2-5 所示。

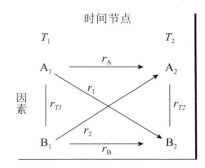

图 2-5　交叉滞后设计示意

第三节　发展心理学的具体研究方法

按照上述设计思路,发展心理学家可以进行各种研究。收集数据的具体方法多种多样。

一、观察法

(一)什么是观察法

观察是指有目的地感知。

观察法(observational method)是利用有目的的感知来了解事物发生发展的历程。发展心理学中谈到观察法时,其特殊的含义为:在自然条件下,对表现心理现象的外部活动进行有系统、有计划的感知,从中发现心理现象发生和发展的规律性。

(二)观察法的分类

观察法可以分为时间取样的观察和事件取样的观察。前者是确定特有的时间单位,在每一个时间单位里观察对象的行为。后者是以发生的事件为观察单元的观察。

例如,对幼儿的攻击性行为进行观察,就可以采用行为事件取样的观察。以攻击性行为发生这一事件作为观察对象,对攻击性行为发生的原因、环境、参与人员,攻击性行为发生的强度、频次,攻击性行为解决的方式及解决的后果等进行观察记录,了解随幼儿年龄增长其攻击性行为的特点,从而进一步推断幼儿的心理水平。

(三)观察法的使用原则

第一,观察必须有明确的目的。第二,被观察的特征应有明确的内涵和外延。第三,做好计划。第四,观察必须是系统的。第五,必须进行客观真实的记录。第六,应使被观察者处于自然状态。

(四)观察法的特点

第一,适用的对象范围广。观察法的对象可以是具有一定表达自我和主观判断能力的成年人,也可以是不具有这些能力的儿童,或者动物等。第二,所得结果随机性大。由于没有对任何因素进行控制,所以从观察法中抽取变量和数据的难度比较大。第三,观察效果受观察手段的限制。在心理学研究中,必须做到不让被观察者发觉自己正在被观察,否则其行为可能与常态下的行为有差别。要做到这一点,就对观察手段提出了要求。一般采用参与观察的方式,让观察者参与到被观察者的活动中,以此掩盖观察者的真实身份。第四,受到伦理道德的限制。未经当事人同意而对当事人进行观察,可能会侵犯其隐私权。这一点在做研究的时候要特别注意。要保护被试的权益不受损害。第五,观察法是被动的。观察的行为是否发生,不是由观察者决定的。在大多数情况下,需要观察者耐心等待观察行为的发生。例如,要探讨儿童攻击性行为发生的频率、攻击性行为的特征、攻击性行为发生的原因、解决攻击性行为的方式、攻击性行为发生的后果等,就必须在计划的观察时间段,耐心等待攻击性行为的发生。

★ 二、数据挖掘

(一)什么是数据挖掘

数据挖掘(data mining)一般是指从大量的数据中通过算法搜索隐藏于其中的心理与行为规律的方法。发展心理学利用数据挖掘可以对已经存在的个体的行为数据进行分析,挖掘出研究对象的行动规律和行动原理,预测研究对象的行为。

(二)数据挖掘的特点

数据挖掘可以克服观察法被动等待观察行为发生的弱点。它所关注的资料来自被研究者已经完成的行为和正在进行的活动。例如,研究者可以通过对手机使用的数据来分析初二学生手机使用的频率、经常使用手机的哪些功能等。

数据挖掘法的关键是有条件获得大量的行为数据。

数据挖掘法与观察法具有某种共同特点。它们所分析的数据没有经过任何控制，是自然情境下发生的事实。对这些事实进行直接探讨是上述方法的共性。探讨出来的结果常常是对现实的反映，而无法作出因果推断。

三、访谈法

（一）什么是访谈法

访谈法（interview method）是指与研究对象进行口头交谈来收集其有关心理特征和行为数据资料的研究方法。

（二）访谈法的特点

访谈过程是访谈者与被访谈者互相影响、互相作用的过程。访谈具有特定的科学目的和一整套设计、编制与实施的原则。

（三）访谈法的类型

访谈法可以分为结构式访谈和无结构式访谈。结构式访谈是指根据访谈目的，按照统一设计要求、特定序列问题进行的访谈。结果便于统计分析和比较。但结构式访谈常常缺乏弹性。无结构式访谈是指具有一定的访谈目的，没有规定特定的访谈问题的访谈。它有利于发挥访谈者和被访谈者的主动性与创造性，有利于拓宽和加深对问题的研究，有利于处理没有考虑到的新情况和新问题。但此法对访谈者的要求比较高，同时获得的结果难以量化和比较。

访谈法又可以根据访谈问题和回答方式的特点，有不同的组合，见表2-1。

表 2-1 访谈法的分类

访谈问题特点	回答方式特点	
	有结构	无结构
有结构	结构访谈	半结构访谈
无结构	半结构访谈	非结构访谈

（四）访谈提纲的撰写

访谈法中关键的一步是访谈提纲的撰写。要根据研究目的，将要探讨的问题分解开来，按照逻辑层次，一步一步推进，了解被访谈者的真实想法。

在发展心理学的研究中，利用访谈法了解不同年龄段的个体的心理活动特点，需要研究者结合被访谈者的年龄特征设计题目。

四、问卷法

（一）什么是问卷法

问卷法（questionnaire method）是研究者用统一、严格设计的问题来收集研究对象有关心理特征和行为数据资料的一种研究方法。

访谈法由于受双方互动的影响，加之访谈结果量化的困难，访谈的客观性相对较弱。而问卷法标准化程度较高，能在较短时间内收集到大量资料。资料处理相对容易且客观。大量调查采用问卷的方式。

（二）问卷法的特点

问卷内容客观统一。问卷一经确定，其具体问题不容更改。对所有参与施测的对象而言，内容是统一的。一般会要求施测对象不能漏答其中的题目。

处理分析方便。问卷在正式使用之前，一般都有信度、效度考察，同时对回答问题的方式以及得分统计的方法进行了规定。这样在处理问卷结果时，数据的整理分析就相对简单。

节省人力、时间和经费。问卷可以在较短的时间内得到来自相对众多的被调查者的数据，可以相对便捷地了解被调查者的精神世界的现状。相较实验法、观察法等其他方法，问卷法更能节省人力、物力、财力和时间。

匿名性强，回答相对真实。在当前网络时代，很多问卷都可以在线远程发放。抛开取样的代表性问题，这样的远程问卷为回答者提供了相对安全的心理空间和距离，更容易诱导出被调查者真实的想法。在大多数情况下，被调查者还可以匿名回答问卷，其安全感会更强，回答更真实。

样本多。因为施测方便，所以可以利用更多的样本进行调查。样本越多，其代表性越强。

研究间接化，相互作用小。在进行心理学研究中，主试和被试之间的相互作用，可能成为干扰研究结果真实性的因素之一。为此，有些敏感的研究采用双盲法消除主试和被试之间的相互作用对研究结果的不利影响。利用问卷法，不利影响基本不存在。即使是当场发放问卷，研究者对被调查者的不利影响也几乎不存在。更何况大多数问卷是网络问卷。

问卷法除了上述若干个优点之外，也有一些局限。

灵活性不强。题目一旦确定，对所有被调查者所用的都是相同的问题，无论被调查者如何回答。

不够深入。正是因为缺乏灵活性，对被调查者的调查全是规定动作，没有机会随机应变，因此就没有可能对被调查者的心理活动进行有针对性的深入了解。

问卷编制的质量与问卷内容的构思密切相关。一项问卷一般围绕一个话题展开。而一个话题的核心内容由哪些部分构成，每项内容可以用什么问题实现调查目的，是研究者在设计问卷时要特别考虑的。例如，要考察儿童对死亡的看法，就需要明确对死亡的理解包含三项内容：理解死亡的普遍性；理解死亡的不可逆性；理解死亡的非功能性。在问卷中，这三项内容都应该有所体现。

发展心理学研究中所使用的问卷一方面来自研究者自己编写，另一方面来自前人研究中所使用的信度、效度较高的现成的问卷。无论如何，在报告问卷所调查到的结果时，都要注意报告问卷的信度、效度指标。

五、测验法

（一）什么是测验法

测验（assessment）是指标准化之后的问卷。测量（measurement）是利用测验进行衡量的过程。而测验法（test method）是利用测验对个体的心理品质进行测量，以探讨其心理活动规律的方法。

（二）测验的分类

目前已经标准化的量表，按照其测量的内容可以分成几类：能力测验（智力测验和特殊能力测验），人格测验（包括兴趣爱好测验和成就动机测验），心理健康测验，学绩测验等。

通常优秀的测验应该具备较高的信度、效度指标。一方面，保证在被测验的对象没有发生变化的前提下，测量的结果是稳定的；另一方面，要保证测量到的内容与研究者想要测量的内容相同。虽然影响心理活动的因素过于复杂，要保证测量的稳定性和准确性有一定的难度，但心理学现有的量表的信度、效度指标应该是可以接受的。对于能力测验，还需要强调难度和区分度。如果任务太难，可能有的人一道题目也不能完成，即所谓地板效应；如果任务太容易，则可能有的人把所有题目全做对，即所谓天花板效应。无论是地板效应还是天花板效应，都无法准确了解被试的真实水平。因此能力测验的题目需要难度适当。同时，在适当的难度条件下，被试如果实际水平有所不同，测验应该可以加以区分。

测验本身常常借助所测量到的内容推断心理活动的规律和特点，因此是间接的。

在使用测验进行研究之前，需要针对测验的使用进行培训。培训之后按照测验指导书进行测验的练习。确信熟练使用了，再行研究。

（三）测验法的特点

第一，信度、效度较高，结果可靠。第二，施测容易控制，结果处理方便。第三，因为测验本身都有常模，所以可以直接将测验结果与常模进行对比，了解被测验者的心理品质的相对水平。第四，目前已经研制的测验的类型较多，可以适用不同研究目的。

利用测验法获得的研究结果，常常是描述性的，难以作出因果推断。正因为如此，研究者常常利用测验法对被试进行分组，或者对干预训练效果进行测量，使之成为实验法的一部分。

六、实验法

（一）什么是实验法

实验法（experimental method）是有目的地改变某些因素，考察心理活动随因素变化而变化的情况，从而推断制约心理活动变化的因素的一种研究方法。研究中，被改变的因素为自变量，被测量的因素为因变量。那些可能影响因变量的变化但又不是研究的自变量的因素被称为无关变量。一项优秀的实验设计，核心的内容是操纵自变量，测量因变量，控制无关变量。其中对无关变量的控制是考察研究者实验素养的一个重要指标。

（二）实验法的特点

因为严格控制了无关因素对研究结果的影响，因变量的变化与否只能是由自变量带来的，所以实验法所发现的是自变量和因变量之间的因果关系是否存在。在心理学的研究方法中，只有实验法可以直接推断因果关系。这显然是它最重要的优点。因为实验法严格控制了无关变量的影响，其研究的内部效度比较高，由样本的研究结果推断总体规律也比较容易。由样本推总体，是实验的外部效度之一——总体效度。这是实验法的第二个优点。但是，因为对无关变量的控制过于苛刻，所以在实验条件下所得出的结论，在实际生活中应用比较困难。由实验条件下得出的结论推生活状态，是实验的外部效度之二——生态效度。所以，实验法的生态效度相对较低是它的局限所在。

为了探究事物之间的因果关系，并且保证研究的内部效度和外部效度都比较高，研究者通常用两种方式协调二者的矛盾冲突。

一种方式是现场实验。在生活状态下，对无关变量做适当控制，操纵自变量，考察其对因变量的影响。可能有些无关变量控制得不太严格，但对推断研究结论影响不大。这样研究的结论可以直接用到生活中。这种思路用内部效度的小小降低，换来了外部效度的大大提高。例如，"利用排序教学促进幼儿推理能力发展的实验研究"就是在幼儿正常的学习活动情境下进行的，既没有换老师，也没有重排实验班和对照班。只是对训练之前实验班和控制班的幼儿逻辑思维能力进行了测量，确保训练前两个班水平相当。这样后测的成绩的差异可能会受到教师等因素的影响，但与训练效果相比，其他因素的影响可以忽略不计。例如，教师因素作为影响研究目的的主要无关变量，如果极大地影响了幼儿的推理能力的话，训练之前两个班推理能力就应该有明显差异。既然训练之前两个班在推理能力上没有差异，就可以粗略认为训练之外的因素可以忽略不计了。

另一种方式是多因素设计。多因素设计就是多自变量设计。为什么从实验情境得出的结论放到生活情境中就不好用呢？在实验设计中，研究者通常假设某种因素是导致因变量发生变化的因素。通过实验考察这种假设是真还是伪。要确定一个因素会不会影响因变量变化，就需要对其他可能影响因变量变化的因素进行控制，消除或平衡它们对因变量的影响，即对所谓无关变量进行控制。无关变量控制越多，因变量的归因就越明确，但同时也离生活情境越远。因此，研究者就提出了多因素设计，即一个实验中有多个自变量的设计。理想的状态是把影响因变量的所有因素都当作自变量来研究。这样实验情境与生活情境就基本相当。但心理学研究的对象是人的心理活动，而影响心理活动的因素太多、太复杂，所以在一个实验中，不大可能将所有可能影响心理活动的因素都作为自变量进行研究。因此，一般的一个多因素设计所涉及的自变量在 2～4 个。这样既对生态效度低有所克服，同时也不影响对结果的分析。

（三）使用实验法进行发展心理学的研究要注意的问题

在发展心理学的研究中使用实验法，需要注意的问题是，不能误将年龄、性别等分类变量作为真正的自变量来下结论。在方案设计中，如果有一个自变量是由研究者来操纵的，如材料呈现时间的长短。此时，将性别或者年龄作为多因素设计的一个因素，来进行数据分析是可以的，但下结论的时候，要跟真正的自变量有所区分。例如，可以下结论说材料的呈现时间影响加工效果，但不能说年龄大小影响加工效果。即使不同年龄条件下加工效果确实有区别，也不一定是年龄导致的，可能是伴随年龄的增长，知识背景、学习能力、加工方式等的变化导致的。因此，此时只需要报告随年龄增长加工效果变化的趋势，不要报告因果关系。

有些所谓发展心理学的实验研究，其自变量只有年龄和性别，其实就是一种调查。

★ 七、临床法

（一）什么是临床法

从观察到调查到实验，研究越来越深入。但在用儿童作为被试的研究中，由于儿童理解和表达能力的限制，需要研究者根据儿童现场的具体表现给出问题，来了解儿童的真实想法。所以"情境任务 + 问题"的研究方法就显得特别重要。

临床法（clinical method）是皮亚杰发明的，在生活情境中向被研究者提出一定的任务请其完成，根据被试的反应即时提出问题，了解被试的精神世界。例如，在研究守恒的过程中，研究者将两只相同的杯子放到儿童面前，杯子里有等液面的水。研究者问儿童：这两只杯子里的水一样多吗？儿童看看回答：一样多。然后研究者当着儿童的面，将其中一只杯子里的水倒到另外一只又细又高的杯子里去，然后问儿童：这两只杯子里的水一样多吗？无论儿童如何回答，都会问儿童"为什么"，以确定儿童液体守恒概念的有无。守恒实验情境如图 2-6 所示。

图 2-6　守恒实验情境

临床法要求主试能够根据研究对象对问题情境的处理或对问题的理解，有针对性地提出进一步挖掘对方内心世界的问题，所以对主试的要求相对较高。

例如，了解儿童（5岁）对"云彩为什么会动"的理解，研究者与儿童之间的对话如下：

研究者：你看见云彩在走吗？
儿童：看见了。
研究者：为什么它们会走？
儿童：我们走的时候，它们也跟着走了。
研究者：你能使它们走吗？
儿童：每个人都可以。当人走的时候，它们也走。
研究者：当我走，你站着不动，云彩走吗？
儿童：是的。
研究者：当晚上每个人都睡觉的时候，它们还在走吗？
儿童：是的。
研究者：但是，刚才你对我说，当有人走路的时候，它们才走的。
儿童：它们总是在走的。当猫在走，还有狗在走时，它们使得云彩也跟着走。

与一个9岁儿童的问答如下。

研究者：为什么云彩有时走得快有时走得慢？
儿童：因为风，风吹它们走的。
研究者：风是从哪里来的？
儿童：天空里来的。
（间隔一段时间）
研究者：风是从哪里来的？
儿童：不知道。
研究者：云彩可以造风吗？
儿童：不能。
研究者：没有风时，云彩还会动吗？
儿童：不会。

（二）临床法的特点

由上述问题可见，临床法具有一定的灵活性。虽然所提问题大体相同，但根据儿童的不同回答需要有不同的应对。同时为了甄别儿童回答的稳定性，还需要对同样的问题间隔不同时间、用不同的方法反复提问。而在什么时间用什么样的问题进行如此的检验，确实考验研究者的灵活性。

除此以外，临床法对研究者的关注力和思维的逻辑性也提出了一定的要求。研究者要敏锐觉察儿童回答的思路，顺着其逻辑思路进行提问。当然还需要注意不能偏离研究主题。

对儿童回答问题的计分统计，也是一个富有挑战性的任务。这需要研究者准确判断儿童的回答究竟是随机的、虚构的、受暗示的、有出处的还是自动的。有出处的和自动的回答，能表明儿童对所回答问题的理解的最高水平。

第四节　发展心理学的研究范式

不同学科对"研究范式"的界定有所不同。有的学科认为研究范式应在具体研究方法之上，有的学科认为研究范式应该比研究方法更具体。此处，作者将研究范式看成独立于研究方法，与具体研究目的联系更密切的经典研究步骤。

在心理学的研究中，根据研究内容的不同特点，研究者会使用不同的研究步骤。而有些研究步骤的设计非常经典，以至于不同的研究多有借鉴。这样的研究步骤的特有的结合，就成为心理学中的研究范式被广泛使用。与发展心理学研究密切相关的研究范式不少，采择其中几例，如下。

一、习惯化范式

（一）什么是习惯化范式

习惯化范式（habituation paradigm）是在研究婴儿的心理活动规律时常用的一种研究范式。它的提出源于婴儿表达心理活动的局限。他们难以用语言进行交流。研究者试图通过他们的行为表现来推断其心理活动的水平。

（二）习惯化范式的操作

习惯化范式的操作分为两个阶段：第一个阶段，习惯化。这个阶段的任务是通过反复呈现刺激，让婴儿对刺激形成习惯化的反应，即由好奇到无聊。第二个阶段，去习惯化。这个阶段的任务是为婴儿提供不同于第一个阶段的刺激，但通常情况下此时的刺激与第一个阶段的刺激具有某些相似性。这个阶段考察婴儿的反应与习惯化后的反应是否不同。研究的逻辑思路是：如果婴儿可以区分刺激 1 和刺激 2，则由刺激 1 形成的习惯化反应，会在刺激 2 出现的时候得到消除。如果婴儿不能区分刺激 1 和刺激 2，则在刺激 2 出现的时候，应该继续习惯化的反应。

研究者利用这样的研究范式，获得了对婴儿内心世界的更真实的了解，大大丰富了婴儿心理的研究。

习惯化范式演变出了不同的操作。例如，刺激偏爱程序，不可能事件等。

（三）习惯化范式的应用

利用习惯化范式可以做调查研究。例如，考察不同年龄的婴儿对同样的刺激分辨的敏感性。也可以利用习惯化范式做出实验设计。例如，可以操纵"刺激对"之间的相似性，考察不同年龄的个体对相似性不同的刺激区分能力的差异。

习惯化范式应用的典型代表是雷尼·贝拉通，如图 2-7 所示。

★ 二、图片工作记忆任务——自定顺序指示任务

（一）什么是自定顺序指示任务

自定顺序指示（self-ordered pointing）任务是探讨儿童工作记忆容量的。而工作记忆容量在发展心理学研究中影响突出。有些设计要充分考虑儿童工作记忆容量的限制。例如，在进行推理研究中，如果前提的数量超出了儿童工作记忆容量，儿童的推理错误就可能不仅仅是推理的问题。

图 2-7　雷尼·贝拉通（Renee Baillargeon，1954—　）

雷尼·贝拉通是伊利诺伊大学香槟分校心理系杰出教授，婴儿实验室主任。她利用习惯化范式，创造性地研究了婴儿心理发展，发现了婴儿在两个多月就可以认识到客体永久性。

（二）自定顺序指示任务的施测过程

自定顺序指示任务的施测过程是：研究者向儿童呈现一本图册。首先，图册的第一页上有 2 张图片，要求儿童选其中 1 张。接着，研究者呈现第二页图片，图片内容与第一页一样，但 2 张图片的位置安排不同，要求儿童指出刚才没有选过的那张图片。然后，研究者向儿童呈现第三页图片。这一页有 3 张图片，其中 2 张是前面看到的，另外 1 张是新的，要求儿童指出哪张图片是没有选过的。如果儿童不能从 3 张图片中找出自己没有选过的一张，研究者就把 3 张图片的位置更换，再让儿童报告；如果儿童在两次安排图片位置之后还是没能正确指认，则任务结束；如果儿童能够指认，则任务以此类推继续进行。图片的数量逐步增多，直到儿童不能指认为止。

（三）自定顺序指示任务的应用

自定顺序指示任务其实是一种图片再认任务，考察的是被试图片再认记忆广度。利用这个操作程序，可以揭示工作记忆发展变化的规律性。完成任务过程中，需要将记忆中的图片和现实知觉的图片相比较并作出决策。当图片的数量超出儿童的再认记忆广度时，儿童将不能在头脑中实现这种比较，因而表现为行动上的失败。

★ 三、汉诺塔

（一）什么是汉诺塔

汉诺塔（tower of Hanoi）是测量思维能力的工具，形式如图 2-8 所示。

这是个木珠移动的任务。在模板托上有三根木柱，其中一根木柱上有若干颗木珠。要求被试把木珠移动到第二根木柱上。移动的过程中，一次只能移动一颗木珠；第三根木柱可以用于暂时寄存木珠；移动的过程中，小木珠

图 2-8　汉诺塔

永远在大木珠的上面；移动的步数越少越好。

（二）汉诺塔的应用

针对不同年龄的被试，汉诺塔的木珠数量可以不同，木珠的数量越多，任务的难度越大。汉诺塔既可以考察儿童也可以考察成人和老人。有证据表明，个体在40岁左右达到汉诺塔表现水平的最高峰。

⭐ 四、延迟满足任务

（一）什么是延迟满足任务

延迟满足（delay of gratification）指的是为了长远的利益而自愿延缓目前的享受。研究主要的目的是考察儿童自我控制的能力。研究过程中研究者向儿童呈现小礼品（如棉花糖），并让儿童选择是立即吃1颗糖还是坚持一段时间不吃而再获得1颗糖。

这一研究确定了许多影响儿童等待时间长短的因素。例如，研究发现，礼物的诱惑力、周围环境的丰富性等，对儿童的延迟满足的表现会有影响。另有研究还发现，根据儿时延迟满足的能力可以预测高考前后的生活状态、学业成绩等。延迟满足能力强的四五岁小朋友，15年后高考成绩可能更好，可能更自信，社会适应性可能更强。

（二）延迟满足任务的应用

利用这个范式所做的研究中，传播最广的是乔辛·迪·波沙达（图2-9）的TED演讲。他在研究中录制了儿童在自我控制过程中的表现。尽管他没有针对儿童自我控制的策略进行专题讨论，但其具体形象的介绍，对探讨儿童的自我控制水平、自我控制的策略、自我控制的训练等都具有很强的启发性。

图2-9　乔辛·迪·波沙达（Joachim de Posada，1947—2015）

有人采用经过修改的延迟满足的任务，考察了年龄较小的儿童能否放弃自己当前的小机会去创造满足自己将来大愿望的机会，以及儿童能否帮助他人暂时放弃当前的小机会，去争取满足将来大愿望的机会。儿童在研究中表现出了审慎和利他行为，并且这种着眼于将来的审慎和利他行为与年龄有关。

（三）使用延迟满足任务时要注意的问题

在使用延迟满足任务的时候，需要注意两个问题。

第一，物品的吸引力。用于考察儿童延迟满足能力的物品，应该是儿童平时渴望但又不大容易得到的物品。哪些物品对儿童具有诱惑力，与时代和生活水平有关。有的研究者用十几寸大小的蛋糕作为诱惑物，告诉儿童如果可以坚持15分钟不吃就再送一个蛋糕。在这种情况下，儿童没有坚持15分钟，可能不是因为不能自控，而是因为意识到没有必要自控，认为眼前的蛋糕一时半会儿吃不完，没必要再等另一个蛋糕。

第二，研究环境的控制。在实验环境中，不能有另外的更吸引儿童的物品，通常环境较单调。儿童在实验环境中无所事事，面对的只有诱惑物，这样才能考验儿童的自控能力。如果在玩具室里做实验，也许有的孩子对玩具更感兴趣，表面上看能够控制自己，实际上可能被玩具所诱惑。

此研究范式在儿童心理研究中，可以用于描述、预测和优化效果的考察。单纯了解某个年龄段个体的延迟满足的能力、描述其延迟满足的特征，分析自控能力强弱不同的个体其延迟满足过程中使用策略的不同，这属于调查和描述研究。用低年龄个体延迟满足的表现，可以预测其若干年后的学业成绩、工作绩效、人际关系等，这是预测性研究。而用某些手段干预后儿童的自控能力是否有提高，也可以借助延迟满足的范式加以测量，这应该是优化研究的一部分。

★ 五、儿童博弈任务范式

（一）什么是博弈任务

博弈任务（gambling task）是经济领域决策研究所使用的方法。博弈任务范式有多种。例如，独裁者博弈，最后通牒博弈，爱荷华博弈等。有人对爱荷华博弈任务进行了简化，称之为儿童博弈任务范式，用于探讨儿童情感决策的水平。

（二）儿童博弈任务范式的操作

儿童博弈任务范式分两步操作。第一步是练习，第二步是正式博弈。在博弈任务中用了两副纸牌，一副纸牌的正面是竖条花纹，另一副纸牌的正面是圆点花纹。将两副纸牌翻过来都能看见它们的反面有开心的脸和悲哀的脸。所不同的是，正面是竖条花纹的纸牌的反面总是有1张开心的脸，偶尔加上1张悲哀的脸；而正面是圆点花纹的纸牌的反面总是有2张开心的脸，但有时会出现好几张悲哀的脸。开心的脸代表赢得糖果，其数量也代表赢得糖果的数量；悲哀的脸代表输掉糖果，其数量多少也同样代表输掉糖果的数量。每次尝试只能且必须选取1张纸牌。显然，选竖条花纹的纸牌虽然每次赢的糖果更少，只有1颗，但平均起来，输的糖果也更少；相反，选圆点花纹的纸牌虽然每次赢的糖果更多，有2颗，但平均损失却大得多，一旦输，就会输掉多颗糖果。因此，从长远来看，选竖条花纹的纸牌有利；反之，则不利。实验中，研究者告诉儿童"游戏"结束时要赢得尽量多的糖果。整个测试，一般设计50次尝试，开始的25次尝试可以看作儿童对两种纸牌的认识；后面的25次尝试将被作为对情感决策的测量。测量的指标为儿童在第26～50次尝试中作出有利选择的比例。

（三）博弈任务的应用

变化的矩阵博弈任务可以用于成年人。

矩阵博弈是在决策研究中经常使用的方法，一般主要由三部分组成，包括博弈者、所有可能的结果和各个博弈者在所有可能结果下得到的奖励值，这样后两个部分就会组成一个或多个矩阵博弈。每个博弈者的目标是作出使自己利益最大化的决定。这种形式尤其适用于两个玩家的博弈，其中每一个博弈者都只有一次移动，而且博弈者同时并且独立地选择他们的移动方式。一个博弈者的策略以矩阵中的排呈现，同时另一个博弈者的策略以矩阵中的列来呈现。矩阵中的每一个单元格都列出了当博弈结束时双方的奖励值。以矩阵的大小来描述博弈：一个 2×2 的博弈有两个博弈者，且每个博弈者在两种可能的移动方式中进行选择。博弈的扩展形式可以表征为一棵树，其中每一个节点代表博弈的一种可能的状态，博弈在原始的节点上开始。每一个节点从属于一个固定的博弈者，他在此节点上可能的移动方式间进行选择。当达到终止节点时博弈就结束了，并且博弈者会各自得到终止节点上的奖励值。当博弈者进行序列移动时，博弈的扩展形式是很有用的，博弈者在选择自己移动方式之前能够了解到另一个博弈者的行动方案（Flobbe et al.，2008）。

在博弈中，博弈者通过猜测对手会做什么，从而帮助自己作出最好的选择，但是这种猜测是交互的，因为对手也会猜你将会做什么，直到交互的一致性反应达到"一个平衡"为止，此次博弈才会结束。这种推理是重复的（A 通过猜 B 将会猜 A 做什么来猜 B 将会做什么，这样一直持续下去），这样通过直接的认知测量可以推断思考的等级（Hedden et al.，2002）。

有研究证明，这种矩阵博弈可以用于测量高级认知成分。

博弈结构不仅可以用来测量心智理论的认知成分，还可以用来测量心智理论的其他成分，如意图，以及心智理论与社会性间的关系。Sutter（2003）使用最后通牒博弈来研究小学生、中学生和大学生的心智理论和公平概念发展情况，结果发现所有的被试都能够考虑到研究者的意图，并且在没有其他更公平选择的情况下接受一个不是太公平的选择。然而，小学生和中学生比大学生更容易拒绝不公平的选择。这说明他们判断一个最后通牒博弈的选择时不仅考虑到对方的意图，也考虑到了选择带来的结果。

国内用矩阵博弈任务进行心智理论研究的学者中，刘希平老师更具代表性。

六、反向择物范式

（一）什么是反向择物范式

为了考察儿童对环境刺激进行表征的灵活性，研究者提出了反向择物（object reversal）范式。任务本身包含若干轮次，每一轮次中，研究者向儿童呈现同样两个事物 A 和 B，供儿童选择。当儿童选择 A 时，总是给予奖励；选择 B 时，则没有奖励。经过一定次数的尝试后，儿童对选择 A 表现出了倾向性。此后，规则又改为当儿童选择 B 时给予奖励，选择 A 时没有奖励，奖励的对象发生了反向转变。儿童经过多次尝试才发现这种反转，从而表现出对 B 选择的倾向。

（二）反向择物范式的应用

反向择物范式可以测量对反应的强化值（reinforcement value）进行灵活表征的能力，为研究人的消退行为（extinction）提供证据。这种研究方法常用于年龄较小的学前儿童，也可用于婴儿和学龄儿童。

反向择物范式以 Overman 等人的研究为基础。国内尚少有研究使用此种范式。

七、Go/No-go范式

（一）什么是 Go/No-go 范式

Go/No-go 范式用于测量被试持续注意和反应控制的能力。它要求被试对特定刺激做出反应的举动，对另一个特定刺激做出不反应的举动。

（二）Go/No-go 范式的应用

这一范式可以用于考察儿童对冲动行为的控制。在青少年的发展优化中，作者曾经用此范式训练青少年的反应灵活性，效果不错。

八、内隐联想测验

（一）什么是内隐联想测验

为了考察人们自己都没有意识到的态度，Greenwald 创造性地提出了内隐联想测验（implicit association test）。内隐联想测验以态度的自动加工为基础，包括态度的自动启动和启动的扩散。它的逻辑思路是，如果人们对不同事物的态度有所不同，则其态度会在完成"事物－特性"判断时的反应时间上得以体现。假如人们认为某一事物具有某种特性，则在完成判断任务时反应时间就相对较短；如果人们认为某一事物不具有某种特性，则当此事物与此种特性结合在一起时，其反应时间就会比较长。

因此，一般内隐联想测验通过测量两类词（概念词与属性词）之间自动联系的紧密程度，继而对个体的内隐态度进行测量。概念词可以包含不同的事物，属性词则分为积极属性和消极属性。这样就会出现几种组合：概念 A 积极属性，概念 B 积极属性，概念 A 消极属性，概念 B 消极属性。研究者可以比较被试在概念 A 积极属性与概念 B 积极属性情况下的反应时间的差异，从而推断被试更喜欢 A 还是更喜欢 B。当然比较消极属性对应的概念反应时的差异，也可以看出被试更讨厌谁。

（二）内隐联想测验的操作程序

以内隐自尊的联想测验为例，说明内隐联想测验的操作程序见表 2-2。

表 2-2　内隐自尊联想测验（蔡华俭，2003）

测验顺序	任务描述	靶概念词	刺激例证
1	联想属性词辨别 （associated attribute discrimination）	E 坏 好 I	E 死亡 愉快 I
2	初始靶词辨别 （initial target-concept discrimination）	E 非我 好 I	E 他 我 I
3	初始联合辨别 （initial combined task）	E 坏，非我 好，我 I	E 悲伤，他 高兴，我 I
4	相反靶词辨别 （reversed target-concept discrimination）	E 我 非我 I	E 我 他 I
5	相反联合辨别 （reversed combined task）	E 坏，我 非我，好 I	E 疾病，我 他，顺利 I

九、陌生情境范式

（一）什么是陌生情境范式

为了考察儿童的分离焦虑，研究者使用了陌生情境范式（strange situation paradigm）。陌生情境范式就是通过考察儿童在面对陌生人时的适应性反应，来了解儿童的分离焦虑。

（二）陌生情境范式的操作

陌生情境范式的具体操作过程通常分为如下几个阶段：第一阶段，母子同在。让母亲与婴儿一起进入一间有玩具的房间，之后母亲鼓励孩子玩玩具和探索环境，当孩子玩的时候，母亲陪伴在身边。第二阶段，陌生人闯入。进来一个陌生人，先是保持沉默，再与母亲交谈，然后接近婴儿。第三阶段，母亲离开。母亲离开，留下陌生人和婴儿在一起。婴儿产生分离焦虑，陌生人努力安慰和引导婴儿继续玩。第四阶段，母子团聚。母亲重新回到婴儿身边。

在上述几个阶段中，观察婴儿的适应性行为，比较婴儿在母亲在场和不在场，陌生人在场和不在场的差异，了解婴儿对新环境的适应和分离焦虑的状况，考察婴儿的适应特征。

十、道德两难故事

（一）道德两难故事的由来

皮亚杰用成对故事法，探讨儿童的道德认知的发展。在一对故事中，总是有一个动机好，但效果差；另一个动机差，但效果没有那么糟糕。让小朋友判断故事中的主人公哪个更坏，并说出理由。皮亚杰归纳总结出儿童的道德判断能力的发展分为三个阶段：第一个阶段是前道德阶段。这个阶段的小朋友还没有道德意识，不能进行道德判断。

第二个阶段为他律阶段。对小朋友来讲，大人说的都是对的。他们将成人的标准作为自己判断的标准。第三个阶段为自律阶段。小朋友有了自己的内化的判断标准，可以对现实作出自己的判断。

劳伦斯·科尔伯格（图2-10）对"成对故事法"进行了改造，提出了道德两难故事法，用以考察个体道德判断水平的发展。

（二）什么是道德两难故事

道德两难故事（the moral story of the dilemma），是在一个故事中，具有正反两方面的道理。认知主体在判断时，左右为难。研究者借机了解认知主体对故事的解读，从而推断其认知水平。其中被广泛引用的是海因兹偷药的故事。故事的大体内容是：在欧洲，一名妇女得了一种特殊的癌症，快要死了。医生说只有一种药或许能挽救她的生命。这种药就是本城药剂师最近刚发现的一种镭。每一剂药的成本是400美元，药剂师要价4 000美元。患病妇女的丈夫名叫海因兹。他找到他所认识的每一个人去借钱并尝试了每一种合法的手段，但他最终只筹到总共2 000美元，仅够药价的一半。他告诉药剂师说他的妻子快死了，求药剂师将药便宜些卖给他或者让他以后再付钱。但是药剂师说："不行，我发明这种药就是要用它赚钱。"在走投无路的情况下，海因兹感到绝望并考虑砸开药店为他妻子偷药（Kohlberg，1984）。

图2-10　劳伦斯·科尔伯格（Lawrence Kohlberg,1927—1987）

研究者在给被试听了上述故事之后，让被试回答与故事有关的下述问题：

（1）海因兹应该偷药吗？为什么？

（2）他偷药的行为是对的还是错的？为什么？

（3）海因兹有责任或义务去偷药吗？为什么？

（4）人们竭尽所能去挽救另一个人的生命是不是很重要？为什么？

（5）海因兹偷药是违法的。他偷药在道义上是否错误？为什么？

（6）仔细回想故事中的困境，你认为海因兹最负责任的行为应该是什么？为什么？

利用类似的道德两难故事，科尔伯格提出了道德判断的"三水平六阶段"理论。

（三）道德两难故事的变式

与道德两难故事可以相提并论的研究，还有其他版本。

其中比较有影响的是"电车难题"。其内容大致是：一个疯子把5个无辜的人绑在电车轨道上。一辆失控的电车朝他们驶来，片刻后就要碾压到他们。幸运的是，你可以拉一个拉杆，让电车开到另一条轨道上。但是还有一个问题，那个疯子在那条轨道上也绑了一个人。考虑以上状况，你应该拉拉杆吗？

在儿童版本的电车难题中，是这样描述两难情境的：在一个小镇上，有两处铁轨，镇里的孩子都知道，两处铁轨中的一处仍在使用，另一处已废弃多年。有一天，镇上的一群孩子跑到仍在使用的铁轨上玩耍。只有一个孩子选择了坐在废弃的铁轨上，并劝说其他孩子换个地方玩，可惜他的话非但没人听，反而招来其他孩子的耻笑。这时一辆火车突然行驶过来。而此刻一名工人恰巧走到道岔旁边。他可以扳动道岔让火车改变轨道驶向废弃的铁轨，这样可以挽救大多数孩子，但这就意味着要牺牲掉那个坐在废弃铁轨上玩耍的孩子……那么，工人应不应该扳动道岔？

在儿童的道德判断和道德推理中，可以借由上述故事衍生出更多符合儿童生活实际的道德两难情境，来探讨儿童对规则理解、对他人的态度等的认知。如果将儿童的研究结果与老年人的研究结果做一对比，也许会有新的发现。

另外，对于道德两难故事，一方面可以根据研究目的的要求直接借用；另一方面，借助这种故事范式，引导读者思考。在进行发展心理学的研究时，是不是在其他领域也可以利用这种思路？在同一个问题情境中存在着正反两种可能性，探讨个体在完成任务过程中，内心的冲突如何解决，从而挖掘个体的精神世界。

例如，李红等研究关于 3.5～5.5 岁儿童在知觉相似与概念冲突情形下的归纳推理，思路类似（龙长权，吴睿明，李红 等，2006）。

十一、动态测验范式

（一）动态测验的目的

动态测验（dynamic test）起始于对智力潜能的评估。按照维果斯基的理论，每个儿童都有实际发展水平，也有借助成年人的帮助可以达到的水平，这两种水平之间的差异就是最近发展区。研究者认为个体现有的智力水平固然重要，但在现有水平相同的情况下，更重要的是其发展的潜能大小。对其潜在能力的考察，最重要的是找出在单独完成任务时失败的原因，并找到应对策略，为优化儿童的发展提供帮助。动态测验就是为测量被试主体的潜在水平而发明的。

（二）动态测验的步骤

动态测验范式通常分为三步：第一步，让儿童进入问题情境，了解问题情境，尝试解决问题。第二步，成人引导儿童，让儿童了解解决问题需要什么样的方法、策略和思考。第三步，让儿童独立解决问题。其中第二步的成人与儿童的互动，是最为重要的。

动态测验范式的使用，不限于智力领域，在与优化、干预有关的领域都可以尝试使用。国内对动态测验关注较多的学者是张丽锦。

十二、双生子范式

（一）什么是双生子范式

为了研究遗传和环境在心理发展中的作用大小，研究者常选用双生子范式（the twin paradigm）。利用双生子为样本，通过分析双生子行为特征和心理特征的差异，来间接推断环境与人的心理发展之间的关系。此方法多用于智力、人格的研究。

双生子范式的原理是：同卵双生子之间任何心理特征上的差异都来自环境，此处环境既包含出生之后的环境，也包含产前环境；异卵双生子的差异中，既有环境带来的差异，又有遗传带来的差异。研究假设，同卵双生子与异卵双生子之间由环境带来的差异是均等的。所以，用同卵双生子之间的心理特征的差异，表示环境对心理特征的影响；用异卵双生子之间心理特征的差异与同卵双生子之间心理特征的差异之差，表示遗传对心理特征的影响。

（二）双生子范式的应用

利用双生子范式进行研究，需要大量双生子作为研究对象，无论是同卵还是异卵。这样可以排除个别差异。

当然，利用双生子范式进行研究，有可能会带来一些误差。因为同卵双生子之间环境带来的差异，与异卵双生子之间环境带来的差异，有可能存在不同。因此，下结论时需要谨慎。

另外，利用双生子范式所发现的遗传或环境对心理发展的作用，不是来源于直接的因果关系的测量。

★ 十三、微观发生法

（一）什么是微观发生法

微观发生法（the microgenetic method）是指用于提供关于心理品质发生变化的精细信息的方法。依据 Siegler 等人的说法，该方法有三个关键特征：①观察跨越从变化开始到相对稳定的整个期间；②观察密度与现象的变化率高度一致；③对被观察行为进行精细的反复试验分析（trial-by-trial analysis），以便推测产生量变和质变的过程。它适合于研究心理现象的发生过程，最宜于研究某种心理能力、知识、策略等的形成过程，或阶段间的转换机制。

（二）微观发生法的应用

在具体研究过程中，微观发生法一般包含三个环节：前测阶段，练习或干预阶段，后测或迁移阶段。前测阶段的目的，是鉴别儿童是否具有所要探究的某种能力。将已经具有此种能力的被试过滤掉，不具备此种能力的被试进入第二个环节进行练习。练习中，为被试提供可以反复观察、记忆、思考的情境。然后进行后测。为被试提供可以考察能力获得与否的任务，请被试完成，测量其能力形成的状况。上述过程一般较短，多次重复，方便考察被试能力形成过程中点滴的进步，从而探究其能力的形成机制和规律。同时，在练习期间，可以分出不同的练习组，考察不同练习方式对能力形成的影响。

国内利用微观发生法进行发展心理学研究的学者中，辛自强的研究更具代表性。

章后小结

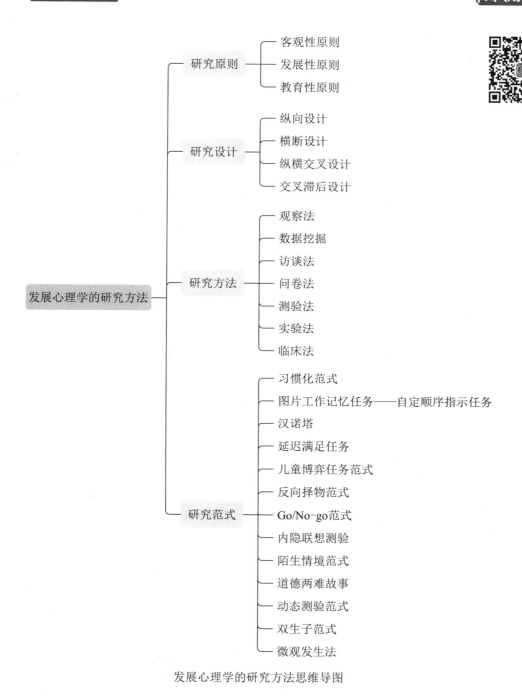

发展心理学的研究方法思维导图

第三章 发展心理学研究的核心问题

> 　　四岁儿童最活跃
> 　　　　（刘希平）
> 从未如此惊慌，不再如此繁忙……
> 只有四岁童年，唱歌跳舞拓荒。
> 闻鸡起舞时光，时间婆娑流淌……
> 抬头不见夕阳，只闻门前亲娘。

章前导读

　　通常心理学研究的视角包括生理心理学视角、认知心理学视角、行为主义视角、临床视角、特质视角、社会文化视角和发展心理学视角。

　　生理心理学视角下的心理学研究，把人看作一个生物系统，把人脑看成产生心理活动的器官。研究关注人脑的活动机能，关注神经系统的工作原理，探讨进化过程中心理活动的规律。

　　认知心理学视角下的心理学研究，把人看作信息处理系统。研究焦点是信息的输入、编码、储存、加工与使用过程中的心理活动的规律。研究同时认为，人们对经历过的事情的解释决定了人的行为，而解释的不同则取决于一个人已经建立起来的认知结构。

　　行为主义视角的心理学研究，认为行为是通过学习塑造的，而强化学习是行为塑造的根本规律。它强调刺激－反应之间联结的形成，强调环境对有机体行为的影响。

　　临床视角下的心理学研究，更关注人格的健康成长。其中最核心的心理学流派是人本主义和精神分析。两种人格成长的心理学体系对人的本性、制约人格成长的动力、人格成长的规律等有不同的解读。这一视角逐渐演变，形成了心理咨询和心理治疗两个领域，分别处理人们不同层次的心理问题。而对没有心理疾患的人，如何在心理疾患发生之前就可以很好地加以预防，如何生活得更开心、更幸福，这些思考催生出了如今蓬勃兴起的积极心理学。

特质视角下的心理学研究，强调个人的差异是特征差异。每个人独有的特征组合是构成行为差异的原因。个体在统一环境下的不同行为是其特质的不同组合催生的。了解特质的组合是行为预测的基本途径之一。

社会文化视角下的心理学研究，强调社会文化背景制约个体的行为，关注社会文化背景在什么情况下可以预测行为。

发展心理学视角下的心理学研究，关注人的一生各个阶段心理发展变化的规律，认为心理发展是遗传和环境共同作用的结果，探讨心理发展变化的特征与哪些具体因素具有怎样的关系，探讨个体的认知和社会性的成长，探讨智慧的形成和个性的养成。

第一节　发展心理学的基本理论问题

令发展心理学家苦苦寻求答案的发展心理学研究，涉及关乎心理活动发展变化的方方面面。心理活动表现出的心理发展规律，只是发展心理学研究的内容之一。心理学家对另外一些与心理发展息息相关的话题同样感兴趣。这些话题对人们理解心理成长背后的道理，作用突出。这些基本问题包含如下几个方面。

一、遗传与环境对发展的制约作用

遗传是指亲代表达相应性状的基因通过无性繁殖或有性繁殖传递给后代，从而使后代获得其父母遗传信息的现象。遗传因素表现为一个人内在的基因结构。它不仅决定一个人的性别、肤色、身高、长相等生理特征，且在很大程度上影响他的气质、性格和智力等心理特征。受精卵形成后所受到的影响，都归结为环境的作用。后天环境因素包含一切与遗传相对的、外在于个体的影响因素，如营养、医疗卫生条件、家庭经济状况、父母的受教育水平、父母的人格特征和社会关系、社区环境、学校教育乃至本民族的风俗文化、社会历史、道德价值体系等。在所有的后天环境因素中，家庭教育、学校教育和社会文化系统特别受到发展心理学家的关注。

究竟是遗传因素对人的影响大，还是环境因素对人的影响大？研究者们试图探究这其中的奥秘。

（一）遗传决定论

遗传决定论的代表人物是弗朗西斯·高尔顿（图3-1）。高尔顿是英国探险家、优生学家、心理学家，差异心理学之父，也是心理测量学上生理计量法的创建人。

他主张遗传决定了个体的成长。1869年，他发表了《遗传的天才》一书，指出："一个人的能力，乃由遗传得来的，其

图3-1　弗朗西斯·高尔顿（Francis Galton，1822—1911）

受遗传决定的程度，如同一切有机体的形态及躯体组织受遗传的决定一样。"

高尔顿做了大量研究，以证实自己的观点。他通过谱系调查，探讨遗传因素与个体差异的关系。他调查了1768—1868年这100年间英国的首相、将军、文学家和科学家，共计977人。发现这些聪明的人中，有89个父亲、129个儿子、114个兄弟，共332名杰出人士；而在一般老百姓中，4 000人中才孕育1名杰出人士。因此他断言"普通能力"是遗传的。

高尔顿的研究具体见表3-1。

表3-1　高尔顿的研究

遗 传 关 系	智力上的平均相关
一起长大的同卵双生子	0.86
分开长大的同卵双生子	0.72
一起长大的异卵双生子	0.6
一起长大的异卵双生子：同性	0.62
一起长大的异卵双生子：异性	0.57
一起长大的同胞	0.47
异父（或异母）兄弟姐妹	0.31

既然能力是遗传的，为什么个体出生时并不表达父母遗传给他们的所有能力呢？另一位遗传决定论者彪勒认为：儿童心理发展的过程乃是儿童内部素质向着自己的目标有节奏地运动的过程。外界环境在这里只起着促进或延缓这一过程的作用，而不能改变这一过程。在彪勒看来，尽管能力是遗传的，但它需要有机体成熟到一定程度才得以表达。而环境在这一过程中起着抑扬的辅助作用。

这听起来有道理，但华生不同意。

（二）环境决定论

环境决定论者的代表人物是约翰·华生（图3-2）。华生是心理学家、商人，重要的是，他创立了史上影响深远的行为主义心理学。

图3-2　约翰·华生（John B.Watson，1878—1958）

华生认为，个体的心理发展是环境决定的，与遗传因素无关。为了证实自己的观点，他做了一项实验（图3-3）。实验选择8个月大的婴儿，史上称之为小艾伯特。被选中参加实验之后，小艾伯特就不断收到来自研究者的礼物，它们是小兔子、小老鼠、小猴子、小狗等。小艾伯特与小动物们相处融洽。小艾伯特11个月大的时候，华生开始了对小艾伯特的行为训练。他请小艾伯特跟小动物一起玩耍。起初，小艾伯特与小老鼠接触，没有丝毫恐惧。之后，每当小老鼠出现，小艾伯特与小老鼠欢乐玩耍的时候，主试就在婴儿耳边制造强烈的噪声。华生认为噪声是令婴儿恐惧的因素之一。果然噪声的出现，令婴儿恐惧不已。第二次，当小老鼠出现，小艾伯特试图与小老鼠快乐玩耍的时候，令人恐惧的噪声再次响起……噪声和小老鼠同时出现七次之后，小艾伯特表现出对小老鼠的恐惧。只要小老鼠出现，婴儿就有惧怕的反应。研究者还发现，这种联系一经建立，恐惧的对象就从小老鼠扩展为兔子、小狗、小猴子，一切带毛的动物，毛绒玩具甚至是戴着羽毛面具的实验者，小艾伯特都害怕。这种现象在心理学上被称为泛化。

这项研究虽然受到了同行的质疑，但质疑的声音仅仅针对其实验是否符合道德规范。其中的科学原理应该可以说明，即使儿童具有不惧怕小动物的天性，但经过环境的改造，儿童的这种天性也会发生改变。华生借助这样的研究说明，环境在个体成长中起着决定的作用。

图 3-3　恐惧的训练

推导看起来有逻辑，但训练成年人试试？

（三）二因素论

二因素论的代表人物是施太伦（L. W. Stern）。施太伦是德国心理学家，也是智商概念的提出者。二因素论认为，遗传和环境的作用在心理发展中都是不可或缺的。他在《早期儿童心理学》一书中提出"合并原则"。他说："心理的发展并非单纯地天赋本能的逐渐显现，也非单纯地对外界影响的接受或反映，实为内在的品质及外在的环境合并发展的结果。"

与施太伦的观点不谋而合的是伍德沃斯（R. S. Woodworth）。他提出"相乘说"，认为人的心理发展等于遗传和环境的乘积。他说："遗传和环境的关系，不似相加的关系，而较似相乘的关系。个人的发展依赖他的遗传与环境两方面，就像矩形的面积依赖长也依赖宽一样。"同样，决定心理的发展也不能说遗传和环境哪个更重要。

图 3-4　皮亚杰（Jean Piaget，1896—1980）

皮亚杰所提出的认知发展理论是心理学领域的典范。他一生著述颇丰，共计出版 60 多本专著，发表 500 多篇论文。他曾到过许多国家讲学，获得几十个名誉博士、荣誉教授和荣誉科学院士的称号。尤其在儿童思维发展方面，皮亚杰作出了巨大的贡献。他在卢梭学院从事儿童的动作和思维活动的研究，进行了一系列的实验，并且发表了诸如《儿童的语言和思维》《儿童的判断和推理》《儿童的世界概念》等 5 本论述儿童心理的专著。这些著作使皮亚杰蜚声海内外，成为国际著名的儿童心理学权威。

二因素论听起来挺有创造性，但遗传和环境，谁是矩形的长边？

（四）相互作用论

相互作用论的代表人物是皮亚杰（图 3-4）。皮亚杰是瑞士心理学家，是迄今为止最著名的发展心理学家。很多国内的发展心理学家把对皮亚杰发展心理学思想的研究作为自己的研究主题。迄今为止，发展心理学研究的热门话题仍然没有逃出皮亚杰所提出的基本领域的范围。

皮亚杰认为，遗传本身为个体提供了一些本能。个体出生后，由于本能的作用，表现出一些无条件反射的行为。无条件反射的行为作用在环境上，环境发生了改变，个体对环境有了初步的了解，主体和客体之间的相互作用就发生了。在皮亚杰看来，主客体之间的相互作用的方式就是动作。动作有两种，一种是实际的外在动作，一种是头脑中进行的可逆的逻辑思考。头脑中进行的可逆的逻辑思考，皮亚杰称之为运算。所以按照皮亚杰的说法，心理的发展是在主客体的相互作用中实现的，相互作用的方式就是主体施加于客体的动作和运算。在生命的早期，实际的外在动作的成分更多，在年长者身上，运算的成分更丰富。主客体之间相互作用的结果是形成了新的心理结构。已经形成的心理结构，作为遗传与环境交互作用的产物，会进一步影响遗传与环境交互作用的过程。

皮亚杰的观点启发教育者，为个体提供足够令其探究的相对安全的环境是最为重要的。

（五）辩证唯物主义观

在探讨遗传与环境对心理发展的制约作用的过程中，研究者们逐渐达成了一个共识：遗传和环境在个体成长中都会起到一定的作用，作用的方式有所不同。

遗传决定了发展的可能性，环境决定了发展的现实性。任何个体都在遗传的制约下长大。正因为如此，人的视力再敏锐，也没有鹰的视力好；人的嗅觉再灵敏，也没有狗的鼻子灵；人的运动水平再高，也没有猎豹跑得快。由此可见，遗传在个体的发展中起着非常重要的作用。但是，即使遗传因素相同的个体，也会有不同的发展现状，这种在遗传提供的范畴里表现出的差异，可以理解为环境的作用。

遗传和环境与发展的关系如图 3-5 所示。

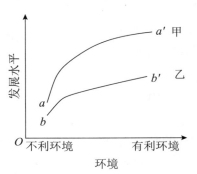

图 3-5　遗传和环境与发展的关系

注：a'-a 反映了甲的遗传范围；b'-b 反映了乙的遗传范围。

由图 3-5 可以看出，个体能力发展的范围是由遗传决定的。但在遗传决定的范围里，每个人发展到什么水平，就受环境制约了。在环境相同的情境下，甲的水平比乙的水平高；但如果甲的环境糟糕，乙的环境不错，乙的最终发展水平可能比甲要高。当然，什么样的环境是好的，什么样的环境不够好，因人而异。同样的环境，因为主体的主观能动性不同，可能有不同的效果。无论如何，遗传决定了个体发展的可能性，环境决定了发展的现实性。

二、发展的连续性与阶段性

发展究竟是连续的还是分阶段进行的，心理学家有不同的看法。连续论者一般认为心理发展是渐进式的；阶段论者则认为心理发展是断续的，是分阶段进行的。

（一）连续论

连续论认为，心理发展是一个量的积累过程，是渐进式的、连续的变化过程。例如，老人听力的丧失，是一个缓慢且连续的过程。一般强调环境因素对心理发展的影响的理论，都认为心理发展是连续的、渐进式的，如传统的行为主义、社会学习理论等。

（二）阶段论

阶段论认为，心理发展的过程是不连续的，是分阶段的，阶段与阶段之间是跳跃的，各个不同的发展阶段都有与其他年龄阶段不同的心理的质的特殊性。

（三）辩证唯物主义观

当今发展心理学的研究对个体心理发展的过程基本达成了共识，即个体心理发展是连续性和阶段性的统一。发展是连续的，不能停顿；发展是分阶段的，阶段与阶段之间既有质的飞跃，又有相互联系。

在认知发展和社会性成长理论中，既承认发展的连续性，又将发展过程分解成若干阶段的代表性理论，是皮亚杰的认知发展阶段理论。

三、发展的年龄特征

年龄特征是指某个年龄阶段共有的本质特征。年龄特征用年龄做指标表达从出生到死亡整个生命历程中不同阶段的典型的心理特征。如少年期的逆反、成年前期的无助、老年期的整合等，都是不同年龄阶段的典型特征。发展心理学研究个体心理发展过程中，不同年龄阶段的心理活动的特殊性。这种特殊性就是使某一个年龄段区别于其他年龄段的典型的心理特点。

（一）年龄特征的划分标准

划分个体心理发展的年龄阶段，应该考虑两个问题。首先，个体心理发展的每一个时期的本质特点，应该是划分心理发展年龄阶段的主要依据；其次，在划分心理发展年龄阶段时，既应该看到主要矛盾，又应该看到其他方面。

心理发展年龄阶段的划分标准可以规定为：在一定的社会和教育条件下，个体心理发展的各个不同时期内的特殊矛盾或质的特点；而划分标准主要表现在个体不同时期的主导活动、动作发展和言语发展以及智力水平和个性特征上。如皮亚杰的分段以思维发展为基础，埃里克森（Erik H. Erikson，1902—1994）则以个性发展特征为划分标准。

（二）年龄特征的研究

年龄特征的研究来自两个方向：一个方向是从年龄的视角，看待不同年龄阶段的心理特点；另一个方向是，研究生命全程的心理特点，把具有类似心理特点的个体划归为一个年龄阶段。

年龄特征具有稳定性。一旦研究者发现不同年龄段具有典型的区别于其他年龄段的特点，则这种特点常常是比较稳定的，不大容易改变。

年龄特征也具有可变性。随着社会环境的变化，之前某个年龄段的典型特征，也许会成为其他年龄段的特征。

年龄特征具有个体差异。年龄特征只是某个年龄段的典型特点，是大多数同一个年龄段的人都具有的特点。

（三）年龄阶段

在发展心理学的研究中，大家所倡导的年龄阶段划分各不相同。本书的划分方法见表 3-2。

表 3-2　个体年龄阶段划分

阶段	阶段名称	年龄段	称呼	主导活动和基本特征
1	新生儿期	出生至 1 个月		生理发育、环境适应
2	乳儿期	1 个月至 1 岁	婴儿	生理发育、环境适应、动作成长
3	婴儿期	1～3 岁		生理发育、动作成长、言语发展、感知觉和自我意识发展
4	幼儿期	3～6 岁	幼儿	生理发育、记忆发展、性别认同
5	童年期	6～12 岁	儿童	生理发育、形象思维发展、自我概念初步形成
6	少年期	12～18 岁	少年	生理发育、抽象思维发展、性别定向
7	青年期	18～35 岁	青年	智慧形成、人格稳定、职业定向、恋爱、家庭组建
8	成年期	35～45 岁	成年	智慧相对稳定、人格特点可塑性低、父母角色的确定
9	中年期	45～65 岁	中年	生理机能衰退开始、流体智力衰退开始、晶体智力继续增强、社会关系相对稳定、对自我进行重新评价
10	老年期	65 岁以上	老年	生理机能衰退、反应速度变慢、认知能力衰退、亲子关系适应、朋友关系协调、亲人丧失适应、适应自由支配时间的生活

四、发展的关键期

（一）印刻

"关键期"来源于习性学家洛伦兹（K. Z. Lorenz）关于"印刻现象"（imprint）的研究。他用孵化器孵化一窝鹅蛋。小鹅孵化出来后，看到的第一个运动的物体就是洛伦兹。它们把洛伦兹作为自己的妈妈跟随左右。当它们受到惊吓时，就跑到洛伦兹身边。甚至当鹅妈妈出现时，它们也不理不睬。洛伦兹把在出生后最初时间见到的运动物体认定是自己妈妈的现象，称之为印刻（图 3-6）。

图 3-6　印刻

（二）关键期

发展心理学家发现，儿童心理发展同样存在着敏感期。在某一特定的时期，某种心理倾向使儿童对特定事物或活动产生有效认知，而过了这一时期，其活动效率就会大大降低。研究者称这个敏感时期为关键期。

在关键期，有机体的反应能力是比较强的。有研究发现，小动物在出生之后的 15 分钟印刻期，就能够反应抽象概念。在学习阶段，研究者给刚刚孵化出来的小鸭子看一对运动的物体，这对运动的物体沿着特定的圆形轨迹运动。控制的变量是这对运动的物体是相同的还是不同的。在测试阶段，让小鸭子看另外运动的物体，考察小鸭子追随什么样的运动物体。此时呈现给小鸭子的物体与它们学习阶段看到的物体均不相同。但测试时让小鸭子看到的"运动物体对"有两种情况，一种是相同的，一种是不同的。研究者的推测是，如果在学习阶段，小鸭子看到的是相同的物体对，而测试阶段小鸭子追随相同的物体对，则说明它们认识到了相同或不同的抽象概念。结果发现，大约有 3/4 的小鸭子可以追随与学习阶段所见物体关系相同的物体对。例如，学习时看到的是两个球，测试时，小鸭子不追随一个正方体和一个长方体的物体对，而是追随两个锥状物。

不同能力的发展有不同的关键期，归纳起来有几个关键期值得关注。

口头言语获得关键期（0～3 岁）。个体在母体内就开始熟悉母语的声调、节奏等。出生后，儿童开始注视大人说话的嘴型，并发出牙牙学语的声音，从此进入口头言语习得的关键期。一般而言，儿童到 1.5 岁左右，就能够说出 50 个左右的词汇，2 岁可以说出 300 个左右的词汇，3 岁时就掌握了大约 1 000 个词汇，可以进行有效的沟通了。若孩子在 2 岁左右还迟迟不开口说话，应带孩子到医院检查是否有器质性问题。如果没有器质性问题，孩子开口说话晚些也是正常现象。

识字关键期（4 岁左右）。4 岁左右的儿童，在阅读连环画时，随着家长读书的发音，关注图画下面的文字，一个声音对应一个文字……很快，儿童就能够把那些文字与其对应的发音结合在一起。在成人看来，儿童认识了很多字。实际上，儿童是把那些小小的文字当作一张一张图片，与相应的声音之间建立了条件反射。在 4 岁左右，其条件反射的建立比较迅速，所以给人的感觉是那时候识字速度比较快。过了那个时期，儿童识字就相对艰难了。

感觉发展的关键期（0～6 岁）。儿童从出生起，就会借着听觉、视觉、嗅觉、味觉、触觉等感官来熟悉环境、了解事物。在关键期，引导儿童充分利用自己的感觉了解世界，是家长的任务；做好设计，让儿童在游戏过程中利用感觉、锻炼感觉是玩具设计师的任务。比如，让儿童看五彩缤纷、各具形态的玩具；听节奏不同、抑扬顿挫的声音；闻花草；尝鸡鸭鱼肉；抚触材质、粗细、厚薄不相同的玩具……

★ 五、发展的性别差异

个体从出生到死亡整个生命历程中，心理发展的性别差异，也是发展心理学关注的焦点问题。迄今为止，虽然较少有生命全程心理发展的性别差异的研究，但研究者关注各个年龄阶段性别差异的变化，汇总起来也有一定的发现。心理发展的性别差异示意如图 3-7 所示。

图 3-7 表明，儿童出生时性别差异并不显著。随着年龄的增长、生活阅历的增加，社会对不同性

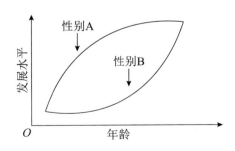

图 3-7 心理发展的性别差异示意

别的个体提出了不同要求，加上遗传因素的差异，两性差异越来越明显。到了生命的后半程，随着年龄的增长、各种能力的衰退，两性差异逐渐缩小，趋于消失。

第二节 心理发展的具体研究问题

一、认知发展与智慧形成

认知也可以称为信息加工，是指对信息的接收、编码、储存、加工、使用等过程。认知包括：感知觉，思维和想象，记忆，注意。其中，感知觉反映的是事物的外在特征；思维和想象反映的是事物的内在特征；记忆是感知觉与思维和想象之间的桥梁，它负责把感知觉所接收的信息储存在头脑中，为思维和想象提供材料；注意则是伴随认知过程的一种状态，注意虽不是认知活动本身，但认知活动离不开注意。

个体从孕育到消亡，整个生命历程中，认知水平都在变化。成长过程的变化表现出由低到高逐渐发展，由无意识到有意识，由具体到抽象，由不完善到完善。在个体成长的早期，其认知水平变化主要体现为感知觉水平的提高，具体表现为对各种颜色、不同声音、冷热酸甜等逐渐敏感。到了幼儿期，认知的发展则主要体现在记忆力的提高上。小学阶段是形象思维发展的关键时期，中学阶段则是抽象思维发展的重要时期。

与认知发展息息相关的还有元认知。元认知是对认知的监测和控制。尽管认知与元认知是两套加工系统，各有自己的特性，但元认知的水平与认知的水平之间具有相互制约的关系。目前，在元认知领域研究相对成熟的是元记忆。探讨元记忆的成长规律也是发展心理学家关注的问题。

认知发展的研究，就是要探讨各种具体的认知活动随年龄增长是如何变化的，发展变化的水平与年龄之间存在什么样的函数关系，这种发展变化受到怎样的制约。

认知发展的研究，不仅关注认知水平随年龄增长的变化趋势，还关注制约其发展的因素、制约其发展的作用原理。

认知发展的结果，凝聚成了个体的智力。智力在实际生活情境中的表达，就成为智慧。

二、社会性发展与人格形成

社会性程度高低表达了与人交往的水平。对于普通人来说，社会性成长比智慧成长更为重要。因为普通人的智慧水平发展的差异不大，他们是否可以在生活中过得自在快乐，可能取决于与周围人相处的方式，也可能取决于与周围人的关系的和谐程度。而与周围人关系是否和谐则由个体与人交往的水平决定。

社会性的心理结构包括社会认知、社会情感、社会意志、社会行为。其中社会认知包括：对世界的认知和对人生的认知，对客观世界的认知和对主观世界的认知，对自己的认知和对他人的认知。社会情感包括在人际交往中表现出来的情绪情感。社会意志则体现在与人交往的意志控制中。社会行为指与人交往的艺术。

社会性除了上述具体内容之外，还与需要、动机、兴趣等息息相关。

个体的社会化有其遗传素质基础。其中高级神经活动类型会制约社会化的进程。个体的社会化常常通过个体同与之有关系的其他个体及团体的相互作用而实现。提供给个体与他人相互作用的机会，应该对促进个体社会化有帮助。个体的社会化是共性与个性的统一。同一个社会阶层，人与人交往的过程都具有潜在的规则，受文化的制约；同时，每个个体又具有自己的独特性。个体的社会化贯穿一生。在社会化进程中，所谓活到老学到老也同样适用。

社会性发展的结果，凝聚成了人格。

★ 三、认知发展与社会性发展的关系

一般而言，认知发展与社会性发展是个体成长中两个不同的方面。因此，其水平存在几种组合：①认知发展水平高，社会性发展水平高。这种人聪明、能干、人缘好。②认知发展水平高，社会性发展水平低。这种人适合从事高智慧的活动，但与人打交道的水平有限。③认知发展水平低，社会性发展水平高。这种人虽然不够聪明，但与人周旋游刃有余。④认知发展水平低，社会性发展水平低。这种人做事效率低下，与人打交道水平有限。

对于第二种人而言，因其智慧高，只要其愿意，实现社会化发展应该不难。第三种人其实较少存在，因为社会化程度高的人，一般认知发展水平不会太低。第四种人，需要下大力气提高认知水平，继而关注社会性发展。

| 章后小结 |

| 即测即练 |

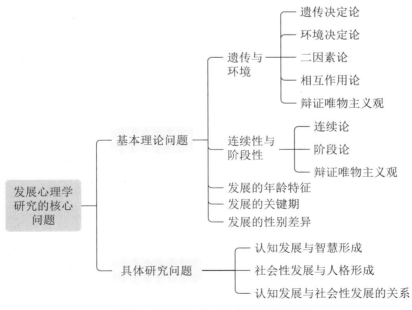

发展心理学研究的核心问题思维导图

第二编
心理发展的物质基础

第四章 神经系统的形成

卜算子　神经元
（毕然然）
小小神经元，联系凭突触。
用进灵活废退裁，期待你重复。
若要娃强健，环境宜丰富。
三岁之前黄金期，莫使其虚度。

章前导读

自然界从无生命到有生命，从有生命到有心理活动，经历了漫长的过程。而心理的发展离不开神经系统的发育。脑是神经系统的集中体现。

大约在35亿年前，地球上出现了生物，即生命现象。7亿年前，出现了脑细胞，在3.5亿年前，出现了第一个脑。而第一个类人（humanlike）的脑出现在300万～400万年前，现代人脑出现在10万～20万年前。神经系统和脑的进化为心理现象的产生与心理发展准备了物质基础。

一、神经系统的微观结构和机能

（一）神经元的结构与机能

庞大的神经系统，是由一个个神经细胞和胶质细胞构成的。神经细胞也叫神经元（图4-1）。一个神经元由胞体、树突和轴突组成。神经细胞膜有很多突起，突起产生的地方被称为胞体。多数小的突起被称为树突，一条长长的突起被称为轴突，轴突也称为神经纤维。单根的神经纤维，肉眼是看不见的，但多根神经纤维汇集在一起所形成的神经纤维束，就是通常所说的神经，这有可能肉眼可见。

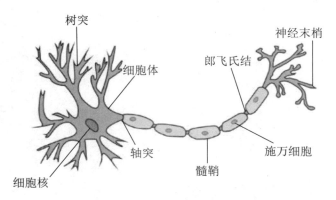

图 4-1　神经元结构示意

神经元可以接收信息、传送信息、整合信息。在没有接收信息的情况下，神经元膜内外汇聚着大量离子，膜外正离子多，膜内负离子多，膜内外存在电位差，此为极化状态。一旦神经元的某一点接受了刺激，膜的通透性就会发生变化，促成膜外正离子内流，膜内外的电位差减小以至消失，此为去极化过程。膜内外电位差消失之后，膜外正离子继续内流，使得膜外负离子多，膜内正离子多，膜内外电位差的方向反转，此为反极化过程。电位差反转到一定程度，又逐渐恢复到原来的极化状态，此为复极化过程。可见，在单个神经元上，信息的接收就是将所接收的信息转化为神经元上的电位变化的过程。这种电位变化为神经冲动。而神经元上某一点发生神经冲动，就会带动附近的膜外正离子内流，重复上述过程。以此类推，神经元接收的信息，就在一个神经元上以神经冲动的形式传导开来。

神经冲动中电位变化幅度的大小，取决于外界刺激的强度大小、外界刺激持续时间久暂等因素，这种神经冲动强度大小与外界刺激之间的对应关系为比称对应关系。

赫尔姆霍兹（图 4-2）是德国著名的物理学家和生理学家。他于 1850 年第一次用蛙神经进行了神经传导速率的测量。他得出蛙神经的传导速率约为 50 米/秒。后来他又用同样的方法测量了人的神经的传导速率，结果为 50～100 米/秒。

图 4-2　赫尔姆霍兹（Helmholtz，1821—1894）

（二）突触的结构与机能

两个神经元相连的部位被称为突触（图 4-3）。突触由突触前膜、突触后膜和突触间隙组成。当接收的信息到达一个神经元的轴突末端时，信息需要借助突触在两个神经元之间传递。这个传递过程是由化学物质突破前膜的封锁、跨越突触间隙、到达突触后膜实现的。这样，信息就被下一个神经元所接收，继续引起神经冲动，继续传导。

可见，在单个神经元上，信息的传送是电的性质；在两个神经元之间，信息的传递是化学性质。电的传导速度快，化学物质的传递速度慢。

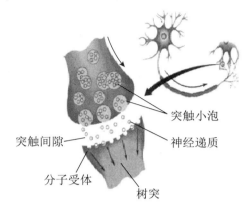

图 4-3 突触结构示意

⭐ 二、神经系统的宏观结构和机能

神经系统是由大量神经元构成的。它分为中枢神经系统和外周神经系统，如图 4-4 所示。中枢神经系统位于颅腔和椎管内，包括脑和脊髓，负责产生指令，是整个有机体的司令部。颅腔和椎管以外的神经组织属于外周神经系统，包括躯体神经系统和自主神经系统，负责传送信息。所传送的信息一方面是各种感官所接收的刺激，一方面是中枢发出的指令。

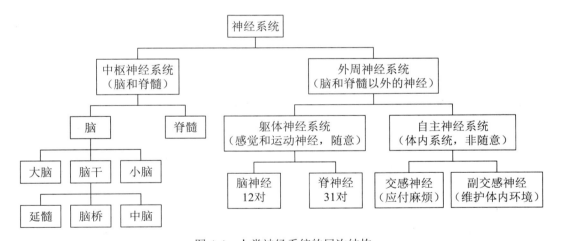

图 4-4 人类神经系统的层次结构

（一）外周神经系统

外周神经系统包括躯体神经系统和自主神经系统。这些神经系统遍布全身，将脑、脊髓和全身器官联系起来。躯体神经系统包括脑部发出的 12 对脑神经和脊髓发出的 31 对脊神经。它们所联系的器官的活动受人的意识支配。自主神经系统又称植物神经系统，包括交感神经和副交感神经。交感神经负责维持机体的兴奋，副交感神经负责维持机体的抑制。植物神经系统所连接的器官的活动，基本不受人的意识控制。两种神经系统协同工作，保证有机体的平衡状态（图 4-5）。

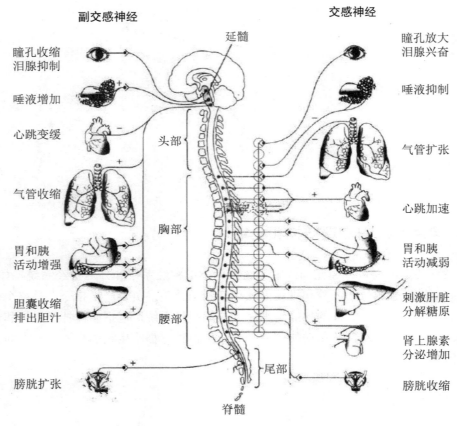

图 4-5　植物神经系统

（二）中枢神经系统

中枢神经系统主要包括脑和脊髓。中枢神经系统的主要功能是对所输入的信息进行分析与综合，一方面调节身体器官的生理平衡，维持人的基本动力与行为反应；另一方面对协调人与社会关系的复杂信息进行加工和处理。

脊髓是脑神经传入和传出的中转站以及简单的反射控制中心。脑（图 4-6）是人的中枢神经系统中最重要的部分，所有复杂的心理活动都与脑密切相关。人脑中含有人体全部神经细胞的 90%，大约有 860 亿个神经细胞。它在结构上可以分成大脑、小脑（cerebellum）和脑干。大脑控制我们的思维；小脑主要负责协调肌肉运动，维持机体平衡；脑干是信息从感受器传送到大脑的重要通路，主要负责基本的生命活动，如呼吸、吞咽和消化等。

人的大脑分为左右两半球。它的作用是调节脑的高级认知功能和情绪功能。大脑两半球由一层较厚的神经纤维联系起来。这层纤维被称为胼胝体（corpus callosum）。它在两半球之间发送和传递信息。

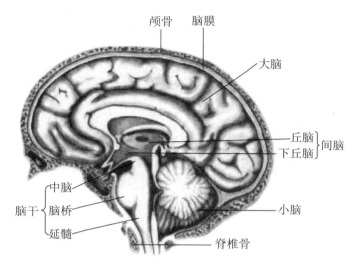

图 4-6 脑的组成

人类大脑颅腔小，大脑皮层大，使得大脑皮层表面形成深深浅浅的皱褶。凹进去的地方被称为沟或裂。沟裂间隆起的部分被称为回（gyrus）。以几个主要的沟和裂为界，大脑的每个半球都分成了四个区域，每个区域被称为一个"叶"（图4-7）。

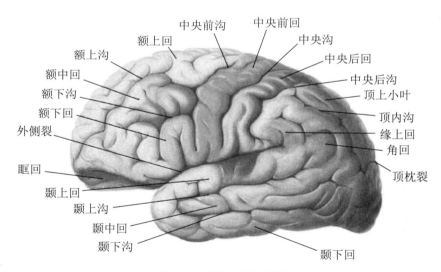

图 4-7　大脑半球外侧面

额叶（frontal lobe），位于外侧裂之上和中央沟之前，是大脑中最高级的部分。额叶在有组织、有方向的活动中，有使活动服从于坚定意图和动机的作用。它具有筹划、决策、目标设定等功能。额叶还负责躯体运动。大脑左半球额叶还负责指挥书写和说话。

顶叶（parietal lobe），位于中央沟之后，顶枕裂之前，大脑外侧裂的右上方。顶叶负责触觉、痛觉和温度觉等躯体感觉。

枕叶（occipital lobe），位于顶枕裂之后，负责视觉。

颞叶（temporal lobe），位于外侧裂下部，即大脑半球的侧面，负责听觉。

大脑皮层功能区示意如图4-8所示（孟昭兰，1994）。

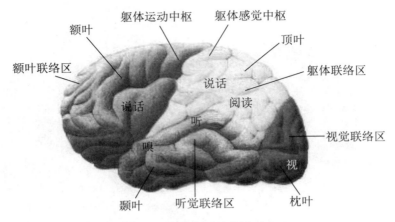

图 4-8 大脑皮层功能区示意

神经系统的发育状况对相应的心理机能具有影响。例如，中枢神经系统如果没有髓鞘化，信息传送的精确性和速度就没有那么高，个体的反应、动作等就没有那么精细。

遗传对心理发展的影响，大都通过神经系统实现。

个体心理发展过程中，因为神经系统的成熟程度不同、活动特点不同，所以出现发展差异。这是理解制约个体心理发展的一个维度。

第一节 胚胎的形成

一、胚胎发生时的代际传递

（一）胎儿的形成

女性的排卵期通常在两次月经中间。但每个人的个体差异不同，其排卵期也存在不同的规律，可以结合体温的变化考察排卵期，正常排卵前半个周期低温，后半个周期高温，如图 4-9 所示。

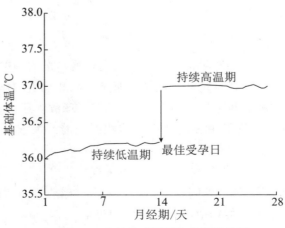

图 4-9 女性生理周期与体温的关系

卵子从卵巢排出后，大约存活1天。精子在进入女性体内的输卵管后，存活时间大约是2天。精子和卵子在女性输卵管中结合，形成受精卵。这一过程称为受精（fertilization）。受精卵承载了父母传递给下一代的遗传因素。

（二）基因与遗传

基因（gene）是具有特定遗传功能的最小单位，是储存特定遗传信息的功能单位。在受精卵形成的瞬间，父母的遗传因素就传递给了胎儿。染色体是遗传物质的载体、生物遗传的基础。染色体主要由脱氧核糖核酸（deoxyribonucleic acid，DNA）和蛋白质（protein）这两类化学物质组成。DNA是染色体的主要化学成分，同时也是组成基因的材料。脱氧核糖核酸和蛋白质与肌体内许多重要生命活动有极其密切的关系。

二、胎儿的发育及其影响因素

（一）胎儿发育的阶段

根据发育的特征，可以将胎儿发育分为三个阶段。

第一个阶段，胚种阶段（第0~2周）：从形成受精卵到胚胎组织着床，持续约半个月。受精示意图如图4-10所示。

精子和卵子结合后形成受精卵。受精卵一天半之内开始第一次分裂，胚种期由此开始。受精卵在细胞分裂的同时沿着输卵管向子宫方向移动，此过程称为卵裂。前4天，细胞在输卵管内进行分裂。第2.5天时有12~16个细胞；到第3天时，大约有60个细胞。

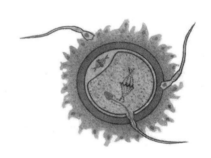

图4-10 受精示意图

第4天受精卵进入子宫腔，此时，它已发育成为一个空心的、充满液体的圆球，称为胚泡（blastocyst）。胚泡在子宫中漂浮1~2天，然后开始慢慢把自己像种子一样埋在子宫壁上，这个过程叫着床（implantation）。这段时间受精卵靠自己的卵黄生存。整个着床过程大约需要2周时间，即受精后的第12~14天，着床过程全部结束，此后受精卵开始从母体吸收营养。

着床结束后，胚泡内部边缘的一些细胞聚集在一起，形成胚盘，这是一层厚厚的细胞群，胎儿就从这里发育长大。部分胚泡发育成为滋养和保护胎儿在子宫内生存的器官：胎盘、脐带和羊膜囊。胎盘由一团圆盘状的组织组成，母亲通过胎盘给胚胎提供氧气和营养物质。胚胎通过胎盘将血管中的废物运输出去，还给母亲。脐带将胎盘与胚胎连接起来。它由三条血管组成，即两条动脉血管和一条静脉血管。静脉血管提供营养，动脉血管运输废物。羊膜囊将漂浮在羊水中的胚胎包住，使胚胎所处的环境恒温，同时对母亲运动所引发的震颤起到缓冲作用，是一个具有保护作用的囊。

受精后的前两周，胚胎受到致畸作用后容易发生损害，但较少发生畸形，因为此时胚胎细胞的分化程度极低，如果致畸作用强，胚胎即死亡；如果致畸作用弱，少数细胞受损死亡，多数细胞可以代偿调整（刘爱书 等，2013）。

第二个阶段，胚胎阶段（第 2～8 周）：受精卵从着床到器官分化时期。胚泡细胞群很快完成几次变化，发展为三个不同的层：外胚层发展成为表皮、指甲、头发、牙齿感官及神经系统；中胚层发展成为真皮、肌肉、肌腱、循环系统和排泄系统；内胚层发展成为消化系统、肝、胰脏、唾液腺和呼吸系统等。

从第 2 周开始器官分化，脊柱形成，脑组织、脊髓及神经系统和眼睛都具有一定的雏形，脊椎的另一头是一个小小的尾巴。此时开始有血管，心脏尚未形成，但在心脏生成的部位有心跳。第 3 周，神经管形成，顶端膨大发育成大脑。大约 21 天后，出现眼睛，24 天后心脏细胞开始分化。第 4 周，生殖系统显现，肌肉、脊柱、肋骨和消化道也开始出现，手脚开始形成。第 4 周末，胚胎内已经有了血液循环系统，心脏开始沿着胚胎循环系统的周围泵血；脐带和胎盘形成，肝脏产生，眼、鼻、耳出现（刘爱书，2013）。第 5 周到第 8 周，手和脚进一步分化，脸开始形成，但还不太容易辨认。肠胃也开始出现。到第 8 周，分化基本完成，胚胎已初具人形。四肢、内脏各系统、器官初步形成，头部抬起，躯干伸直，脐带延长，神经、肌肉已经发育。

胚胎阶段是器官分化形成的关键期，也是胚胎对环境中危险因素最敏感的时期。这个时期如果受到环境中的危险因素的影响，胚胎将出现严重的畸形。导致胚胎发育异常的危险因素，主要包括感染、药物、辐射和营养不良等。

第三个阶段，胎儿阶段（第 8～38 周）：胎儿的骨细胞开始发育，毛发、指甲和外生殖器分化出来。开始出现胎儿动作，表现为胎动和反射动作。环境中的危险因素导致胎儿畸形的可能性明显减小，但母亲营养不良或疾病等因素同样可能导致胎儿发育迟缓。

这个阶段可以分成不同的时期，其特点有所不同。

第 9～12 周。

第 8 周以后，胚胎发展了它的第一个骨细胞，象征着结构分化的结束。这时胚胎发育为胎儿。眼睛在这个阶段完成了主要的发育，大约在第 9 周，胎儿新发展出闭合眼皮，约在第 24 周，眼睛本身基本形成，此时眼睛才可以睁开。与此同时，其他的生物特征也发育得更像成人。从第 9 周开始，胎儿躯体的细胞数量增加，各组织器官生成并进一步分化。第 10 周，大肠、小肠开始生成，并各归其位。进入第 12 周，胎儿已经具有自己的外形特征，能够踢腿、张开脚趾、握住拳头、转头、翻滚，甚至还会皱眉头、张大嘴巴。男孩的阴茎开始形成。此时胎儿只有 7.5 厘米长，母亲还不能感觉到他的存在。

第 13～16 周。

第 13 周开始时，胎儿的面部特征继续发育。眼睛突出在额部，两眼间距离缩小，耳朵生长就位。到了第 16 周，胎儿的皮肤很薄，肌肉发育，开始有呼吸运动。胎儿可以自由转动头部、双臂和上半身，会以摆动身体和蹬腿的动作表示喜欢或者厌恶。一些无条件反射开始出现。这时，通过子宫壁能听到胎儿的心脏跳动，女孩的输卵管、子宫和阴道开始形成。

第 17～20 周。

这一阶段，胎儿的汗腺形成，眉毛和睫毛出现，头皮上开始出现软发。胎儿身上覆盖了一层胎脂，把他们和羊水中的矿物质隔开。感觉器官开始按区域迅速发育。味觉、嗅觉、听觉和触觉中枢开始定位发育。在这期间，胎儿开始了细胞的新陈代谢，把失去活性的细胞丢到羊水中。第 20 周结束时，胎儿的活动越来越有力，多数母亲可以感觉到胎动。胎儿有了吞咽动作。胎儿的视网膜形成，开始对光线有感应，不喜欢强烈光线的刺激。

第 21 ~ 24 周。

此时的胎儿皮肤有很多褶皱，为皮下积存脂肪做准备。他们的眼睛开始睁开，能上下左右看，胎儿的脑细胞形成，出现听觉，能分辨出多种声音。到第 24 周末，胎儿各脏器均已发育，但肺和消化系统还没有发育成熟。若此时分娩，胎儿存活的概率很小。

第 25 ~ 28 周。

胎儿的大脑皮层功能开始分化，开始接受视觉、嗅觉、听觉的刺激。胎儿可以哭喊、呼吸、吞咽、消化、排泄和移动等。女孩的卵巢开始有卵原细胞，男孩的睾丸进入阴囊中。第 28 周末，胎儿的呼吸系统发育完善。宫外能存活的最低的胎儿年龄时限称为"可存活年龄"（age of viability），通常在 22 ~ 26 周。如果胎儿在这一时期出生，存活的概率为 50% 左右。

第 29 ~ 32 周。

这一阶段，胎儿的皮下脂肪开始生长，有助于出生后体温的调节。胎儿对外界的声音敏感，噪声使胎动增多，母亲的心跳声使胎儿变得安静。但此时胎儿肺泡中氧气还不能与二氧化碳交换，消化系统也不成熟，出生后存活的概率是 85%。

第 33 ~ 38 周。

这一阶段为临产期。虽然胎儿体重增长贯穿整个孕期，但增重最多的时期是临产期。胎儿继续从母血中接收抗体，这些抗体使他们免于许多疾病。第 36 周，胎儿临近出生时，受母亲的情绪和饮食的影响增大。胎儿的活动随母亲每日的节律而变化。在临产前，大多数胎儿的身体已在子宫中转到头朝下的位置，为其出生做好了准备（图 4-11）。

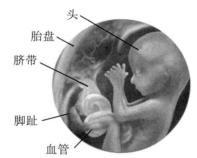

图 4-11　胎儿

胎儿各个月份的发展概况见表 4-1。

表 4-1　胎儿各个月份的发展概况

月份	时段/周	身长/cm	体重/g	生 理 特 征
3 个月	12	9		从外生殖器已可初辨性别，胎儿四肢可活动
4 个月	16	16	110	从外生殖器可确认胎儿性别，头皮上长出毛发，出现呼吸运动。皮肤菲薄呈深红色，无皮下脂肪。部分孕妇已能自觉胎动
5 个月	20	25	320	皮肤暗红，出现胎脂，可见少许头发。出现吞咽、排尿功能，胎动明显
6 个月	24	30	630	各脏器均已发育，出现眉毛和睫毛。细小支气管和肺泡已经发育，出生后可有呼吸，但生存力极差

续表

月份	时段/周	身长/cm	体重/g	生 理 特 征
7个月	28	35	1 000	瞳孔膜消失,眼睛半张开。四肢活动好,有呼吸运动。出生后可存活,但易患特发性呼吸窘迫综合征
8个月	32	40	1 700	皮肤深红仍呈皱缩状,生存力尚可。出生后注意护理可能存活
9个月	36	45	2 500	皮下脂肪较多,身体圆润,面部皱褶消失,指(趾)甲已达到指(趾)端。出生后能啼哭及吮吸,生存力良好,基本能存活
10个月	40	50	3 400	发育成熟,皮肤粉红色,外观体型丰满,足底皮肤有纹理。出生后哭声响亮,吮吸能力强,能很好地存活

注:表内数字以国内胎儿为标准,采自谢幸,苟文丽,2013.妇产科学 [M]. 8 版.北京:人民卫生出版社.

(二)影响胎儿整体发育的环境因素

除了遗传因素,母体内环境对胎儿的影响也是至关重要的。例如,婴幼儿克汀病,就是胎儿期受到某些因素影响,甲状腺激素分泌减少引起的,导致孩子生长发育减慢,智力低下。影响胎儿发育的环境因素如下。

1. 母体内部因素

第一,营养。

母体内环境对胎儿的影响是显而易见的。在母体内环境中,对胎儿影响比较大的是母亲的营养等。

营养不良,特别是蛋白质供应不足,对胎儿的发育会产生严重的影响。一方面,母亲怀孕时营养不良往往伴随新生儿出生的低体重和高死亡率;另一方面,母亲怀孕时营养不良,胎儿的脑发育会受到永久性的损害,导致日后儿童在智力、运动技能发展上都明显落后于母亲营养充足的儿童。

在人体中,碳水化合物占1.5%,脂肪占14%,蛋白质占17%,钙等矿物质占6%,水占61.5%。对于孕期的妇女,专家认为,有六类营养是必不可少的,见表4-2。

表4-2　六类营养物质的作用及其来源

分类	类　名	作　用	主 要 来 源
1	糖类(碳水化合物)	能量的主要来源	粮食、坚果
2	油脂	提供能量(协调机体活动所需的脂肪酸),将一些可溶于脂肪的维生素运送到机体的各个部位	肉、鱼、乳制品、蛋、油、花生
3	蛋白质	构成机体组织、器官的成分	禽、鱼、肉
4	维生素	调节机体功能	水果、蔬菜、红薯、南瓜、胡萝卜
5	无机盐(矿物质)	构成人体组织 维持体内平衡 参与人体代谢	奶制品、鱼、西红柿、菠菜、黄油
6	水	身体的构成60%	水

在怀孕的不同时期，母亲对上述营养物质的摄入量有不同的要求，见表4-3，数字仅供参考。

表4-3 孕期母亲每天营养摄入量　　　　　　　　　　　　克

食物类别	孕早期	孕中期	孕晚期
粮食	300	450	450
豆制品	50	100	150
肉、蛋、禽、鱼	150	200	200
蔬菜	400	500	500
水果	150	200	200
牛奶	200	250	250
植物油	20	25	25
水	2 000	2 000	1 500

第二，母亲的情绪。

情绪是人的主观体验，包括喜怒哀乐等简单的主观体验，以及羡慕嫉妒恨等复杂的主观体验。情绪有积极情绪和消极情绪之分。在孕期保持积极情绪，克服消极情绪，有利于胎儿的生长。精神压力，如担心、焦虑、夫妻关系不和睦等属于消极情绪；极端情绪如意外惊吓、打击等也属于消极情绪。

为什么消极情绪会给胎儿成长带来不良的后果呢？

母亲情绪影响胎儿的途径：母亲的情绪刺激作用于体内的神经激素的分泌，神经激素的分泌反作用于母体及胎儿生理生化变化，而胎儿的生理生化变化作用于胎儿的下丘脑，导致胎儿产生与母亲类似的反应。心理学家爱奇曼和盖森尔斯对德国柏林及其他地区的55所医院进行了调查发现，希特勒执政之前的7年内，儿童神经系统的畸形发生率为1.25%，在希特勒统治的7年内，儿童神经系统的畸形发生率上升到2.38%；1946—1950年德国儿童神经系统的畸形发生率为6.5%。

第三，母亲的疾病。

母亲患病，病毒可以通过胎盘进入胚胎，造成胚胎畸形。例如，风疹感染只会导致成人出现类似于流感的症状，但是如果母亲在怀孕早期感染风疹病毒，可能导致流产、死胎，或胎儿出生后出现先天性白内障等眼部症状以及心脏畸形、先天耳聋、小头症和智力障碍等缺陷。所以孕期女性要尽可能远离公共场所，保护好自己。

2. 外界物理因素

第一，电磁辐射。

电磁辐射是指由同向振荡且互相垂直的电场与磁场在空间中以波的形式传递动量和能量的辐射，比如X辐射、镭辐射等。电磁辐射会使胚胎细胞的脱氧核糖核酸受损，受精卵异常，遗传基因和染色体发生突变，容易造成流产和胎儿畸形。电磁辐射还会影响胎儿甲状腺素的产生数量和质量，磁化血液内的二价铁，减少血流量，引起胎儿营养缺乏和脑缺氧，影响锌和钙的吸收，使胎儿智力低下、低能和痴呆；二价铁被磁化后，母体心搏量减少影响胎儿血液循环和微循环，造成胎儿整体营养不良、缺氧。同时，电磁辐射还会使母体变价微量元素失去活力，破坏胎儿生物酶的活性，胎儿对微量元素吸收受阻,直接影响胎儿的免疫功能,使出生后的婴儿体弱多病。所以,孕妇应坚持远离电磁辐射源。

第二,噪声。

一般周围环境中的声音强度超过 55 分贝就为噪声。但强度为 55 分贝的声音,胎儿听起来比成人听起来显得要强很多。因为对于胎儿而言,他们所接受到的声音刺激,不是通过空气震动,而是通过子宫壁和羊水震动。按照固体传播声音的效率高于液体,液体高于气体的原理,同样的声源,通过空气传播震动效率比通过固体和液体传播震动的效率要差。因此,成年人听起来不大洪亮的声音,对胎儿的刺激就比较强了。如果声响连成年人听起来都觉得强烈,对胎儿来说就更强烈了。孕妇长期处于强烈的噪声环境,会出现宫缩,影响胎儿的血液供应,从而影响胎儿神经系统的发育。

第三,超声波。

人能识别的声波,震动频率在 16～20 000 Hz,震动频率超过 20 000 Hz 的声波就是超声波。超声波对胎儿的影响,迄今没有统一的研究结果。为了慎重起见,在胎儿不足 3 个月的情况下,尽量不要做超声波检查。

第四,高温。

妊娠期高温与新生儿脑发育缺陷有明显的相关关系。因此注意环境温度调节,有助于胎儿健康成长。

3. 外界化学因素

第一,汞、铅及其化合物。汞的熔点为 38.8 ℃,沸点为 356.6 ℃。温度稍高,汞就会蒸发。孕妇汞中毒会引起胎儿脑神经麻痹与智力低下。铅可能导致胎儿体重低、发育迟缓、智力低下。

第二,烟。烟草中的焦油、烟酸等可以使胎盘的血管受损。母亲吸烟与新生儿低体重、高死亡率相联系。

第三,酒精。如果母亲酗酒,不仅会造成胎儿身体发育的异常,而且会导致胎儿出生后出现严重的精神障碍和智力迟滞。

第四,毒品。吸毒会导致胎儿在母体中就对毒品成瘾,出生后便出现毒品戒断症状,如烦躁不安、活动过度以及对刺激高度敏感,如果不加以治疗,胎儿可能死亡。

第二节 神经系统的形成

一、胎儿神经系统的初步形成及发育

(一)胚胎神经系统的形成

在胚胎期,增殖的细胞群发生分化,形成三层细胞。外胚层形成中枢神经系统和外周神经系统的基础。孕 3 周,脊索、神经管形成,体节(脊椎前体)出现。第 4 周,胚胎分化出 3 个原始的脑泡,即菱脑、中脑和前脑。第 5 周,菱脑与前脑又各自分化为 2

个脑泡。此后，这 5 个脑泡逐渐发育成延脑、后脑、中脑、间脑及端脑 5 个部分。后脑再进一步分化为脑桥和小脑；间脑分化为丘脑和下丘脑；端脑则分化很小一部分，到胚胎发育的后期才迅速生长，扩展覆盖面，直至覆盖脑的其他部分，并形成极其复杂的沟与回所构成的皱褶。到那个时候，个体的大脑初步形成。如果将人脑皮层的皱褶全部展平，面积可达 0.23 平方米。孕 8 周末，胚泡已经发育成人类胚胎，除大脑外，其他所有器官系统均已存在，神经系统开始具有初步的反应能力。

在胚胎发育期，主要是神经元数量增多。胚胎期末则主要是细胞的增大和神经轴突的分支以及髓鞘的形成。

（二）胎儿神经系统的发育

胎儿神经系统的发育经历了一个漫长的过程。

孕 8 周，大脑皮质开始出现。当然此时的大脑还未发育成熟。

神经细胞的增殖与分化高峰在受孕后的第 21～24 周。大脑的组织过程从孕 5 月开始，大脑发育包括轴突和树突的增粗和延长、突触的形成、神经元空隙的选择性消除。第 24 周结束的时候，大多数神经元已形成。为神经元提供支持和养料的胶质细胞快速增长，大脑快速发育，大脑皮层迅速增大。神经系统的发育或脑的发育出现异常或者损伤，会严重影响胎儿的发育以及出生后的心理机能。

胎儿大脑发育形态如图 4-12 所示。

至胎儿出生时，脑的基本结构已经初步具备，但发育不完善。出生时脑神经细胞的数目与成人相同，但其细胞较小。大脑皮层已经出现 6 层结构，但是沟回不明显；树突短小，大部分神经纤维未髓鞘化。外形与成人相似，脑表面的沟回已经形成，在结构上已接近成人，脑重 350～400 克，约为成人脑重的 25%。

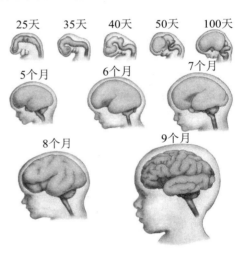

图 4-12　胎儿大脑发育形态

从胚胎形成到胎儿出生再到胎儿长大成人，人类的神经系统一直在发育变化中，具体的发育事件和相应的时间见表 4-4。

表 4-4　从受精到成年神经系统发育的时间及事件（张向葵 等，2012）

发育事件	时　　间	发育事件概览
神经胚形成	受精后第 18～24 天	细胞分化为三层：内胚层、中胚层和外胚层，这些胚层随后形成身体的不同组织，神经管（形成中枢神经系统）从外胚层细胞发展而来，神经嵴位于外胚层壁和神经管之间
神经元迁移	出生前第 6～24 周	在室内，神经元沿着放射状神经胶质细胞迁移至大脑皮层。神经元以从内向外的方式迁移，后面产生的细胞穿过先前发育的细胞进行迁移。皮层发育为 6 层

续表

发育事件	时间	发育事件概览
突触发生	第3个月至青春期	神经元迁移至皮层板，伸展为顶端的和基部的树突。化学信号引导发育中的树突向最终位置前进。在那里，树突与来自皮层下结构的投射形成突触。这些连接通过神经元活动被加强，很少活动的连接被剪除
出生后的神经发生	出生到成年	几个脑区的新细胞发育，包括海马的齿状回、嗅球、扣带回、顶叶皮层区
髓鞘化	第3个月至中年	神经元包裹在髓鞘中，使得动作电位的速度加快
沟回化	第3个月至成年	平滑的脑组织折叠成回和沟
前额皮层的结构发展	出生到成年晚期	前额皮层是最后一个经历沟回化的结构。髓鞘化持续到成年

二、影响胎儿神经系统发育的因素

神经系统的发育是遗传因素、营养因素和环境刺激共同作用的结果。

（一）遗传因素

脑的发育一直持续到青春期末。神经系统发育过程中出现以下重要的现象，在非正常情况下会带来发育障碍。

1. 神经诱导和神经胚形成异常引起的神经系统缺陷

沿外胚层外侧排列的未分化组织，转化为神经系统组织的过程，称作神经诱导（neural induction）。初级和二级神经胚形成的双重过程，指的是这些组织的进一步分化，即分化为脑和脊髓。非正常发展情况下，神经诱导和神经胚形成过程中会发生错误。神经管缺陷包括：神经诱导完全失败、无脑畸形（神经管的前部不能完全闭合），前脑无叶无裂畸形，以及脊髓脊膜突出（神经管的后部没有完全闭合）。

2. 细胞增殖异常引起的神经系统缺陷

一旦神经管闭合，细胞分裂会使新神经元大量增殖。非正常发育情况下，会形成脑小畸形或巨脑。脑小畸形产生于细胞分裂的非对称阶段，通常在怀孕的第6～18周。环境的原因包括麻疹、辐射、母亲酗酒、过量摄入维生素A和人体免疫缺陷病毒。巨脑通常是遗传障碍，如调节正常细胞增殖的基因没有关闭，造成新细胞过剩。

3. 细胞迁移异常引起的神经系统缺陷

新形成的细胞迁移出，最终形成一个6层的皮层，这一过程中产生皮层本体。如有丝分裂期后的细胞从内向外移动（腔室内软膜），使得最早迁移的细胞占据皮层的最深层，随后的迁移穿过先前形成的层。在怀孕大约第20周时，皮质板由3层构成，到出生前第7个月时，可能看到最早的6层。非正常发育情况下，会出现细胞迁移异常：皮层下神经组织被错误放置。胼胝体发育不全也是一种细胞迁移异常，胼胝体部分或完全缺失通常会导致不同程度的行为或心理紊乱。有研究者认为精神分裂症可能源于细胞迁移异常（Elvevag et al., 2001）。

（二）营养因素

16周到30周的胎儿大脑锥体细胞生长最快，此时胎儿需要从母体获取种类多样的氨基酸、维生素、微量元素、必需脂肪酸，促进锥体细胞的大量增殖。这些营养元素的缺乏，会严重影响胎儿的神经系统的发育。

1. 锌

锌是体内多种金属酶的重要组成成分。蛋白质的生物合成与核酸的代谢必须有锌的参与，因此，锌在细胞的生长和分化中占有重要的地位。Hurley和Swenerton（1966）对小鼠的研究发现，重度缺锌会引起鼠脑畸形，随后还发现缺锌会导致鼠胚胎脑组织中的DNA合成降低。Buell等随后的研究也证实了这个结果。另有研究表明，缺锌会诱发细胞凋亡，甚至造成严重的脑缺血。同时，缺锌还会影响神经胶质细胞的发育，使得大脑皮层发育停滞。海马是脑区中锌含量最高的部位，因此，缺锌会导致海马结构受损，进而影响人的学习和记忆功能。

脑机能的正常发挥不仅要依靠数量足够的神经细胞，还需要脑内神经递质的平衡。由于锌与神经递质的产生、释放、积聚有关，尤其是对乙酰胆碱酶有强烈的抑制作用。乙酰胆碱酶具有分解乙酰胆碱的作用，而乙酰胆碱有易化记忆过程的作用。因此缺锌就不能很好抑制乙酰胆碱酶，乙酰胆碱将被大量分解，这样会导致记忆功能减退。

锌虽为神经系统发育不可缺少的元素，但锌过量也会引发一些神经退行性疾病，如阿尔茨海默病。

2. 碘

碘对脑和神经系统的影响主要是通过甲状腺激素发生作用的。缺碘会导致甲状腺激素的合成降低，胚胎期或新生儿期严重缺碘会诱发克汀病。患者表现出明显的智力缺陷、身材矮小、表情痴呆等。Hetzel等在20世纪70年代末将胎羊的甲状腺切除后，发现其神经系统发育迟缓。我国学者赵文德做了类似的实验，发现切除掉甲状腺的羔羊皮层脑沟变浅、脑回增宽，并得出结论，甲状腺激素对绵羊发育影响的临界期主要在胚胎期内。

甲状腺激素影响蛋白质及糖苷的合成。甲状腺功能低下时，脑细胞形成、增生、分化、成熟及脑神经细胞间的联系发生障碍，结果大脑皮质等发育不全，导致智力低下。在脑发育的关键期内，甲状腺一定要有充足的碘来支持，在此期间碘营养发生任何程度的不足，都会造成大脑的发育不良。但是，摄入过多的碘会导致高碘性甲状腺功能减退和自身免疫性甲状腺炎。

3. 铁

铁参与着人体重要的生理活动，是人体不可缺少的微量元素之一。它是血红蛋白和许多呼吸酶的重要成分，参与体内氧及二氧化碳的运输、交换和细胞的呼吸过程。缺铁会引起贫血症状，影响脑和神经系统的发育。大脑白质、基底神经节中铁的含量较高，因此，缺铁会影响机体对内外环境的适应。海马、小脑对铁缺乏也非常敏感。脑细胞发育最快的时期也是对铁的摄入量最大的时期。铁参与了神经元和神经胶质细胞的生长和分化。铁与神经髓鞘的形成有关，在脑的早期发育中具有重要作用。

4. 铜

铜是人体所必需的微量元素之一，大部分铜在人体内以结合态的形式存在。铜过量或不足都会引起神经系统结构和功能的改变。铜参与酶的合成，影响神经系统含铜酶的活性，同时调节神经受体和神经系统相关基因表达。帕金森病、阿尔茨海默病和 Menkes 氏综合征等神经系统常见疾病都与肌体内铜的含量和代谢密切相关。

5. 维生素

维生素 A 是整个生命过程中所必需的微量营养素，维生素 A 的缺乏是全球三大营养素缺乏性疾病之一。

维生素 D 对神经系统的调节：维生素 D 不能直接作用于人体器官，需要与维生素 D 受体相结合来实现对神经系统的调节。它可以调节钙结合蛋白，从而调控神经系统的损伤；参与免疫调节来保护神经系统；促进神经生长因子的合成，进而调节神经系统的发育。

维生素 B_{12} 又叫钴胺素，是 B 族维生素中迄今为止发现最晚的一种，也是唯一含有金属元素的维生素。维生素 B_{12} 对脑组织和神经系统的发育起着重要的作用，是维持神经系统生理机能健全不可缺少的营养素。维生素 B_{12} 参与神经组织脂蛋白的合成，维护神经髓鞘的生理代谢与机能。缺乏维生素 B_{12} 会使阿尔茨海默病的发病率升高，增加帕金森病的危险性（党晓鹏，2017）。

6. 叶酸

叶酸是一种辅酶，B 族维生素成员，是神经系统正常发育不可或缺的一种营养元素。在神经生成和细胞程序性死亡的调控中，叶酸发挥了重要作用。叶酸、维生素 B_{12} 及维生素 B_6 的缺乏会增加神经退行性疾病的患病风险。研究表明，如果怀孕早期孕妇缺乏叶酸或服用了叶酸拮抗剂（如堕胎剂），会引起胎儿脑和神经管畸形发育，甚至出现流产或死胎。人体自身不能合成叶酸，必须从动植物中摄取。因此怀孕前后的女性尽量多食叶酸含量丰富的食物，如鸡肝等。每日可补充叶酸 400μg，从而降低胎儿神经管畸形的发病率。

7. 多不饱和脂肪酸

人脑的神经细胞膜的主要成分是磷脂，在磷脂中必需的机能成分为多不饱和脂肪酸（PUFA）。不同的多不饱和脂肪酸在保护神经系统、促进神经系统机能正常化中起到不同作用。例如，二十二碳六烯酸（DHA），它与突触数目、神经元活性、胞体大小关系密切，能促进脑内核酸、蛋白质及单胺类神经递质的合成，对于脑神经元、神经胶质细胞、神经传导突触的形成、生长、增殖、分化、成熟和神经传导网络的形成具有重要的作用；它还能够增强大脑神经膜、突触前后膜的通透性，使神经信息传递通路畅通，提高神经反射能力，进而增强人的思维能力、记忆能力和应激能力。花生四烯酸（ARA）在脑和神经组织中含量占总 PUFA 的 40%～50%，在神经末梢甚至高达 70%。二十碳五烯酸（EPA）可激活神经递质，使信息传递和处理速度大大加快，因而是决定大脑反应能力的关键因素。

胎儿若能从母体摄取较多的 DHA，能够促进自身脑细胞的增殖和大脑的发育，出生后神经系统成熟更快。DHA 和 EPA 还能促进神经网络再生，延长萎缩的大脑神经（延缓大脑神经的萎缩），防止大脑机能的衰退。

8. 其他

除了上述物质之外，蛋白质和糖也对神经系统的发育具有一定的作用。蛋白质是大脑结构和功能发育的必需物质，补充蛋白质能够增强大脑的分析和思维能力。缺乏蛋白质会对正在发育的大脑产生严重的消极影响。糖是大脑唯一可利用的供能物质。

（三）环境刺激

大脑的发育不仅由遗传因素所决定，同时可以被环境和经验所影响，表现为大脑结构可塑和机能可塑。结构可塑，是指大脑在学习等经验的影响下，神经元之间建立了新的连接；机能可塑，是指如果大脑某一区域的机能受损，可以通过训练由邻近的脑区代替其发挥作用。两种可塑情况体现了大脑的可修复性。而早期经验剥夺，可以导致中枢神经系统发展停滞；早期营养不良，可能会使脑细胞发育不正常。

1. 有利环境促进神经系统的发育

赫布（D. Hebb，1947）最早提出丰富环境的概念，它是一种可提供多种感官刺激、运动和社会交互性行为的环境模式。已经证实丰富的环境可以促进神经系统的发育，并修复损伤，改善神经系统疾病带来的不良后果。早期研究集中在感觉或者经验剥夺对神经系统发育的影响上，现阶段研究热点转移到丰富环境对神经系统发育的促进上。大量的动物实验表明，丰富环境中长大的动物脑神经元胞体增大，细胞核体积变大，轴突分枝增加，树突棘长度变大，脑内血管发生增加；相反，贫瘠环境下长大的动物脑体积减小、皮层厚度减小、海马缩小。

不仅儿童的大脑具有可塑性，成人的大脑同样具有可塑性，虽然神经系统发育成熟，但大脑结构和机能的可塑性仍然比最初人们想象的要大得多。有人以成人为被试做研究，发现联想学习能够引起神经连接的变化，说明成人大脑机能通过训练也是可以改变的。种种实验表明，正常成年人经过训练也能够改变大脑机能（陈霓虹 等，2015）。

根据大脑可塑性的特点，我们可以在教育中适当地使用一些技巧。早期教育阶段，对新生儿可以进行抚触，提供对皮肤的温和刺激，和新生儿说话或者放音乐来给予听觉刺激，将颜色鲜艳或动态的玩具呈现给儿童提供视觉刺激，给儿童闻一些温和多样的气味，提供嗅觉刺激，增加儿童的触、听、视、嗅等多种感官体验；还可以通过游泳、被动的躯体运动来刺激运动皮层的发展，多项研究表明运动和音乐联系能够改善儿童的神经发育。即便过了儿童时期大脑可塑性的关键期，我们的大脑仍然能够通过练习、训练等使社会经验发生变化，因此无论什么时期，我们都应勤动脑、多运动。

2. 不利环境阻碍神经的发育

（1）母体环境的影响。妇女在妊娠期摄入酒精会导致胚胎细胞畸形发育，甚至会导致胎儿患酒精综合征。这是一种以发育受损为主的中枢神经系统功能障碍。研究发现，青少年过度饮酒也会导致大脑发育受损，大量饮酒者脑区中的灰质量（包括双侧前扣带皮层、右眶额和前额外皮层、右上颞回和右侧岛皮层）低于轻度饮酒者。除此之外，孕期喝大量咖啡、吸毒、妊娠期服用药物都会影响胎儿的神经系统的发育。

（2）电离辐射的影响。电离辐射是指波长小于 100 nm 的电磁辐射，能使受作用物质发生电离。电离辐射可导致神经元迁移终止，改变神经胶质细胞和神经元的死亡进程，对树突的发育、神经元之间的联系都会产生严重不利影响，干扰大脑发育。新生儿一旦接受电离辐射的影响，其智力和精神发育就可能受损。

（3）汞、铅污染的影响。汞污染是当前社会不可忽视的环境问题。汞，尤其是甲基汞对胎儿中枢神经系统发育有着严重不利影响。甲基汞的毒性作用包括降低中枢神经系统有丝分裂活性以及干扰神经元迁移，破坏细胞骨架，诱导神经元异常凋亡。铅污染使得胎儿发育迟缓、智力低下。

章后小结

即测即练

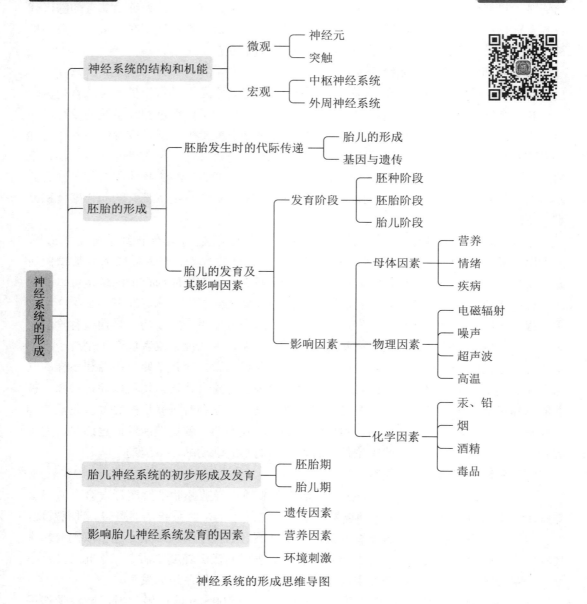

神经系统的形成思维导图

第五章　神经系统的发育

如梦令　依恋
（毕然然）
日日母婴相伴，相看两不厌倦。
爱抚与呢喃，胜却人间千万。
依恋，依恋，快乐健康基奠。

章前导读

随着科学的发展，人类认识到心理是神经系统的机能，特别是脑的机能。人们对神经系统的结构与作用也有了一些崭新的认识。大脑是产生各种心理活动的器官。本章着重介绍在人成长的过程中，大脑的结构和机能是如何发展变化的。

第一节　神经系统的自然成长

一、婴儿神经系统的成长

0~3岁是婴儿生理和心理发育都非常迅速的时期。与人体其他器官组织相比，新生儿的神经系统发育相对来说是比较早的。胎儿期末，神经系统和脑的基本结构已经形成，但在出生时还没有成熟。从胎儿期最后3个月到婴儿2岁之前的时期是大脑发育的加速期，成人大脑一半以上的质量是在此时获得的。

（一）婴儿大脑结构的发育

1. 神经细胞的变化

（1）神经细胞数量的增长。胎儿的大脑每分钟能产生20万~25万个新的神经元；每秒钟建立180万个新的神经连接。出生后，婴儿脑的神经元已经超过1 000亿个（Cowan，1979）。当然，只有那些经过不断强化的脑细胞和神经连接才能存活，而其他细胞都将走向死亡（庞丽娟）。

（2）神经细胞形态的变化。对于人类和许多哺乳动物来说，神经元细胞的繁殖和迁移到正确的位置主要是在孕期进行的，而轴突和树突的分枝发育主要是出生之后发生的（Kolb，1989）。婴儿期脑神经细胞不仅有数量上的增长，还有形态上的变化，神经元体积增大，树突的数量增加和神经纤维加长，这使大脑皮层的表面积扩大、沟回加多加深、脑重增加。这是出生后脑重增加最快的时期：①轴突分枝增多，从神经元胞体发出的一根较长的分枝被称作轴突，此时轴突再发出几个分枝加强与其他神经元之间的联系，来自同一根轴突的动作电位可以通过分枝传给多个神经元。②树突生长，神经元末梢的树突也在生长，但同一个神经元上树突永远不会发生接触（刘爱书 等，2013）。

（3）突触数量的变化。两个神经元接触的部位叫作突触。刚出生的婴儿突触数量大约有50万亿个，相当于成人的10%。新生儿的头几个月，突触数量迅速增加。3岁时，突触数量大约是成人的2倍，高达1 000万亿个。

人体突触数量的发展趋势如图5-1所示。

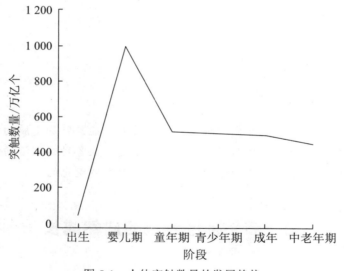

图5-1　人体突触数量的发展趋势

（4）髓鞘化。胎儿期末和新生儿早期，神经元和神经纤维迅速被一层蜡质的磷脂所包围。这种使神经元彼此隔离的物质叫作髓鞘。神经元髓鞘化能够保证动作电位精确快速地传导，不干扰其他神经元的兴奋传递。神经元髓鞘化是逐步完成的，开始于脑干，延伸至小脑及大脑。神经元髓鞘化总的特点是，从中央到外周、从深部到浅部、从背侧到腹侧。3岁时，神经元髓鞘化基本完成。婴儿大脑的髓鞘化程度高预示着脑细胞的基本成熟。

2. 大脑形态的发育

（1）脑重增加。出生时婴儿脑重约为350克，约占成人脑重的25%（而这时体重只占成人体重的5%）。此后，脑重和脑围迅速增大，呈现先快后慢的趋势。6个月时，婴儿脑重达到了 600～700 克；24 个月时，婴儿脑重已经达到 900～1 000 克（范玲，2010）；36 个月时，婴儿脑重大约为 1 011 克。

脑重增加一个明显的现象是头重脚轻，如图 5-2 所示。

（2）头围增大。头围是指齐眉绕头一周的长度，是大脑生长和颅骨大小的主要测量指标。婴儿的头围和脑重的变化趋势相同。新生儿的头围约 34 厘米，约为成人头围的 60%，12 个月的婴儿头围在 46～47 厘米，一年期间婴儿的头围大概增长 10 厘米，到 24 个月时在 48～49 厘米。如果 3 岁之后儿童的头围仍然小于 45 厘米，则称为小头畸形，严重影响其大脑发育，此后儿童的智力发育也会受损（陈伯荣，2001）。相反，如果新生儿头围过大，超过 37 厘米，称为巨头畸形，说明婴儿脑部可能有积水或存在巨脑畸形等脑部病变，应尽快进行检查并接受治疗（林崇德，2009；刘万伦，2014）。

图 5-2 头重脚轻（糖豆儿，5 个月）

人体头围的发展水平如图 5-3 所示。

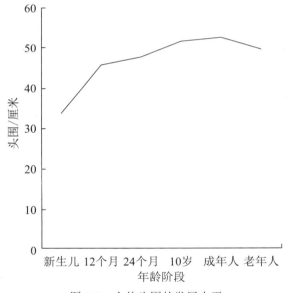

图 5-3 人体头围的发展水平

3. 大脑皮层的发育

胎儿六七个月时，脑的基本结构已经具备。出生后，婴儿大脑的发育重在皮层结构的复杂化和机能的发展。此时，脑细胞已基本分化，大多数沟回都已经出现，脑岛已被邻近脑叶覆盖，脑内基本感觉运动通路已经髓鞘化（白质除外）。此后，婴儿皮质细胞迅速发育，层次扩展，神经元密度下降且相互分化，突触装置日趋复杂化。到 2 岁时，脑及各部分的相对大小和比例基本类似于成人大脑。白质已基本髓鞘化，与灰质明显分开。脑皮层的成熟与髓鞘化程度高密切相关。大脑的髓鞘化程度高是婴儿脑细胞成熟的一个重要标志。新生儿的脊髓、脑干等脑的低级结构已经开始髓鞘化，大脑皮层区域髓鞘化顺序是，感觉区先开始，运动区随后，最后是顶叶区、额叶区等与高级认知活动相关的脑区。

（二）婴儿大脑的机能发展

婴儿大脑形态和皮层的发育为其机能发展提供了物质基础，保障了心理活动的顺利进行。

1. 脑电波的变化

根据不同的频段可以将脑电分为几种常见的波：δ 波，频率小于 4 Hz；θ 波，频率 4～7 Hz；α 波，频率 8～13 Hz；β 波，频率 13～30 Hz；γ 波，频率 30～70 Hz，以 40 Hz 为中心。

研究者常把自发电位的频率作为衡量神经系统是否成熟的一个指标。自发电位，是指在没有刺激作用的条件下，神经细胞自身的放电活动。正常成年人在安静状态下，以 α 波为主，称为脑电活动的基本节律。当大脑皮质的电位变化基本上达到 α 波范围，并且 α 波的频率基本上接近成人水平时，大脑皮层机能发育成熟。

脑电频率的变化是婴儿脑发育的一个重要参数。研究证明，5 个月胎儿已显示出脑电活动，8 个月以后则呈现出与新生儿相同的脑电图。脑电活动开始具有连续性和初步的节律性，形成睡眠和觉醒的脑电图。其中，同步节律波 α 波的出现是婴儿脑成熟的标志。

新生儿在睡眠（图 5-4）或向睡眠过渡时表现出 6 次 / 秒的节律波群，被认为是 α 波（8～13 次 / 秒）的原型。这表明新生儿皮质神经成分在一定程度上是成熟的。婴儿 5 个月时是脑电活动发展的重要阶段，脑电逐渐皮质化，伴随产生皮质下抑制。5～12 个月，外部刺激引起诱发电位变化，如视觉诱发电位构型变得复杂化，潜伏期缩短。12～36 个月，脑电活动逐渐成熟，主要表现为安静觉醒状态下脑电图上的主要节律的频率有较大的提高（7～8 次 / 秒）。脑电图的性质也复杂化，β 波增加，觉醒状态下脑电图个体变异程度开始增大。如果以脑电波变为 α 波为大脑成熟的指标，全皮质成熟的顺序是由后往前进行的，按照如图 5-5 所示的枕叶（O）→颞叶（T）→顶叶（P）→额叶（F）的方向成熟。9 岁儿童的枕叶基本成熟；11 岁时，颞叶基本成熟。

图 5-4　新生儿的睡眠（糖豆儿，2 个月）

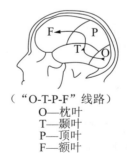

（"O-T-P-F" 线路）
O—枕叶
T—颞叶
P—顶叶
F—额叶

图 5-5　各脑区成熟的顺序

2. 皮质中枢

婴儿大脑按照其基因结构顺序发育，遵循头尾原则和近远原则。婴儿刚出生时大脑两半球及其皮质尚不能正常发挥作用，皮质兴奋还处于弥漫状态，很难准确地对外界刺激物进行反应。触动身体的任何部位，都会引起婴儿全身性的动作反应。在婴儿期，神经系统的发育主要表现在皮质抑制机能的发展上。在整个婴儿时期，大脑兴奋过程和抑制过程很不平衡，兴奋过程远强于抑制过程，婴儿容易被有趣的事物所吸引，并不能长时间从事一项活动。3岁左右的儿童脑皮质才与小脑完全相连，实现对精细动作的控制。但总体来说，这个时期兴奋过程比较占优势。

此后，发展速度最快的区域是脑干和中脑（生命中枢）。随着大脑的成熟，皮层的抑制机能不断增强，脑干所控制的一些先天的反射活动逐渐得到控制，高级认知活动得以发展。

3. 大脑机能单侧化

看起来对称的大脑两半球，不仅在解剖上结构不完全相同，而且在机能上也存在差异。大脑机能单侧化就是在大脑某个半球建立特定机能的过程。法国医生布洛卡首先发现大脑机能单侧化现象，他通过对失语症病人的研究，向人们揭示了语言机能位于左半球，进而发现右利手者左半球为言语优势半球。

事实上，大脑很早就出现了机能单侧化的倾向，但只有量的区别，没有质的差异。随着单侧化的逐渐发展，最终两半球在机能上出现质的差异。例如，刚出生时，语言由大脑两半球同时控制，13～17个月听到自己懂的词汇时，事件相关电位（ERPs）广泛分布在大脑两个半球；以后，大脑右半球对语言的控制逐渐减弱，左半球对语言的控制逐渐增强，20个月时集中在左半球。

张琴芬（2017）研究发现，新生儿期大脑半球认知发育已有单侧优势化表现，新生儿听觉感知左半球优于右半球，在脑中央部明显，随着日龄增大，额部也出现左半球优于右半球的特征性变化。2岁时儿童左右利手的倾向性就已经明显地表现出来了，右利手婴儿的语言处理逐渐由左半球来控制就是一种单侧化进程。苑冬梅（2015）研究发现，人们对情绪面孔的认知加工存在半球偏侧化现象，右半球对负性情绪面孔的加工有优势，左半球对正性情绪面孔的加工有优势。

4. 大脑可塑性和修复性

遗传决定了婴儿脑结构及发展程度，它也在很大程度上受到后天环境的影响和制约。也就是说，婴儿的大脑有极大的可塑性和良好的修复性。

（1）婴儿脑的可塑性。在婴儿大脑形成大量突触的时期，外界适当的刺激对于突触形成是相当重要的。大量的实验研究表明，剥夺动物（也有少数人类婴儿的研究）的早期经验会导致其中枢神经系统发育停滞甚至萎缩，并构成永久性伤害；早期的营养不良，也会对婴儿大脑的生长产生严重不利影响。

有人（Riesen，1947）将黑猩猩置于黑暗环境中喂养16个月，结果发现黑暗环境下养大的黑猩猩的视网膜和组成视神经的神经元发生了萎缩。如果动物的视觉剥夺不超过7个月，这种损伤还是可以逆转的，一旦超过12个月，所造成的视觉萎缩将不能够被修复，容易导致全盲。另有研究者（Greenough et al.，1992）将同一窝出生的动物分开抚养，研究发现，在充满玩具和同伴环境下生长的动物与在标准实验室环境下生长的动物相比，前者的大脑更重，神经元之间的联结更加广泛。研究者发现，如果将刺激丰富环境下长大的动物转移到刺激贫乏的环境中去，前者大脑的复杂联结将会减少。因此，在婴儿期，家长可以适当地给孩子提供一个刺激丰富的环境，来刺激他神经突触的形成。

（2）婴儿脑的修复性。一般情况下脑损伤是难以修复的，因为脑细胞相对于身体其他部位的细胞来说，成长之后是高度分化的。高度分化的细胞在体内是不再增殖生长的。但对婴儿脑损伤案例的研究发现，婴儿早期大脑具有良好的修复性。这是因为婴儿的大脑可以通过类似学习的过程具有一定的补偿能力。一侧半球受损之后，另一侧半球可能发挥替代作用。例如，5岁前语言中枢具有很好的修复性，如果一侧半球受损，语言中枢可以很快地移向另一侧半球，从而克服语言障碍。1岁以前右半脑受损的婴儿，语言机能损伤的风险只有50%。5岁以前，大脑任何一侧的损伤都不会导致语言能力的永久丧失。

★ 二、幼儿神经系统的发育

（一）大脑结构的发育

1. 脑重继续增加

幼儿期大脑发育的速度仍然较快。3岁时，幼儿的脑重为1 011克，接近成人脑重的75%；幼儿末期脑重平均达到1 280克，相当于成人脑重的90%。此后，儿童的脑重便不再发生明显变化。

2. 脑皮层结构日趋复杂化

对脑的生理研究表明，脑重的增加并不是神经细胞大量增殖的结果，而是神经细胞结构复杂化和神经纤维分枝增多、长度增加的结果。幼儿时期的神经纤维髓鞘化完成，提高了神经冲动传递的速度，使大脑与身体其他部位的信息沟通更加高效；同时，儿童调控其情绪情感反应的能力也在提升（Herba et al., 2004）。5岁时大脑机能单侧化完成。神经纤维在婴儿2岁时达到增长高峰，5～7岁额叶面积增长又明显加快。

幼儿期突触的密度要高于成人水平。大约到青春期，个体脑突触的数量与成人水平相当。突触数量从出生到成人经历了一个先递增后减少的过程，可能是因为刚出生的婴儿面对新鲜的环境，大脑接受刺激建立了丰富过剩的神经连接；随着年龄的增长，儿童逐渐适应环境，有了基本固定的动作和习惯，根据"用进废退"原则，不常用的神经连接就枯萎凋亡了，精减后的神经连接使得大脑处理信息更加流畅、高效。

（二）大脑机能的发展

1. 脑电波的变化

有研究指出，5岁前儿童脑电以θ波（4～7 Hz）为主，α波在7岁之后逐渐占主导地位。中国学者的研究发现：婴儿随着年龄的增长，脑电中的δ波（频率小于4 Hz）减少，θ波增多，同时出现少量α波；4～7岁的幼儿脑电中，θ波减少，α波逐渐增多；8～12岁儿童的θ波逐渐从枕叶、颞叶、顶叶消失，α波占主要地位。

中国有关研究还发现，大脑的发展是不平衡的，脑发展有两个明显加速时期，第一次在5～6岁，表现为枕叶α波与θ波斗争最为激烈，α波逐渐超过θ波；第二次在13～14岁，表现为除额叶外，整个皮质中α波与θ波的斗争基本结束，θ波基本上被α波所代替。幼儿生理的成熟为其智力活动提供了基础和保障。

2. 皮质抑制机能的发展

皮质抑制机能的发展是大脑皮质机能发展的重要标志之一，是儿童认识外界事物和调节控制自己行为的生理前提，表现为能够专注、控制、调节自己的行为。

抑制过程也和兴奋过程一样，可分为无条件抑制和条件抑制两大类。

无条件抑制与生俱来，又分为外抑制和内抑制。外抑制是指突然出现的新异刺激，对正在进行中的条件反射的抑制。如突然出现强声，人总会不由自主地一怔，停止正在进行的活动。由于外抑制的作用，人得以停止原来的活动，把注意力转向新的事物。内抑制是同一脑区长时间接受同一刺激，使得脑区活动由兴奋转化为抑制。这时，大脑皮层神经细胞的兴奋性降低或进入抑制状态，借以保护脑细胞，使其免受损坏。内抑制也称为超限抑制。超限抑制又叫保护性抑制。人在过度疲劳时的睡眠，病人的沉睡，动物的"假死"，都是超限抑制的表现。

条件抑制主要有消退抑制和分化抑制。消退抑制是指由于条件反射没有得到强化而产生的抑制；婴儿2个月就会出现明显的消退抑制。这有利于婴儿在运动中消除某些不必要的动作。分化抑制是指在建立条件反射时，只对条件刺激物加以强化，对类似的刺激物不予强化，使类似刺激物引起的反应受到抑制的情况。

4岁起，幼儿的抑制机能蓬勃发展，皮质对皮下的控制和调节作用逐渐增强。此时的幼儿与之前相比，能够专注于操作的事物，有效地调节和控制自己的行为。

3. 兴奋过程增强

幼儿的兴奋过程也比以前增强，表现为睡眠时间减少。新生儿每天花在睡觉上的时间是20小时，1岁小朋友是14~15小时，3岁小朋友是12~13小时，5~7岁小朋友下降到11~12小时。虽然幼儿的兴奋和抑制机能都在增强，但抑制机能还是要弱于兴奋机能，因此幼儿的注意力很难保持较长时间。如果对小朋友作出过高的抑制要求，可能会导致其高级神经系统的紊乱。幼儿教师可以依据幼儿此时的特点，合理设计课堂活动。

4. 第二信号系统作用增强

随着幼儿对语言的逐渐获得和熟练使用，第二信号系统的作用不断增强，第一信号系统和第二信号系统逐渐协同活动。婴儿1岁前是第一信号系统发展的时期。1岁时，婴儿能听懂的话和说出来的词非常有限，并不具有概括性，词所表示的信号还是接近于第一信号系统。第二信号系统的发展是在幼儿期。两种信号系统的发展大约经历四个阶段：第一个阶段，对直接刺激进行直接反应。七八个月的婴儿只能以自身具体的动作来对具体刺激作出反应。第二个阶段，对词的刺激产生直接反应。8个月后的婴儿能够对部分词汇作出一定的动作反应。第三个阶段，对具体的刺激能够作出词的反应。1岁到1岁半的婴儿对部分物体能够说出其名称，作出词的反应。第四个阶段，对词的刺激能够作出词的反应。1岁半以后，婴儿能够对他人的话语直接作出词语的应答反应。这时第二信号系统开始发展起来。但婴儿期主要还是第一信号系统在发挥作用。

第二信号系统的形成和发展，给儿童的高级神经活动带来了新的原则，使儿童的认识更具有抽象性，行动更具有自觉性。

5. 脑的偏侧优势和利手现象

大脑两个半球所负责的机能不同，被称为单侧优势。幼儿脑的发育表现为脑的单侧优势的形成和加强。对于大多数儿童而言，在 3～6 岁，左半球表现出发育的加速期，6 岁以后发育转向平稳。而右半球成熟的速度在幼儿园和小学阶段都是比较慢的，仅在 8～10 岁略显出速度的增加。大脑两半球之间成熟的速率不同，表现为两半球机能的不对称性或脑的单侧化优势的不同。这与大多数人更容易形成右利手是相关的。在 2 岁左右，利手已经比较稳定，而在幼儿园和小学阶段，利手继续发展和加强。同时，大脑两半球的发展不同步，也使得幼儿认知能力的发展出现不平衡性。由于左脑比右脑发展更快，而语言由左半球负责，幼儿语言认知能力出现得较早，空间能力等由右脑负责的机能出现较晚。

★ 三、儿童神经系统的发育

（一）儿童大脑结构的发育

1. 脑重增加

儿童脑的大小已经达到成人的 90%，脑皮质的沟还随着年龄的增长和社会经验的丰富继续发展。脑的生长速度大大下降，儿童初期脑重已经达到成人脑重的 90%。进入儿童期后，脑的生长速度大大下降。9 岁时，儿童的脑重达到 1 350 克；12 岁时儿童的脑重为 1 400 克，达到了成人的平均脑重水平。该时期儿童的脑神经细胞体积增大，突起分支（分枝）增多，神经纤维增长。

2. 额叶增大

小学阶段，儿童脑的各部分还在不断发展，尤其是额叶部分增大。额叶与人的高级神经活动相联系，如组织、执行、控制等。它的成熟是最晚的，大约 12 岁达到相对成熟的程度。

3. 传导通路髓鞘化

6 岁时，儿童所有皮层的传导通路几乎已经髓鞘化。这时，神经信号的传导更加精确，使得儿童的动作能够更加精细，平衡能力也有了显著提高。

（二）儿童大脑机能的发展

1. 脑电波的变化

从脑电波的变化来看，8～12 岁时，θ 波已经从枕叶、额叶和顶叶逐渐消失了，9 岁时枕叶已经基本成熟。13～14 岁儿童的脑电波以 α 波为主，说明此时儿童的脑已经基本成熟，基本接近成人，进入稳定发展期。沃建中等（2000）对 6～12 岁儿童脑电 α 波的发展特点进行了研究，发现儿童 8 Hz 和 9 Hz 脑电波成分在 α 波中所占比率逐渐降低；儿童 10 Hz 脑电波成分在 α 波中所占的比率变化较大，总体上呈上升趋势；11 Hz 脑电波成分在 α 波中所占比率逐渐增高。

脑电波的变化与时代的变迁有关。有研究发现，现在 6 岁小学生 α 波的平均水平与

20 世纪 60 年代 10 岁小学生的水平相当；7～10 岁小学生的 α 波平均水平与 60 年代 12～13 岁小学生的水平类似。

2. 兴奋与抑制机能的发展

童年期，大脑的机能随着皮质的发育生长而发展。这一时期儿童睡眠时间减少，觉醒时间延长：7 岁儿童每天平均睡 11 小时，10 岁儿童每天平均睡 10 小时，到 12 岁时，儿童每天的平均睡眠时间只有 9 个小时。

儿童的兴奋和抑制机能趋于平衡。他们既可以专注学习，也善于调节和控制自己的行为。

儿童的抑制性条件反射也得到了较大的发展。随着儿童学习任务的不断增加，抑制性条件反射能够使儿童心理更加稳定，来适应学校的各种要求（遵守纪律、认真听讲等）；同时，能够更加精确地分析事物，准确支配自己的行为（图 5-6）。

图 5-6　动作的精确控制（郭耘岐，11 岁）

3. 第二信号系统的发展

第一信号系统在幼儿时期占据主要地位。随着学校的学习，与同学、老师之间的交往互动，言语的不断获得，第二信号系统的作用在童年期不断增强。儿童逐渐脱离依靠直接刺激的反应，这个过程持续整个童年期。但这时他们的抽象思维能力还相对较差，教师在教学过程中要注意直观性。

四、少年神经系统的发育

少年时期的大脑不像生命早期那样变化剧烈，但通过与社会环境的相互作用，内部结构还是会发生一些精细改变。

（一）少年大脑结构的发育

大脑高级神经中枢的髓鞘化在青少年时期还在持续进行，参与高级认知活动的额叶神经回路直到 20 岁才基本完成髓鞘化。青少年的脑重在前期已经和成人水平相当，大脑容积直到中期还在继续增加，12 岁儿童的大脑容积接近成人水平，青春期前期，大脑平均容积几乎和成人脑平均容积相同。

研究者们通过脑成像技术发现，人的大脑在青少年时期还在不断地发育。通过对前额叶皮层结构的观察发现：①脑的白质在稳定增长，为信息的更快传递提供了基础。②大脑继续进行"神经剪除"，将用不到的突触联结进行修剪。这个修剪过程，使得大脑经常使用的神经连接变得越来越高效，不经常使用的神经连接被移除。神经细胞的减少使得大脑灰质密度减小，但是提高了信息传递的速度，使得青少年的认知变得更加高效。

有人（Giedd，1999）对儿童和青少年的大脑结构发育进行探索，结合其他学者的研究结果发现：个体从儿童到青少年时期，大脑总的体积没有随年龄的增长发生显著变化；皮层灰质体积随年龄的增长呈现倒 "U" 的变化趋势，青春期之前随年龄的增长而增加，青春期之后随年龄的增长而减少；而全部白质体积随年龄的增长呈线性增加的趋势。

（二）少年脑机能的成熟

1. 脑电波的变化

除了自发电位以外，刘世熠等（1962）将"重脉波"和"复脉波"现象作为探讨儿童脑发展历程的一个新指标。"重脉波"是指一个波与另一个波成1∶1关系的振幅交替，"复脉波"是指一个波与其他波成1∶2～5（或更多）关系的振幅交替。

13～14岁的少年"重脉波"和"复脉波"出现的百分比基本上接近成人水平。

脑电发展的第一个加速期在5～6岁，第二个加速期在13～14岁。此时除额叶外，皮层中的α波基本取代了θ波，标志着脑的基本成熟。沃建中等（2001）通过研究发现，13～18岁右利手青少年8～13 Hz的α波不同频率成分随年龄增长变化幅度不大；平均频率和脑区的分布都表现出了自己的特点：成分基本不随年龄的增长而发生变化，且13岁以后各种频率成分α波的变化都趋于稳定；平均频率的年龄变化也不明显，主导成分均为10 Hz的α波；12 Hz和13 Hz的高频率α波在全脑范围内均呈现明显的左脑优势。结合以往的研究发现，6～18岁儿童和青少年α波的平均频率的分布呈现"额低枕高"的规律。

汪军等（2017）的研究发现，个体额叶和颞叶6～16岁一直以δ波为主；顶叶6～10岁以δ波为主，15岁以后α波占优势；枕叶6岁开始一直以α波为主。

2. 额叶机能的发展

额叶机能的发育使青少年的认知能力进一步提高。但额叶机能要到青春期过后才能达到完全成熟，且前额叶比后部区域成熟更晚。突触修剪一直从青春期延续到20岁以后，连接前额叶皮层和大脑其他部分的轴突在青春期继续髓鞘化，这些变化促进额叶机能的发挥。前额叶皮层和扣带回皮层、杏仁核之间回路的稳固建立，使得皮层和皮层下结构之间的连通性提高。

青少年时期是认知控制能力快速发展的阶段。与儿童相比，青少年对自身想法和行动的认知控制能力稳定增强。研究指出，个体认知控制能力的发展主要依赖前额皮层的成熟，直到25岁左右，额叶才完全发育成熟（Giedd et al., 1999; Gogtay et al., 2004）。青少年期前额叶还处于发展成熟过程中，其自我控制能力相对较差（Bunge et al., 2007）。

（三）少年的生理发育

少年期是个体生理发育显著的时期，是一个半幼稚、半成熟、独立性、依赖性、自觉性相互交错的时期。少年与心理发展息息相关的生理变化主要表现在身体外形的改变、性成熟两个方面。

1. 少年外形的变化

少年的身高、体重、肩宽、胸围都发生非常明显的变化。身高的快速增长是青少年身体外形变化最明显的特征。据统计，儿童平均每年长高3～5厘米，少年平均每年长高6～8厘米，甚至是10～12厘米。

体重是身体发育的一个重要标志。体重反映肌肉的发展、骨骼的增长以及内脏器官的增大等。青少年体重年平均增长量在4.5～5.5千克。

2. 少年第二性征出现及性成熟

第二性征是性发育的外在表现，是少年身体外形变化的重要标志。生殖系统是人体各系统中发育成熟最晚的，它的成熟标志着人体生理发育的完成。

少年性器官发育迅速，第二性征出现。女性主要表现为乳房隆起、体毛出现、骨盆变宽和臀部变大等。男性主要表现为出现胡须、喉结突出、嗓音低沉、体毛明显等。第二性征的出现，使少年男女在体征上的差异凸显出来。

性腺发育成熟。女性出现月经，男性发生遗精。初潮年龄在 10～16 岁，平均年龄为 13 岁，但一般到 18 岁，卵巢才发育成熟。男性性成熟要晚于女性，首次遗精出现在 12～18 岁，平均年龄为 14 岁，但 4～5 年之后生殖系统才能真正发育成熟。青春期的发育存在性别差异，女性比男性平均提早 2 年。

儿童和青少年体型的变化如图 5-7 所示。

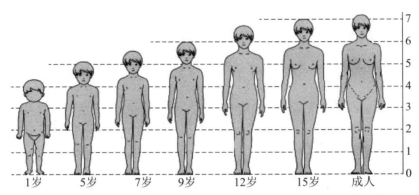

图 5-7　儿童和青少年体型的变化（头部在身高中所占比例的变化）

五、青年和中年神经系统的发育

（一）青年神经系统的发育

青年神经系统的生长发育基本达到成熟水平。大脑的发育主要是脑神经纤维变粗、分支及髓鞘化，脑细胞分化机能达到成人水平。与此同时，第二信号系统的作用显著增强，使抽象逻辑思维能力得到高度发展。标志大脑皮层机能成熟程度的 α 波在 20 岁左右已经占据了全脑皮层的主要地位。

由于学习、工作、生活的内容越来越多，因此脑内部结构和机能不断分化和迅速发展。大脑皮层的兴奋与抑制过程，在青年中晚期逐渐趋于平衡；在此期间，激素分泌旺盛提高了大脑皮层的兴奋水平，使青年人容易激动，如图 5-8 所示。

（二）中年神经系统的发育

成年的神经系统发育相对稳定。

45 岁至 65 岁的中年人机体机能不断下降。中年神经系统生理

图 5-8　青年期的兴奋（海韵，20 岁）

上的改变和其他脏器一样主要表现在以下两方面：一是细胞数量的减少，引起脑组织萎缩；二是结缔组织的增加和变性，导致脏器组织硬化。神经系统的老化不一定与其他脏器的老化并行一致，而且老化并不是一下子出现的，而是逐渐发生的。神经系统老化的个体差异较大，每个人老化的程度不尽相同。

六、老年神经系统的变化

人体系统中最容易老化的是神经系统。老年神经系统的变化如下：①脑的总质量减小，老年人脑的质量与中年人相比平均减少 100 克；②脑的体积缩小，脑沟增宽加深，脑回变窄。其中额叶的变化最为明显。脑室系统轻度扩大。70 岁以后脑室扩大者属于生理性老化改变。大脑老年性生理变化主要从脑形态、脑电、脑血流量和脑氧代谢、脑化学成分等方面来探讨。

（一）脑形态的变化

脑神经细胞数量于 20～30 岁达最大值，40 岁以后开始减少，60 岁以后减少更为显著。研究者报告指出，一般老年人的脑神经细胞减少 10%～17%，甚至减少 25%～30%，细胞的消失导致皮质的厚度变小。有研究发现，脑神经细胞的数量随着年龄的增长而减少，因此脑的质量会减小。例如，80 岁的人与 20 岁的人相比，大脑细胞数量减少约 25%。有研究发现有的人 80 岁以后大脑皮质神经细胞可减少 50%。

伊利诺伊州立大学 Park 实验室对老年人的神经衰退的研究发现，大脑随年龄的增长出现萎缩或容量改变，但不同的脑结构所发生的改变是不一样的：前额皮质萎缩较多，颞叶中部中等程度萎缩，枕叶皮质萎缩较少，顶叶也存在萎缩的现象。随着年龄的增长，灰质和白质都会减少，并出现脱髓鞘的现象。通过脑机能成像技术发现，在完成一项认知任务时，青年人主要激活某一半球的背侧前额叶，而老年人双侧半球都会被激活，这可能是由于老年人神经组织容量减少、神经环路效率下降。

脑萎缩的进程可以表述为图 5-9。

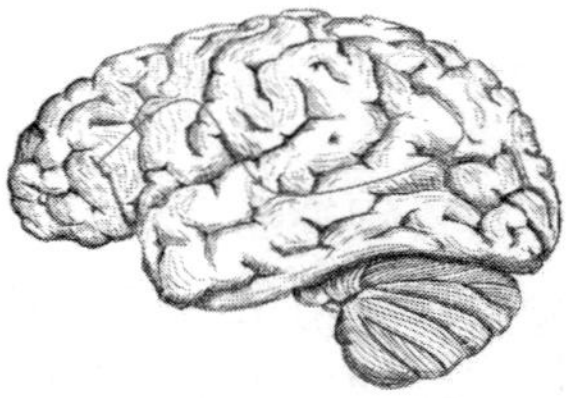

（二）脑电的变化

有研究对正常老年人的脑电变化进行了分析，发现了正常老年人脑电波（EEG）的特点：主要为 α 波节律降低，与儿童脑电相似。65～79 岁老年人 α 波节律平均为 9.13 Hz，80 岁以上的为 8.64 Hz，其中约 35% 的人其 α 波节律低于 8 Hz。但是，老年人的脑电变化个体差异很大，健康活跃的老年人的 EEG 通常与年轻人的 EEG 无任何差别。α 波节律改变的原因尚不明确，一般寿命越长，节律降低就变得越发明显，以年事最高者为最。

图 5-9 脑萎缩的进程

研究者还提出老年人 α 波节律的降低与智能减退之间成正相关。此外，临床研究发现，一些脑器质性病变的病人 α 波节律降低；阿尔茨海默病的患者的 α 波节律甚至消失，以慢节律的 δ 波和 θ 波代之。可见 α 波不仅与大脑皮层的成熟有关，也能反映大脑的衰老过程（Obrist，1954）。

（三）脑血流量和脑氧代谢的变化

有的研究发现脑电的上述变化与脑血流量变化有关系。这种广泛的慢节律常伴有脑血流量减少和脑氧代谢率下降。脑细胞正常活动所需要的氧和葡萄糖全都依靠血液运输供应。健康成年人大脑正常工作每分钟需耗氧 500～600 毫升（约占全身血液供应量的 20%），消耗葡萄糖 75～100 毫升。平时脑组织几乎不会储存氧和葡萄糖，一旦脑血流量减少，血液对这两种营养物质的供应不足，脑机能就会受到影响。一般认为，脑组织中的血液循环停止 8 分钟左右，或者动脉中血氧浓度低于 50%，脑机能就会丧失。

将中老年人与青年人的脑血流量进行对比发现，前者要比后者平均减少 17%。究其原因主要有：脑细胞数量的减少，引起脑组织萎缩；脑血管硬化、弹性降低、舒张能力减弱以及血管内膜增厚，内腔变窄等导致血流缓慢、减少甚至堵塞。其中，对正常人和痴呆病人在脑血流量方面的老年生理变化所做的检测研究最为深入。通过正电子发射计算机断层扫描（PET）技术间接地测定局部脑血流量发现，脑血流量随年龄的增长而减少，与脑氧代谢率下降平行。这种下降与老年人常见的几种疾病的关系非常密切，例如，器质性痴呆病人的脑血流量一定会减少，而且痴呆程度越高，脑血流量越低；高血压也会加重脑血流量的减少。

（四）脑化学成分的变化

有人对脑化学成分的寿期进行研究发现，脑的质量在 30～90 岁有所下降。人在出生时脑内水分占其质量的 92% 以上，到 90 岁时下降到 76%，下降较为明显；30～90 岁，脑的水分并无明显变化。由青年到老年期间总脂量明显减少，蛋白质也有所减少。人体脑重的发展趋势如图 5-10 所示。

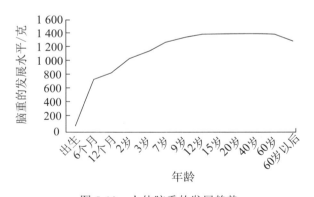

图 5-10　人体脑重的发展趋势

第二节　神经系统的性别差异

过去几十年，科学家对男女之间的智力差异做着积极的探索，但结果不一。可以肯定的是，男女之间在认知能力上确实存在差异。这种差异可能在一定程度上反映出大脑结构、组织和机能上的不同。

一、脑结构的性别差异

大脑在结构上包括白质（white matter）和灰质（gray matter）两大部分。白质是指神经纤维大量汇聚的地方，灰质是指神经细胞胞体大量汇聚的地方。

（一）脑白质的性别差异

1. 研究方法

对脑白质的性别差异研究主要采用弥散张量成像（DTI）技术，该技术利用水分子在不均匀组织中弥散具有各向异性的特性来描述白质结构以及其潜在的纤维束，并在三维空间内定量分析组织内水分子的弥散活动，可以得到大脑网络的结构连接信息。主要使用的矢量参数有反映水分子平均弥散能力的平均弥散率（mean diffusivity，MD）和反映水分子空间弥散方向的各向异性分数（fractional anisotropy，FA）。

2. 脑白质局部区域的性别差异

有研究者（Chou，2011）利用 DTI 技术对 80 名（男女各半）平均年龄为 31 岁的健康男性和健康女性的脑白质局部区域进行研究发现，女性的扣带回、海马和胼胝体等区域与男性相比有较高的各向异性（FA 较高），主要原因是女性这些区域的髓鞘化程度比男性高。有人（Menzler，2011）对 50 名平均年龄为 25 岁的健康男女的脑白质局部区域进行研究，结果同样如此。

3. 全脑神经连接的性别差异

大脑的两个半球并不是孤立存在的，它们是相互联系的一个整体。单独探讨脑的某些区域的性别差异可能会忽略脑的不同结构之间的信息交流。DTI 技术可以直观地刻画脑区之间真实的结构连接，因此，研究者们普遍利用该技术来探讨脑结构神经连接的性别差异。

有人（Ingalhalikar，2014）使用 DTI 技术对 949 名 8～22 岁的健康男女的大脑进行扫描，从全脑层面探讨了大脑神经连接的性别差异。结果发现，男性和女性的大脑结构在连接方式上存在显著差异：大脑左右半球之间的胼胝体，男女性不同。女性的胼胝体更厚，男性的胼胝体更薄。女性两半球之间的神经连接显著强于男性，而男性是半球内部的神经连接比较紧密。也就是说，女性是左脑和右脑高度连接，而男性是脑的前部和后部连接较强，如图 5-11 所示。

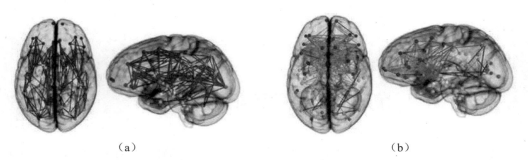

（a）　　　　　　　　　　　　　（b）

图 5-11　男女大脑神经连接方式的差异（洪簕，2018）

（a）男性大脑神经连接图；（b）女性大脑神经连接图

正是因为男女左右半球连接方式不同，男性能够更好地处理感知和协调运动，女性更擅长直觉思维。完成任务时，女性会调动大脑不同的部分，兼用逻辑和直觉来解决问题；男性由于大脑中的感知和行动区域存在较强的连接，所以更多的是发现问题并解决问题，情绪反应相对较弱。也正因为如此，男性做事情一般一件一件地做，因为他们的大脑是专门化、分区域管理的；女性的大脑可以多线程处理事情，同时做一些互不相干的事也可以。

（二）脑灰质的性别差异

1. 研究方法

对脑灰质性别差异的研究主要采用结构磁共振成像，主要使用的矢量参数有灰质体积、皮层厚度及灰质密度。通过这些指标来刻画脑的灰质信息，进而考察脑结构的性别差异。结构磁共振成像的优势在于它对脑组织的分辨率高，并且获得的解剖关系十分明确。

2. 全脑灰质的性别差异

从灰质的体积来看，女性额叶、顶叶和枕叶某些区域的灰质体积显著大于男性（Allen et al.，2003；Chen et al.，2007；Ruigrok et al.，2014）；从灰质的厚度和密度来看，女性额叶、顶叶某些区域的灰质密度和皮层厚度显著大于男性（Luders et al.，2006；Lü et al.，2010；Wang et al.，2012）。里奇（Stuart Ritchie）的课题组检查了脑内 68 个特定区域脑容量及大脑皮层的厚度。该课题组选取了 2 750 个女性和 2 466 个男性的脑部扫描数据，证实了男性和女性的大脑在脑容量、皮层厚度等方面的确存在差异。平均而言，女性的大脑皮层比男性厚一些。另外，男性大脑皮层下的许多脑区的容量要高于女性，包括海马、杏仁核、纹状体及丘脑等。

二、脑机能的性别差异

脑机能的性别差异一般在静息态和任务态两种状态下进行探索。

（一）研究方法

静息态下脑机能性别差异的研究多采用脑电图、正电子发射计算机断层扫描（PET）技术以及功能性磁共振（fMRI）成像技术。其中脑电图是通过精密的电子仪器，从头皮上将脑部的自发性生物电位加以放大记录而获得的图形，是通过电极记录下来的脑细胞群的自发性、节律性电活动。能够定量描述脑机能活动，具有较高的时间分辨率。然而目前利用脑电图探讨静息态脑机能性别差异的研究比较少。

正电子发射计算机断层扫描技术，通过追踪放射性物质在大脑中的代谢情况来定量分析大脑的机能活动，具有较高的灵敏度、特异性以及空间分辨率。基于该技术我们可以利用局部脑血流量和葡萄糖代谢强度等指标来定量描绘脑机能活动，进而考察脑机能的性别差异。该技术一般用来研究局部层面的脑机能性别差异。

功能性磁共振成像技术通过分析神经元活动对脑局部血氧和血流的影响所引起的脑局部磁场的变化来定量描述大脑的机能活动，兼有较高的空间分辨率。采用该技术多在机能连接层面进行脑机能性别差异的考察。

（二）局部层面的脑机能性别差异

研究者采用 PET 技术，以局部脑血流量和葡萄糖代谢强度为指标考察男女脑机能的差异，但并没有得出一致的研究结论。有人（George，1996）研究发现男性颞叶和额叶的局部脑血流量显著高于女性，而女性脑干的局部脑血流量显著高于男性。有研究者（Kawachi，2002）研究发现男性颞中回和内侧额叶的葡萄糖代谢强度显著高于女性。而另有研究发现女性额叶的葡萄糖代谢强度显著高于男性。这种差异的出现可能是由于研究者所采用的图像分析方法不同（Andreason，1994）。而且，虽然都对健康的成年人进行调查，年龄跨度大也会使得研究结果不一致。还有的研究者（Reiman，1996）发现女性大脑的葡萄糖代谢强度在不同的月经周期阶段显著不同，这也有可能是造成上述研究结果不一致的一个原因。

（三）全脑层面的脑机能性别差异

研究者（Biswal，2010）对 1 414 名年龄大于 18 岁并且平均年龄小于 60 岁的健康成年被试进行静息态的功能磁共振的扫描，研究发现，女性后扣带回、前额叶皮层内侧以及顶下小叶的机能连接强度显著高于男性，而扣带回背侧、脑岛、颞上回、额叶内侧上部以及枕叶的机能连接强度显著低于男性。而另有研究者（Weissman-Fogel，2010）却没有发现男女在默认网络、执行控制网络以及突显网络的连接上存在显著差异，原因可能是数据分析的方法不一样。所选用的被试虽然都是健康成年人，但年龄跨度不一致也会导致结果不一样。

★ 三、脑性别差异的年龄特征

（一）脑电波性别差异的年龄特征

学龄期以后，枕区的 α 波频率逐渐加快，7 岁时平均为 9 Hz，10～15 岁时稳定在 10 Hz 左右。通常，女孩子在这个期间的 α 波频率比男孩子的略快。有人（Barry，2004）研究发现，男性儿童颞叶区域 α 波相干性从 8 岁到 9 岁缓慢减弱，12 岁之前又加速增强；而女性儿童颞叶区域 α 波相干性在 9 岁时缓慢减弱，10 岁或 11 岁快速增强并达到顶峰，之后又呈现减弱的趋势。

（二）脑结构和机能性别差异的年龄特征

男生和女生在儿童和青少年时期大脑结构的发展存在性别差异。女生两侧颞上回、两侧额下和额中回灰质体积大于男生。男生左侧顶上回、两侧顶下回、左侧楔前叶和两侧缘上回的灰质体积大于女生。这可能与女生言语能力较强而男生空间感较强有关（Guo et al.，2008）。有研究也发现，随着年龄的增长，男性背侧前额叶皮层和额下回灰质体积的萎缩程度显著高于女性（Sowell et al.，2007）。另有研究者（Schmithorst，2008）研究发现，脑白质的性别差异在儿童和青少年期是不同的。13 岁之前，男女大脑结构连接几乎没有什么差异，成年男性表现出显著的半球内连接优势，而成年女性则表现出显著的半球间连接优势。这就使得男性思考问题更理性，女性思考问题时具有一定的情绪色彩。

（三）抑制性性别差异的年龄特征

在抑制性上，男女之间的差异主要出现在 14～17 岁，这个年龄段男性抑制性明显强于女性，而其他年龄段男女的抑制性基本没有差异。这可能和这一时期女性大脑表现出显著的半球间连接优势有关。

| 章后小结 |

| 即测即练 |

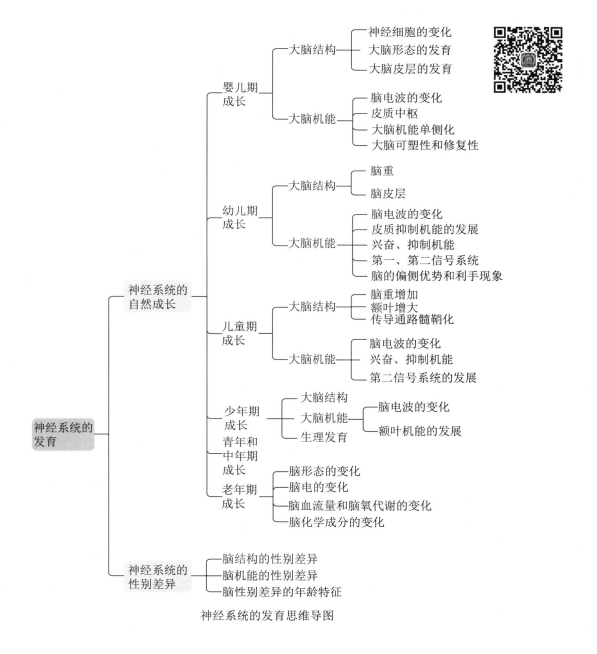

神经系统的发育思维导图

第三编
动作和言语的发展

第六章 动作与活动的发展变化

定风波　动作发展
（毕然然）
动作催开大脑花，练习促进长枝丫。
各种刺激和变化，莫怕，摸爬冥想任由他。
新旧冲突得转换，重建，认知结构渐发达。
环境遗传同作用，并重，观察模仿亦无涯。

章前导读

★ 一、什么是动作

动作（motor）是指个体操纵肢体完成的活动。动作受心理活动支配，是心理活动的外化。由于参与的肌肉和关节的数量不同，所构成的动作的类型和强度也有所不同。不管动作多么简单或复杂，都必须在神经系统的参与下完成。神经系统对动作的控制具有全程性、协同性和多水平等特点。特别是对于人类的动作而言，脑的调控作用更加突出。心理学家认为，动作既是信息加工过程的参与者，也是信息加工结果的表达者。动作发展（motor development）是研究人类一生中动作行为的变化、构成这些变化的基础和过程以及影响它们的因素（董奇，2004）。

根据涉及肌肉的数量和广泛性，可将动作分为粗大动作和精细动作。粗大动作是指涉及全身大肌肉的动作，主要包括躺、坐、站、蹲、走、跑、跳、投掷、攀爬等。精细动作主要是指小型肌肉或肌肉群运动产生的动作，如手部动作，包括拿、捏、拧、挠、揉、撕、摆、搭、拼、插等。

⭐ 二、动作在成长中的意义

动作对个体心理发展的作用是心理学的一个重要问题。多年来,心理学家从不同角度对这一问题进行了探讨,并提出了各自的理论和假说。当前发展心理学领域普遍存在预先成熟与可能成熟两种观点。

预先成熟论主张婴儿动作发展是预先成熟的结果。预先成熟论者通常用先天遗传指令控制下的神经机能因素来解释个体心理发展。他们认为运动经验并非动作发展的主要影响因素,只要不是极端情况,动作总会发生。

可能成熟论的观点与预先成熟论相反。可能成熟论者认为,机能的发展可以引发或转换出新的结构来,而运动经验推动了心理发展,动作发展促进了心理发展(庞丽娟等,1993)。

具体而言,动作对个体心理发展的意义可以从五个方面来解释。

(一)动作水平的高低与神经系统的发育有关

婴幼儿动作发展的每一步都是中枢神经系统成熟的一个里程碑。同时,动作的发展也能促进中枢神经系统机能的进一步完善。例如,站立和行走不仅需要在神经系统作用下的全身肌肉、关节的运动,还需要肢体的协调动作和身体重心的移动。因此,站立和行走在促进大脑发育的同时,也促进了小脑的发育。婴儿学会站立和行走之后,视野和活动范围变得更加开阔,能通过眼睛的观察、耳朵的聆听以及手的接触和摆弄,使感觉器官所接受的刺激增多,从而使感觉器官所对应的脑细胞在数量和机能上得到更充分的发展,对智力发育起到积极的促进作用(麦少美等,2010)。

(二)动作是实现主体和客体相互作用的最初形式

皮亚杰认为,发展是借助主客体的相互作用实现的,而主客体的相互作用离不开动作。个体发展早期的动作不仅是心理发生的决定性因素,而且在心理发展过程中具有建构功能。建构功能在不同发展阶段的表现有所差异,在发展的早期,实际的外在动作是主客体相互作用的主要手段。因此,儿童与环境关系的建立、关系维持与变化均与动作的发展密切相关。个体对外部世界的认识主要来自各种动作活动。

(三)动作水平反映了婴儿心理发展的水平

婴儿往往通过动作来认识周遭的世界。由于语言表达能力有限,婴儿的心理发展水平往往需要通过动作来反映。换句话说,婴儿的动作发展是衡量其心理发展的重要指标,反映了其心理发展的水平。

(四)动作发展为心理发展创造条件

动作为个体提供了认知经验,丰富了认知内容,使个体有更多的机会从事物的外在表现中鉴别出本质的特征,进而获得对事物本质的认识。同时动作也是儿童认识世界的工具。随着动作的不断复杂化,儿童对世界的认识也越来越清晰。另外,随着动作的发展，儿童的认知方式也发生了变化。这使儿童的认知结构既在量上得到了丰富，也在质上得到了发展（李红 等，2003）。动作对大脑的发育具有反向促进作用。动作得到不断练习、丰富和发展，可以促进大脑的结构更加完善，为个体早期心理的发展奠定良好的基础（董奇 等，1997）。

（五）动作发展水平对智力发展具有预测作用

阿诺德·格塞尔（Arnold Lucius Gesell，1880—1961）认为，婴儿早期动作发展的水平预示了其童年时期智力水平的高低。儿童动作的发展是在神经系统（尤其是大脑）和肌肉的控制下进行的，因此，动作的发展和身体、神经系统的发育密切相关。婴儿大脑是按照其基因顺序发育的，遵循着头尾原则和近远原则。动作的发展也表现出一定的时间顺序：出生后的半年内，婴儿首先发展的主要是感觉能力，动作特别是手的动作和直立行走等相对发展较慢，其发展也表现出类似于身体发展的规律。因此，通过分析婴儿动作发展的阶段特征可以推断婴儿智力发展的水平。

第一节 动作发展的一般规律

一、动作发展始于无条件反射

反射（reflection）是指有机体借助神经系统，对内外刺激的规律性应答。反射也是心理活动产生的基本方式之一，是物质转化为心理的重要机制。完成反射活动的神经结构叫反射弧（reflex arc）。它是执行反射活动的生理机制。反射弧包括五个部分：感受器（视觉、听觉、嗅觉、味觉、机械和化学感受器）、传入神经、神经中枢、传出神经和效应器（如肌肉和腺体）。刺激作用于感受器之后，产生神经冲动；神经冲动沿着传入神经纤维传至神经中枢；神经中枢对传入的信息进行整合加工后，作出决策；由传出神经把中枢的决策以神经冲动的形式传至效应器；效应器按照指令作出反应。

根据反射产生条件，可将其分为无条件反射（unconditional reflection）和条件反射（conditional reflection）。无条件反射是有机体在种系发展过程中形成并遗留下来的，是不学就会的反射活动。最基本的无条件反射是吮吸反射、抓握反射和防御性反射。条件反射是在无条件反射基础上经过后天学习建立起来的，因此胎儿的反射只涉及无条件反射（林崇德，2004）。

人类动作的发展可以追溯至胎儿期。胎儿动作是胎儿期重要的发育特征之一，主要表现为胎动和无条件反射。

（一）胎动

胎动是胎儿在母体内自发的身体活动或蠕动。在胎儿期，自孕 2 个月末开始，胎儿就能够在羊水中进行类似于游泳的运动，并摆动自己的头、胳膊，顶、踢母亲的腹部表示自己的好恶。到孕 20 周末时，多数孕妇都可以感受到胎动。妊娠 28～30 周是胎动最活跃的时期。

胎儿 8 周时便可旋转头部或臀部使身体弯曲避开刺激，3 个月时能够动脚趾和头。当临近出生时（孕 32～36 周），胎儿明显受到母亲的情绪和饮食的影响。例如，孕妇在喝咖啡后，胎儿行为增加；胎儿行为也可能随着每日的节律而变化（林崇德，2004）。

明显的胎动有三种类型。一是缓慢地蠕动或扭动，妊娠 3～4 个月时最易觉察。二是剧烈地踢脚或冲撞。此类胎动从 6 个月起增加，直至分娩。三是比较剧烈的痉挛动作。

（二）无条件反射

3 个月的胎儿已经出现巴宾斯基反射、类似吮吸的反射及抓握反射。胎儿在 5 个月后逐渐具备了防御反射、吞咽反射、眨眼反射和强直性颈反射等对生命有重要作用和价值的本能动作，这些反射均是本能的，是胎儿的无条件反射（林崇德，2004）。

二、动作发展的一般原则

个体的动作，是从先天的无条件反射开始的，经由各种学习到掌握各种复杂的动作技能，既遵循一定的原则，又具有一定的方向和顺序；既具有年龄特征，又存在个体差异。它是一个复杂多变而又有规律可循的动态发展系统。这一系统受到营养、发育、环境、抚养方式和文化习惯的综合影响（庞丽娟 等，1993）。

（一）头尾原则

头尾原则又称为从上至下的原则，是指从身体上部动作发展至下部动作。儿童首先发展的是头部动作，如先学会抬头、转头；其次是躯干动作，如俯撑、翻身、坐立等；最后是四肢的动作，如把物体从左手换至右手、直立行走、跑和跳。婴儿的动作总是按照"抬头、翻身（图 6-1）、坐、爬、站立、行走"这样的顺序发展起来的。

图 6-1　翻身准备（糖豆儿，3 个月）

（二）近远原则

近远原则是指个体动作的发展最初是由中央部位动作开始的，然后逐步向边缘部位的动作发展。婴儿最早获得的是头部和躯干等位于躯干中线上的动作。然后获得离中线稍远的双臂和腿部有规律的动作。最后才是离中线最远的肢体末梢的手部精细动作。例如，婴儿先学会抬头、挺胸、翻身，然后才能伸手抓住东西、学会爬和坐（图6-2）（董奇等，2004）。

（三）从整体到分化的原则

从整体到分化的原则是指个体最早对刺激作出的动作反应是整体性的，然后逐渐分化。具体而言，婴儿最初的动作是全身性的、笼统的、弥漫性的，以后才逐步分化为局部的、精确的、专门化的动作（董奇等，2004）。例如，触摸初生婴儿身体的某个部位时，婴儿的整个身体都会有动作反应。但是，随着婴儿神经纤维髓鞘化程度的提高，婴儿能够抑制与触摸部位无关的反应，这样就可以对外界刺激作出有区分的精细反应。婴儿用手抓东西，开始的时候是大把抓，然后逐渐过渡到拇指和食指对捏（图6-3）。

图6-2 坐（糖豆儿，6个月）　　图6-3 捏花生米（糖豆儿，7个月）

（四）大小原则

大小原则是指从发展大肌肉、大幅度的动作到发展小肌肉的精细动作。最先发展的是躯体的大肌肉动作，如头部、双臂、腿部协调活动等；手部小肌肉动作发展较晚，手部动作和感知觉之间的协调配合技能则发展得更晚，如视动协调、筷子使用技能等（董奇等，2004）。新生儿只会弥漫性地臂舞腿蹈，四五个月的婴儿要够到面前放着的玩具往往不是用手，而是用手臂甚至整个身体。随着神经系统的髓鞘化以及小肌肉群的发育，动作逐渐分化，儿童开始学习控制身体各个部位的小肌肉动作（刘金花，2013）。

（五）从不随意到随意的原则

从不随意到随意的原则是指从先天无意识的反射动作向有高度控制的动作技能的发展，从刻板模式化的动作向越来越灵活的动作发展。儿童最初的动作是没有目的的，如游泳反射、抓握反射，出生6个月左右才开始意识到自己所做的动作。

第二节 动作发展的具体过程

一、婴儿（0～3岁）动作的特点

婴儿动作发展的内容主要包括三个方面，一是新生儿的反射行为，二是粗大动作，特别是行走动作的发展，三是粗细动作，特别是手运用物体技能的发展。

（一）新生儿反射

新生儿的动作能力并不像人们想象的那么简单。研究发现，婴儿早期（0～3个月）共存在73种无条件反射（Illingworth，1987）；新生儿阶段的反射活动有40多种，一般常见的有20种。这些无条件反射可以分为两类，一类是对新生儿具有明显适应价值的无条件反射，这类反射具有帮助新生儿获取食物、排出有害物质、注意环境中的重要刺激的作用。另一类则是对新生儿不具有明显适应价值的无条件反射。这类反射是人类在进化过程中遗留下来的，它在人类进化过程中可能曾起过帮助机体适应外界环境的作用，但在现在人类生活中已失去意义，所以很快消失。如果消失过迟，往往是大脑皮质发育不良的表现。由于无条件反射大部分是在脊髓完成的，因此，如果这两类无条件反射弱或不出现，则提示脊髓发育可能存在障碍。

1. 有适应价值的无条件反射

1）无条件食物反射

无条件食物反射包括吸吮反射（sucking reflex）、觅食反射（rooting reflex）和吞咽反射（swallowing reflex）。

出生后的前几周，婴儿的身体活动大部分是本能的反射行为。用乳头或手指轻触新生儿口唇时，新生儿会出现口唇及舌的吸吮动作。吸吮反射是最强的反射之一，当新生儿开始吸吮时，其他活动都会被抑制。吸吮反射在婴儿出生后3～4月开始消失，逐渐被主动的进食动作取代。但是，睡眠中自发的吸吮动作仍然会持续较长时间（董琦 等，2004）。

婴儿天生具有觅食反射 [又称为搜索反射（search reflex）、基本方位反射（cardinal points reflex）]。当人们用手指拨弄婴儿的脸颊和嘴唇时，婴儿会将头转向手指的方向。该反射帮助婴儿在吃奶时找到乳头。起初他们会左右摇头，在两侧寻找乳头，将头扭向乳头，然后再略微转开。到3周左右时，他们会直接扭过头，将嘴巴移动到合适的位置开始吮吸（谢尔弗，2012）。

吞咽反射是指食物经咀嚼而形成的食团由口腔运送入胃的整个过程，须有特定的刺激才能引起。吞咽反射得以终生保留。

2）无条件防御反射

无条件防御反射包括呕吐反射（vomiting reflex）、喷嚏反射（sneezing reflex）、眨眼反射（blink reflex）等。

呕吐反射是指消化道内容物经口腔有力排出的动作。呕吐的发生需经历一系列复杂的反射过程。呕吐反射是一种具有保护意义的防御性反射，在某些情况下，借助呕吐可把进入胃内的有害物质排到体外（王志安，1999）。呕吐反射是永久的反射。

喷嚏反射是人体呼吸道的一种防御反射。打喷嚏是刚出生的婴儿经常发生的现象，从密封的、与外界不接触的子宫来到大千世界，闻到什么气味，外界的温度、湿度有什么改变，都可以引起他不断地打喷嚏。新生儿适应外界环境要有一个过程，到婴儿3～4个月时，经常打喷嚏的现象会逐渐减少。但是，呼吸道遇到新异刺激做出打喷嚏这样的动作，是永久存在的反射活动。

眨眼反射是指人们在面对直射的光线时，快速眨眼的动作，具有保护眼睛免受直射光线的侵害。这种能力是永久存在的。

3) 无条件定向反射

无条件定向反射（unconditioned orientation reflex）是指个体将感官朝向刺激源的反射活动。新生儿出生后12～24小时就会把眼睛转向光源；在大声或其他刺激的作用下，新生儿会将头转向刺激源，并因定向反射而抑制吮吸动作。

2. 无适应价值的无条件反射

（1）巴宾斯基反射（Babinsky reflex）。婴儿的脚掌受到击打时，其反应是张开脚趾。尚不清楚该反射有何功能，在8～12个月消失。

（2）达尔文反射（Darwinian reflex）。达尔文反射也称抓握反射，表现为轻轻地抚摸婴儿手掌时，他们会迅速握住你的手指。出生之后的最初几天，婴儿的抓握非常有力，几乎可以抓着你的手指将自己整个身体吊起来（谢尔弗，2012）。达尔文反射约在出生4个月后消失。

（3）摩罗反射（Moro reflex）。让婴儿平躺，如果突然制造声响，婴儿会做出拥抱动作。这种反射在4个月左右消失。

（4）游泳反射（swimming reflex）。将婴儿俯卧放在水里时，他们会用四肢做出协调的、类似于游泳的不随意动作。这种反射可能是种系发展过程中遗留下来的，与个体在母体内的液态环境有关。6个月后游泳反射消失，再将婴儿放入水中他们就会挣扎乱动；直到8个月后婴儿才会做出随意的游泳动作（董奇 等，2004）。

（5）行走反射（stepping reflex）。行走反射又叫踏步反射或无意识步行，将婴儿夹在手臂下，并让其上身向前倾，脚触及支撑物，他们就会左右交替伸脚，做出类似于向前行走的动作。有研究证明，8周左右该反射消失。

（6）强直颈反射（tonic neck reflex）。强直颈反射又叫击剑反射，分为对称和不对称两种。不对称的强直颈反射表现为，婴儿仰卧时使他的头转向一侧，就会看到该侧的手臂和腿伸直，另一侧的手臂和腿弯曲，做出类似于击剑的姿势。对称的强直劲反射则表现为，将婴儿低着的头扶起时，可见到手臂伸直、双腿弯曲的现象；使其低头曲颈时，手臂和双腿的动作则相反（董奇 等，2004）。不对称强直颈反射在婴儿出生后数周可以避免婴儿由仰卧态滚到俯卧态，从而避免因俯卧而窒息。强直颈反射3个月左右消失。

（7）抽缩反射（shrinkage reflex）。用大头针刺单足，脚缩回，膝臀部弯曲。该反射在出生10天后消失。

（8）躯体同向反射（somatic co reflex）。转动肩头或臀部，身体其他部位同向。躯体同向反射在出生12个月后消失。

（二）婴儿动作发展的特点

婴儿期是身体变化最为明显的时期。这一发展阶段，婴儿快速地从一个无助的甚至不会翻身的人变成一个可以行走、跳跃的人。这一时期婴儿不仅要完成抬头、翻身、坐、爬、站立等粗大动作，还要完成抓握物体、工具使用等需要手臂和眼部协调的精细动作。

1. 婴儿粗大动作的发展

1）婴儿全身动作的发展变化

婴儿动作和动作技能发展的研究，比较有影响的是心理学家格赛尔和雪利（M. M. Shirley）的研究，他们揭示了婴儿从出生到能够直立行走之间动作变化的年龄标志，详情如图6-4所示。

图6-4 婴儿动作的发展

由图6-4可以看出，第一，动作发展是有特定顺序的。第二，不同动作成熟的时间节点有所不同。同时提醒读者，各种动作的发展还具有个体差异。图6-5清晰表明不同个体某一种动作出现的时间是有一个范围的。请看纵坐标，从下往上看，看到"用手和膝盖爬行"，然后关注对应的右侧的图，可以看到一个小朋友在一个长方形上爬行。其实长方形左端就是手和膝盖爬行动作出现的最早时间点，右端是最晚时间点。顺着这两个时间节点看横坐标，可以看出，小朋友用手和膝盖爬行最早出现在36周，最晚出现在52周。也就是说，一般小朋友用手和膝盖爬行，出现在8.4个月至12.1个月。可见，婴儿动作发展的个体差异还是很大的。即便如此，仍然有婴儿其动作或快于或慢于图中时间。一般在确定婴儿没有器质性问题之后，等待婴儿的发展，适当辅以锻炼为宜。

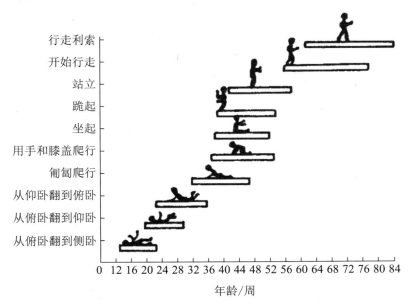

图 6-5 0～2 岁婴儿全身动作的发展

国内有李惠桐等的研究（表 6-1），揭示了 3 岁前儿童全身动作的发展顺序。

表 6-1 3 岁前儿童全身动作的发展顺序　　　　　　　　　　　　　月

大动作项目	常模年龄	成熟早期年龄	成熟中期年龄	成熟晚期年龄	大动作项目	常模年龄	成熟早期年龄	成熟中期年龄	成熟晚期年龄
俯卧抬头稍起	1.2	—	—	2.0	扶一手走步	11.8	9.1	10.7	12.7
俯卧抬头与床面成 45°角	3.6	2.1	3.2	4.0	独走几步	13.7	11.2	12.7	15.0
俯卧抬头与床面成 90°角	3.8	2.9	3.5	4.5	扶物能蹲	11.1	8.2	9.8	11.9
抱头转动自如	3.3	2.0	2.9	3.7	自己能蹲	13.9	11.2	12.6	14.8
仰卧翻身	4.2	3.1	3.7	6.8	会跑不稳	16.7	14.0	15.2	17.7
扶坐竖直	4.9	3.1	4.2	6.3	跑能控制	19.8	15.6	18.3	20.7
独坐前倾	5.2	3.2	4.5	5.9	自己上下矮床	20.0	14.6	17.1	22.8
独坐	6.5	4.7	8.1	6.9	双手扶栏上下	19.3	15.0	18.1	20.5
自己会爬	9.3	5.9	8.2	10.2	一手扶栏上下	28.1	21.5	26.1	33.7
从卧位坐起	9.7	6.9	8.6	11.4	双脚跳	26.7	21.3	24.0	29.5
扶腋下站立	4.7	3.3	4.2	5.4	独脚站	33.4	23.6	29.5	—
扶双手站	7.7	5.1	6.6	8.9	踢球	17.6	15.0	16.7	21.2
扶一手站	10.1	7.0	9.5	10.9	跳远	30.5	24.1	28.2	35.4
独站片刻	11.9	9.2	11.2	13.3	手臂举起投掷	29.3	23.6	27.4	33.7
扶双手走步	9.8	7.1	9.3	11.0	组织活动	27.1	21.6	25.0	29.4

注："—"有两个意思，一是表示未测出，二是表示这些项目 3 岁前未能做。

从图 6-4、图 6-5 和表 6-1 可以看出,刚出生的婴儿只能做一些反射活动,1 个月时能够抬头,2 个月可以挺胸,3 个月可以尝试翻身,5 个月可以抓东西,6 个月可以坐,7 个月可以匍匐前进,8 个月尝试爬行,11 个月可以扶着东西到处走,而到 12 个月会站立起来(图 6-6),并有可能开始行走。14 个月可以蹲起,2 岁左右的儿童会双脚原地跳、原地站立和踢球,会跑和攀登,并且很少跌倒。这时孩子活动的积极性特别高,不知危险、爱运动,并逐渐学会越过小的障碍物。3 岁时,幼儿学会单脚跳等复杂活动。

图 6-6 站立(郭耘彤,1 岁)

2)直立行走

出生第一年末,婴儿才能自由移动。而此时行走动作的发展还处于初始阶段。行走动作的发展成熟需经历一个漫长的过程。

婴儿直立行走这一大动作的完成,是个体一生中动作发展的里程碑。自此,个体可以在所处的空间自主活动。这无疑提高了个体对周围环境的控制感,增强了自信。

当然由于遗传、营养状况、练习机会以及文化的差异,不同儿童在直立行走的动作发展中存在个体差异。

2. 婴儿精细动作的发展

1)手的抓握动作的发展

手的抓握动作,从大把抓到拇指、食指对捏,大约需要 1 年的时间,具体进程详见图 6-7。

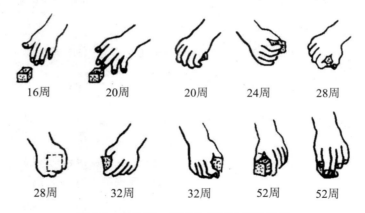

| 16周 | 20周 | 20周 | 24周 | 28周 |
| 28周 | 32周 | 32周 | 52周 | 52周 |

图 6-7 出生第一年手的抓握动作的发展

注图中的数字表示儿童按周计算的年龄,而手则表示当时能够达到的灵活程度(霍尔沃森,1931)。

手是人类完成各种活动的重要器官,手的动作从不灵活到灵活的发展有其特定规律。3～4 个月的婴儿用手抓握物体的动作是本能的无条件反射(抓握反射),只要触碰到物体就会做出抓握动作,没有方向和目标。这时,婴儿主要使用整个手臂,手指不能很好地配合,拇指和其他四指的方向是一致的,对物体是一把抓的。同时,眼睛和手也不能协调。

到了 5～6 个月,婴儿逐渐能把拇指和其余四指分开,相互对立抓握物体(图 6-8),动作变得越来越熟练。此时,婴儿的视觉、动觉和触觉密切配合,眼睛和手开始能够协调运动。之后眼睛和手不断协调,即先学会看到物体的形状及其所在的位置,然后学习快速而准确地伸手抓住物体，并通过不断摆弄来了解物体的性质，掌握相应的知识。

1～3岁的婴儿逐渐能根据物体的功能和特点，比较灵活、准确、熟练地使用物体。1岁半以后，儿童逐渐学会拿着物体做各种动作，并开始把它们当作工具来使用。工具使用也经历了一个过程，刚开始儿童并不能完全按照工具的特点来做出合适的动作，有效的动作较少。例如，拿锤子的时候总是拿着锤头而不是手柄，筷子也常常拿反。之后在此基础上不断尝试，偶尔遇到有效的方式就会反复做同样的动作。以后儿童就能够利用工具的特点来使用它。到了幼儿期，手的动作进一步发展，无效动作较少，幼儿可以运用玩具做游戏，并可以使用文具进行学习，运用工具进行劳动。

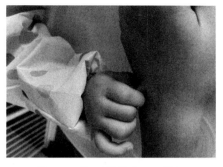

图6-8 掐（糖豆儿，1岁）

李惠桐等（1980）详细调查了3岁前儿童手部动作的发展顺序（表6-2）。

表6-2 3岁前儿童手部动作的发展顺序　　　　月

细动作项目	常模年龄	成熟早期年龄	成熟中期年龄	成熟晚期年龄	细动作项目	常模年龄	成熟早期年龄	成熟中期年龄	成熟晚期年龄
握住拨浪鼓即掉	1.0	—	—	1.9	把小球放入瓶中	12.3	10.7	11.7	13.0
玩弄手	2.5	1.8	3.2	3.9	翻书，一次一页	28.3	19.0	24.2	31.9
抓住胸前玩具	4.7	3.1	4.2	5.5	穿珠	28.3	21.1	24.2	31.9
自己抱住奶瓶	5.5	3.0	4.4	7.4	折纸长方形	31.1	22.7	28.3	34.0
可将奶瓶嘴放入口中	5.8	4.1	5.3	7.9	折纸正方形	34.1	23.6	30.8	
积木在手中传递（倒手）	6.4	5.0	5.9	6.9	双手端碗	17.1	12.3	16.0	18.5
能拿起面前的玩具	6.2	5.0	5.8	6.7	一手端碗	27.0	21.3	24.4	29.6
拇指和其他指抓握	6.9	5.1	6.5	7.9	搭桥	28.9	19.5	26.5	34.4
拇指和其他指捏米花	8.9	7.1	8.5	9.9	搭火车	28.1	21.8	26.0	30.3
撕纸	9.1	5.7	8.5	9.9	自己动手	27.6	21.1	24.8	30.4
从瓶中倒出小球	13.4	9.4	12.5	14.7	搭积木2～4块	12.9	11.0	12.3	13.8
拾取东西	10.1	7.9	9.6	10.9	搭积木5～7块	20.9	18.1	19.0	21.8
摇拨浪鼓	13.2	9.8	12.4	13.8	搭积木8～10块	29.5			

注："—"有两个意思，一是表示未测出，二是表示这些项目3岁前未能做。

儿童手部动作的发展在儿童心理发展上具有重要的意义。首先，儿童通过运用物体的动作来掌握操作物体的方法。其次，儿童通过运用物体的动作来使用各种物体，同时也就认识了各种物体共有的特性，从而使知觉更加具有概括性。

2）手眼协调

手眼协调是婴儿的意志对动作的调节作用的主要标志。婴儿双眼协调的时间要早于双手协调的时间。从婴儿期到幼儿期，手眼不协调到手眼协调要经历五个阶段。①动作混乱阶段。新生儿双眼的运动并不协调，往往可能一只眼向左，另一只眼向右。如果在摇篮上挂小物件，婴儿的两只眼睛都看向中心，持续较长时间，可能会形成斗鸡眼。双手也是无规律地乱摆动。②无意抚摸阶段。2~3个月的婴儿，双手无意间碰到一些物体时，便会抚摸它们，有时还会左右手互相抚摸。这一阶段的婴儿，手部的运动特点是沿着物体的边缘移动，而不能有力地抓握物体，而且动作是无意识、无目的和无方向的。③无意抓握阶段。4个月左右，婴儿能够抓住放在手里的东西，但不会很用力地去抓握。有时候，婴儿可能会抓住玩具摇晃，在听到玩具发出的声音后，会摆弄玩具，但是这些活动都是无意识的。④手眼不协调地抓握。4~12个月，当婴儿看到物体，并伸出手想去抓握，但又无法准确地抓到，双手总在物体的周围打转时，说明婴儿已经能够有意识地进行部分行为了。由于受到高级神经系统发展进程的制约，这一阶段婴儿手眼不是很协调，大脑还不能完全支配手的动作，因此还不能准确地抓住看到的东西。⑤手眼协调。1岁以后，婴儿的手眼协调能力逐步发展成熟，能够利用视觉所获得的信息来提高抓握物体的准确性，动作的目的性也不断增强，能够成功完成一些简单的活动。婴儿在完成这些活动的过程中，除了动手去做，还会动用一些无关的身体部位。这可能与婴儿大动作的弥散性有关。手眼协调能力的成熟，可以帮助婴儿用手主动探索观察到的世界，这些活动反过来又促进了婴儿手眼协调能力的发展。3岁左右，婴儿可以慢慢地练习使用筷子、刷牙、解开衣服扣子。4岁左右就能够握笔画画、使用剪刀剪纸。6岁左右能够慢慢地练习写毛笔字、系鞋带（刘万伦，2014）。

3. 勺子的使用

勺子是一种常用的餐具。当婴儿6个月大时，成人通常会选择勺子来给其喂食。在最初的喂食过程中，婴儿对勺子的反应是被动的。但在不久之后，他们会张开嘴巴等着勺子喂入。然而，如果成人不操纵勺子，把食物直接喂给婴儿，婴儿并不能把勺子里的食物吃下。

出生9个月左右，婴儿喜欢在吃饭时触碰勺子，将头向后移，同时压紧自己的嘴唇将食物从勺子上弄下来，他们逐渐会在成人吃饭时玩弄勺子。

马萨诸塞大学的研究者（Keen et al., 2014），研究了婴儿主动使用勺子（图6-9）的情况。9个月的婴儿，当勺子柄的方向与利手方向一致时，可以直接拿起勺子，把食物放入口中；当勺子柄的方向与利手方向相反时，婴儿仍然利用利手取得勺子，但很难将食物送到嘴里。

1周岁左右，婴儿玩弄勺子的方式增多，如将勺子在双手中互换，或者偶尔放进嘴里。12~15个月，大多数婴儿开始自己吃饭，此时，手掌式抓握（palmar grip）是婴儿最普遍的抓握动作，即掌心向下，勺柄位于拇指和食指之间。但是，这一阶段的婴儿仍需成人的帮助才可以完成吃饭（Gesell et al., 1937）。研究还发现，14个月大的婴儿，无论勺子柄的方向如何，都坚持用利手取得勺子，好在婴儿基本可以将食物送入口中（图6-10）。到了19个月，婴儿在勺子柄的方向发生变化后，可以灵活使用利手和非利手将食物送入口中。

2岁是婴儿使用勺子进步最明显的时期。有研究者（Connolly et al., 1989）描述了婴儿使用勺子的基本模式，图6-11显示了他们观察到的11种不同的手握勺子的姿势。这些姿势既说明幼儿在使用工具的过程中存在着系统的变化模式，也说明他们会随要求的不同而改变自己的动作（耿培新 等，2008）。

图 6-9 研究中婴儿使用勺子画面

图 6-10 自主使用勺子（郭耘彤，1 岁）

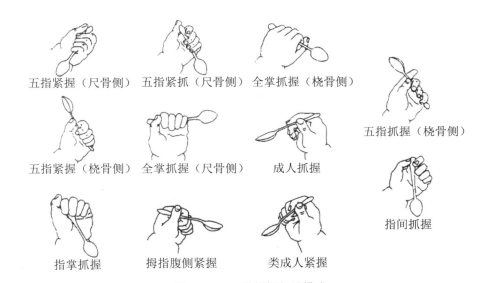

图 6-11 11 种抓握勺子模式

⭐ 二、幼儿（3~6 岁）动作的特点

（一）粗大动作发展

幼儿期的动作在婴儿期的基础上继续发展。随着体型逐步向流线型过渡，幼儿不再像原来那样头大身体小，身体的重心逐渐降到躯干。这使得幼儿的平衡能力得到显著增强，为需要身体大肌肉运动的动作技能的发展打下了基础（Haywood et al., 2001）。

3~4 岁的幼儿能双脚交替上楼，但下楼时需要单脚引导；向前、向上跳跃还不是很灵活；做接物和扔物等动作有点依赖上身，如仍需依靠胸部才能接住一个球；但是，幼儿能够双手扶住把手踩踏三轮小车，方向也把握得很准。

5~6 岁的幼儿奔跑速度越来越快，飞跑时身体动作也很稳；此时，幼儿能够做真正的跳跃动作，接物的动作模式也变得比较成熟；幼儿能够踩带有训练轮子的自行车。（Cratty，1986；Malina et al., 1991；Newborg et al., 1984；Roberton，1984）

（二）精细动作发展

精细动作的发展在幼儿期有了一个飞跃。由于手臂和手指动作技能的提高，幼儿能够用小块积木进行搭建游戏，能够完成切割和粘贴东西、穿珠子等动作。幼儿与自理有关的动作能力的发展及绘画技能的发展是幼儿期精细动作发展最为突出的两个方面。

1. 与自理有关的动作能力的发展

总体而言，3～4岁幼儿能够解开和扣上衣服上的大扣子，已经学会了自己吃饭，还学会了使用剪刀。5～6岁幼儿会系鞋带，国外的儿童能够使用餐刀切开较软的食物。

2. 绘画技能的发展

幼儿绘图技能的发展一般遵循以下顺序。

（1）涂鸦。最初，幼儿有意识的表征是通过身体姿势而不是画在纸上的符号来表现的。18个月的婴儿会用蜡笔在纸上跳着点几个点，然后说这是"兔子一跳一跳地走"（Winner，1986）。

（2）最初的表征形式。3岁左右，幼儿的涂鸦变成图画。幼儿能够画出一些可识别的形状，并给它们命名（Winner，1986）。但是，此时幼儿自发画的画往往很难被他人理解。如果成人和幼儿一起画，并指出画面和实物之间的相似性，幼儿的画就能逐渐地容易让人理解，也更具体（Braswell et al.，2003）。幼儿学会用线条来代表物体的边界，这是他们绘画发展的重要标志。3～4岁的幼儿能够画出人物形象，但所画的人物一般是蝌蚪状的。

（3）更接近现实的画。幼儿的画作并不追求现实主义，但随着知觉、语言、记忆和精细动作技能的发展，幼儿绘画与真实的世界越来越接近（Toomela，2002）。5～6岁幼儿的画更加复杂，画中包含了很多传统的人物和动物的形象，并能把头部和身体分开。

幼儿刚开始分不清写字和绘画。4岁左右，写字开始显现出一些与众不同的特征，例如，他们可以将纸上排成一排的不同的字分开。但幼儿写的字里常常带有画的成分，如用圆来代表太阳（Levin et al.，2003）。从4岁到6岁，幼儿逐渐能将绘画和书写进行区分（陈会昌 等，2014）。

三、儿童（6～12岁）动作的特点

体型变化和肌肉力量的增强使童年期个体的动作更加协调。认知和社会性的成熟促使年龄较大的儿童能够以更为复杂的方式应用新掌握的动作技能。

（一）粗大动作的发展

上小学后，儿童的跑、跳远、跳跃和球类动作变得更加精细。三年级至六年级的儿童能突然快跑，能快速跳绳，能玩复杂的跳房子游戏，能踢足球，能棒击同学投掷过来的垒球，能平稳地走过狭窄的横木。这些不同类型的动作反映了儿童四种基本能力的增强。①灵活性。与幼儿相比，儿童的身体更加柔韧和具有弹性，儿童挥动球拍、踢球（图 6-12）、跳高和翻跟斗等动作表现出了这种优势。②平衡性。平衡性的增强促进了许多运动技能的发展，包括跑、单腿跳、双腿跳、投掷、踢球以及许多群体运动，这些活动均需要快速转向的能力的参与。③敏捷性。儿童的动作更加快速、准确，主要体现在舞蹈和啦啦队的丰富多变的步法中，也表现在捉人游戏和踢球时躲避对手的动作中。④力量。年龄较大的儿童可以投掷和踢较重的球，同时跑跳的距离也更远（Haywood et al.，2001）。

图 6-12　踢球（郭耘岐，10 岁）

虽然身体的发育对动作技能的发展具有重要促进作用，但是，更有效的信息加工对动作表现的改善也不容忽视。幼儿常常在需要快速作出反应的技能方面存在困难，比如击球和运球。童年期个体的反应速度出现稳步增加，11 岁儿童的反应速度相当于 5 岁幼儿的两倍。童年期对无关刺激的抑制能力也在增强（Band et al.，2008；Kail，2003）。

（二）精细动作的发展

儿童的精细动作得到显著改善。他们会玩悠悠球、能建造飞机模型，还会演奏乐器，这些活动都需要相当好的精细动作控制能力。到 6 岁时，大部分儿童能比较清楚地写字母、姓名以及从 1 到 10 的数字。但是，由于他们在写字时使用整个手臂而不是手腕和手指，因此写的字很大。在书写方面，儿童一般先掌握大写字母，因为大写字母的水平运动和垂直运动相对于小写字母的细小曲线运动更容易控制，随着儿童能更准确地写出高度一致的字母，字体的可辨性逐渐增强。学前期末，儿童已能准确地临摹很多二维图形，并能把这些图形整合进他们的绘画中。一些深度线索也开始出现，如远处物体比近处物体小一些（Braine et al.，1993）。进入小学之后，儿童的绘画表现出更强的戏剧性。到 9～10 岁时，儿童能够借助物品重叠、对角线设置和收敛线条，让画作的立体感十分明显（陈会昌 等，2014）。

四、少年（12～18 岁）动作的特点

少年期是个体动作发展的一个新时期。在这期间，由于机体发育和肌肉力量的增强，因此，个体动作会暂时产生一些不灵巧和笨拙感，这被称为青春期的尴尬（adolescent awkwardness）。但是，关节和肌肉感觉的继续高度发展，在书写、绘画（图 6-13）、制图、操作和体育等活动中表现突出。这些活动较儿童期有了较大的发展。

从 16 岁开始，个体身体发育逐渐接近成人水平，骨化过程已经结束，肌肉力量不断加强，提高了从事体力工作的能力。一般而言，动作的灵活性在 25 岁左右达到高峰（图 6-14），然后呈下降趋势，40 岁或 45 岁以后下降

图 6-13　速写（海韵，12 岁）

速度加快。动作反应的敏捷性与强度,在 20～30 岁达到顶峰,之后随着年龄的增长而逐渐下降。

五、青年(18～35岁)动作的特点

在 30 岁以前,大多数人的身体运动水平可以达到巅峰状态,19～24 岁表现最为突出。对于运动员而言,从事不同的竞技项目,达到巅峰状态的年龄段

图 6-14　运动(海韵,21 岁)

存在差异。例如,绝大多数游泳和体操运动员在十几岁时达到巅峰状态,很多冲刺比赛的运动员在 20 多岁或早些时候就达到巅峰状态,而高尔夫、马拉松运动员则在 20 岁晚期或 30 岁早期才达到巅峰状态。个体过了 30 岁,多数生理功能开始衰退,只是具体器官的衰退会有所差异。30 岁以后,一般的生理功能衰退率是每年 0.75%～1%。衰退通常会按照心血管功能、肌力、骨骼组织、神经功能、平衡性和弹性这一顺序依次进行。通常,成年期末个体的行动速度会变慢,但个体差异很大。有研究发现,保持积极运动的老年人,他们的反应有时快于缺乏运动的年轻人,这说明运动对于缓解反应速度的衰退具有一定的作用。

随着身体灵活性的降低,精细动作技能可能在成年中后期开始衰退,有些健康个体的接触和抓握技能可能持续地增强,但是,病理性的情况可能导致手的虚弱和残疾,从而影响精细动作技能的发挥。活动变慢也是精细动作技能下降的原因之一,如年轻者的书写速度要快于年长者。对此有两个解释。一是中枢噪声说,该解释认为中枢神经系统中不规则的神经活动增加,大范围地影响了感觉效应器的活动。与年轻者相比,年长者被认为有更多的中枢噪声,增加的中枢噪声扰乱了进入大脑的信号,延误了信息的解释和整理,导致操作活动变慢和技能水平降低。二是策略说,该解释认为年长者应用了策略性的知识去补偿简单和精细动作技能的降低。大多数成年人会要求尽可能精确地完成任务,当他们动作太迅速时,容易犯错误,因此他们会放慢速度,以便精确地完成任务。

六、成年与中年(35～65岁)动作的特点

中年是人生真正的黄金时代,中年人是建设社会的中坚力量。但是,随着年龄的增加,中年人身体功能逐步减退,动作能力也在减退。然而,人体的衰老进程并不一定与年龄成正比。现代科学研究与实践均证明,积极参加体育锻炼是延迟人体衰老的主要手段之一。

七、老年(61岁及以后)动作的特点

老年人的动作能力每况愈下。许多身体和生理变化随之而来。老年人经常遇到的问题使其的动作发展独具特点。例如,骨质疏松导致个子变矮,许多老年人还由于脊椎弯

曲而成为驼背，这些都有可能导致行走困难，甚至难以坐起；老年人力量减小，导致运动的能量消耗增加。心血管机能脆弱使老年人对激素反应的灵敏度降低，从而使得老年人对剧烈运动的适应性降低。此外，老年人的感觉系统发生了重大变化。运动能力、视觉、本体感觉和前庭觉对动作的执行非常重要，这三个系统的衰退，会导致老年人的平衡能力、反应能力和灵敏度都呈现衰退趋势（佘双好，2013）。

第三节　动作发展的性别差异

个体出生之后，受到遗传和环境的影响，其动作发展逐渐显现出性别差异。

一、幼儿动作发展的性别差异

其实早在婴儿期，儿童的动作就有较强的性别差异。男孩子通常粗大动作能力成熟更早。例如，男孩子常常更早爬行、更早跨越障碍、更早独立行走。

幼儿期，个体动作技能的性别差异已经很明显。在依赖体力和爆发力的动作技能方面，男孩优于女孩。到 5 岁时，男孩比女孩跳得更远，球也扔得较远。而女孩在精细动作技能，以及某些依赖良好平衡能力和脚部大肌肉动作的单脚跳与双脚跳上占优势（Fischman et al., 1992；Thomas et al., 1985）。

随着年龄增长，幼儿动作技能的性别差异逐渐增大。这可能是因为社会要求男孩更加活跃、有更高的身体技能，要求女孩玩安静的、需要精细动作的游戏，这些活动使原本较小的遗传的性别差异变大了（Greendorfer et al., 1996）。

幼儿对动作技能的掌握是在日常游戏中进行的，当儿童拥有适合跑步、爬行、跳远、投掷的游戏场所并得到鼓励时，他们会热情高涨地参加这些活动。同样，在日常生活中，像倒果汁、自己穿衣服、玩猜字谜游戏和构造游戏、雕刻、修剪、粘贴等活动也会促进精细动作的发展。

二、儿童动作发展的性别差异

幼儿期动作发展的性别差异延伸至童年期，在某些情况下其差异表现更加突出。女孩仍旧在精细动作方面占优势，包括书写和绘画；并且在跳跃、跳远和单脚跳等需要平衡性和敏捷性的运动方面依旧保持领先地位。但在其他大肌肉动作技能方面，男孩都优于女孩。投掷物体和踢球方面的性别差异也很大（Cratty, 1986；Haywood et al., 2001）。

研究发现，儿童动作协调能力随生理的成熟而逐步提高，但是，增长的幅度与年龄并非呈完全线性的关系，7～12 岁不同性别儿童在反映不同动作协调因子的各项测验成绩上存在较大差异。在性别特征方面，女孩的节奏以及平衡自主性所支配的动作协调能力有高于男孩的趋势，而男孩在力量、速度以及在被动条件下操作动作的协调能力有优于女孩的趋势。男孩一般在依赖视觉与上下肢动作配合的双手拍球、足弓传球、反映快速位移的平衡木快速移动、跳钻栏架跑以及反映抛出物体速度和准确性的（掷沙包）任务中表现更好。而女孩一般在依赖视觉与上下肢协调配合的双手捡球、十字走、跳绳以及反映身体平衡能力的摸石过河项目中表现更好。女孩在依赖节奏性、平衡、眼手非位移操作方面的动作协调能力占有优势，而男孩则在某些体能性、定向、快速位移活动和对运动物体的控制等方面动作协调能力占有优势。在身体活动的认知方式方面，男孩更倾向于场独立性和活动的自主性，而女孩则倾向于场依存性和活动的被动性（潘泰陶，2002）。

童年期男孩在肌肉群方面的遗传优势并不足以解释他们在大肌肉动作上的优势，反倒是社会环境发挥了更重要的作用。研究发现，家长对男孩在体育运动方面的期望水平更高，而且儿童也接受了父母给予的期望。从小学开始至初中结束，女孩对体育价值的理解和自身体育能力的信心均比男孩低，这种差异可以部分归因于家长的观念（Fredricks et al.，2002）。

⭐ 三、少年动作发展的性别差异

少年期动作的性别差异主要表现在肌肉力量上。少年期肌肉力量变化方面的研究结果是一致的。在抓握力量的发展方面，基奥（Keogh）和萨格登（Sugden）等（1985）发现，男孩抓握力量在 7～17 岁增加了 393%，这个数值与 50 年前的观测值相当。梅思妮（Metheny，1941）研究发现女孩的抓握力量增加了 260%。梅瑞狄斯（Meredith）研究发现男孩的抓握力量在 6～18 岁增加了 395%。麦卡德尔（McAredle）等人研究发现，男孩肌肉力量的变化趋势与体重的变化趋势非常接近。另外，有人研究发现，肌肉力量的猛增要比身高至少晚一年。这一结果部分解释了为什么青春期男孩会出现短暂的笨拙期。他们还没有获得控制变大的身体所必需的肌肉力量。通常，男孩肌肉力量的发展峰值发生在身高增长达到峰值的一年以后，而女孩肌肉力量的发展峰值与身高发展的峰值约同一时间出现。总体而言，少年期前，男孩的肌肉力量要比女孩强 10%（McArdle et al.，2000）。

总体上，腿的长度对平衡任务和某些与力量相关的项目是有影响的。女孩平衡能力较强的部分原因可能是腿短和较宽的骨盆可以形成较低的重心。虽然这些身体特质可以增强动作的平衡性，但对其他类型的任务会起到负面作用。例如，少年期女孩的骨盆结构会对跑步和跳高等项目产生不利影响。有人研究发现，腿的长度是影响个体短跑速度的因素之一。

除了腿部，手部的动作也会影响动作表现。研究者注意到更宽的肩部和更长的手臂使男孩在投掷任务中更占优势。这一发现得到了奥克森丁（Oxendine）的支持："在 11 岁后，男孩会有更长的四肢，因此，在某些依赖力量的投、掷、击、打的运动中，会有力学上的优势。"（耿培新 等，2008）

第四节　个体动作的促进

一、影响动作发展的因素

（一）成熟和学习

成熟和学习对儿童动作发展的作用，是动作发展研究中争议较多、研究也较早的重要问题之一。在这个方面所进行的讨论不仅启示人们重视动作发展的复杂性，同时也促进了人们对于个体发展性质的认识。

1. 成熟在动作发展中的作用

动作发展成熟论最早是由格塞尔和麦克劳（McCraw）提出的。格塞尔成熟势力学说的基本观点为：影响儿童心理发展的因素有两个，一个是成熟，一个是学习。其中成熟更为重要。所谓成熟，是指借助基因指导发育、发展的过程。所有儿童的发展都是按照特定的顺序模式进行的。这个过程是由机体成熟预先决定和表现的。成熟是一个由遗传因素控制的有序进行的过程，是机体固有的过程。①发展主要是遗传因素的产物。②在儿童成长过程中，会表现出不同的水平。每一种水平都有低端和高端。儿童的具体表现会在高端和低端之间波动，最终达到高端。③儿童的每一种发展水平都建立在结构的基础上。不同的水平有不同的结构，产生不同的行为。

成熟论认为动作的发展起源于中枢模式产生器（central pattern generators）。它是一种中枢神经系统的结构。该产生器决定着肌肉运动的顺序性和时间的序列性。更高级的动作是在高级神经中枢——脑皮层和皮层下结构成熟的基础上逐渐产生的。个体的动作能力随生理的不断成熟而逐渐发展，在这个过程中环境因素几乎不起作用，基本动作不可能通过提前训练而得到很大的促进。

20世纪二三十年代，格塞尔等人采用同卵双生子为被试进行了一系列实验。实验过程中，其中一名双生子接受某种动作的训练，而另一名双生子不接受任何训练。若受训练的那名双生子的某种动作能力通过训练得到了提高，那么说明学习在一定程度上会超越成熟的作用。若受训练的那名双生子与不受训练的双生子的特定动作能力不存在显著差异，则说明成熟比学习的影响力更大。

在格塞尔等人的双生子爬梯训练实验中，选择10个月大的同卵双生子，请其中一名双生子（T）练习爬梯动作，而另一名双生子（C）则不做练习。实验过程中，对他们的爬梯水平进行定期测量。结果发现，T直到满1岁时才学会爬梯；而这时对C进行两周的训练后，两者的攀爬速度、敏捷性不再存在差异（表6-3）。

表6-3　经典的双生子爬楼梯研究

被试	48周	48~53周	53周	53~55周	55周
T	O_1	X	O_3		O_5
C	O_2		O_4	X_1	O_6

$O_1 = O_2$，$O_3 > O_4$，$O_5 = O_6$

注：X为爬楼梯训练；X_i为爬梯训练；O为爬梯测验。

该实验说明，成熟是推动儿童发展的主要动力，若没有成熟，学习本身并不能推动发展。

2. 学习对动作发展的影响

与成熟论的观点相反，学习论认为个体的动作必须经过学习才能获得，后天的环境和训练对个体的动作发展至关重要。儿童自己并非自然地获得动作，环境的示范和训练决定了儿童选择发展哪些动作，以及这些动作发展的水平、顺序和时间表。学习论者认为，对儿童进行某些特定的动作训练，儿童在这些动作方面的表现会得到改善。有关指导性教学的研究为此提供了证据，研究发现，对幼儿的平衡、踢和跳等动作的训练，显著地改善了幼儿在这些活动中的成绩（Werner，1974）。学习和训练不仅能够改善儿童在某些动作上的表现，而且使得儿童动作发展的时间表发生变化，使得某些动作可以提前发展。例如，对婴儿每天进行15分钟的爬行训练，可以让婴儿更早地发展爬行动作。对新生儿的踏步反射进行训练的研究发现，这些新生儿的行走动作出现得更早，也更明显（Thelen，1981；Zelazo，1983）。这些证据均说明，训练的作用超出了成熟的限制，个体可以通过动作学习提前发展更高水平的动作（董奇 等，2004）。

3. 整合成熟与学习的观点

综上所述，成熟论者在研究过程中，无法把儿童和人类社会进行隔离；而学习论者则无法控制训练过程中儿童生理成熟因素产生的影响。单独的成熟因素或学习因素无法完全解释动作发展的规律及其个体差异，说明成熟与学习在个体动作发展的过程中均具有不可忽视的作用。一方面，个体自身的肌肉、骨骼、关节和神经系统在结构与功能上的成熟为动作发展提供了物质基础。另一方面，后天的学习又为个体提供了必要的刺激与经验，影响着动作发展的速度、水平以及顺序和倾向等，对个体的动作发展具有一定的促进或阻碍作用。个体动作的发展是成熟因素与学习因素共同作用的结果，因此儿童的不同动作在不同发展阶段既具有一系列的共同性，也表现出很大的个体差异。例如，男孩和女孩都会获得走、跑、跳等一系列人类的基本动作技能，而女孩伸展性的动作水平可能要比男孩高，跑和跳的基本运动模式和接物、抛物的操作模式的水平则比男孩低。相反，男孩可能具有更完善的粗大动作和操作性动作的基本运动模式，而精细动作技能的水平则相对较低。因此，在探讨成熟和学习对儿童动作发展的影响时，应该更加重视分析成熟和学习对具体动作的交互作用，而不是分析二者孰轻孰重（董奇 等，2004）。

（二）环境

环境因素对于动作发展具有重要意义，环境因素既包括自然环境特征，也包括文化和心理环境特征；既包括宏观环境特征，也包括微观环境特征等。

1. 气候

气候是影响动作发展的重要变量。研究发现，冬、春季出生的婴儿，爬行起始年龄比夏、秋季出生的婴儿早。董奇等（1999）研究发现，不同季节出生的婴儿，爬行起始年龄存在显著的差异，冬季出生的婴儿比春季、夏季和秋季出生的婴儿提前2～4周（图6-15）。而且婴儿可能开始爬行阶段的气温与其实际爬行的起始年龄间存在显著的负相关。冬季出生的婴儿平均爬行的起始年龄前 3 个月的平均气温较高，爬行起始年龄相对提前；而春、夏、秋三个季节出生的婴儿平均爬行的起始年龄前 3 个月的平均气温较低，爬行起始年龄则相对延迟。

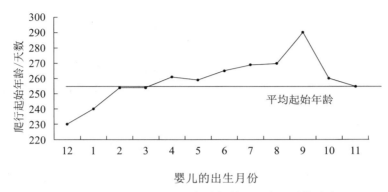

图 6-15　婴儿爬行起始年龄随出生月份的分布

对母亲的访谈研究表明，婴儿在爬行动作发展中的季节效应可能是与季节性气温变化相联系的婴儿家庭生态环境变化的结果（董奇 等，2004）。

2. 文化背景

跨文化研究者主张，在考察儿童的心理发展时，应该充分考虑儿童所处的文化背景及特定的社会观念和习俗，还要考虑由此决定的儿童抚养方式。研究表明，儿童的动作发展存在很大的文化差异。

对北美印第安人和印尼巴厘人的调查发现，在婴儿期的前两年，某些动作的发展时间表与北美白人儿童有所不同。不同文化中还存在一些特殊的动作技能。例如，我国和日本传统的进餐技能——筷子使用技能，以及西方国家刀叉使用技能等。对于文化和儿童动作发展的关系问题，研究者认为这是因为不同文化下儿童抚养方式和相关家庭特征存在差异。有研究者考察了巴西婴儿在 0～1 岁动作行为的发展过程，并与北美普遍采用的贝利婴儿发展量表的常模进行了对比。结果发现，巴西婴儿在第 3、第 4 和第 5 个月中的整体动作发展分数显著低于美国婴儿。研究者认为，这是由于巴西母亲对婴儿过分保护。例如，很多巴西母亲认为让婴儿做坐和爬的练习会损害他们的脊柱和腿，在前 6 个月中，婴儿大多数时间都被抱在母亲的腿上，很少被放在地上或者允许他们不依托支撑物坐着，这些做法都限制了婴儿粗大动作的发展。此外，对北美印第安婴儿和巴厘婴儿动作能力的比较研究也发现，由于印第安婴儿从很小就被限制生活在兜挂着的摇篮里，而巴厘母亲则习惯于鼓励婴儿活动，给他们提供更多自主获得的机会，因此印第安婴儿动作发育迟缓，而巴厘婴儿运动能力发展较快。但应该指出的是，由于环境和文化的复杂性，对婴儿的身体束缚可能会导致其早期动作发展的延迟，但当撤销了这种束缚后，他们仍然可能具有正常的动作发展（Dennis，1940）。

3. 家庭生态环境

家庭是儿童心理发展最基本的环境，家庭生态环境与儿童动作发展具有密切关系。家庭生态环境包括物质环境和心理环境两个方面。家庭生态环境是一个统一的整体，因此，家庭中某一条件的改变会引起诸多环境因素的变化，从而影响婴儿动作的发展。

（1）家庭的物质环境。家庭的物质环境为儿童的动作发展提供了活动场所和前提条件，物质条件的匮乏会阻碍婴儿动作的发展。例如，根据动作发展的一般规律，儿童在独立行走之前会进行爬行，但是，董奇等人研究发现，我国大城市的婴儿中有一部分没有经过明显的爬行阶段就直接学会了行走，这与我国大城市家庭的居住条件及其相关的父母养育方式有着密切的关系。因为我国城市居民住房紧张，居住空间狭窄，父母为了让婴儿免受伤害，会更多地将婴儿抱在手上，很少让婴儿在地上爬行，因此婴儿练习爬行动作的机会较少。虽然婴儿也可以在床上练习爬行，但是柔软的床垫不利于用力，因此婴儿不能很好地发展爬行动作。

（2）家庭的心理环境。家庭的心理环境为儿童的动作发展提供了活动的机会和必要条件，父母对儿童动作发展的态度以及养育方式对儿童动作的发展具有直接影响。研究发现，父母对待第一个孩子和对待家庭中其他孩子的冒险行为的态度存在差异，从而可能使得家庭中出生顺序不同的孩子在动作发展上存在差异。此外，父母对待不同性别儿童动作活动的不同态度，也可能是男孩和女孩动作发展存在差异的重要原因。通常，父母会希望女孩多进行一些安静的、涉及手部小肌肉的精细动作活动，而更多地鼓励男孩进行较激烈的、更多地涉及全身大肌肉的粗大动作活动。所以，家庭的心理环境是影响儿童动作发展的直接原因之一（董奇 等，2004）。

4. 教养方式

不同的教养方式影响动作发展水平。国内的一项研究发现，父母文化程度、早期教育开始时间、户外活动时间和运动机会、家庭教育方式对婴儿大动作和精细动作的水平有显著影响（涂琳 等，2017）。

（1）父母的文化水平对婴儿动作发展尤为重要。由于文化水平的差异，父母的育儿观念、育儿知识以及育儿方式有所不同，因此育儿的结果也会不同。例如，有的父母为了避免指甲划伤脸部，因此给婴儿戴上手套。但现有研究发现，戴手套的婴儿精细动作能力比不戴手套的低（陈思远 等，2015）。郭耘彤小朋友，在父母的引导下，早早学会了使用筷子，如图6-16所示。

图6-16 用筷子（郭耘彤，2岁）

（2）早教开始时间。接受早教时间早的婴儿，粗大动作和精细动作的水平要比同龄婴儿的水平高。

（3）户外活动有助于促进婴儿动作的发展。户外活动时间长的婴儿动作发展的水平高于户外活动时间短的婴儿。因此，父母多带孩子进行户外活动，帮助孩子有更多机会接触外界人或事物，有利于促进婴儿的动作发展。

（4）不同家庭教育方式对婴儿的动作发展影响较大。家长多采用引导、示范等方式教育孩子，孩子容易接受，因此，孩子的智能得到较好的发育，这样的孩子也表现得自信、活泼（杨历波 等，2016）。而选用放任型教育方式的家长，多以溺爱、放任态度培养孩子，使孩子容易产生任性、社会退缩等不良心理，从而也影响动作的发展。

二、动作的训练

动作的训练在一生中都很重要。儿童和老年人的研究成果更集中。

（一）生命早期动作的促进

功能性训练在提高幼儿粗大动作水平、促进基本动作技能发展方面是科学有效的。国内学者利用韵律、体能训练等方法，促进幼儿粗大动作的发展，其效果同样显著（吴升扣 等，2015）。将功能性训练理念与5～6岁幼儿动作发展的规律、身心发育特点结合，所设计的功能性动作训练和功能性素质训练模块，可以极大促进幼儿粗大动作的发展。

（二）生命晚期动作能力衰退的抑制

老年期的个体常常罹患多种疾病，导致行动能力障碍或失去自立。研究发现，80岁以上的老人，超过50%的男性与70%的女性有两种或两种以上的疾病。但是，人类的寿命却比以前更长。活得更久是否意味着活得更好呢？延缓病态这一现象回答了这一问题。所谓延缓病态即个体延迟心脏病、骨质疏松或者关节炎等慢性疾病发病的时间。而延缓病态最主要的方式是身体活动。

1. 心血管系统的锻炼

身体活动的减少会导致心血管系统不够健康、高血压及胰岛素抵抗或葡萄糖耐量异常与肥胖等问题。有人（Manini，2006）研究发现，总体而言，消耗能量多、活动功能强的老人比不怎么活动的老人死亡风险要低32%。即使是80岁的老人，锻炼之后心血管系统的耐力也可以获得提高（Vaitkevicius et al.，2002），提高的幅度和锻炼内容及强度有关。泰勒（Taylor）和同事（2004）研究发现，长期低强度的锻炼导致心血管系统的耐力提升12%，而75%最大摄氧量强度的锻炼对心血管系统的耐力提升的量为20%～30%。同时，耐力训练之后血液和脂肪成分有所改善，血压下降。肥胖是个体一生关注的问题，耐力训练也可以减轻60～70岁老人的肥胖症状（Kohn et al.，1992），即使是有心脏病史的人，症状也可以得到改善。此外，耐力训练还可以提高脊椎、前臂以及大腿骨的矿物密度（Taylor，2004）。并且，50岁以上的人参加摄氧量强度高的运动，可以抑制筋骨细胞对骨的再吸收过程，从而改善骨的结构。

2. 力量训练

力量训练使得老年人生活的多个方面得到改善，包括：骨质的保持，维持和改善日常生活，保持平衡和移动能力。兰塔宁（Rantanen，2003）对肌肉力量与死亡率之间的关系的研究发现，手握力弱者的死亡率高于手握力强者。对相关个体研究发现，在所有的个体中，身体虚弱者死亡率更高；并且，患急性病时，死亡率也会更高。弗龙特拉（Frontera，1988）的研究证明，力量训练对老年人身体机能的改善具有功效。60～70岁的老年人腿部肌肉力量在训练之后可以提高227%。

3. 平衡训练

平衡能力的下降会导致老年人跌倒。因此，许多干预性的研究考察了训练对平衡能力的影响。研究发现，对老年人进行平衡能力的训练，不仅增强了腿部力量，而且其中的一些人还减少了对助行器的依赖。另外的一些研究将力量训练、伸展和姿势稳定活动组合在一起。结果发现，那些惯于久坐的老人在测试中的表现有所改善。在干预活动结束的时候，他们变得更加强壮、灵活，具备更好的平衡能力。而且，参与者在更有挑战性的任务（如站在不稳固的表面上）中的平衡能力提高得更明显。总体上，平衡训练是有效的，与未经训练的对照组比较，平衡干预训练组的成员明显地提高了平衡能力。罗斯和克拉克（Rose et al., 2000）发现，经过8周的干预训练，老年人的很多方面都得到改善。动态平衡以及整合视觉、前庭感觉和本体感觉信息的能力得到提高。另外的一些研究者（Wolf et al., 2001）发现，参与者的平衡能力提高，跌倒次数减少，对跌倒的恐惧也减少了。但是，只有维持训练，这些能力才不会下降。

第五节 活动的变化

一、婴儿的活动

婴儿的主导活动是游戏。

（一）婴儿游戏发展的特点

1. 练习性游戏（0~2岁）

刚出生的婴儿并不会游戏，但在出生四五个月以后，婴儿会通过各种感知和动作方式对环境中的刺激作出反应，并接触附近的物体。对一些明显的刺激物，婴儿会表现出积极的反应，如颜色鲜艳、能动的、能发声等有吸引力的玩具。如成人在婴儿面前触动按键让小猴子跳起舞来，婴儿自己就会触动按键让猴子跳舞，乐此不疲。这就是游戏的开始。游戏产生后，婴儿接触的刺激更加丰富。但由于0~2岁的婴儿处于感知运动阶段，因此，这一阶段婴儿的游戏主要是练习性游戏。在练习性游戏中，婴儿的大小肌肉的动作得到练习，从而使手眼的协调得到发展，如图6-17所示。

图6-17 婴儿的练习性游戏（糖豆儿，1岁）

2. 象征性游戏和假装动作（2~3岁）

2岁以后，象征性游戏开始萌芽。受限于认知水平，这一阶段婴儿的练习性游戏以摆弄物体为主。最初，婴儿对待物体的方式是笼统而不分化的，例如，遇到每件东西都要抓、啃等。不久，他们不仅学会了摆动、扔抛、敲击，而且渐渐学会按物体的形状恰当地把握，用不同的动作对待不同的物品。如用双手抱住一个球，用拇指和其他四指分开拿住带柄的玩具。之后，婴儿逐渐具有支配物体的能力，并由此产生支配的快乐。随着婴儿年龄的增长和游戏的发展，婴儿开始对物体本身的外形特征和功能产生兴趣。通过感知和动作，婴儿认识到玩具具有不同的属性。

婴儿长到2岁左右时，由于动作得到重复练习，语言能力和形象思维得到发展，因此，在物体的摆弄和操作的基础上，出现了象征性游戏的萌芽，即开始出现用一种物体替代另一种物体的游戏活动。这种替代活动并不注意物体的细节，对替代物的要求较低，婴儿的兴趣只在动作上。例如，他们会对着一个能推着走的物体（如木块、盒子等）做出开汽车的动作。

社会性的初步发展，使得婴儿的游戏从完全自我中心游戏过渡到模仿、假装等具有初步社会性的游戏（图6-18）。婴儿最初的练习性动作是针对自己的身体的，例如，他们刚开始不断吮吸手指、抚弄脚趾等，之后才指向环境。在这个过程中，假装动作产生并逐步发展起来。最初，婴儿只有假装动作，而且这种动作都是指向自己的。到了婴儿期末，婴儿出现了对他人的假装动作，模仿动作也复杂起来，如给玩具娃娃喂食物，或将其放在床上"睡觉"等。

总体而言，婴儿的游戏是游戏的最初发展形式。在游戏中，婴儿的认知水平和社会化水平逐步得到提高，但是，这一阶段的游戏水平仍然比较低。利用具体实物进行游戏是这一阶段游戏的最主要表现形式。

图6-18 "打电话"（糖豆儿，18个月）

（二）婴儿游戏的意义

婴儿期是人发展的最初阶段，游戏对婴儿具有独特的重要意义。

1. 积累了丰富的感觉经验，有助于认知能力的发展

在游戏中，婴儿不断地增加感性经验。在不断重复的游戏动作中，将感觉信心转换为自己的知识经验。这一过程中，游戏成为逐渐累积起来的各种经验的备忘录，使婴儿在第一年就获得了客体永存性，为认知进一步发展奠定重要基础。

2. 体验了初步的交往关系，有助于社会性的发展

由于婴儿游戏是在同成人的交往中进行的，亲子间的游戏中，孩子与成人之间是一种平等与不平等共存的双重交往关系。在平等的交往中，婴儿体验到的是最基本的合作规则，即轮流进行、短暂等待、听指令做动作等，这一切是以后同龄伙伴合作的基础。在不平等的交往关系中，成人显然以一个成熟的社会成员身份，不自觉地用自己的行为方式进行着以身示教。成人对待孩子谦让、宽容、耐心的态度和方式，让婴儿体验到的是融洽的社会交往关系和恰当的对物态度及方式，并在婴儿的头脑里留下了最初的痕迹。

3. 联结了亲子之间的情感联系，有助于个性的发展

婴儿游戏是婴儿与最亲近的人，特别是母亲一起进行的。在与父母之间的交流和情绪获得满足的过程中，亲子间的情感纽带得到了极大的强化。婴儿对父母发出的游戏信号的积极回应，使父母感到莫大的喜悦和安慰，而父母对婴儿发出的游戏信号的积极应答，使婴儿产生了极大的信任和满足。经常重复这样的游戏，会使婴儿经常处于一种积极的情绪体验中，有助于个性发展（图6-19）。

图6-19 婴儿的游戏（糖豆儿，15个月）

二、幼儿的活动

幼儿期的主导活动也是游戏。

（一）游戏的理论

游戏理论探讨了游戏的实质。

1. 早期的游戏理论

霍尔的复演说认为，游戏是远古时期人类祖先的生活特征在儿童身上的重演，不同年龄儿童以不同形式重演祖先的本能特征。席勒-斯宾塞（Schiller-Spencer）的精力过剩说认为游戏是儿童发泄体内过剩精力的一种方式。彪勒（Bühler）的机能快乐说认为游戏是从行动中获得机体愉快的手段。格罗斯（Gross）的生活准备说把游戏看作是对未来生活所必需的技能的排演与练习。拉扎勒斯-帕特瑞克（Lazarus-Pairic）的娱乐放松说则认为，游戏是放松的需要。还有博伊千介克（Buytenclijk）的成熟说，认为游戏不是本能，而是一般欲望的表现。帕特里克（Patrick）的能量匮乏论则认为游戏的作用在于儿童为完成新任务而消耗能量的情况下为儿童补充能量。

2. 当代游戏理论

1）精神分析理论

弗洛伊德（Sigmund Freud，1856—1939）认为，游戏是补偿现实生活中不能满足的愿望和克服创伤性事件的手段。游戏使儿童能够逃脱现实的强制和约束，发泄在现实中不被接受的危险冲动，缓和紧张心理，发展自我力量，以应付现实的环境。

埃里克森认为游戏是思想与情感的一种健康的发泄方式，是自我的机能。在游戏中，儿童可以"复活"他们的快乐经验，也可以修复自己的精神创伤。这一力量被应用于投射技术和心理治疗中。例如，心理咨询技术中的沙盘游戏治疗。

2）认知理论

皮亚杰认为，游戏是儿童认识新的复杂客体和事件的方法，是巩固和扩大概念与技能的方法，是使思维和行为结合起来的手段。儿童在游戏过程中并不发展出新的认知结构，而是努力使自己的经验适合于先前存在的结构。

从认知发展角度，游戏可以分解为：①感知运动期（婴儿期）——（动作）练习游戏。在感知运动期，儿童通过身体动作和摆弄具体物体来进行游戏，称为练习游戏。②前运算期（幼儿期）——象征性游戏。前运算期，儿童发展了象征性功能（词语和表象），就可以进行象征性游戏，他们可以把眼前不存在的东西假想为存在。③具体运算期（童年期）——真正的有规则的游戏。

3）学习理论

桑代克认为，游戏是一种学习行为，遵循效果律和练习律，受到社会文化和教育要求的影响。其差别反映在生活于不同文化背景和社会背景的儿童的游戏中。

4）其他理论。

（1）伯莱恩（Berlyne）、埃利斯（Ellis）、哈特（Hutt）和费恩（Fein）的觉醒理论。伯莱恩认为，外界刺激过强或过弱都将导致中枢神经系统的激活水平高于最佳状态。若外界刺激对主体而言是新异刺激，那么该刺激较机体而言处于一种紧张状态，会让儿童产生不确定性，从而使得中枢神经系统的激活水平高于最佳状态。此时，主体通过对这一新异刺激的探究活动（这是什么）来降低陌生感，从而降低激活水平，使中枢神经系统的激活水平达到最佳状态。若外界刺激对主体而言是熟悉而单调的，那么说明该刺激较弱，会让主体产生厌倦，从而使中枢神经系统的激活水平高于最佳状态。此时，主体通过增强刺激的活动（我能用这个东西干什么）来降低激活水平，使中枢神经系统的激活水平达到最佳状态。伯莱恩将前者称为"特定性探索行为"，将后者称为"多样性探索行为"。"特定性探索行为"是真正意义上的探索，"多样性探索行为"是游戏，游戏的作用在于增强刺激、降低激活水平。可见，游戏和探索都是在维持中枢神经系统的最佳激活水平，所不同的是，探索是由外部刺激控制的行为，游戏是由有机体自身控制的行为。

在埃利斯看来，刺激存在时，中枢神经系统的激活水平提高；刺激消失后，中枢神经系统的激活水平便降低。游戏的功能就在于产生刺激，提高激活水平，使中枢神经系统的激活程度趋向最佳水平。伯莱恩认为，厌倦时中枢神经系统的激活水平高于最佳状态，将游戏看成是增强刺激、降低激活水平的行为。埃利斯则认为，厌倦时中枢神经系统的激活水平低于最佳状态，将游戏看成是寻找新异刺激、提高激活水平的行为。埃利斯的观点表明，游戏是主体自发的行为，而不是由外界客观刺激引发的行为。

哈特认为，环境刺激不断地从过多向过少循环。有机体的行为是为了避免激活水平出现一个极端与另一个极端相对的情况，激活水平沿着这个途径暂时地经过中等水平。中等水平是一个区间，游戏就产生在这个中等水平的区间上（即伯莱恩和埃利斯所表述的最佳水平）。这个区间是游戏活动区域，它容纳了认知行为和嬉戏行为。认知行为是特定性探索行为，是与获取知识技术有关的行为；而嬉戏行为则是多样性探索行为，是对已有知识经验的运用。认知行为在前，嬉戏行为在后，而嬉戏行为就是游戏。哈特的观点对解释儿童自发的活动具有重要作用。在游戏里，人们很难给探索行为和游戏行为划分界限。而且，在自然状态下，人类的活动并非突然从探索状态进入游戏状态，而是在这两者中间处于一个互相交融的状态。

费恩认为，游戏是用来调节熟悉环境中的激活状态的。机体的不稳定性所造成的紧张感不仅是由新异刺激引起的，在游戏中，有机体本身也能引发新奇事件，从而引起机体的紧张感。个体通过对旧有刺激的潜在意义的探索，从而提高激活水平。在激活水平提高的过程中，个体就会体验到一种伴随着消极情感（紧张感）的不确定性，随之而来的就是这种不确定性的减弱和积极情感的产生。可见，这种不确定性是主体自己产生的。例如，一个儿童在变换方法滑滑梯的时候，每一次变化总有一些伴随着紧张感的不确定性，同时也为这种不确定性的减少创造着机会。这个观点表明，滑梯并不是一个新的刺激，不稳定性是由儿童自己引起的，并通过活动本身去降低这一不确定性。这个观点也许解释了为什么儿童游戏会上瘾，也有人用此观点解释某些成人的文化性活动。认为成人的文化性活动也具有游戏的动机特征。如医生、作家、数学家对他们工作的兴趣和内在的热心，也许更多地受控于激活水平的调节（不确定性的产生－减少）机会的促动，而不是外部奖赏。这就为人类理解激发儿童的学习兴趣，在教学中使儿童获得游戏般体验提供了可能性，以及为组织游戏化的教学确立了信心（华爱华，1998）。

（2）巴特森（Batson）的元交际理论。

巴特森认为，游戏是一种元交际过程（图6-20），即在交际活动中双方识别、理解对方表现中隐含的意义。作为元交际活动，游戏的价值在于向儿童传递特定文化下的行为框架，教儿童如何联系所处的情境来看待行为以及如何在联系中评价事物，即游戏对儿童理解和建构表征世界具有先导作用。儿童游戏时往往借助动作、表情传递着一种隐含的信

图6-20　幼儿的游戏（郭耘歧，5岁）

息——这是游戏。例如，当一个孩子笑嘻嘻地将雪球砸向另一个孩子时，他脸上的表情已向对方发出了这是玩耍的信号，对方很快理解了这一信息，两人便玩起打雪仗的游戏来。如果儿童不能正确理解这种信息，则会产生误解。元交际的顺利与否依赖交际对方对于隐含意义的敏感性，而对这种敏感性的理解则取决于交际双方对对方了解的程度和知识背景（华爱华，1998）。

（3）史密斯（Smith）的行为适应说，强调"假装"的作用。

史密斯认为游戏有利于行为的适应性的发展，在一定的范围内，游戏容许思想和行为的创新。史密斯特别强调，象征性游戏中的"假装"过程为儿童创造性的发展提供了一个充分发挥的空间（赵萌，2014）。

（二）游戏种类及其发展

1. 按游戏的目的分类

按照游戏的目的可以将其分为创造性游戏、教学游戏、活动性游戏。①创造性游戏：儿童以想象为中心，主动地、创造性地反映现实生活的游戏。其目的是发展儿童的主动性和创造性。它包括角色扮演、结构建造、表演等游戏形式。②教学游戏：结合一定教育目的而编制的游戏。③活动性游戏：以锻炼儿童体力为目的的游戏。

2. 按认知发展水平分类

皮亚杰按照儿童认知发展水平，将游戏分为练习游戏、象征性游戏和结构性游戏。①练习游戏：由简单的、重复的动作构成。②象征性游戏（建筑性游戏、假装游戏）：出现在2岁以后，主要特征是假装，包括以物代物、以动作代替动作、角色扮演等。③结构性游戏：幼儿按照一定计划或目的来组织物体或游戏材料，使之呈现出一定的形式或结构的活动。

3. 按社会化程度分类

帕腾（Parten）按照个体社会化程度，将游戏分为无所用心的行为、旁观者行为、单独游戏、平行游戏、联合游戏、合作游戏等。①无所用心的行为：儿童无所事事，独自发呆，不参加游戏，主要体现在自发行为和随机活动上。②旁观者行为：儿童在近处观看同伴的活动，听他们谈话或向游戏参与者提问和提建议。儿童明确地观察到了游戏发生的过程，但不参与游戏。③单独游戏：儿童自己一人玩，没有接近其他儿童的意图。④平行游戏：几个儿童在一起游戏，玩相似的玩具，但彼此之间的游戏是独立的，没有真正的交往与合作，这是幼儿初期游戏的特点。⑤联合游戏：几个儿童共同玩一个游戏，

游戏时儿童之间有语言交流，但是没有角色分工，也不受任何总的目标制约，这是幼儿中、后期游戏的特点。⑥合作游戏：一组儿童有组织地进行游戏（图6-21），有一定的目的，在达到该目的时儿童协调彼此间的行为，这是幼儿中、后期游戏的特点。

三、儿童的活动

童年期的主导活动是学习。随着神经系统的发育以及学校教育的推进，儿童的认知能力以及语言能力显著提高；其学习动机、学习能力和学习策略都得到明显发展。

图6-21　幼儿的团体游戏

（一）学习

学习有广义和狭义之分。广义的学习，是指由经验引起的行为或思维的比较持久的变化。学习的主体可以是人，也可以是动物。人类的广义学习是在生活中进行的。人降生以后不久，就能建立条件反射，改变个别行为。人在一生的生活和实践中，不断地在积累知识经验，改变思想行为。这些都是学习。狭义的学习，则是指学生在教师指导下有目的、有计划、有系统地掌握知识、技能和行为规范的活动。这是一种社会义务（林崇德，2004）。

（二）儿童学习的特点

1. 学习动机

学习动机是指引起个体的学习行为，维持这种学习行为，并使这种学习行为朝向某一学习目标前行的一种心理状态。儿童学习动机的分类众多，根据与社会需要的联系可分为直接动机、长远动机，根据与智力的联系可分为具体动机、抽象动机，根据价值可分为正确动机和错误动机。学习动机是分层次、成系统的，占主导地位的动机往往决定或支配着儿童的学习活动。研究发现，学习动机存在跨文化的差异，中国学生的学习动机具有独特的特点。

张敏等（2005）对我国小学四年级至六年级儿童学习动机的研究发现，小学生学习动机中广泛存在回报动机、求知动机、交往趋利动机、利他动机、学业成就动机、生存动机、实用动机，这对他们的学习具有一定的影响。而童年期个体的学习动机中，外部动机一直占主导地位，内部学习动机处于不断发展的过程中。四、五年级儿童的学习动机结构无显著差异，到六年级时儿童开始形成具有长远社会意义的自我实现动机。王有智（2003）的一项研究发现，小学生学习动机的总体强度随年级升高呈下降的趋势。这可能是因为小学三年级到小学五年级儿童的自我意识处于平稳阶段，而小学高年级学生的学习内容增多、任务加重，外部压力的增加可能也会导致动机强度减弱。

2. 学习态度

在童年期的学习活动中，儿童逐渐形成了一定的学习态度。总体而言，儿童对老师的态度由视为绝对权威到开始怀疑；对班集体的责任感、归属感逐渐加强；对作业的态度不断自觉化、责任化；逐渐树立正确的评分意识。

（1）对教师的态度。低年级儿童对教师怀有特殊的尊敬和依恋之情，将教师视为绝对的权威。由于儿童还未理解学习的社会意义，因此教师对儿童的态度是影响儿童学习态度的主要因素。研究发现，一年级儿童对教师和学校的态度与其学业技能存在高相关。中年级儿童逐渐对教师产生有选择的、怀疑的态度，只有那些思想作风好、教学好，对儿童有耐心、公正的教师，才能赢得儿童的信任，对儿童的学习产生重大影响。

（2）对集体的态度。刚入学时，儿童还没有形成班集体的概念，同学之间很少互相关心。在教师的组织和引导下，儿童开始彼此交往、关心和帮助，并逐渐形成班集体的意识。到了中年级，儿童开始有组织地自觉参与到班集体生活中，并将自己看成班级的一员，重视班集体的舆论和评价，对学习、对集体的责任感得到增强，学习质量和行为品质也因此得到改善。

（3）对作业的态度。刚入学时，儿童还未将作业看作学习的重要组成部分，不能经常以负责的态度对待作业。在教师的正确教育下，儿童逐步形成对作业的自觉负责的态度，能按一定时间来准备功课、完成作业，主动安排学习时间，并排除外在诱因的干扰，能按一定顺序来完成作业，能细心地完成作业。

（4）对评分的态度。从小学开始，儿童已经认识到评分的意义。通常，低年级儿童逐渐了解了分数的客观意义，并对分数树立了正确态度。从中年级开始，儿童开始认识到学习是一种社会义务，因而把获得优异的成绩看成高质量地完成这一社会义务的客观表现（林崇德，2004）。

3. 学习策略

随着年龄增长，小学生的学习策略不断丰富，逐渐学会使用有效的策略。但小学生的学习策略具有不完备、不稳定和刻板的特点。研究发现，在获得学习策略的早期，儿童多使用单一的策略；当学习任务从非技能性向技能性过渡时，策略运用的多重性表现得特别明显。①基本的学习策略：小学儿童运用基本的学习策略的能力随着年龄增长而提高，8岁左右是儿童学习策略发展的过渡期，而10岁以上的儿童基本上能够自发地使用一定的复述和组织等记忆策略来帮助学习。②支持下学习策略：支持下学习策略是指学生对学习活动的组织安排，是一种外部学习法，主要包括学习计划与时间管理、预习、笔记和复习等方面。在教师指导下，小学儿童基本能够使用支持下学习策略，主要表现为学习的计划性、自觉性和学习活动的有效组织。③自我调整策略：小学儿童自我调整策略的形成和发展与其元认知水平密切相关。由于元认知水平的局限，小学儿童自我调整策略水平较低，其监控和改变具体学习活动自觉性较差。

4. 学习兴趣

学习兴趣是促使童年期个体自觉从事学习活动的重要推动力。随着知识经验的丰富，小学儿童的学习兴趣也在发展变化。童年期个体的学习兴趣具有共同的年龄特征。

（1）儿童最初对学习的过程、对学习的外部活动更感兴趣，后逐渐对学习的内容、对需要独立思考的学习活动更感兴趣。

（2）儿童的学习兴趣从不分化到逐步分化。研究发现，儿童对学科兴趣的分化大约从三年级开始。小学儿童对学科兴趣的分化是很不稳定的，小学儿童学科兴趣分化的原因既有客观的（如教师的教学水平），又有主观的（如觉得有用、能动脑子等）。

（3）儿童对具体事实和经验的知识较有兴趣，对具有抽象因果关系知识的兴趣在初步发展。研究发现，儿童的语文学习兴趣发生了转变。随着年级的升高，儿童的语文学习观越来越具有建构性、深层次和明确性；低年级儿童是为了学习语文而学习语文，到了高年级，则是为了获得知识。儿童的数学学习兴趣与课堂参与度随着年级升高而显著下降，而在数学学科观与数学交流方面则随着年级升高而提升；男孩的学习兴趣与课堂参与度显著高于女孩，但在数学学科观与数学交流的素养方面则相反。

（4）游戏因素对儿童学习兴趣的作用逐渐降低。

（5）在阅读兴趣方面，一般从课内阅读发展到课外阅读，从童话故事发展到文艺作品和通俗科学读物。

（6）对社会生活的兴趣逐步增加（林崇德，2004）。

（三）学习活动对心理发展的意义和作用

首先，通过合理组织的学习活动，儿童能比较顺利地掌握科学文化知识。有目的地学习，可以使学习者获得系统的信息。

其次，学习是促使儿童社会化的一个重要途径。儿童在学习活动中自我控制能力的发展和对规则的掌握，对于成年后的社会生活的成功具有非常重要的影响。在学习活动中，学习者还需要与教师互动，与同学互动，这也为个体社会化成长创造了条件。

最后，学习能够促进儿童认知能力的发展。儿童的观察能力、记忆能力、思维和想象能力以及注意能力等，都是通过完成学习任务而发展起来的。

（四）学习障碍

1. 学习障碍的分类

1977年，美国联邦教育署特殊教育处将学习障碍的类型归为三类：①语言接受和表达方面学习障碍；②阅读和书写方面学习障碍；③算术方面学习障碍（Stephen，1996）。

柯克等（Kirk et al., 1983）将学习障碍分为两类：①发育性学习障碍，指儿童在生长发育过程中正常显露的心理和语言功能发展的偏离，包括原始性缺陷和衍生性缺陷。原始性缺陷包括注意力、记忆力、视动协调、知觉等方面的缺陷，可能引起其他方面的学习困难。衍生性缺陷包括思考力缺陷、语言缺陷，通常和注意、记忆以及对概念、对象和空间关系的理解等方面有困难相联系。②学业型学习障碍，指阅读、算数、书写和拼写等方面的缺陷。通常，若儿童的潜在能力和学业成就存在较大差距，那么该儿童可能具有学习的特殊障碍。

2. 学习障碍的症状

1）感知、思维和语言方面存在障碍

学习障碍儿童在认知、语言和思维方面存在明显的障碍，如视觉记忆受损、空间定向障碍、听觉辨别能力很差、信息加工过程有障碍、语言意识方面有缺陷等。

注意和工作记忆方面的研究发现，汉语学习障碍的学生在整合瞬时的视觉信息时需持续更长时间，从而使得基本的视觉加工效率降低。对图形的记忆与加工的能力存在缺损，以及对词语和一般信息的理解能力存在缺陷是汉语阅读困难者的主要认知特征。此外，学习障碍学生的工作记忆容量显著低于学优生。而存储能力的缺陷是造成学习障碍者工作记忆容量低下的主要原因。

学习障碍往往伴随着语言障碍。研究发现，学习障碍儿童存在发声和发音系统、语法或句法、词汇或语义、会话交流等方面的语言障碍。而且，虽然学习障碍儿童在交谈数量上与普通儿童基本一致，但交流的质量要比普通儿童差。例如，学习障碍儿童的语言常常低龄化，往往用词不当，对话时句子往往更短、更简单。他们很难灵活地调节自己说话的主题、内容和目的，而且在解释和判断他人的言语时也会存在困难。此外，学习障碍儿童对言语交际策略的理解和运用也存在一定程度的缺陷。

思维障碍是学习障碍者的主要症状之一，它与语言障碍存在密切的关系。研究发现，有口头语言障碍的儿童，虽然他们的运动表达能力处于正常水平，但其听觉接受能力和语言表达能力存在不足，而且在听觉联想、语法完整性和内部语言方面困难明显。学习障碍儿童在使用语言表达思想时往往存在较大困难，因此他们的社会交往能力极差，这使得他们常常对人际关系产生错误的理解，对社会交往采取回避态度。

2）行为、情绪和社会性方面存在障碍

贝克和坎特韦尔（Baker et al.，1990）的研究表明：①学习障碍的发生率与年龄有关，童年期学习障碍的发生率随着年龄的增长而增加；②学习障碍与行为障碍有关，半数以上的学习障碍儿童伴有某种行为障碍，注意力缺损是最普遍的症状；③约 1/4 的学习障碍儿童有情绪问题，情感障碍是最普遍的症状。

学习障碍儿童的精神、行为、情绪等方面的问题显著多于正常儿童。研究发现，学习障碍儿童往往存在注意力缺损、活动过度、违法犯罪、忧郁、焦虑、控制点不适宜、自我概念较差、自我评价较低、受同伴的欢迎程度较低、社会技能缺损、人际关系差等不良问题。童年期学习障碍儿童的违纪行为比普通儿童多，很多违法犯罪的青少年在早期都存在学习障碍现象。此外，学习障碍的违纪者再次违法犯罪的可能性会更大。学习障碍儿童更有可能学业失败，并发展出消极的自我概念，从而产生行为问题，甚至犯罪。

学习障碍儿童常伴随明显的情绪问题，很多研究发现，学习障碍儿童表现出更多的抑郁症状。他们在学校环境中会产生更多的压力感和内部失调，表现出更高的焦虑水平。学习障碍儿童及青少年的自杀率比非学习障碍者高。

学习障碍儿童在社会信息加工方面存在困难，这使得他们更容易错误地理解社会性线索，从而作出消极的或攻击性的不适当反应。例如，他们容易对其学业作出错误归因，将失败归因于缺乏能力而不是缺少努力，将成功归因于外部因素。此外，学习障碍儿童对身体语言和表情的社会意义缺乏敏感性，在判别口头语言的意思上存在困难。社会信息加工方面的缺陷对其交际水平造成了不利影响，因此学习障碍儿童的社会适应水平较低。

3）其他问题

采用 X 光片测量儿童骨龄的研究发现，60% 的学习障碍儿童的骨龄要比同龄正常儿童小，走路、说话的起始年龄也更晚，从学前期到学龄期的过渡时间更长。研究发现，有行为问题或违法犯罪的儿童或青少年大都存在学习障碍，其中阅读障碍最普遍。学校里经历的失败和挫折会引发儿童的攻击行为,并扩大到校内和校外的生活中。学习障碍儿童往往很冲动,判断力和自我控制能力较弱。但是,品行问题与学习障碍之间的联系并不绝对。行为问题可能是由学习障碍以直接(如认知特点)或间接(学校生活和社交的失败)的方式引发的。学习障碍与行为问题也可能是双向联系的。

3. 引发学习障碍的原因

引发学习障碍的原因至今尚无定论,不同学者提出了不同的假说。

1)胎儿期、出生前、出生后的轻度脑损伤或轻度脑功能障碍

研究者一般认为,轻度的大脑功能失调是导致学习障碍常见原因之一。但是,脑功能轻微失调的产生机制并不清楚,是由脑下部的实际解剖或生理病变引起,还是由脑部在进行信息处理时的缺陷所致,尚缺乏实验研究。不过,以下三类情况可能引发儿童轻度的脑损伤,从而导致学习障碍。第一,妊娠期母亲出血、酗酒、服药或营养不良,母亲患有败血症、感染性疾病、病毒性疾病或其他慢性病,胎盘脱落,子宫发育不良及RH血型不配等;第二,出生时产程过长或难产造成的脑缺氧,早产体轻,脐带绕颈,胎位不正,羊水早破,用产钳或骨盆狭窄引起颅压增高,以及产程太快致使新生儿突然接触新的空气压力等;第三,出生后婴儿期的高热、脑炎、脑膜炎、铅中毒、药物中毒、呼吸器官疾病引起的窒息、严重营养不良或头部外损伤等。

2)遗传素质假说

学习障碍儿童存在脑认知功能缺陷。例如,国外的研究发现,学习障碍儿童存在脑发育迟缓、脑皮质功能不成熟、觉醒不足、左右脑发育不平衡等现象;阅读障碍儿童 P300(脑皮质诱发电位)潜伏期延长,波幅变宽。而国内研究者发现,与正常儿童相比,学习障碍儿童脑区 P300 潜伏期延长,但波幅较低,P300 波形、地形图分布异常发生率高。

感觉统合失调(sensory integration dysfunction)可能也是引发学习障碍的主要原因。感觉统合能力随着年龄增长而发展,正常儿童到 7 岁时已经发展完善,但某些特殊儿童由于一些尚不清楚的原因,无法正确处理自身与外界的信息,从而产生各种学习障碍与情绪障碍,不同感觉系统的失常会引发不同程度、不同形式的行为障碍。

部分研究者认为遗传可能是引发学习障碍原因之一。赫尔曼曾经对有诵读困难的同卵双生子和异卵双生子进行对照研究,结果发现,只有 1/3 的异卵双生子同时出现诵读困难,同卵双生子中同时有诵读困难的发生率高于异卵双生子。因此,赫尔曼认为,遗传可能是阅读、拼写和写字等学习障碍的主要诱因。

3)生物学假设

有研究者认为,轻度脑功能失调是由中枢神经细胞间信息传递引发的。众多研究者提出,中枢神经系统之间,某种神经递质不足或过多是轻度脑功能失调的发病机制。

4)心理与环境假设

很多研究者认为,环境因素不是直接引发学习障碍的因素,但对学习障碍的影响却很大。例如,缺乏母爱或监护人的关爱和鼓励、抚养人文化水平较低、儿童早期缺乏适当的环境刺激和教育、营养不良或疲劳、教学方法不合理或教材使儿童对学习不感兴趣、教师的偏见等都是引发学习障碍的因素。

5）非智力因素的发展赶不上智力因素的发展

有研究发现，某些学习障碍儿童的智力正常，这说明学习障碍可能不是由智力因素决定的，而是非智力因素的发展缺陷导致的。例如，缺乏学习兴趣、不够用功、缺乏好的学习方法等。不良的环境因素也能对儿童学习潜能的发挥产生直接影响，不良的家庭社会因素与学习困难之间为因果关系。

四、少年的活动

少年期个体处于初中阶段，其主导活动仍然是学习。但与童年期相比，少年期的学习活动发生了显著变化。这些变化主要体现在学习内容、学习方法、学习动机、学习态度和学习兴趣上。

（一）少年期的学习内容

少年期个体学习的科目比童年期显著增加，且每一科目的内容也较童年期有了显著的增加，某一学科的内容不仅包括本学科的基本概念，还包括本学科的基本规律，同时在学科体系上已经接近于科学体系。

（二）少年期的学习方法

少年期学习科目的增加、学习内容的改变以及学习形式的新变化对学生的学习方法也提出了新的要求。在课堂上他们不仅要善于听讲，而且要善于记笔记，积极参与老师的教学活动。在课下他们要独立完成作业，并预习将要学习的内容。

（三）少年期的学习动机

少年期个体的学习动机出现了一些新特点。首先，远大的学习动机逐渐确立，学习的责任感增强。其次，学习动机的自觉性大幅提高，开始独立地钻研教材并对学习内容进行独立思考。

（四）少年期的学习态度

少年期个体能够认真、主动、独立地完成作业，并且注重作业的质量。但是，他们对作业的认真负责态度很大程度上依赖教师和父母的督促与检查。对分数的态度，少年期比童年期更客观。

（五）少年期的学习兴趣

少年期个体的学习兴趣具有以下特点：第一，兴趣的范围扩大。第二，兴趣出现了选择性。这主要表现为少年期个体出现偏科现象，对自己感兴趣的科目，学习成绩很好，对自己不感兴趣的科目，学习成绩一般或较差。第三，学习兴趣的深刻性增加。这主要表现为对某种现象的原理感兴趣。第四，学习兴趣的自觉性增强。他们常常把自己的兴趣与社会需要结合起来。同时，间接学习兴趣增多。

五、青年的活动

青年期个体处于高中阶段,其主导活动仍然是学习,但与少年期相比,青年期的学习活动已有了很大变化。

(一)学习内容

青年期个体的学习内容以系统地掌握间接的理性经验为主,与少年期个体相比,青年期个体的抽象思维能力进一步发展,这使得他们可以接受更为抽象和复杂的科学文化知识。

(二)学习性质

青年期个体的学习性质仍然属于基础教育,以全面提高自己的素质为主,为毕业后的升学就业打好基础。

(三)青年的学习主动性

青年期个体的学习主动性显著增强,主要表现如下:①学习目的更明确;②学习责任感增强;③学习独立性增强,依赖性降低;④学习的选择性加强,盲目性降低;⑤学习更加有计划性。

(四)青年的学习策略和技巧

青年期个体更加重视对已学知识的归纳、分类。他们能够经常根据计划检查自己学习的进度和取得的成绩,并对计划进行修正和调整。

(五)青年的学习动机

青年期个体的内在学习动机、间接学习动机和长远学习动机占主导,而外在学习动机、直接学习动机和近期学习动机的作用逐渐降低。同时,学习动机的稳定性得到显著增强。

(六)青年的自学能力

青年期,随着年级的升高,个体的学习能力也逐渐提高,而且重点学校学生的自学能力比一般学校的学生高。但是他们自学能力的各要素发展不平衡,其中应考能力、记忆能力发展水平较高,而笔记能力、阅读能力发展水平相对较低(沈德立,1999)。

六、成年的活动

成年的主导活动是恋爱、婚姻和职业选择。

(一)恋爱

个体在青少年期萌发的对性及异性的好奇,到了成年早期逐渐发展为一种强烈的愿望,并且由此开始,个体将对某一异性的情思发展为爱情,并导向恋爱的轨道。爱情是指男女一方对另一方所产生的爱慕恋念的感情（图6-22）。

对爱情的认识方面，国内外学者给出了不同的观点。国内的卢家楣（1989）认为，爱情有三个层次和三个特征。三个层次为：以性爱为主，以情爱为主，性爱和情爱的和谐统一。层次越高的爱情越牢固，越具有生命力。三个特征为：排他与守一的统一，冲动与韧性的统一，自私与无私的统一。一般而言，个体

图 6-22　恋爱中

在童年期没有爱情，到青少年期才情窦初开，成年早期是人类爱情的鼎盛期。

西方对爱情的心理学研究始于20世纪70年代，产生了成人依恋理论、爱情风格理论和爱情三元理论。

1. 成人依恋理论

1987年，阿藏和谢弗（Hazan et al., 1987）提出了成人依恋理论。他们认为成人的爱情关系是一种依恋过程，与儿童在幼年时与双亲建立依恋关系类似。1991年，巴塞洛缪和泰罗威茨（Bartholomew et al., 1991）将成人的依恋关系分为四类：①安全型（secure）：认为自己和他人都是值得爱和信任的。②专注型（preoccupied）：认为自己不值得爱，也没有价值，但他人是可接受的。这种类型的个体总是努力获取他人的接纳，并以此支持消极的自我表象。③恐惧型（fearful）：认为自己和他人都不值得爱和信任。这种类型的成人往往因害怕被他人拒绝而不与他人发生关系。④冷漠型（dismissing）：对自己的看法相对积极，但认为他人会拒绝自己。这种类型的人通过避免与他人发生联系来让自己免受伤害。

2. 爱情风格理论

20世纪70年代，李（Lee）采用分类学的观点提出了爱情风格理论，将两性的爱情关系分为六种类型：①浪漫式爱情；②游戏式爱情；③占有式爱情；④伴侣式爱情；⑤奉献式爱情；⑥现实式爱情。享德里克等（Hendrick et al., 1986）的研究有力地验证了爱情六类型理论。

3. 爱情三元理论

20世纪80年代末，斯滕伯格（Sternberg, 1988）在前人研究的基础上，提出了爱情三元理论。斯滕伯格认为爱情包括亲密（intimacy）、激情（passion）和决定或承诺（decision/commitment）三种成分。这三种成分构成了爱情三角形的三个顶点。亲密成分指在爱情中能够促进亲近、归属、结合等体验的情感，它能引起激情体验。激情成分又叫作情欲成分，指内驱力。它能引起浪漫恋爱、体态吸引、性完美，以及与爱情关系有关的其他现象，是引起激情体验的唤醒源。决定或承诺成分在短期方面是指一个人作出了爱另一个人的决定，在长期方面是指那些能维持爱情关系的关注、义务感或责任心。异性间爱情关系的建立，首先需要双方能够彼此吸引。其次，双方要有为建立和维持关系作出努力的意愿。

对待爱情及恋爱的态度是恋爱关系能否建立和维持的先决条件，国内的研究发现，我国成年早期个体的恋爱和爱情观有如下特点：①恋爱动机呈多元化趋势。②当代青年

择偶更加注意个体内在的素质，注重爱情等精神需要。③当代青年注重双方忠诚的同时对婚前性行为更加包容。

（二）婚姻

恋爱的双方把对彼此的感情推向最高潮，恋爱状态以结婚告终。但是，结婚未必就是恋爱的最终结果，因为婚姻除了当事者之外，还包括其他因素。例如，来自家庭或社会的阻力或压力，克服了这些障碍之后，经过结婚登记、婚礼，青年男女在法律上正式结为夫妻，同时也获得社会的认可。结婚以后，每对夫妻都希望能够建立起一个理想的家庭，但是，理想的家庭因人而异。国内学者林崇德认为理想的家庭需要具备以下六个条件。

第一，"同一屋檐下生活"，是指家庭成员一定要生活在一起。生活在一起一方面指家庭成员生活在家庭这个物理空间中，更重要的是在心理层面上，彼此要保持亲密的情感联结。

第二，夫妻"力动均衡"，是指夫妻双方在力量、动态等各方面要保持均衡。

第三，亲子"一线之隔"，是指父母和子女之间有一定的界限，家庭成员之间相对独立，各自拥有自己的空间。

第四，"自由与受保护"的空间，是指家庭成员能够体验到自由、安全和受到保护。

第五，"父性原理"与"母性原理"的协调。父性原理指无论孩子多可爱，只要违背了社会或家庭的规范就要受到惩罚；母性原理则相反。通俗来讲，即家庭当中既要有人唱红脸，也要有人唱白脸。

第六，相同的志向，是指家庭成员，尤其是夫妻的价值观、人生观和世界观要基本一致。

（三）职业选择

成年个体经历了从选择职业到努力工作再到成就事业的过程。职业选择并不容易。马森（1991）认为，选择职业，至少在选择第一个重要工作时，在很多方面类似于选择配偶。林崇德等人认为，职业选择是一个自我认识的过程，选择职业不仅需要了解自己的职业兴趣、职业价值观、职业技能等因素，同时还要考虑到社会需求、人才供给、社会文化、家庭等因素的影响。

在进入成年期之后，事业的成功与挫折、家庭的幸福与不幸、生活的充实与空虚等都反映了一个人作为社会人的应有价值。在社会变得日益复杂的今天，各种人际关系面临着种种严酷的挑战，就业、生存压力也在日益增大。在这样的形势下，如何适应婚后的生活，如何调节家庭生活，并在享受天伦之乐的基础上追求事业的成功和生活的充实，是成年早期所必须解决的重要问题。

★ 七、中年的活动

中年是社会的中坚力量、家庭的核心成员，同时是物质财富和精神财富的主要创造者。因此，与人生历程中的其他阶段相比，中年人的家庭生活与职业活动显得更为重要。

（一）家庭

家庭是个体生命中的重要元素，家庭和个体之间互相影响。

同个体生命一样，家庭也有一个产生、发展到消亡的过程，并具有一定的周期性。家庭生命周期（family life cycle）是指男女双方从成为夫妻组成家庭开始，至夫妻双方死亡而家庭解体的家庭发展过程。依据家庭成员构成及发展任务的变化，家庭生命周期可以分为若干阶段。不同阶段的发展问题需要家庭成员去面对和解决，解决的优劣对家庭成员的心理发展和生活适应水平有重要影响。研究者郭永松对各个阶段相对较大的家庭问题与生活事件（life events）进行了归纳。

（1）新婚期。新婚期是指男女双方刚结为夫妻，尚无孩子。主要家庭问题包括性生活协调、生育计划、相互适应及沟通、面对婚后的现实困难。生活事件包括结婚、迁居、性功能、睡眠习惯改变及饮食习惯改变。

（2）生育期。生育期是指第一个子女从出生至 30 个月这个时期。主要家庭问题有适应父母角色、经济问题、生活节律、照顾孩子的压力及母亲的产后恢复。生活事件包括妊娠、家庭成员增加及生活在一起的家庭人数变化。

（3）有学龄前婴幼儿期。有学龄前婴幼儿期是指第一个孩子从 2 岁半至 6 岁这个时期。主要家庭问题是儿童的营养问题、入托问题及经济问题。生活事件是夫妻间教育子女的协调。

（4）有学龄儿童期。有学龄儿童期指第一个孩子从 6 岁至 13 岁这个时期。主要家庭问题包括儿童的身心发展、学业问题、性教育问题及孩子青春期卫生问题。生活事件包括接送孩子上下学、辅导孩子作业、个人事业成长。

（5）有青少年期。有青少年期是指第一个孩子从 13 岁至 20 岁这个时期。主要的家庭问题包括青少年教育与沟通问题、孩子的社会化问题、青少年的性教育及异性交往问题、青少年的学业和恋爱问题。生活事件包括亲子关系、亲密关系维护。

（6）离巢期。离巢期指从第一个孩子开始算起，子女纷纷离家，自行创业或另组家庭这个时期。主要家庭问题包括父母与子女的关系变成成人与成人的关系、父母感到孤独及孩子面临工作与成家的压力。生活事件包括子女离家、经济状况改变等。

（7）空巢期。空巢期指所有的孩子离家至家长退休这个时期。主要家庭问题包括夫妻回复到从前的二人生活后感到孤寂、计划退休后的生活、在精神和物质上给孩子支持、重新适应婚姻关系、与晚辈沟通信息维系情感及维持上下代的亲戚关系。生活事件包括家庭成员健康变化、改行、职别改变、姻亲纠纷及配偶工作终止。

（8）老年期。老年期指从退休至夫妻双方死亡这个时期。主要家庭问题包括对经济及家庭生活的依赖性高、老年人的各种疾患、衰老和面对死亡及适应丧偶的悲痛。生活事件包括配偶死亡、个人患病或受伤、失去工作、经济状况变化、好友丧亡、社会活动功能改变及性功能衰退。

（二）事业

职业活动的发展是中年期的主要内容。

20 世纪 90 年代，舒帕（Super）提出了职业生涯发展理论。该理论认为，职业发展的本质就是个体发展与贯彻其职业自我概念的过程。职业自我概念是个体在社会接触中形成的对职业与自身关系的认识及观念，按照个体自我概念的变化以及对职业角色的适应特征，舒帕将人一生的职业生涯分为五个阶段，但是，年龄段的划分有相当大的弹性，应依据个体的不同情况而定。

1. 成长阶段（0～14 岁）

在成长阶段，个体开始发展自我概念，逐渐以不同的方式表达自己的需要，同时通过对生活中重要他人的观察，职业角色的意识逐步得到建立，并把这种意识与自我概念相联系。该阶段的主要发展任务是树立自我形象以及工作的态度、了解工作的意义并积累工作经验和提升能力。

2. 探索阶段（15～24 岁）

在探索阶段，个体通过兼职或参加学校和社会的活动（图 6-23），对自己有了更多的认识，并尝试作出职业决策。并在尝试的过程中积累经验，不断改变自己的职业期望。这一阶段主要的发展任务是把职业偏好逐渐具体化，并实现职业期望。

图 6-23　职业生涯的探索

3. 建立阶段（25～44 岁）

在建立阶段，个体已经进入具体的工作领域，努力掌握该领域中职业发展的信息。为自己的职业发展开辟道路。将基本上适应的职业确定为自己的终身职业。这一阶段存在一个相对稳定的时期，容易获得职业上的晋升，而且职业与自我概念更加一致。该阶段的发展任务是统合各种信息，保持稳定并追求上进。这一阶段又可以分为两个时期。第一，适应期（25～30 岁）。这一时期个体差异较大，主要任务是适应当前职业。若长时间不能适应，则可能更换职业，因此进行新的职业探索。第二，稳定期（31～44 岁），个体已经适应了整个职业环境，努力维持工作的稳定。个体已明确岗位职责和权利，能够成功解决职业中的各种问题。由于经验丰富和富有创意，业绩通常处于领先地位，进而体会到成就感。

4. 维持阶段（45～59 岁）

在维持阶段，个体已经在工作领域取得了一定成就，通常继续朝既定的目标前进，而不是寻求新的职业方向。技术进步和产业结构调整可能会让个体的职业发展进入高原期，出现技术落伍、发展停滞和受到新人挑战现象。此阶段的发展任务是维持现有地位和成就。

5. 衰退与脱离阶段（60 岁以上）

这一阶段，个体的生理与心理机能每况愈下，个体开始从积极参与到隐退转变。而且，此时个体一般已经到了退休年龄，开始淡化职业角色，脱离工作岗位，考虑退休后的生活安排。而脱离工作进程的难易程度主要取决于个体对已有职业的认同感。此阶段的发展任务是适应退休生活，通过发展新的角色或探寻合适的活动来补充退休后的空闲并维持自身的能力水平。

八、老年的活动

老年期个体的主要活动是退休生活。

（一）什么是退休

退休是指劳动者根据国家有关规定在一定年龄停止有偿劳动的一种社会制度。退休是人生中的里程碑与转折点，是人生又一个新阶段的开始，意味着老年人从忙忙碌碌的工作生活到安逸休闲的居家生活的转变。从离开工作岗位到适应退休生活的过程中，一般需要经历以下四个时期。

1. 期待期

在临近退休前，老年人对即将到来的退休生活的态度往往取决于他们的工作目的、动机和职业。自愿退休的人对退休抱有期待的心情，不愿退休或被迫退休的人则相反。

2. 退休期

退休期是指离开工作岗位的一两天内。这一时期，老年人的心理活动和表现较为复杂。通常，愿意退休的人心情舒畅，而不愿意退休又不得不退休的人则心情比较沉闷、易怒。但是，无论是愿意退休还是不愿意退休，在离开工作岗位时，总会对同事、工作岗位或工作环境产生留念、感慨和痛楚等错综复杂的心情。

3. 适应期

退休后，老年人无论是生活内容还是生活节律都发生了重大的变化。研究发现，老年人在面对退休这一重大变化时，往往可能感到怅然若失、茫然或烦躁不安，产生厌倦、抑郁、焦虑等情绪，有时甚至会发生情绪问题和身心失调。这就是退休综合征。这一时期往往是退休后最难忍受的时期。

4. 稳定期

经过长约一年的适应期，老年人的退休生活开始进入稳定阶段。他们开始清楚地意识到退休如同出生、毕业和婚恋，是人生必经阶段。因此，他们在思想和情感上能够冷静而客观地对待退休。同时，新的生活秩序开始建立。

（二）退休规划

退休并非突发事件。如今，中年人甚至青年人也可以开始规划自己的退休生活。研究者提出退休应该分为六个阶段，分别是退休前阶段、短暂和谐阶段、觉醒阶段、再定位阶段、稳定阶段、终止阶段，并认为个体在适应退休的过程中会作出一系列的调适，经历不同的阶段。由于退休事件的个体差异很大，因此并非每个人都必然经历这六个阶段。

1. 退休前阶段

在退休前阶段，个体开始对退休做长远打算，并将打算具体化。退休时，个体从繁忙的工作中解脱。他们通常会给自己安排一系列与自身兴趣相符的休闲活动。

在退休之前，要为退休之后的事做好准备。为了退休后的生活有更高的质量，退休前适当的经济基础也需要关注。退休后，有时候会有各种交往、出门旅行等，需要一定的消费支出，加上生病住院等，如果没有一定的经济基础，会比较缺乏安全感。

除了上述物质方面的准备，还需要有精神上的准备，如培养一个爱好。退休前没有时间，但退休后可以沉浸在爱好中。再如交个好友。退休前后各种生活适应问题、老化问题等，都需要与朋友沟通、化解、分享。虽然工作结束，但爱好还在，友谊没有断，相对而言适应期就会比较短，退休适应顺利。

另外，处理好与家庭其他成员的关系也很重要。例如，把自己的生活与子女的生活分开。既不让子女捆绑自己的生活，又在必要的时候给子女一些帮助和支持。这种程度的把握，应该在退休前就开始练习。

2. 短暂和谐阶段

在短暂和谐阶段，退休的老年人会尝试很多之前没有时间和机会去做的事情。大部分人会选择游山玩水或出国旅行。这个阶段通常持续时间较短，而时间长短取决于老年人的身体状况和经济条件。

不同的岗位，个体退休的感受和表现有所不同。有些岗位，如自由职业者、自主创业者、高校教师等，可能退休前后生活节奏变化不大；但有些岗位，退休前后生活节奏变化比较大，如中小学老师、公司职员等。所以，在退休之前，需要做好充分的思想准备。

3. 觉醒阶段

在觉醒阶段，个体往往产生低落、无聊甚至是抑郁情绪等心理问题。若不良情绪得到及时宣泄，老年人会进入再定位阶段。

所以伴随觉醒阶段，为自己寻找复杂情绪的出口，是需要提前做好准备的。例如，一个朋友、一位咨询师、一本书、一个公众号、一项爱好等。

4. 再定位阶段

在再定位阶段，个体为生活寻找新的、基于实际的、有建构性的方向。他们会发展出新的爱好或者保持自己之前的特长，并且乐于拜访之前的老朋友和结交新的、志同道合的朋友，还有些老年人志愿参与社区义务劳动，丰富充实自己生活的同时提高自身价值。

这个时候（甚至之前）需要对未来20～30年的生活进行规划。制定新生活愿景，按照不同时间段，分解不同愿景。因为不同时间段，自己的身体状况等会有所不同，可以结合实际情况，制定10个三年规划。

5. 稳定阶段

一旦个体在再定位阶段新的生活习惯得以养成，个体的退休生活便进入一个稳定的阶段。

6. 终止阶段

大约有一半的老年人的退休生活会走入终止阶段。通常，若个体退休后的社会角色无法满足自身需求，个体会试图终止这种闲适生活，而选择从事一些新的劳动活动。

（三）退休后的新生活

老年人的活动种类可分为日常活动、家务活动、职业活动、文艺体育活动。对老年人而言，日常活动和家务活动是基本的生活活动；职业活动是实现自身价值的活动；文艺体育活动则是可以产生快乐、促进个体身心健康的活动。老年人要选择合适的体育活动，掌握运动的强度和时间，进行科学的锻炼，才能促进身心健康。

1. 日常活动和家务活动

老年人日常活动主要包括进食、穿衣、自身清洁、排泄、修饰打扮等方面。家务活动主要有买菜、做饭、洗衣、家庭环境清洁、照顾孙辈（图6-24）、养花等。虽然随着年龄的增长，老年人的自我能力逐渐下降，但是子女应该适当鼓励他们尽可能独立完成这些活动，这样会让老年人体验到自我价值，同时子女的家庭负担也得到减轻。但同时也应该注意：第一，要充分考虑老年人的承受能力，不要给老人过重任务。第二，尊重老年人意愿，让他们自由选择参加自己感兴趣的职业活动、文艺体育活动。

图6-24　老年人的日常（郭耘彤与祖父母）

2. 职业活动

虽然老年人已经从工作岗位上退休了，但是有少量的老年人在退休后仍然继续着职业活动，如作家、医生、大中小学教师、画家等。而绝大多数老年人则在家享受休闲生活。

3. 文艺体育活动

文艺体育活动包括文艺活动和体育活动。国内研究者（张勇，2003）的一项调查发现，男性（67.4%）和女性（63.7%）老年人的娱乐活动主要是体育活动，同时参与体育活动和文艺活动的老年人达到15%（男性）和10.6%（女性），只参加文艺活动的老年人比率不到5%，而大约13.7%男性和17.4%女性的休闲活动并不规律。

我国老年人的文艺活动包括舞蹈、乐器、书法、戏剧、绘画等方面，以传统活动为主，而且往往团队参与性很高，如扭秧歌、合唱、唱京剧等。

我国老年人的体育活动多种多样，主要包括长走、慢跑、游泳、球类、武术、气功、棋牌和钓鱼等。在众多体育活动中，长走是最受老年人喜爱的活动，而且喜爱程度随着年龄增加呈递增趋势。此外，老年人对其他体育活动的喜爱程度也存在差异，如男性比女性更喜欢慢跑，但随着年龄增长，由于体力的衰退，男性参加慢跑的比率在下降；女性比男性更喜欢健身操和舞蹈等活动（汪文奇，2004）。

体育锻炼对于延缓个体衰老具有重要作用。老年人进行适当的有氧活动，可增强心肺功能，促进消化吸收和调节内分泌，促进睡眠，维持适度的肌肉力量，减缓骨质疏松，增强平衡能力，促进新陈代谢，保持充沛精力，从而提高抗病能力。

章后小结

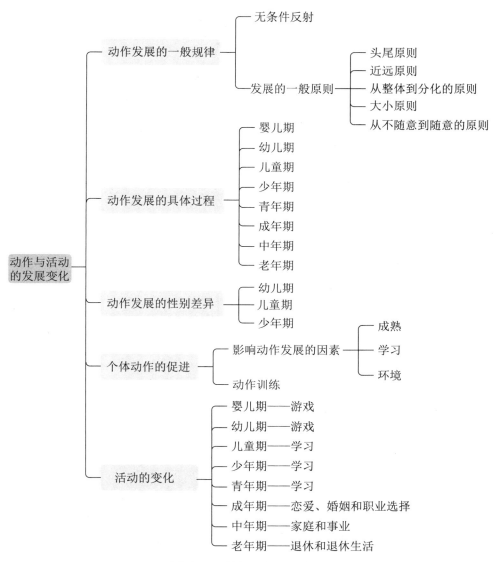

动作与活动的发展变化思维导图

即测即练

第七章 言语的发展

>   婴儿言语发展
>   　　（毕然然）
>   大脑神奇似暗箱，先天机制疑安装。
>   咿呀音素全球有，模仿学习最擅长。
>   母语外文能辨认，语言体系不彷徨。
>   勤于互动多说话，早晚差别莫慌张。

|章前导读|

★ 一、什么是言语

　　语言（language）是一个精细而又复杂的符号系统。新生的婴儿首先从几个无意义的音节出发，逐渐学会掌握简单的词，如"妈妈"或"爸爸"等，最后根据习得的语法结构将这些词组合起来，以完整的句子与他人进行交流。显然，语言是用于沟通和交流的符号系统，是个体社会化的重要工具，也是人类区别于动物的重要标志。

　　语言是语言学研究的重要对象。语言作为一种有意义符号的系统排列，为人与人之间的信息交流提供了重要的基础。但是语言的作用远不止这些。它还可以帮助人们提出问题、表达思想；也能帮助人们思考问题和理解世界，与外界建立密切的联系。婴幼儿期的语言发展速度非常快，不过即便是成年以后的个体语言能力，仍然有比较大的提升空间，诸如人际公关、论文创作等都是成人言语能力的重要表现形式（刘国雄，2017）。

　　言语（speech）是运用语言进行交流的过程，是心理活动的外化，即个体将自己的内心活动以及想法以语言为媒介表达出来。言语是心理学研究关注的问题之一。

　　语言只有通过言语过程才能发挥其交流工具的职能。

★ 二、言语的种类

根据不同的划分标准可以将言语分为不同的种类。按活动类型，可以将言语活动分为外部言语和内部言语。外部言语又可以分为口头言语和书面言语。口头言语又分为对话言语和独白言语。个体运用语言进行交流的能力，反映了其神经系统发育状况和心理发展水平。

第一节 口头言语的发展

★ 一、什么是口头言语

口头言语是人类用发音器官发出的声音为形式的符号系统来进行交流的过程。口头言语可以借助对话和独白这两种符号系统来实现。对话语言是指两个或几个人直接交流时的语言活动，如聊天和辩论。独白语言则是个人独自进行的语言活动，通常用来表达个体的思想和情感，如授课和演讲。

★ 二、口头言语获得的原理

最初婴儿采用口头语言与他人进行交流，表达自己的诉求和情感，之后慢慢才建立书面语言。心理学家惊讶地发现儿童竟然能快速地学会大量复杂的符号系统，一些婴幼儿在还没有学会独立行走时，就能开口用简单的词来指代物体了。口头言语从婴儿期就开始发展，到学前期的时候已经达到非常好的状态。大量研究者对婴儿口头言语获得的原理进行了探讨，主要可以归纳为以下三种。

(一) 学习论

学习论（learning theory）观点认为，言语是习得的。言语的习得遵循强化和模仿的规律，强调家庭和社会环境对言语发展的重要作用。

(1) 强化说认为，语言的习得是通过操作性条件反射实现的，强化是言语的必要条件，强化程序是渐进的，以斯金纳（Burrhus Frederic Skinner）为代表。斯金纳在1957年出版了一本《言语行为》（*Verbal Behavior*），他在此书中提出，正因为儿童合乎语法的言语得到强化，所以他们学会了正确讲话。当儿童对着食物说"吃"的时候，父母往往会微笑着点头说"对"。父母对儿童说新词的行为的强化会增加他们使用新词的可能性。儿童言语发展主要表现为儿童习得的口头反应的增加。

(2) 模仿说认为，儿童是通过观察、模仿而学习语言的。该理论以班杜拉（Albert Bandura）为代表，指出儿童会模仿成人的言语，正确的模仿会得到奖赏，错误的模仿会被修正。在这一过程中，儿童会不断地调整自己的言语行为，他们的言语会与成人的言语越来越相似。

模仿和强化在早期语言发展中功不可没，但学习论也存在着一定的问题。它无法对儿童如何快速地掌握语言规则作出充分的解释。例如，婴幼儿犯错时，产生不规则的新的词组和句子时也会受到强化。在这种情况下，就无法解释儿童如何学会正确的口头言语。

（二）先天论

先天论（nativist theory）认为，语言能力是人类与生俱来的。

（1）先天语言能力说的代表人物是著名的语言学家乔姆斯基（1993）（图7-1），他提出了"语言获得装置"（language acquisition device，LAD），该装置是人类大脑的功能模块，提供了世界上普遍适用的语法知识。语言就是普遍语法能力（知识）的表现，语言获得过程就是由普遍语法向个别语法转换的过程，这个转换是通过语言获得装置实现的。儿童获得的是一套支配语言行为的特定的规则系统，因而能产生和理解无限多的新句子，表现出很大的创造性。

图7-1 诺姆·乔姆斯基（Avram Noam Chomsky，1928— ）

乔姆斯基是美国语言学家，转换生成语法的创始人。1947年开始研究语言学，1955年博士毕业。曾任麻省理工学院认知科学研究中心主任，并任美国科学促进会会员、全国科学院院士和美国文理科学院院士。

诺姆·乔姆斯基认为世界上所有的语言都有一个相似的内部结构，即普遍语法。口头言语是可以学会的，儿童习得语言的能力是与生俱来的，通过语言获得装置实现对言语的理解。

（2）先天论认为生物遗传是人类获得语言的决定性因素。1967年，伦内伯格（Eric Lenneberg）在《语言的生物学基础》（The Biological Foundations of Language）一书中提出语言行为是先天的。语言获得是大脑机能成熟的产物，根据大脑发展的阶段性，语言发展也存在关键期。在关键期内对儿童进行言语传授，他们的语言能力就能快速提高。最容易获得语言的时期是从出生到青春期之间，其中的1～5岁较为关键（祁文慧，2011）。

有证据支持了先天论的合理性。例如，口头言语的习得在不同的文化中存在普遍性，各种文化下的儿童几乎都在很短的时间内掌握了口头语言，并且有着相同的发展趋势，甚至出现了类似的错误。即使在不鼓励儿童与父母谈话的文化中也存在着儿童的口语学习行为。神经心理学和认知神经科学的研究也表明，人类大脑对语言的加工具有特定的功能定位，主要区域为大脑左半球的中间部分，特别是控制说的能力的布洛卡区（Brocade's area）和负责言语识别的威尔尼克区（Wernice's area）（陈英和，2013）。布洛卡区发生病变引起的失语症表现为个体可以正常地阅读和书写，但发音困难，无法清晰地陈述，一般将这种症状称为运动性失语症（motor aphasia）。威尔尼克区损伤则会引起接收性失语症（receptive aphasia），主要表现为个体在说话时，语音和语法均正常，却不能正确地理解语音和语义。

虽然先天论强调言语获得的先天生物学基础是对的，但是研究者发现有些动物也可以学会语言，譬如鹦鹉学舌，这对人类语言的独有性提出质疑。该理论低估了环境对儿童口头语言发展的重要性，仍然存在不足。

（三）相互作用论

相互作用论（interaction theory）将经验论和先天论结合起来，认为言语发展是生理成熟、认知发展与不断变化的语言环境之间复杂的相互作用的结果，以皮亚杰为代表。该理论主要有两个派别：认知相互作用论和社会相互作用论。①认知相互作用论认为，语言是儿童许多符号功能的一种，认知结构是言语发展的基础，言语结构随着认知结构的发展而发展，个体的认知结构和认知能力源于主体和客体的相互作用。②社会相互作用论强调儿童与同伴或成人的交往的作用。儿童的语言是在和同伴以某种方式交流信息的交互作用情境中形成的，并在这种交流的过程中得到发展。

正如前面两个理论一样，交互作用理论也得到了一些支持。笔者认为，儿童的口语活动既离不开个体的生理因素，也离不开与环境的相互作用，尤其是与他人的语言交流。同时，模仿和学习在婴幼儿习得口语活动中起着不可磨灭的作用。但是到底哪一种理论能完美解释言语的获得机制，仍需要进一步探索。

三、口头言语的发展变化

（一）发音

言语的发展是一个连续的、变化的、有规律的过程，既有阶段性又有连续性，既有多样性又有一致性。婴幼儿最初只能掌握一些简单的发音，到说话准备期时不同的连续发音会增多，1岁之后已经能够说一些简单的词。研究发现，儿童语音学习的关键期出现在出生后的一年之内（Kuhl，2010），到3岁时基本掌握母语的全部发音。许政援（1996）采用纵向研究法对12名儿童进行调查和追踪研究，对1955年到1995年间3岁儿童语言发展过程的研究报告进行分析总结，并从实际情况出发，将婴儿的口语发展分为六个阶段。

第一阶段，简单发音阶段。

0～3个月婴儿的发音处于简单发音阶段。这个时间段的婴儿口语主要表现为韵母发音，声母较少。主要是h音和m音。2个月的婴儿的口头言语多为a、ai、e和ei等简单的语音。

第二阶段，重复连续音节阶段。

4～8个月婴儿处于重复连续音节阶段。婴儿到4个月以后，发音会增加很多，会发出一些重复的多音节。例如dù-dù、ná-ná-ná和a-ba-ba-ba-m等。这些音往往是近似词，到6个月时有些音开始具备某种意义。

第三阶段，说话准备期，不同连续音节阶段。

9～12个月是婴儿说话的准备期，不同连续音节阶段。这一阶段不同的连续音节明显增加，例如dan、jiě-jiě和ai-yue-yue等。有些音已经开始和具体的事物相联系，但是还没有成为真正的"词"。

第四阶段，正式学话，单词句阶段。

1岁～1岁半是婴儿正式学说话的单词句阶段。本阶段是婴儿产生语言的关键阶段，婴儿已经能使用词与成人进行初步的交流。

第五阶段，简单句阶段。

1岁半～2岁婴儿处于简单句阶段。根据许政援（1996）的分析结果可知，这一阶段婴儿的言语发展中，简单句约占 55%，单词和单词句约占 37.7%，最简单的复合句只占 7.3%。婴儿的口头言语以简单句为主。

第六阶段，复合句开始发展，掌握最基本的语言阶段。

2～3 岁婴儿的复合句开始发展，开始掌握最基本的语言。这一阶段婴儿使用单词句的比例不断下降，复合句不断上升。婴儿到 3 岁时基本已经掌握了母语的语法规则。

这六个划分阶段并不是绝对的，对不同的婴儿来说，具体发展阶段早晚可以有差异。目前已经有不同的研究者对婴儿的言语获得展开研究，与上述学者的研究基本一致。婴儿口头语言主要经历由简单音到多音节到有意义的语音的过程，直到 3 岁掌握母语的全部发音。根据目前的研究，可以将 1 岁以前婴儿的言语发展中的发音过程主要划分为三个阶段，分别是简单发音阶段（单音节）（0～3 个月）、多音节阶段（4～8 个月）、有意义的语音阶段（9～12 个月）。结合婴儿的发音和词汇的发展又可以将言语发展划分为五个阶段，不同年龄段表现出不同的特点。其中在 1 岁到 1 岁半会出现"词语爆炸"的现象，这一阶段婴幼儿学习词汇的速度明显增加。婴儿言语发展的具体阶段年龄和特点可见表 7-1。世界各国婴儿最初的语言发展规律具有普遍性，都遵循着相似的发展趋势。为了促进婴儿言语良好的发展，可以加强与长辈的言语交流。

表 7-1 婴儿言语发展的具体阶段年龄和特点

言语发展阶段	年　　龄	特　　点
前言语阶段	0～12 个月	咿呀学语，具有目的性、约定性、指代性
言语发生阶段	10～14 个月（1 岁左右）	说出第一个具有真正意义的词，场合限制性较强
单词句阶段	1 岁到 1 岁半	一次只说一个单词，一个词代表一整句的意思 19 个月时出现"词语爆炸"现象，单词学习的速度显著增长
电报句阶段	1 岁半到 2 岁	从单词句到双词句或多词句
复合句阶段	2 岁到 3 岁	20～30 个月是婴儿基本掌握语法的关键期。到 36 个月时，婴儿已基本上掌握了母语的语法规则系统

（二）词汇的获得

词汇是构成语言的基本单位，词汇量越丰富，就越容易传达思想。一般情况下，1 岁左右的婴幼儿第一次使用词。在 19 个月的时候，他们的词汇量会迅速增加，这也为幼儿学会长句和复合句奠定了基础。幼儿期是词汇的发展最快的时期，尤其是 3～4 岁的幼儿。因此，幼儿期词汇的获得与发展也有着各自的特点。

1. 词汇获得的特点

儿童的词汇获得有着先后顺序，而且起初对情境的依赖非常强，只能在特定的场合掌握词汇，不能将学会的新词运用到其他情境中。例如妈妈给幼儿盖了棉被，并教他"棉被"这个单词，孩子也跟着学了。但若在另一个地方碰见棉被，早期的儿童并不知道它仍然叫"棉被"，可能会给它取一个新的名字。儿童会逐渐摆脱场合限制性，将所学的词迁移运用到其他场合，掌握了词的抽象性和概括性之后，才算是获得了词汇的"真正意义"。

因此，可以将儿童词汇获得特点总结归纳为以下三点：①继续掌握一些场合限制性较强的词；②已掌握的词开始摆脱场合限制性（婴儿真正掌握词汇、获得概念的重要途径），获得初步的概括意义；③开始直接掌握一些具有概括性和指代性功能的词汇。

2. 词汇的积累

词汇的积累可以从词汇数量、词汇种类和词义的理解三方面来加以分析。

（1）词汇数量。幼儿期是儿童词汇量增长最快的时期，尤其是 3～4 岁。一般说来，中国的幼儿 3 岁的时候已经可以掌握 1 000 左右的词汇；4 岁的时候可以掌握 1 730 左右词汇。到 6 岁的时候词汇量已经增长到了 3 500 多（李彩云，2009），见表 7-2。国内外幼儿的词汇增长数量基本类似。

表 7-2　中国幼儿的识字量

年　　龄	词 汇 量
3 岁	1 000 左右
4 岁	1 730 左右
6 岁	3 500 多

（2）词汇种类。到了幼儿期，儿童基本掌握了所有的词类。掌握词汇的顺序为：名词→动词→形容词→虚词（连词→介词→助词→语气词）。幼儿掌握的词汇种类与概念的发展有着密切的关系。名词、动词和形容词反映的是事物及其属性，对其来说相对比较容易，幼儿非常容易掌握。例如幼儿熟悉的名词包括人物的称呼、玩具、生活用品等。形容词的使用主要包括物体特征和动作的描述。虚词这些词类比较抽象，幼儿不仅掌握的时间较晚，掌握的数量也少（林崇德，2009）。国内学者朱曼殊等（1986）采用横断法对幼儿词汇类型的发展进行研究，结果如图 7-2 所示。从总体上看名词和动词最先掌握，并且所占比例也比较大，但是随着年龄的增加，名词和动词在幼儿总词汇中所占比例逐渐下降，而形容词、副词、代词和其他虚词在总词汇中的比例却有增加。

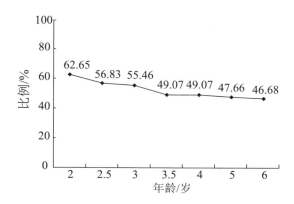

图 7-2　名词和动词在儿童总词汇中的发展比例

（3）词义的理解。儿童的词汇量并不等同于他们能正确使用的词汇量。积极词汇（active vocabulary）指儿童可以理解并能正确使用的词汇；消极词汇（passive vocabulary）指儿童不能理解或者是理解了无法正确使用的词汇。儿童能否正确使用词汇取决于对词义的正确理解。在幼儿期，儿童掌握词义时常常发生两种错误，一种是"过度概括"（overgeneralization），另一种是"概括性过低"（undergeneralization）。过度概括是指词语被过于宽泛地使用，过度推广了它们本身的含义。例如一些儿童会将公共汽车、火车、卡车都称为小汽车。概括性过低是指用词过于局限，认为一个词只代表某概念的一个特例，而不是指该概念的所有实例。一般发生在刚刚掌握口头语言的儿童身上。例如，学语言的新手不能将"小汽车"泛化到新买的玩具小汽车上，只能用在原先的玩具小汽车上。随着年龄的增长，儿童对词义的概括性有了较好的掌握，儿童掌握积极词汇会逐渐增多。

（三）句子的使用

幼儿在习得词汇的基础之上，结合语法构成句子，来表达自己的思想，因而口语的表达能力也得到了发展。

1. 语法的获得

20～30个月是掌握语法的关键期，3岁时基本掌握了母语的语法规则系统，在这一过程中，存在"过度规则化"和"规则扩大化"的现象，这与婴儿思维的"自我中心性"有关。例如，幼儿可能会说"吃饱宝宝了"，他们可能会"创造性"地使用从成人那里学会的词。幼儿对语法的掌握主要表现在两个方面，一是句子的长度，二是句子结构的完整性和复杂性。国内学者对幼儿使用的平均句长进行统计发现，2岁婴儿的平均句长约为3个词，3岁儿童的平均句长约为8个词（齐沪扬，2009）。

2. 句子的变化

根据以往的研究发现，幼儿期的句子发展一般有如下趋势。

（1）从简单句发展到复杂句。幼儿主要使用简单句与成人进行交流，2岁之前的婴儿已经开始使用复合句，但是比例非常小。到3岁时幼儿基本掌握语法规则之后，复合句的使用比重会逐渐增加。

（2）从无修饰句发展到修饰句。幼儿最初使用的简单句是没有修饰语的，随着掌握的词类词义不断丰富，才逐渐发展到修饰句。

（3）从不完整句发展到完整句，这是随着幼儿逐渐掌握各种词类而发展起来的。起初，幼儿只会将词简单地组合在一起，组成所谓的"电报句"，这并不是构成完整意义的句子。随着掌握的词类逐渐增多，才学会使用完整句。

（4）从陈述句到多种形式的句子。婴儿早期只会简单的陈述句，到了幼儿期，其掌握的疑问句和祈使句等会逐渐增加。但是他们仍然无法正确地理解某些比较复杂的句子，如双重否定句和被动句，这些只有在小学经过专门的语法训练之后才学会。

（四）口语表达能力

儿童口头言语的发展除了语音、语义、词汇和句子等方面之外，还包括口语表达能力的发展。口语表达能力可以理解为讲故事的能力。国内学者李甦等（2002）对幼儿口语表达能力进行了实证研究，结果发现，3～5岁是幼儿口语表达能力发展的快速时期。口语表达的内容由可视的、外在特征转变为内在特征。幼儿口语表达的类型和情境也随着年龄发生着变化，具体可以表现在以下三个方面。

1. 从对话言语到独白言语

幼儿期的口语表达基本可以表现为对话言语→独白言语→唇动无声言语→内部言语的发展过程。3岁以前的婴儿口头言语仅表现为对话言语，通常为回答成人的问题。到了幼儿期，随着年龄的增加，幼儿的独立性也快速增长，他们开始离开成人而单独进行活动。在与成人的交往中，他们不仅渴望向成人表述自己的想法和感受，也开始关注自己的内心体验，这促进了独白言语和内部言语的发展。

2. 从情境言语到连贯言语

幼儿初期的口头言语存在情境性的特点，一般是看见什么、想到什么就说什么，同时也缺乏连贯性和条理性，成人往往要费力地猜才能明白。随着年龄的增长，幼儿口头表达依赖情境的比重会逐渐下降，连贯言语会不断增加。独白言语和连贯言语的发展是口语表达能力发展的重要标志。

3. 从缺乏条理性、连贯性到能清楚系统地描述

幼儿初期无法清晰地有条理地表达自己的言语，言语活动中总是夹杂着丰富的表情和手势，大部分成人只能一边猜测一边与之交流。随着年龄的增长，幼儿能够清楚系统地描绘发生过的事或故事。

（五）第二语言的学习

在美国，从小城镇到大城市，有近1/5的儿童在家里除了英语以外还说另一种语言，并且这个比例还在增长。在中国，大量婴儿从出生开始就会接触到两种或两种以上的语言，如方言和普通话。通常认为儿童学习第二语言有一个关键期。儿童期以后再学习第二语言就很难达到母语水平。第一语言的习得会对第二语言的习得过程产生迁移作用（佘双好，2005）。研究表明，当第一语言与第二语言语音相似时，会对第二语言的习得引起干扰，而与第一语言无关的第二语言反而比较容易学习。双语学生通常具有较高的元语音意识，对语言规则的理解更加明确，并表现出更高的认知水平。双语儿童在一些言语和非言语认知任务上的表现优于单语儿童，研究者把这种现象称为"双语认知优势效应"（Costa et al., 2014; Calvo et al., 2014）。双语学习对大脑的影响主要表现在执行功能脑区的功能和结构的变化上，即双语的使用能够促进儿童执行功能脑区的不断激活，使儿童执行功能脑区的认知控制性和灵活性等功能得到强化（周兢 等，2016）。已经有研究证实双语者在智力测验中得分更高，他们通常会表现出较高的认知灵活性，在解决问题时更加具有创造性和多面性。

既然双语学习的儿童在认知方面存在更大的优势，那么什么时候开始双语学习最有利？为了回答这个问题，研究者进行了各种探索。有研究证明，首次接触第二语言的时间，即第一次暴露在双语环境下的年龄会影响儿童的双语能力发展（Petitto, 2009）。有研究认为，3岁或者5岁以前接触双语学习，是保证双语发展的最佳时间（Petitto et al., 2003；佘双好，2005）。同时，也要考虑双语学习的环境因素。如给儿童提供良好的、积极互动机会；积极鼓励儿童进行游戏，在社会性游戏中锻炼第二语言。

第二节　书面言语的发展

一、书面言语的活动

幼儿在基本掌握母语口语之后，就可以进入下一个阶段的学习——书面言语。书面言语必须依托于一定的媒介而存在，在没有普及文字、没有提供文字材料的社会里，书面言语是难以存在并流传下来的。所以书面言语活动主要依赖于外部的环境，包括书籍材料、成人的教育和指导等。尽管口头言语是幼儿期的主要语言活动，但是在这一阶段也开始进行了文字学习，书面言语应运而生。

儿童书面言语的获得包括两个方面：阅读书面文字和书写文字。

书面言语是外部言语发展的高级阶段。儿童书面言语的发展首先从识字开始，识字是阅读的基础。根据现有研究，4岁左右的儿童进入识字的关键期。儿童会把一个个汉字当作图片来认知、记忆。这使得识字变成了一件有意思的事情。随后，儿童才会进入书面言语的高级阶段——写作。儿童很小的时候就开始涂鸦和画画，幼儿手部的精细动作能力是动作活动中发展得最晚的，所以学龄前期幼儿的书写活动一般较少。现如今，幼儿上学年龄普遍提前，大多3岁就开始上幼儿园，因此5岁左右的幼儿已经学会简单的语言书写。但是小学阶段才是书面语言能力发展的主要时期。现代学校的首要任务就是教会学龄儿童掌握复杂的语言系统，实现间接经验的交流，学会书面言语。研究发现，小学二、三年级的时候书面言语逐渐赶上口头言语，到四年级的时候开始表现出优势。

二、书面言语的发展变化

（一）识字量

进入小学之后，儿童正式开始识字。识字是小学儿童的首要任务，全日制义务教育语文课程标准就在"教学建议"中指出，小学一、二年级的教学重点是识字与写字，识字写字是阅读和写作的基础。国家语文课程标准对小学生提出了不同的识字量要求，具体见表7-3。从表中可以发现，识字幅度在第一学段（小学一、二年级）增幅最大，之后逐渐降低。而在要求会写的字数方面，第二学段（小学三、四年级）的增幅最大。根据课程标准可见，小学一、二年级的学段强调识字量，小学三、四年级的学段注重会写字数（孙照保，2008）。

表7-3　国家语文课程标准中的识字量要求

学　段	年　级	识字量要求			
		认识字数	增加幅度	会写字数	增加幅度
第一学段	一、二年级	1 600～1 800	1 600～1 800	800～1 000	800～1 000
第二学段	三、四年级	2 500	700～900	2 000	1 000～1 200
第三学段	五、六年级	3 000	500	2 500	500

中国学者黄仁发对我国小学生的识字量进行了研究，结果发现每个年级学生的识字量基本达到了国家语文标准课程中的识字量要求。此外，随着小学生年级的升高，他们的识字量明显增加（阴国恩，2015）。小学阶段是识字量迅猛增加的时期，也为初中和高中阶段书面言语发展奠定了坚实的基础。因此，小学阶段是识字量发展的关键时期。

到了中学阶段，学生的识字量会缓慢增加。通过对初中学生识字量与小学五年级学生的识字量进行对比分析发现，两者差异并不明显，初中阶段三年的认识的字词数量增长幅度比较小，识字量基本接近3 000。在初中阶段，影响识字量的增加主要有两个因素：一是方言的影响。尽管小学阶段也会受到方言的影响，但是方言对个体书面言语的影响是随着年龄的增长而增加，所以中学阶段受方言影响的程度更深。二是错别字太多。由于中国的许多汉字之间存在着各种相似的音形、字形，所以初中生产生错别字与汉字的字音、字形和结构有着密切的关系。在初中阶段，错别字会影响学生的识字量。

到了高中乃至成年期，识字量增加的速度放缓并趋于稳定，基本维持现状。

（二）阅读

阅读是将看见的语言转化为说出的语言的过程，阅读的两种基本形式是朗读和默读。

小学儿童的阅读大体经过三个发展阶段。阶段一，分析阶段。最初小学生由于识字不够熟练，再加上自身经验的限制，往往是一个字一个字、一个词一个词地读，中间需要不断地停顿，无法整句地连贯顺畅地读。阶段二，综合阶段。这个阶段的小学生开始注重读出整个句子，但是由于对组成句子的词或词组理解不够精确，致使阅读中对词的感知与发音不能和对词与句子的理解完全统一起来，所以在阅读过程中会出现错误。阶段三，分析综合阶段。此时小学生已经能够在阅读时将分析和综合两个方面匹配均衡，将看到的词迅速而准确地朗读出来，这就是流畅地朗读阶段。

在小学生的书面言语的发展过程中，识字是朗读的前提，理解是朗读的基础。小学生在学会朗读之后，默读能力开始发展。小学阶段的默读表现出以下特点：小学三年级的学生开始默读自己可以胜任的内容；之后小学生的默读能力不断发展，至五年级的时候达到顶峰。由于小学阶段的思维发展以具体形象思维为主，内部言语还不够发达，所以默读的总体水平并不高。

初中阶段，默读能力不断发展，存在着明显的发展差异。初一年级的学生在默读时，唇动现象已经基本消失了。随着年级的增长，默读速度越来越快。默读速度与获取知识密切相关，因此要注重培养初中生的默读能力。

高中阶段，最快的朗读速度可以达到一分钟388字。高中时，抽象思维、辩证思维和创造性思维都飞速发展，因此高中阶段内部言语十分发达，默读速度可以达到每分钟400～600字。高中生在默读时不仅可以复述默读的内容，概括出段落大意和中心思想，还可以理解反映多重观点的阅读材料。

（三）书写

书写是书面言语的高级形式，以识字为前提，手部精细动作的发展为基础。婴儿期手部精细动作发展并不完善，到幼儿阶段才能够实现简单的书写，完成笔画简单的字和数字。在进入小学之后,识字量飞速发展,书写能力也逐步提高。

尽管小学一年级学生能够进行简单的数字、字母和词组的书写,但是在具体的书写过程中可能会发生错误的笔画。一年级的学生也没有学会按语法的规则说话,所以还谈不上写作。随着年级的升高,在学校接受了严格的书面言语的训练之后,逐步学会按正确的语法规则来说话,开始由看图说话过渡到看图写话,再到命题作文。小学生写作能力的发展,大体上经过三个阶段。阶段一,口述阶段。口头叙述是书面叙述的基础,教师一般先让小学生口头造句、看图说话,训练他们口头叙述的能力。阶段二,过渡阶段。该阶段主要表现为两个方面:其一,由口头叙述向书面叙述过渡。将口述的内容转化为书面叙述。其二,由阅读向写作过渡。例如句子的缩写、改写和模仿作文。阶段三,独立写作阶段。在小学的高年级阶段,要求他们独立地思考,计划选材、选词造句和文章布局(阴国恩,2015)。从作文字数来说,年级越高的小学生,作文的字数要求也越高。通常,小学二年级开始要求写100~150字的一段话;三年级的作文要求是300~400字;到五年级时要求500字的作文。六年级的学生则达到600~700字,有些学生的作文字数甚至可以达到800,基本达到初、高中的作文字数要求。

初中阶段,识字量进一步增多,书写和写作能力也逐步提高。从写作的文体来看,初中生写作记叙文的能力已经基本形成。从写作技巧来说,初一学生以描写人物的外表形态为主,初二开始转向描写人物的内心活动,叙述的情节发展也更加合理、完整。在写作技巧方面,有1/3的学生可以有意识地使用倒叙、插叙等写作手法,同时写作中的修辞手法更加丰富。

高中阶段的书写能力在初中基础上继续发展,主要表现为书面字迹更加工整,形成了自己稳定的字体风格。掌握的写作文体更加多样,写作技巧和手法更加丰富,这主要得益于学校教师的系统训练。

第三节　内部言语的发展

一、内部言语的特点

内部言语是言语的另一种形式。它是一种无声的、压缩的、简略的言语,是在外部言语的基础上产生的。内部言语有着自己独特的机能,首先,内部言语和抽象逻辑思维有着更多的联系,执行着自觉的分析综合机能。其次,内部言语与有目的、有计划的行为联系愈加紧密,执行着自我调节的机能。

二、内部言语的发展变化

婴儿期还没有内部言语,幼儿开始产生内部言语。幼儿期,内部言语的发展会经历三个阶段。阶段一为大量出声的自言自语阶段。幼儿在活动的过程中会伴随大量的言语,但是这些言语并不是说给他人听的,在幼儿游戏的过程中,常常会伴随这种自言自语。

阶段二为少量出声的言语阶段。该阶段的幼儿在游戏中遇到困难时偶尔会出现少量的出声言语。阶段三为内部言语阶段，即在活动过程中，没有出声言语。幼儿晚期才开始达到阶段三。幼儿入学进入小学阶段以后，开始了以学习为主导活动的生活。这时，无论是上课回答问题还是课下完成作业，都需要经过仔细的思考。这使小学儿童的内部言语得到了快速的发展。

内部言语的发展主要分为出声思维阶段、过渡阶段和无声思维阶段三个阶段（言语的内化过程）。首先，初入学的学生不善于考虑问题，主要采用出声思考的方式来回答教师提出的问题。其次，当通过简单的问题来培养小学生的出声思维时，短时间的无声思维也获得了发展。例如，教师慢慢会开始提一些比较复杂的困难的问题，儿童需要经过较长时间的思考，这时内部言语具有了更加复杂的性质。最后，在学校教师教学的影响下，学生学习内容日益复杂，抽象思维能力随年级增长而不断提高。从一个年级到另一个年级的内部言语也日益复杂，并在学生的有意识活动中占据愈加重要的地位。需要指出的是，内部言语的发展是一个终身的过程。

第四节　言语获得和发展的性别差异

一、言语获得和发展的性别差异特点

（一）口头言语的性别差异

男女性别口头差异主要表现在言语表达上。一般来说，女性的口头言语更具有明显的流畅性和情感性。在青春发育期以前，由于女性处理言语信息的左脑半球的专门化远比男性早，女性在6岁左右左半球就已经比右半球更专门化了，而男性则要到青春发育期左半球才出现专门化。因此，女性不但说话平均要比男性早2~4个月，而且她们的口语活动也更多、更频繁。女性口头言语的流畅性主要表现为吐字清楚、口齿流利，给人以一种莺声呖呖之感（傅安球，1988）。独白言语活动中，女性一般也比较注重描述和叙述的连续性，同时也比较善于利用表情和动作来加强口头言语的表现力。男性胎儿在子宫内经过的变化比女性更复杂，因而他们产生先天缺陷的机会相对较多。研究发现，男性患口吃和失语症的可能性要比女性高5倍。

女性相较男性更喜欢使用带有浓重情感色彩的动词、形容词和副词，例如"天空多美啊，湛蓝湛蓝的！"同时，女性善于变换说话的语调和节奏。男性在口头语言上更喜欢直截了当地表达自己的思想，如"她十分漂亮"。虽然男性在口头语言的流畅性和情感性上略逊于女性，但是却表现出明显的逻辑性和哲理性的特点。

当然，性别上的言语差异并不是绝对的、一成不变，只是在总体上存在着一定的性别差异。

（二）书面言语的性别差异

书面言语的性别差异基本上与口头言语中独白言语的性别差异相似。女性在书面

语言上的流畅性体现在比较擅长叙述和描写；情感性方面体现在完全可以借助有浓重感情色彩的词汇和标点符号来表达，给书面语言增加感情气氛，给人以深沉有力或无限柔情的感情共鸣。所以读女性作家的作品，往往有一种细腻、委婉、清新、温馨和深沉的感觉。男性书面言语的逻辑性和哲理性特点往往比口头言语更为明显。虽然书面言语比口头言语困难，但是书面言语的展开性更大，所以男性完全可以依据自己更具抽象思维的特点，运用抽象的词汇，经过仔细推敲之后，详尽周密地表达自己的思想和意见。此外，将男女性别的口头言语和书面言语进行对比分析可发现，女性的口头言语优于书面言语；男性的书面言语优于口头言语。

（三）内部言语的性别差异

内部言语作为一种简明的、压缩的言语，更多地依赖言语的逻辑性。性别的内部言语差异主要表现在三个方面。第一，持续时间。通常，女性对于复杂而抽象问题的思考，如数学和物理，容易出现不自觉的自言自语，表现出唇动的特点，而且也容易求助别人。男性在面对这些抽象问题时，可能会表现出不达目的不罢休的态度。所以女性更容易终止内部言语活动。第二，速度。男性在进行内部言语活动的时候，速度似乎快于女性。例如，课堂上，男生对于数理化问题的解答通常快于女性。第三，自觉性。内部言语主要执行着自觉的分析综合和自我调节的机能。男性面对疑难问题，一般乐于独立思考；女性面对困难也会积极独立地思考，但是主动性略差一些。

二、言语性别差异的原因

早在1922年，丹麦语言学家叶斯泊森（Otto Jespersen）就开始关注语言与性别的关系，并在其专著《语言论》中专门讨论了语言使用过程中性别差异现象（施兵，2003）。国内外对于言语性别差异已经有不少研究，不仅包括语言加工，还包括语言使用以及语言加工性别差异的神经机制。已有研究发现男女在语音、拼写、语法、阅读、说话风格等上存在各种差异。从语音语调来说，女性音调比男性高；从词汇层面来说，女性在交流过程中更频繁地使用形容词；从句法上看，男性多使用祈使句，女性则喜欢使用不确定的较缓和语气的句子。对原因进行追根溯源大致可以分为两类——生物学基础和社会文化。

（一）大脑功能性

以往对语言的性别差异研究大都采用传统的研究方法，如今事件相关电位和功能性磁共振等神经成像技术为语言加工性别差异的研究提供了新的研究手段，同时从脑功能和脑结构等微观层面，对不同性别在语言加工中是否存在差异、存在什么样的差异和为什么存在差异提供了进一步的解释和发展（黎樱 等，2011）。早在1977年，McGlone就发现左半球损伤和患脑卒中的男性比女性更容易患失语症，由此，研究者们指出，男性的语言加工主要为左半球的单侧脑区激活，女性则表现为双侧激活，即左右两个半球共同参与语言加工。这种男女脑功能性的差异对言语加工各个层面的影响成为后续研究中讨论的重要内容。

（二）脑结构差异

性别中的语言加工差异不仅表现为男女大脑功能性差异，还表现为大脑的结构差异。研究表明，男性的大脑总容量比女性大 10% 左右（Zaidi, 2010），白质也更多；而女性的灰质更多（Leonard et al., 2008）。人类大脑中的胼胝体可以使信息在左右半球中传导。研究发现女性的胼胝体相较男性更厚。女性的左右半球间信息传导更快。因此，与男性相比，女性的口头言语更为流畅，特别是在表达情绪时更充分。

（三）激素——荷尔蒙

除了脑的功能和结构外，有研究发现荷尔蒙也会影响语言的性别差异。2002 年，有研究者选取已绝经的女性和与她们年龄相仿的男性为被试，让他们接受 3 个月的激素替代疗法或安慰剂。结果发现荷尔蒙会促进词汇表征的提取和加工（Estabrooke et al., 2002）。

（四）社会文化

一直以来，以性别为基础的社会劳动分工决定着男性扮演着强壮、主导的角色，长此以往他们便处于一种强势的社会地位；而女性长期主内的社会分工决定了她们处于附属地位。所以这种模式慢慢积淀并固定下来之后，导致语言在性别中也表现出强势和弱势的特点（齐茜 等，2011）。社会分工角色的差异对不同性别的期待也不同。通常社会要求女性在言语活动中表现出礼貌、柔和与委婉的特点；男性则应该更直接、肯定和强势。

第五节 言语活动的促进

★ 一、制约言语水平的因素

虽然语言词汇繁多、规则复杂，但是每一个正常的儿童都可以在普通的生长条件下，在出生后的两三年间，由一个完全不会语言的新生儿迅速成长为一个"能说会道"的人。3 岁以后，儿童已经能和成人自由畅通地交流了。但是大多数家庭并没有对儿童进行刻意的训练，他们似乎有着天生的语言能力，不知不觉中就学会了言语活动。那么，儿童真的完全是靠天赋而习得的语言吗？当然不是，著名的"狼孩"和"猪孩"的事例可以对此提供证明。

在 1920 年的印度，人们发现了两个生活在丛林里的女孩，一个约 8 岁，另一个不到 2 岁。但是她们的行为方式与人类相差甚远，她们靠四肢爬行、吃生肉，重要的是，她们完全不会说话，也无法理解人类的语言。原来是她们从小失去了父母，而被一只母狼抚养着，因此被称为"狼孩"。即使她们最后被带回人类世界，仍然无法学会言语活动。中国河南也出现过类似的情况，一名 7 岁的男童因为家境贫寒，母亲患有精神障碍，父亲无暇顾及他，让他和家里的猪在一起生活，导致他 7 岁了还不会说话。这些悲剧给了人们很大的警醒：人类的婴儿，即使他们的身体器官是正常的，但是一旦离开了人类的生长环境，就不能掌握语言。总的来说，儿童言语的发展受两方面的限制——生理基础和环境刺激。

（一）生理基础

大脑的发育决定着个体的言语发展。人类的语言活动是受大脑控制的，大脑的发育水平决定着语言的水平。人类的语言控制中枢在大脑的左半球，成年期时，如果大脑的左半球受损，则很有可能会造成永久性的失语。但是若婴儿期大脑受损，仍有可能学会基本的言语。因为，婴儿期的大脑发育还未定型，可塑性大，一侧大脑受损后，另一侧可以起到一定的补偿替代作用。

视听觉和发音器官是个体言语活动的重要前提。言语活动指借助语言与他人交流来传达自己的思想，所以学会语言的必要前提是得听得见声音、看得清文字，能够发出声音与他人交流。不管儿童是先天性耳聋还是后天的，都会使他们的有声言语受损。即使对他们进行特殊训练，使其可以与他人进行交流，但是他们言语活动的发展水平仍然不如正常生理条件下的儿童。

（二）环境刺激

言语活动需要在刺激环境中进行，否则儿童掌握的语言符号系统将会没有用武之地。"狼孩"和"猪孩"的事例很好地例证了环境刺激的重要性。如果在适当的时候没有给予儿童语言刺激，没有提供交流的机会，错过了言语发展的关键期，即使在后期对儿童强加训练，仍然为时已晚。例如印度的"狼孩"中的姐姐，在 8 岁的时候被带回正常的人类世界，但是已经错过了习得言语的最佳时期，遭受的损失再也无法弥补，她的言语活动的发展水平依然受到了限制，结果还是学不会说话。

有研究者请 6 个月的小朋友到实验室里来，请他听两个听起来非常相近的印度语的发音（一个是 Da，一个是 Ba）。这样的两个发音，在不懂印度语的成年人听起来，完全不能区分。研究者利用视觉游戏吸引小朋友的注意，同时播放那两个声音。在小朋友身体左侧有一个玻璃箱。玻璃箱里有只小兔子。小兔子挎着一面鼓。一旦出现"Da"这个声音的时候，玻璃箱就亮了，玻璃箱中的小兔子就敲鼓。一旦出现"Ba"的声音，小兔子就不再敲鼓。经过一段时间的练习，请小朋友听这两个声音，就发现，只要小朋友听到"Da"的声音，就会扭头寻找小兔子；而听到"Ba"的声音，小朋友则没有特别反应。

这样的研究结果说明，小朋友在 6 个月之内，对外语发音的辨别处在非常敏感的时期。研究者用 10 个月大的小朋友做同样的实验，发现 10 个月的小朋友在测试阶段，无论听到哪个读音，都已经不再搜寻小兔子。这说明，到 10 个月，小朋友已经没有办法分辨两个读音的差别。10 个月大的小朋友，已经不是世界语专家了。研究者推测，经常听母语，让小朋友过滤掉了那些没有意义的声音，包括外语。

★ 二、言语能力的促进

（一）语言学习的环境

在婴儿时期，婴儿指向的言语会促进婴儿的言语活动。跨文化研究中发现了一个普遍的趋势：我们在同婴幼儿讲话时，句子一般会短小、简单，音调往往会变得更高，频率的范围会增加，语调也会富有变化性，并且采用的语言都是婴儿能理解的简单重复的词语，这种语言模式通常被心理学家称为婴儿指向的言语（佘双好，2005）。现实生活中，父母和成人通常会采用这种语言模式同婴儿交流，婴儿指向的言语会随着儿童年龄的增长而不断变化。当儿童的语言法则掌握得越系统，语言变得越复杂，父母和成人越会增加婴儿指向言语的长度和复杂性。这种适时而变的语言交流活动可以促进儿童言语活动的发展。所以，在儿童初期，采用慢、短且重复的语言可以加快儿童掌握言语的步伐。

刘惠美博士对 10 个月的美国婴儿进行 12 次学习汉语的培训之后，研究者为小朋友播放两个汉字的声音。这两个汉字的声音非常接近，对于那些不懂汉语的人来讲，是无法区分的（坦率讲，实验中的两个汉字，我也没听出是什么）。用诱发电位来记录小朋友听到两个声音时脑电的活动情况。研究结果发现，小朋友尽管不懂汉语，但 12 次课的学习，还是让他对汉语变得敏感，尽管他自己可能都没有意识到。当听到两个汉语的声音时，小朋友的脑电波表现出了明显的差异。

（二）充足的交流机会

儿童的言语活动需要在与成人的交互作用中进行。即使父母给儿童提供语言刺激的环境，但是却没有互动，没有成人的反馈，言语活动也难以得到发展。例如一对聋哑夫妇担心自己健康的孩子不会说话，就整天开着电视机让孩子听到正常人的语言，期望孩子可以学会说话。但是出人意料的是，孩子到了 3 岁时仍然不会讲话，只会使用手势同父母交流。可见，充足的交流机会多么重要。儿童在与成人的交往中，不仅可以模仿成人的言语，还能从中得到反馈和启发，不断地修正自己的语言。当然，充足的交流机会不仅可以促进儿童言语活动的发展，还可以促进儿童社会技能的发展（图 7-3）。

图 7-3　充分的交流互动（糖豆儿，10 个月）

美国学者哈特（B. Hart）等 20 世纪 80 年代在美国堪萨斯州进行追踪研究，专门探讨社会经济地位（socioeconomic status，SES）与儿童语言习得的关系。他们追踪了 12 个月的婴儿，一直到他们 36 个月。追踪的过程中，他们记录了婴儿的父母跟孩子交流过程中所说的词汇量。然后，他们按照家长的社会经济地位，把家庭分为经济地位高、中、低三大类。分类统计了家长与孩子交流过程中词汇量的差异。结果发现，家庭经济地位高的专业阶层，家长与孩子交流过程中，使用的词汇量大约在 3 500 万；福利阶层的家庭所用的词汇量不到 1 000 万。按照图 7-4 中累计的趋势，婴儿到 4 岁的时候，两类家庭父母使用的词汇量将达到 3 000 多万个的差异（Hart et al.，2003）。

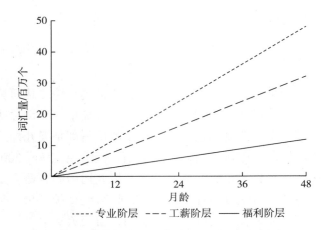

图 7-4 根据线性发展测算的"三千万词汇鸿沟"

婴儿自己的语言能力有没有差异呢?研究者对追踪的婴儿也进行了考察,发现三类家庭中婴儿所具有的词汇量也存在着明显的区别。高社会经济地位的家庭,婴儿所具有的平均词汇量在1 100个左右;低社会经济地位家庭的婴儿所具有的词汇量大约是500个。

从图7-5中可以看出,1~3岁之间,不同家庭背景儿童的词汇量差距越来越大(Hart et al.,2003)。随着年龄的增长,这种差异的累积效应也越发大。

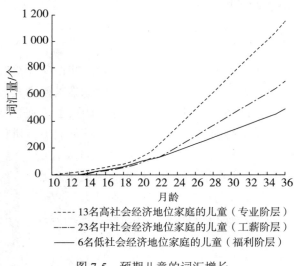

图 7-5 预期儿童的词汇增长

上述研究告诉我们:社会经济地位高的家长跟孩子沟通的时候用的词汇量大,社会经济地位低的家长跟孩子沟通的时候用的词汇量少。亲子沟通中用的词汇量多的家庭,儿童掌握的词汇量也大;亲子沟通中用的词汇量少的家庭,儿童掌握的词汇量也少。

但请你千万不要以为,科学家研究证明:社会经济地位的高低,决定了儿童词汇量的多少。不是,上述研究并不能得出这样的结论。也许是社会经济地位高的家庭,家长受教育程度高,家长的教养方式相对积极,家长与儿童之间的互动更频繁,导致了儿童语言能力更强。所以,即使是社会经济地位不那么高的家庭,也可以通过与儿童较多的言语沟通,来促进儿童语言的发展。

（三）语言学习策略

语言学习策略是指学习者为了掌握语言而采取的学习行为或行动计划（佘双好，2005）。对于语言学习策略，专家们以不同的标准进行了分类。根据信息处理的理论，可以将学习策略分为认知策略、元认知策略和社会或情感策略。认知策略主要有重复、做笔记、归类、总结和迁移等；元认知策略主要用于管理和监控自己认知策略的使用情况，包括先行组织者、集中注意、选择性注意、自我管理和自我评价等；社会或情感策略主要为学习者提供更多的接触语言和交流的机会，如合作学习和澄清疑问等。年龄与学习策略掌握密切相关，年龄越大的儿童会采用越复杂的学习策略，学习策略的使用会促进儿童言语活动的发展。因此，当儿童的年龄越大时，采用的学习策略越多且越复杂，言语活动的水平也越高。

章后小结

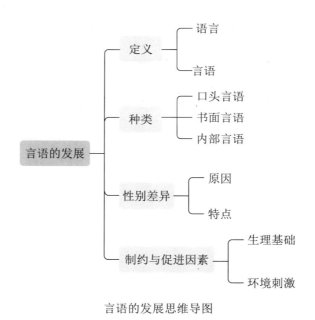

言语的发展思维导图

即测即练

第四编
认知的发展与智慧的形成

第八章 感知觉的发展

渔家傲 感知觉
（毕然然，刘希平）

父母莫道胎儿小，感知系统发生早。
味触视听初见晓，多奇妙，孕期情绪安为好。
婴幼时期同重要，观察记忆需关照。
图式形成于大脑，不得了，顺应同化全需要。

子女莫嫌双亲老，浮生岂可长年少。
各项机能衰退了，须知晓，视听味触逃不掉。
运动社交皆法宝，童颜鹤发都需要。
衰减根源于大脑，不服老，积极训练勤思考。

章前导读

★ 一、什么是感知觉

感知觉是感觉（sensation）和知觉（perception）的统称，属于认识过程的感性阶段，是对事物外在特征的了解方式。

感觉是人脑对直接作用于感觉器官的客观事物的个别属性的反映。人们闻到香味，是嗅觉；听到声音，是听觉；看到颜色，是视觉……

知觉是人脑对直接作用于感觉器官的客观事物的整体反映。它是多种感觉器官共同作用的结果。例如，闻到茉莉花的芳香，是嗅知觉；听到鸟叫虫鸣，是听知觉；看到高高飘扬的五星红旗，是视知觉。在熟悉的环境中纯粹的感觉很少有，因此感觉和知觉常常被合称为感知觉。

二、感知觉的特点

虽然感觉和知觉都是对事物的直接反映，但两者之间也存在本质的差异。感觉是单个分析器活动的结果，机体内部或外部的刺激直接作用于感觉器官，产生神经冲动，通过传入神经到中枢神经系统后引起的对世界的认识。知觉则是多种感觉通道联合活动的结果，是个体选择、组织并解释感觉信息的过程。知觉在很大程度上依赖于个体过去的经验和主观态度，带有强烈的主观色彩。例如，知觉具有选择性、整体性、理解性和恒常性。在众多刺激中选择某些事物作为知觉对象，把个别属性和个别部分综合成整体，同时个体会以过去的知识经验为依据来对知觉的对象进行某种解释，知觉的映象也会保持它的稳定性。

三、感知觉的分类

（一）感觉的分类

按照感受器在身体中的位置，可以将感觉分为外部感觉和内部感觉。

外部感觉的感受器位于身体表面。它包括视觉、听觉、嗅觉、味觉和肤觉五种。

内部感觉的感受器分布在身体内部。它包括运动觉、平衡觉和机体觉。运动觉是对身体各个部分位置变化的反映，它的感受器是肌肉、肌腱、关节等。平衡觉是对身体与地心引力夹角之间的关系的反映，它的感受器是内耳的前庭器官。机体觉是对体内各种刺激的反映，它的感受器主要是各种内脏。

（二）知觉的分类

按照知觉反映的客观对象不同，可以将知觉分为空间知觉（space perception）、时间知觉（time perception）、运动知觉（motion perception）。其中运动知觉是时间知觉和空间知觉的融合。在后面的章节中，会重点介绍空间知觉和时间知觉的发展。

空间知觉是指对物体距离、形状、大小、方位等空间特性的知觉。它包括大小知觉、形状知觉、距离知觉（深度知觉）、方位知觉等。

时间知觉是对客观现象延续性和顺序性的反映。时间知觉的产生是利用周期性变化的事物做标尺，来衡量人的机体感觉。因此时间知觉的准确性一方面与所从事的活动有关，一方面与机体感觉有关。

运动知觉是物体的运动特性在人脑中的直接反映。运动知觉包括真动和似动。真动是指物体在动，主体也感觉到物体在动；似动是指物体没动，但主体感觉到运动的现象。

四、感知觉的意义

感知觉是一种简单的经验活动，但在人们正常的生活和工作中是不可或缺的。首先，个体通过感觉获得机体内外部的信息，感受事物间的差异，如物体的气味、形状、声音等，还有机体疼痛、饥饿等。其次，个体依据从机体内部和外界环境获得的信息，了解自身的状态，调整机体的行为，达到与外界环境的平衡。感知觉是最基本的认识活动。人类的记忆、思维等高级、复杂的心理现象都是在感知觉的基础上产生的。

心理学家做了大量研究，揭示出感觉剥夺对高级心理活动具有消极影响。即使没有完全的感觉剥夺，只是感觉信息单一，都有可能带来一系列行为问题。比如，对电子游戏的过度迷恋、对传销套路的深信不疑、对培训课程的过度投入……都与感觉信息单一有关。

第一节 感觉的发展

感知觉是个体最先发展且发展速度最快的一个领域，它是个体认识世界和自我的手段，从而形成最初的关于客观世界的概念和自我概念。感知觉在婴儿认知活动中一直占主导地位。如果在婴儿期对此进行恰当的训练，不仅可以促进感知觉能力的发展，而且有助于大脑发育和智力发展。

一、视觉的发展

视觉（vision）是人类感觉中重要的一种感觉，在感觉系统中占主导位置。外界环境中的大部分信息都是通过视觉传入大脑的。

（一）视觉的分析器

1. 眼睛的结构

视觉的感觉器官是眼睛，其机能与相机相似。眼球是一个充满液体的球状物，它的外壳包括三层，最外面是一层非常坚韧的膜，称为巩膜，也就是"眼白"；在巩膜的前方是一层透明的角膜，角膜具有屈光作用；在角膜之后是虹膜，虹膜的中心便是瞳孔，虹膜可以通过光线的多少来控制瞳孔的大小。在眼球的前部是晶状体，它受到睫状肌的调节，晶状体变化的过程就是视觉调节的过程，相对于角膜，晶状体可以对光线进行更精细的调节。角膜和晶状体之间空隙处的稀薄的水样液就是房水；在晶状体后的是玻璃体。晶状体、房水、玻璃体都是屈光介质，当光线从虹膜中央的瞳孔进入，通过角膜、晶状体、房水、玻璃体，最后到达眼球后部的视网膜形成物像（图8-1）。

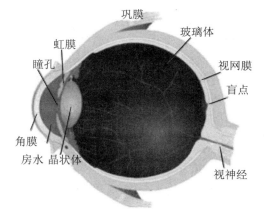

图 8-1 眼睛的结构

视网膜是一层透明的膜，是眼睛最重要的部分，其中的感光细胞是光波的感受器，包括锥体细胞（rods cell）和棒体细胞（cones cell）。棒体细胞和锥体细胞的数量比例是 20∶1，但锥体细胞却提供了 90% 的视觉信息。两者分布的区域也有所不同，在视觉中央窝区域只有锥体细胞。中央窝是视网膜对光最敏感的区域，锥体细胞主要感受物体的细节和颜色，在光线明亮的条件下起重要作用；棒体细胞分布在视网膜的非中央部分，主要在昏暗的环境中发挥作用，是夜视细胞。

2. 视觉传入神经

首先，当光线从虹膜中央的瞳孔进入，经过屈光系统后聚集在视网膜上，穿过视神经节细胞和视网膜双极细胞，随后引起感光细胞的兴奋。反过来，感光细胞产生的神经冲动会沿着视神经传递到大脑，神经冲动传递的过程为：第一级视网膜双极细胞；第二级视神经节细胞，由视神经节发出的神经纤维在视交叉处实现交叉，鼻侧束交叉至对侧，和对侧的颞侧束合并，传至丘脑的外侧膝状体；第三级神经元的纤维从外侧膝状体发出终止于大脑枕叶的纹状区（彭聃龄，2001）（图 8-2）。

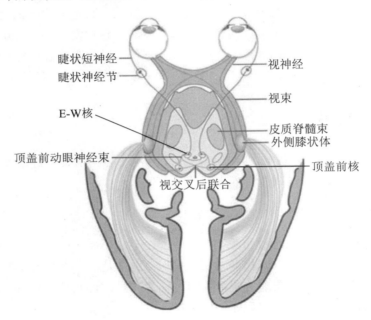

图 8-2　视觉传导通路

3. 视觉中枢

对视觉刺激进行初步分析的脑区是大脑枕叶的纹状区，如果该区域受到损坏，个体将会失去对视觉刺激进行分析的能力。在纹状区邻近的一些脑区，会对视觉信号进行更深一层的加工，为个体提供更为精确的视觉信息，如物体形状、方位大小等（图 8-3）。若这些部位受到损伤，个体会产生各种情况的失认症，如失去对空间关系、颜色、词等的认识能力（彭聃龄，2001）。

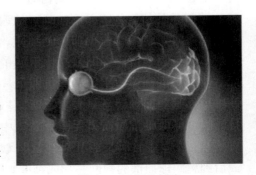

图 8-3　视觉分析器

（二）视觉的发生

视觉发生于胎儿中晚期，四五个月的胎儿已具有视觉反应能力，胎儿在 4 个月时就表现出对光线的敏感性。当用手电筒照射孕妇的腹部时，胎儿的心率就会立即加快，且随着手电筒的开启和关闭而变化（彭聃龄，2001）。

（三）视觉的发展变化

1. 婴儿视觉的发展

视敏度（visual acuity）是指精确辨别最小物体或物体细节的能力，也就是发现物体在体积、形状上最小差异的能力，即视力。视力主要是通过晶状体来调节。应小燕等（2001）发现，个体视觉可能发生在 4～5 个月的胎儿期。刚出生的婴儿并不能看清远处物体的细节，婴儿的视敏度大概是 20/600，也就是说，婴儿看 20 英尺（1 英尺=0.304 8 米）远的物体和成人看 600 英尺远的物体的模糊程度是一样的。出生后的 6 个月是婴儿视力发展的关键期。6 个月的婴儿的视敏度大约提高到 20/100 时，看 20 英尺远的物体和成人看 100 英尺远的物体的状态是一样的。在 1 岁左右，婴儿的视力水平接近成人的水平（桑特洛克 等，2009；勒弗朗索瓦 等，2004）。颜色视觉（color vision）是指个体能够辨别颜色细微差别的能力。新生婴儿可以分辨纯粹白色与纯粹绿色、红色和黄色；婴儿在 2 个月时会产生锥体细胞，2～4 个月时发展出颜色知觉，逐渐能够更好地分辨颜色（Morrone et al., 1996；Bornstein et al., 1982）。3 个月婴儿能感知蓝、绿、黄、红等不同色调的光（Bornstein et al., 1976；Aslin, 1987），4 个月时，婴儿会表现出对某种颜色的偏好，同时颜色视觉的基本功能也达到与成人相似的水平。2 岁左右的幼儿能够认识一些颜色；3 岁左右的幼儿能说出颜色的名称。

立体觉（stereoscopic perception）是个体将物体在双眼中的视像合并成一个有立体感的完整形象的过程（庞丽娟 等，1993），即视网膜上的二维平面视像被知觉为三维立体的形象。研究表明，6 个月的婴儿就已经具有立体觉（图 8-4）。

2. 幼儿视觉的发展

幼儿视觉的发展主要表现为视敏度和颜色视觉的发展。

随着年龄的增长，幼儿辨别物体细节的能力越来越好，即视敏度由低向高发展。有研究者对幼儿视敏度进行研究，测量幼儿能观察某一圆形图上缺口的平均距离，发现 4～5 岁幼儿的平均距离是 210 厘米，5～6 岁幼儿的平均距离是 270 厘米，6～7 岁幼儿的平均距离是 300 厘米（王保林 等，2007）。可见，幼儿的视敏度在不断发展，但发展的速度存在差异。学期前的很多儿童能看清远处的物体，但不能看清近处的物体；从小学开始，大多数的儿童可以看清近处的物体并保持注意力（Santrock，2009）。部分研究认为，视敏度发展的关键期是 7 岁，但也有研究者发现在 10 岁之前，视敏度均会有明显的发展。

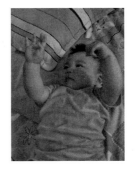

图 8-4 凝视（糖豆儿，7 个月）

在幼儿初期时，幼儿能初步辨认红、橙、黄、绿等基本颜色，但不能区分相似的颜色，也不能正确说出颜色的名称。到幼儿中期时，大部分幼儿可以区分相近的颜色，也能说出基本色的颜色名称。直到幼儿晚期，幼儿才能认识各种颜色，且能正确说出颜色的名称，更能在绘画时调配出自己需要的颜色（王保林 等，2007）。通常，六七岁的儿童对颜色细微差异的辨别正确率达到了98%左右。

3. 青少年视觉的发展

在中学时期，个体的视觉感受能力不断提高，主要是颜色视觉能力的提高，能够更精确地辨别各种颜色。初中生辨别颜色的能力相比于一年级小学生提高了60%。此时，个体的视敏度也达到了一生中的最高水平，达到或者超过成人的水平（沈德立，1999）。

目前，在青少年时期，个体的视觉问题中最常见的就是近视眼。所谓近视（myopia），一般情况下，来自远处的光线经过眼睛的屈光系统能在视网膜上形成清晰的焦点，这种状态称为正视眼。当眼睛的屈光系统或者眼轴的长度由于某种原因发生了变化，使得远处的光线在达到视网膜之前就形成了焦点，这种状态就称为近视眼（林广杰 等，2009）。

造成近视眼的原因主要包含：用眼距离过近，正常的阅读距离应该是30～35厘米；用眼时间过长，在连续用眼40～50分钟后就需要休息一会儿；照明光线太强或太弱；读书姿势不端正，如走路看书、躺着看书等；睡眠不足也会造成近视；其他的原因也会导致近视（林广杰 等，2009）。

4. 成年和老年视觉的发展

从童年期一直到成年期，个体的视觉能力基本没有变化，从老年期开始个体的视觉才发生变化。随着年龄的增大，人的视觉、色觉以及深度知觉都会出现衰退，并且伴随各种眼部疾病（Santrock，2009）。

从20岁开始，晶状体发生硬化，眼睛的视觉调节能力不断下降；40岁以后，视力有了明显的衰退，明适应和暗适应的时间都明显增长；在20～25岁期间，随着年龄的增长，晶状体的硬度约增加4倍；在40～59岁期间，人的视觉适应能力出现急剧衰退，简而言之，老年人开始看不清近处物体的细节，即通常所说的老花眼。到了成年晚期，视力的衰退更为明显（Fozard，2000），甚至没有办法长时间注视物体；在50～60岁期间，眼部血液的供血量会减少，供血量的减少会使视野变得狭窄，有可能忽略视野中心的事件，并对低照明度变得不敏感。年龄是引起视觉障碍的重要原因（Brabyn et al.，2001），在75岁以后，视知觉能力出现急剧衰退，特别是在85岁以后（Santrock，2009）；在80岁的时候，晶状体的硬度大约增加了14倍。

由于老年人对光的感受能力降低，其对于颜色的辨别能力也有所损伤，老年人的颜色视觉能力要比青年人低25%～40%，并且针对不同的颜色，老年人颜色视觉能力降低的程度也不一样，对蓝色和绿色的辨别能力下降更明显，对红色和黄色的辨别能力稍微好一点，因此，老年人的感觉世界更偏向于黄色（张志杰 等，2015）。

关于视力问题，青少年常见的是近视，而老年人常见的是远视（hyperopia），当眼睛的屈光系统或者眼轴的长度由于某种原因发生了变化，使得远处的光线在视网膜之后才形成焦点，这种状态就称为远视眼。

老年人常见的眼部疾病有白内障（cataract）、青光眼（glaucoma）和黄斑变性（macular degeneration）。

白内障：由于晶状体变厚而产生的视觉模糊和扭曲。在70岁的时候大约有30%的老人会因为白内障而丧失部分视觉。

青光眼：是由眼内液体积累产生的压力而损坏视神经引起的。

黄斑变性：是由视网膜退化造成的，这种疾病治愈比较困难，是引起老年人失明的重要原因（佘双好，2005）。

（四）视觉的保护

在儿童、青少年中最容易出现的视觉问题就是近视，那么应该从哪些方面来预防近视眼呢？具体可以从以下几方面预防：①改善教学环境。如课桌椅要符合人体工程学的要求；教室的采光系数要足够大。②增强人工照明。灯光的设备布置要合适，光照均匀。③培养良好的姿势与习惯，不躺着或在车上看书，长期用眼后注意休息。④要定期检查视力，寻找视力下降的原因，进行相应的矫正和治疗（林广杰 等，2009）。

中年人视力有所衰退。有些中年人会出现远视、散光等视觉问题。需要注意电子产品的使用，注意用眼卫生。

（五）视觉的训练

视觉对应的事物的外在特征是物体的色调、亮度和饱和度。色调就是赤橙黄绿青蓝紫不同的颜色；亮度就是白灰黑；饱和度就是事物的鲜艳程度。按照事物的色调、亮度和鲜艳程度等线索，人们可以对事物的整体加以判断，如了解事物的高矮胖瘦、事物的形状、距离远近以及事物相对于主体的位置。这就要求我们给婴儿提供的视觉信息，可以是赤橙黄绿青蓝紫不同的色彩，搭配不同的亮度和饱和度，给他们看的是大小不一、形状不同、远近不等、处在不同位置上的信息。

此外，根据幼儿视觉发展的规律，在幼儿学习时，幼儿越小，提供给他们的字、画等教学工具应该越大；同时，不要让幼儿距离图片或实物太远，以免影响幼儿视力的发展和教育效果。幼儿颜色视觉的发展主要是通过生活经验和教学获得的，因此，在生活和学习中，尽量为幼儿提供丰富多彩的环境，并指导幼儿认识、辨别不同的颜色，促进幼儿颜色视觉的发展。

二、听觉的发展

对于人类而言，听觉（hearing）是除视觉之外另一种重要的感觉。人们通过听觉与他人交流、欣赏音乐等。

（一）听觉的分析器

1. 耳朵的结构

人的耳朵由外耳、中耳和内耳三部分组成（图8-5）。

外耳的功能是收集声音刺激,包括耳翼和外耳道。耳翼可以帮助对声音的来源进行定位;相比于动物,人的耳翼的运动能力有所退化,很多动物能通过转动耳翼来收集更多的声音信息。

中耳是与鼓膜相连接的、充满空气的小空腔(托马斯 等,1983),它由鼓膜、三块听小骨、卵圆窗和正圆窗组成(彭聃龄,2001)。声音信息经外耳道传至鼓膜,引起鼓膜的机械振动,带动三块听小骨,将声音传到卵圆窗,最后引起内耳淋巴液的振动,这种声音的传导途径称为生理性传导。内耳的听觉感受器把细胞的声能转换为神经能(托马斯 等,1983)。

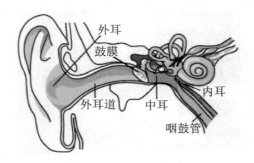

图 8-5 耳朵结构示意图

内耳是含有耳蜗的复杂结构。耳蜗包括前庭阶、中阶和鼓阶。基底膜将中阶和鼓阶分开。基底膜上的柯蒂式器官所含有的毛细胞就是听觉的感受器。镫骨运动产生的压力推动耳蜗液,带动基底膜的运动,使得毛细胞兴奋,结果产生电位,实现能量转换(彭聃龄,2001)。

2. 听觉的传入通路和中枢

毛细胞的轴突离开耳蜗形成了听神经,即第八对脑神经,其终止于耳蜗核的背侧和腹侧。耳蜗背侧发出的纤维经外侧丘系后上升到皮质,最终止于下丘的离散区。从耳蜗腹侧发出的纤维,与两侧的上橄榄体复合体以突触联系,在这里发生两耳的相互作用(托马斯 等,1983)(图 8-6)。听觉系统为皮层提供了同侧和对侧的输入,但以对侧为主(彭聃龄,2001)(图 8-7)。

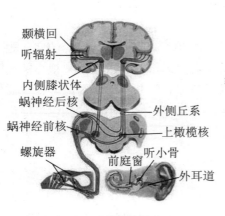

图 8-6 听觉传导通路

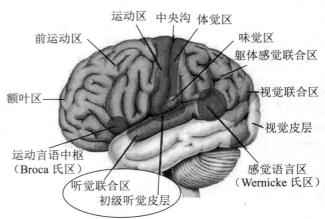

图 8-7 听觉中枢

(二)听觉的发生

妊娠 3 个月,胎儿的神经系统初步形成,听觉神经开始发育。听觉发生于胎儿中晚期,五六个月的胎儿已经开始建立听觉系统。6 个月时,胎儿的听觉感受器就基本发育完善。7个月时，胎儿对外界的声音刺激会产生喜欢或讨厌的反应。出生前的2个月，胎儿就能听见妈妈说话的声音、外界的音乐声等（kisilevsky et al., 2004），同时，分辨声音强弱的神经发育基本完成，可以分辨高音和低音。1 000 Hz以下的声音可以通过母体的腹壁到达羊水囊，这可能也是新生儿可以辨认母亲声音的原因。很多胎儿对响度较大的声音会以胎动的方式作出反应。有些研究甚至发现，刚出生几个小时的新生儿，听到母语时，吸奶频率增加；听到外语时，吸奶频率降低；听到母语中的实词时，吸奶频率增加；听到母语中的虚词时，吸奶频率降低。这说明，儿童在母体内，已经对母语和外语进行了区分，了解了实词和虚词的不同。

（三）听觉的发展变化

1. 婴儿听觉的发展

新出生的健康婴儿就已具备了听觉机能。研究表明，新生儿对所有类型的声音都具有反应性（Schoonhoven et al., 1999）。婴儿的听觉阈限要比成年人高10～20分贝，因此，与成人相比，新生儿需要响度更大的声音刺激，即相同的距离，婴儿需要更响的声音才能听得与成人一样清楚。同时，婴儿更加偏爱高频率的声音，对某些高频和低频的声音也更加敏感。婴儿不仅能够听见声音，而且1个月的婴儿能够区分200 Hz与500 Hz纯音之间的差异，在2～3个月时就能区分音高，3～3.5个月时能区分音色，6～7个月时能区分简单的曲调（沈德立，1999），如觉察音符的变化（Tretub et al., 1985）、偏爱母亲的声音（勒弗朗索瓦 等，2004）。婴儿在6个月后倾听音乐时会伴有强烈的身体运动；1.5～2岁时会跟随音乐节拍"跳舞"。

婴儿在刚出生时就已经具备了初步的协调听觉与身体运动的能力。3～6个月的婴儿对于声、像刺激吻合物体的注视时间更久一点（庞丽娟 等，1993），这表明视听协调能力能够使他们判别视听信息是否一致。

刚刚出生的婴儿也能大体上判断声音的位置，6个月的婴儿利用声音定位的能力有了进一步提高。

2. 幼儿听觉的发展

幼儿听觉的发展主要表现为听觉感受性和言语听觉能力的发展。

幼儿的听觉感受性存在很大的个体差异，但整体上还是随年龄增长呈现不断发展的趋势。8岁儿童的听觉感受性几乎是6岁儿童听觉感受性的两倍。在十二三岁之前，儿童的听力能力一直在增长。

言语听觉能力是指辨别语音的能力。幼儿通过言语交际来发展和完善这种能力。在幼儿中期，幼儿可以分辨语音中细微的差别；在幼儿晚期，幼儿几乎可以分辨母语中的各种语音。

3. 青少年听觉的发展

初中生的听觉感受性也在不断提高，主要表现在区别音高的能力的显著提升。大多数青少年的听力都很好。

4. 成年和老年听觉的发展

从成年早期到中期，个体的能力基本没有太大的变化（Feeny et al., 2004）。

20～35岁，个体分辨高频音调的能力开始衰退。大约从40岁开始，听力开始衰退。首先表现为对高音敏感性的降低；男性对高音的敏感性衰退要比女性早，这可能是由于工作环境的原因（Olsho et al.，1985）。这种变化在55岁以后表现得更为明显；50～59岁被认为是中国人听力衰退的转折期。老年人听觉能力的衰退不光体现在对音调的感受性上，同时也表现在音响方面。要知觉到同样的音响，老年人比青年人需要更高的声音强度（张志杰 等，2015）。

一般到成年晚期，听力衰退对生活的影响会完全体现出来。45～54岁的人群中有19%的人患有听力障碍，而在75～79岁的人群中，高达75%的人患有听力障碍（托马斯 等，1983）。75岁以上的老年人对高中音频的敏感性急剧下降，甚至需要借助助听器。一项研究表明，80～90岁老人的听觉敏感性已达到严重衰退的地步，但他们并没有清楚认知到自己听力的衰退。老年人听觉能力的衰退会直接影响他们的言语知觉能力和理解能力，这会使老年人在人际交往中受到影响，当与他人的交流产生阻碍时，老年人可能会慢慢减少与他人的沟通，这并不利于老年人的身体健康。由于听觉能力的下降，老年人不能准确地对声音的时间差和强度差作出判断，影响了对声音的定位，给老年人的生活带来一定的困难。

（四）听觉的保护

一般青少年的听力都很好，但是长期的、高响度的声音刺激可能会损害听力。例如，很多摇滚歌手会因为长期接触高分贝的音乐而损伤了听力，所以会在表演时戴上耳塞。因此保护听力的最好措施是控制声源，尽量避免噪声水平高的环境。当噪声不能降低到安全限度时，长期接触噪声的人应配备听力防护用品。避免紧张激动，保持乐观的心态；积极进行体育锻炼，可降低耳蜗功能障碍的可能性。

（五）听觉的训练

人类的声音是影响婴儿早期听觉系统发展的重要因素之一。听觉对应的事物外在的基本特征，主要是声音的高低、强度和音色。这些信息在人们听知觉中提供了基本线索，让人们了解声源的震动大小、震动快慢以及不同震动的组合，从而让人们分辨钢琴与小提琴听起来不同，周琛和王晰的歌声不同。

研究表明，5个月的胎儿就已经有了听觉，并对人类的言语非常敏感。如果父母在婴儿出生前经常与胎儿对话，叫胎儿的名字，那么胎儿在出生后能够再认自己的名字，并辨别父母的声音（庞丽娟 等，1993）。同时，五六个月以后的胎儿也已经具有音乐感知能力。在出生前受过音乐胎教的婴儿，在出生后能够辨别那些在胎儿期听过的音乐。因此，在婴儿出生前可以对胎儿进行合适的胎教；在婴儿时期，给婴儿听各种各样的声音，对提高他们声音的辨识能力会有帮助。经常和婴儿交流，播放轻松愉快、节奏感强的音乐，带他们聆听周围环境中的各种声音，为婴儿早期言语和音乐能力的发展提供一定的促进作用。在幼儿期，通过音乐教学或者音乐游戏能有效促进幼儿听觉感受能力的发展。

有关绝对、相对音高感知能力的研究表明，若从不同的年龄开始对儿童进行训练，拥有绝对音高感知能力人数比例存在差异。从6岁之前开始训练，88%的个体在成年后拥有绝对音高感知能力；从 10 岁之后开始训练，只有 33% 的个体拥有绝对音高感知能力。可见音乐感知的能力的发展存在一定的关键期，有必要尽早对儿童进行音乐训练，来帮助他们获得更好的音高感知能力。

三、嗅觉的发展

嗅觉（sense of smell）是辨别物体气味的感觉，是由有气味的物质引起的。人的基本嗅觉有四种，可以通过香（芬芳）、酸、糖味和腐臭这四种嗅觉来辨别气味（庞丽娟等，1993）。

（一）嗅觉的分析器

1. 鼻子的构成

嗅觉感受器和味觉感受器一样，都是化学感受器，只有物质溶解之后才能使感受器激活，因此，物质只有能挥发才能产生气味。嗅觉的感受器位于两个鼻孔的小块组织，即嗅黏膜。

鼻子（nose）分为外鼻、鼻腔（nasal cavity）和鼻旁窦（paranasalsinus）三部分。外鼻是指突出于面部的部分，由骨和软骨为支架，外面覆以皮肤构成。

鼻腔是位于两侧面颊之间的腔隙，以骨性鼻腔和软骨为基础，表面衬以黏膜和皮肤而构成。

鼻旁窦是鼻腔周围，颅骨与面骨内的含气空腔，又称鼻窦。鼻旁窦由骨性鼻旁窦表面衬以黏膜构成，鼻旁窦黏膜通过各窦开口与鼻腔黏膜相续。

2. 嗅觉传入神经与中枢

嗅觉的传导途径比较特殊，它是唯一不经过丘脑传递的感觉系统。嗅细胞受到刺激后产生兴奋，神经冲动通过嗅觉神经束直接将信号传递到下丘脑和大脑的嗅觉区（图 8-8）。嗅觉信息的处理主要发生在嗅球之中（托马斯 等，1983）。

嗅觉最终发生在嗅觉中枢。嗅觉中枢位于中央后回躯体感觉中枢下面的大脑皮层内部（图 8-9）。

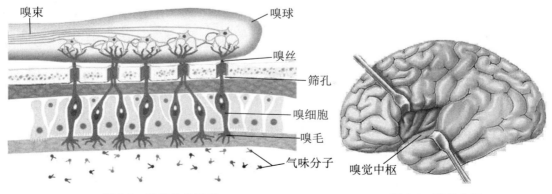

图 8-8　嗅觉传导通路　　　　　图 8-9　嗅觉中枢

（二）嗅觉的发生

妊娠 30 天时，人类的嗅觉系统萌生；在第 7 周时，胎儿的嗅细胞已经和嗅球及大脑皮层的嗅觉功能区建立了联系（庞丽娟 等，1993）；嗅觉发生于胎儿期七八个月，此时胎儿的嗅觉感受器已经发育很成熟了，胎儿能够闻到母亲的气味，大致能够区别不同的气味。波特等（1985）也发现母乳喂养的婴儿对母亲的体味尤为敏感。个体嗅觉的发展相当稳定，在 6～94 岁之间嗅觉基本保持不变。

（三）嗅觉的发展变化

刚出生的婴儿已经有了嗅觉反应，如全身运动、呼吸变化等；婴儿可以初步辨别气味，研究者们通过婴儿的表情可以推测婴儿喜欢某些气味或讨厌某些气味，如草莓的气味（Steiner，1979）；同时新生儿也表现出嗅觉习惯化和嗅觉适应的现象。研究表明，用母乳喂养的 6 天大的婴儿就能分辨母亲的气味，并更加喜欢闻带有妈妈气味的东西（Macfarlanne，1975）。麦克法兰（R. A.，MacFarlane，1975）发现，出生 7 天的婴儿能够区分母亲和其他人的气味。这些说明母亲的体味在早期母婴交流之中起着重要的作用（Porter et al.，1988）。

在退行性变化的过程中，鼻黏膜上的嗅细胞的数量显著减少，同时其他感受细胞的敏感性也明显降低。随着年龄的增加，鼻子能够觉察出的最低物质浓度也逐渐升高。大部分的老年人在 60 岁左右开始失去部分嗅觉。嗅觉功能的退化会降低老年人的生活满意度和食物的享受能力。

（四）嗅觉的维护

嗅觉与视觉和听觉一样，都属于距离性感觉。它对有机体具有保护意义。例如，闻到腐臭的气味，我们会把食物丢掉，以防身受其害。

保护嗅觉系统的活性，应该是维护嗅觉的路径之一。要保护嗅觉系统的活性，就需要经常使用嗅觉系统。比如，在不同的季节注意闻周围的花花草草的气味。园丁割草，你是否闻到了青草混合着泥土的气息？4 月，走在校园里，你有没有时常被一股香气侵袭？你知道吗？那是你身边那棵伟岸的槐树，用花香在跟你打招呼。5 月，月季盛开的季节，你有没有闻到空气中月季散发出来的香香的气味？8 月，你有没有闻到整个城市都笼罩着被桂花洗过的余香？当然，你也可以品品不同的葡萄酒、闻闻不同化妆品的气味……这些都是保持嗅觉分析器活性的方式。

适当按摩鼻子软骨组织、从鼻腔内部按摩鼻腔内壁、适当清洗鼻子等，都可以帮助保持嗅觉器官的敏感性。

四、味觉的发展

味觉（sense of taste）是个体辨别物体味道的感知觉，通过味觉感受器才能感受溶解物质的味道。

（一）味觉的分析器

1. 舌头的构成

味觉的感受器包含在味蕾之中。成人大概有 9 000 个味蕾，主要分布于舌头和软腭。舌头的不同部位对不同味道的敏感性有所差异。主要的味觉有甜、酸、苦、咸。舌尖对甜最为敏感，两侧对酸比较敏感，舌根对苦敏感，接近舌尖的两侧对咸比较敏感（托马斯等，1983）（图 8-10）。但请注意，各种味蕾在舌头表面不同区域都有分布。

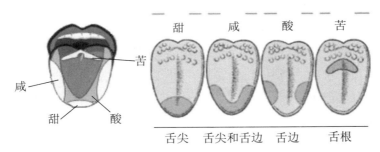

图 8-10　味觉敏感区域分布图

2. 味觉传入通路和中枢

味觉信息通过三对脑神经传达到大脑。舌前 2/3 的细胞由第七对脑神经来传递冲动；其他 1/3 的细胞冲动由第九对脑神经传到脑干；最后，由味蕾产生味觉，通过第十对脑神经来传递（图 8-11、图 8-12）。

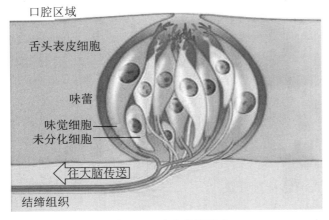

图 8-11　味觉传导通路

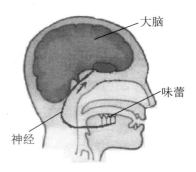

图 8-12　味觉分析器

（二）味觉的发生

胎儿在 3 个月时，味觉感受器就开始发育；在 13～15 周时，胎儿的味觉已经初步发育成熟；在 30 周时，胎儿的味觉就相当灵敏。研究表明，胎儿会通过面部表情来表现对不同味道的反应（林崇德，2009）。

（三）味觉的发展变化

新生儿的味觉十分灵敏，味觉是刚出生婴儿最发达的感觉，新生儿和儿童的味蕾分布要比成人广泛得多（Parker，1922）。刚出生的婴儿在品尝不同的味道时会产生不同的面部表情（Rosenstein et al.，1988），新生儿表现出对甜的味道的偏爱，对甜味反应更加积极，对其他三种味道的反应不太明显。4个月时，婴儿开始喜欢咸的食物。

婴儿期和儿童期的味觉最为发达，随后开始逐渐衰退（庞丽娟 等，1993）。因此，父母可以在哺乳期适当加些花样辅食，增进婴儿对不同食物的感知，从而避免出现后天偏食的现象。

35～65岁，味蕾开始减少。大概从60岁开始，个体的味觉开始衰退，分辨味道的能力开始下降，对酸、咸以及苦的感觉阈限增高，因此，老年人更偏好重口味的食物来弥补味觉的衰退。老年人负责味觉的脑中枢也发生了明显的退行性变化，表现为神经细胞数量减少、神经纤维萎缩。实际上，从青年期开始，这些退行性的变化就已经在缓慢地进行了（张志杰 等，2015）。

★ 五、肤觉的发展

（一）肤觉的分析器

肤觉（skin senses）是指由皮肤受刺激所产生的各种感觉，主要包括触觉、温度觉和痛觉。人类的正常生活离不开肤觉，肤觉具有重要的意义。人们可以通过肤觉辨别物体的多种属性，同时，在其他感觉受损的情况下，肤觉能起到一定的补偿作用，如盲人通过手指触摸来识字。

1. 皮肤的构成

在妊娠的第6周，胚胎的外层形成皮肤。皮肤由表皮、真皮（中胚层）、皮下组织三层组成。真皮含有大量的神经末梢、皮肤感受器等其他结构。皮下组织与真皮并没有明显的分界线。已有研究表明，不存在可以单一传递某一种皮肤感觉的特殊感受器（托马斯 等，1983）。

2. 肤觉传入通路和中枢

肤觉包含多种形式，所以其传入通路相对复杂。

触压觉是指由分布不均匀的压力在皮肤上引起的感觉（彭聃龄，2001），分为触觉（touch sense）和压觉（pressure sense）。触觉是指微弱的刺激接触了皮肤浅层，使得皮肤发生轻微变形。压觉是指较强的刺激使得皮肤明显变形。目前研究发现，触压觉至少有六种感受器，包括游离神经末梢、触觉小体、触盘、毛发神经末梢、梭形末梢和环层小体（托马斯 等，1983）。触觉通过三级神经元进行传导：第一级由触觉感受器发出的神经纤维到达脊髓后柱的薄束和楔状束；第二级由薄束和楔状束开始，经延脑和丘脑腹侧核；第三级从丘脑到大脑皮层中央后回（彭聃龄，2001）。

温度觉（thermesthesia）是由温度刺激引起的一种感觉。皮肤表面的温度被称为生理零度，若温度刺激高于生理零度则产生温觉，若温度刺激低于生理零度则产生冷觉。

研究表明，可能有两种类型的温度感受器。罗弗氏小体是热感受器，它们对 37～40 ℃ 的温度更为敏感，可以作出最大限度的反应；克劳斯氏球被称为冷感受器，它们对 15～20 ℃ 的温度更为敏感（托马斯 等，1983）。

痛觉（pain sense）是通过游离的神经末梢来传递的。目前大部分研究者认同的痛觉机制是阀门－控制学说，由梅尔扎克（R. Melzack）和沃尔（P. Wall）提出（Melzack，1973；Melzack et al.，1965）。该学说强调了神经冲动从皮肤传到脊髓，以及第一中枢传递细胞（T）的两类神经纤维之间的竞争。一类为外周感觉粗纤维，另一类为细纤维，这两类纤维都能激活脊髓后角的上行传递（T 细胞），但又同时与 II 层细胞（SG 细胞）形成突触联系。当粗纤维兴奋时，兴奋 SG 细胞，使该细胞释放抑制性递质，以突触前方式抑制 T 细胞的传导，导致闸门关闭；当细纤维兴奋时，则抑制 SG 细胞，使其失去对 T 细胞的突触前抑制，导致闸门开放。后来 Melzack 等又增加了高级中枢通过下行控制系统作用于脊髓的闸门系统等内容，即下行控制系统也可以对闸门系统形成关闭效应。因此"闸门的开关"，除了受粗细两纤维的影响之外，还受更高位的中枢控制系统的影响，当伤害性感受信息达到可以开启闸门的阈值，即可以进一步激活痛觉通路，从而产生疼痛（王群 等，2014；托马斯 等，1983；张述祖 等，1987）。

（二）肤觉的发生

49 天的胎儿已经具有初步的触觉反应；2 个月的胎儿能对细尖的刺激产生反应（Streri et al.，2000；Streri et al.，2005）。4～5 个月的胎儿已经初步建立起了触觉系统，此时与周岁婴儿的触觉水平相当（林崇德，2009）。在出生前几周，当母亲用手触摸胎儿的头部时，胎儿会产生反应。

胎儿在母体内时对温度的反应并不敏感，因为母体内的温度相对恒定。出生前 2 个月，胎儿的身体开始形成一层脂肪层，以便帮助胎儿出生后调节体温。

（三）肤觉的发展变化

1. 婴儿肤觉的发展

婴儿主要通过口腔触觉和手的触觉来对外界的事物进行探索发现。新生儿可以根据口腔触觉辨别软硬不同的乳头，4 个月能同时辨别不同形状和软硬程度的乳头，对熟悉物体习惯化地产生吮吸。婴儿出生时手的本能触觉反应就能表现出来，如抓握反射等。0～3 个月的婴儿表现出无意识的、原始的够物行为；4～5 个月以后，婴儿的视触协调能力逐渐发展，其够物行为也逐渐成熟，婴儿能够根据自己获得的视觉信息来指导肢体的运动。这种视触协调能力的发展是婴儿探索世界的主要手段之一（庞丽娟 等，1993）。在 3 岁之前，触觉在儿童的认知活动中占据主导地位，随后触觉逐渐与视觉和听觉结合起来。到了幼儿期，儿童的视觉和听觉开始在认知活动中占主导地位。

新生儿一出生对冷、暖的感觉就十分敏感，他们能辨别脸颊上的东西是冷还是暖（Eliot，1999）；当奶瓶里的牛奶太热时，他们会拒绝吮吸奶嘴；当放到嘴里的食物太热时，他们会暂停咀嚼行为；当房间里的温度突然降低时，他们也会通过增加身体的活动来维持体温。

婴儿一出生就具有感受疼痛的能力。当他们受伤时，心跳会加快、出汗、面部表情痛苦，哭声强度和声调也会改变（Warnock et al.，2004）。实验表明，婴儿期经历疼痛会导致神经系统形成永久性的环路，从而在成年时对疼痛变得更加敏感（Ruda et al.，2000）。长期以来，医生在对婴儿进行手术时都不使用麻醉药，其一是因为麻醉药对婴儿的副作用很大，其二是因为医生认为婴儿不会感受到疼痛。但是越来越多的研究者认为：婴儿能感受到疼痛，并且这种疼痛的影响会持续很长一段时间。因此，目前很多医学专家认为，在对婴儿进行手术时需要使用麻醉药和止痛药（刘金花，2013）。

2. 老年肤觉的发展

很少有研究探索触觉和痛觉的发展变化，但触觉确实会随着年龄而有所变化（Gescheider，1997）。当年龄越大，下肢的触觉会越没有上肢触觉敏感，同时老年人的触觉和痛觉都没有年轻人敏感。在60岁以后，老年人皮肤上的敏感触觉点的数目显著下降，能够引起最小触觉刺激的强度也不断增加。对老年人而言，不仅仅是感受的灵敏性降低，对触觉的定位能力也明显下降。不论是一个触点还是两个触点，老年人通常只能感受到一处。

至于温度觉的感受能力，老年人和青年人之间并没有显著差异，但老年人抵抗高温和低温的能力明显弱于青年人。

对于老年人痛觉感受能力的年龄变化并没有得出一致的结论。部分研究者认为：老年人痛觉能力的下降是因为老年人痛觉感受器减少了；但另一部分研究者认为老年人对痛觉的感知能力并没有下降，而可能是因为随着年龄的增长，老年人和青年人对疼痛的认知不同，像文化环境、个体的经验以及暗示的作用都会影响个体对疼痛的感知。

第二节 知觉的发展

一、空间知觉的发展

空间知觉是一种比较复杂的知觉，主要是指对物体空间关系以及机体自身在空间所处位置的知觉（庞丽娟 等，1993）。空间知觉包括形状知觉、大小知觉、方位知觉以及深度知觉等。空间知觉是婴儿认识事物、探索客观世界的基础，对婴儿的心理发展具有重要意义。

一般而言，3个月婴儿能够分辨简单的形状，8~9个月的婴儿具有形状恒常性；4个月前的婴儿具有大小知觉的恒常性，6个月婴儿能够辨别大小；3个月婴儿能够初步区分对象与背景，4个月婴儿能够辨别两个接近的、相互接触的物体，物体整体性知觉有了进一步发展。

（一）方位知觉的发展

方位知觉（position perception）是对物体所处方向的定位。它包括上下、左右以及前后三个维度。物体的方位并不是恒定的，是与所参照物体的方位有关的。婴儿对外界事物的方位知觉是以自我中心来进行定位的。在婴儿期主要通过听觉和视觉来辨别方位，刚出生的婴儿具有基本的听觉定向能力。听觉是婴儿早期空间定向的主导形式，婴儿能根据声音来源的方向来辨别物体的位置，也能根据物体在视网膜上投像的位置来辨别物体位置，虽然婴儿更倾向于使用听觉空间定向，但是这种听觉空间定向会受到很多的限制，随着儿童的成长，视觉空间定位逐渐占据主导地位。研究表明，1~4天的婴儿就能通过听觉辨别发声物体的位置，已具备初步的听觉定向能力（Leventhal et al.，1964）；在出生的 6 个月内，婴儿也主要通过听觉来判断物体的位置，其准确率要比视觉空间定位更高；在 6 个月以后，婴儿逐渐学会更加准确地通过声音来定位（Muir，1979）。

3 岁幼儿可以判断上下方位，4 岁幼儿可以辨别前后方位，5 岁幼儿可以以自身为中心辨别左右方位，6 岁幼儿能完全正确地判断上下前后的四个方位，但以自身为中心的左右方位辨别能力尚未发展完善（刘金花，2013）。

朱智贤（图 8-13）等重复皮亚杰与埃尔金德有关儿童左右概念发展的研究，得到的结果基本与前人一致，他们认为，儿童的左右概念的发展主要经历了以下三个阶段。第一阶段（5~7 岁）：儿童比较固定化地辨认自己的左右方位。大部分儿童可以依据自己的身体作为中心来辨别左右，从而产生了最初的左右概念。第二阶段（7~9 岁）：儿童初步具体地掌握了左右方位的相对性，但通常需要通过自身的动作和表象来辨别别人的左右，而且经常在判断物体的左右关系时出现错误。第三阶段（9~11 岁）：儿童比较概括灵活地掌握左右概念（高月梅，1995）。

图 8-13　朱智贤

朱智贤（1908—1991），心理学家、教育家，中国现代心理学的奠基人之一，国务院公布的首批博士研究生导师，培养了新中国第一位心理学博士林崇德。

（二）深度知觉的发展

深度知觉（distance perception）是指个体对同一物体的凸凹程度或不同物体远近程度的反应，深度知觉是距离知觉的一种（庞丽娟 等，1993）。也有研究者提出深度知觉就是指立体知觉，是对立体物体或两个物体前后相对距离的知觉（刘金花，2013）。

吉布森（图 8-14）和沃克（1960）设计了著名的"视崖"（visual cliff）装置，以观察婴儿能否知觉到深度（图 8-15）。

他们将 7~8 个月婴儿先后放在视崖深滩和浅滩两侧，母亲在婴儿的对侧召唤婴儿，观察婴儿的反应。结果发现，大部分 6 个月以上且已经可以主动爬行的婴儿不会爬过"视崖"。这说明 6 个月的婴儿已具有深度知觉，并且对悬崖表现出恐惧。那不会爬的婴儿是否具有深度知觉呢？为此，坎波斯等（Campos，1970）以心率变化为指标发现，7 个月婴

图 8-14　吉布森（Eleanor J. Gibson，1910—2002）

吉布森，美国发展心理学家，主要从事婴儿的知觉发展、儿童阅读技巧发展和动物行为的研究。她提出的"差别理论"（differentiation theory）和发明的用来测量婴儿深度知觉的工具——"视崖"十分著名。曾荣获国家科学奖，1968 年获美国心理学会颁发的杰出科学贡献奖，1971 年当选为国家科学院院士。

儿在浅滩一侧的心率增加，说明他们能知觉到深度，并感到恐惧；而2个月婴儿在深滩一侧的心率下降，说明婴儿注意到深度的变化，但没有从悬崖跌落的恐惧感。可见，即使不会爬行，2个月的婴儿也能够辨别深度。而7个月的婴儿已经对身陷视崖心怀恐惧；对于那些已经具有主动爬行能力的婴儿来说，他们不仅具有了深度知觉，还产生了对视崖的强烈恐惧。因此他们害怕在视崖一侧爬行而过。

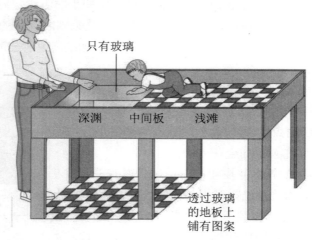

图 8-15　视崖装置结构示意图

这种装置由隔板将透明玻璃的桌子分为两半，一侧的图案放在玻璃底下，类似于"浅滩"；另一侧的图案放在地面上，形成具有一定深度的"悬崖"。

除了利用"视崖"来研究婴儿的深度知觉，另一个来研究婴儿深度知觉的方法叫作"视觉逼近"（visual looming），该方法为：向婴儿呈现一个以一定速度向其逐渐逼近的物体或影像（刘金花，2013），来观察婴儿对此的反应。研究的结果表明：出生后的1个月内，新生儿就能对逼近的物体作出初步的反应；2～3个月的婴儿有保护性闭眼反应，4～6个月的婴儿有躲避反应（Yonas et al., 1971; Bower, 1970）。

（三）形状知觉的发展

形状知觉（shape perception）是个体对物体各部分排列组合的反应，它是视觉、触觉和动觉共同作用形成的。人们通过视觉可以获得物体在视网膜上投影的形状；通过触觉和动觉来探索物体的外形。

婴儿在3个月时具有了分辨简单形状的能力，并表现出人脸偏爱的现象；在出生的6个月内，婴儿对有图案的圆盘注视的时间更长；与模糊的图片相比，婴儿更偏爱清晰的图像；同时，婴儿也喜欢观看活动和轮廓多的图形。有人对6～11周的婴儿进行了研究，结果表明6周左右的婴儿对中等程度的复杂刺激的凝视时间较长；11周的婴儿对更复杂的刺激凝视时间较久（刘金花，2013）。

当个体从不同的角度和位置来观看某一物体时，尽管该物体在视网膜上的投像会产生变化，但是个体仍然能够按照物体原来的形状对其进行知觉，对其的知觉保持相对的稳定性，这就是形状恒常性。

鲍尔（T. Bower）最早对婴儿的形状恒常性做了研究，研究的结果表明，婴儿对同一斜坡或不同斜坡上的相同的物体的反应次数较多，而对于不同物体的反应次数较少。所以，鲍尔认为2个月大小的婴儿就具有了形状恒常性。其他研究者采用"视觉定向习惯化"法来研究婴儿的形状恒常性，结果认为1.5～4个月的婴儿似乎就具备了形状恒常性（Day et al.，1973）。但在汉弗瑞等人的研究结果中显示，4个月的婴儿并未形成形状恒常性（庞丽娟 等，1993）。基于一系列的研究，至少可以认为在出生的8～9个月以内婴儿就获得了形状恒常性，也许在更早之前就获得了这种能力，具体的时间仍需要进一步的研究。

幼儿的形状知觉能力发展很快。研究者通常认为，4岁是儿童图形知觉能力发展的关键期，因此这个年龄是儿童学习识字的最佳时间，因为文字算是一种特殊的有规则的图形；也有研究发现，幼儿与小学低年级学生在知觉不熟悉的图形时通常会将图形与具体事物相联系（刘金花，2013）。

（四）大小知觉的发展

大小知觉（size perception）是个体对外界事物大小的反应。大小不同的物体，在视网膜上投像的大小也会不同；相同大小的物体也会因为观察者距离的不同而在视网膜上形成不同大小的投像。

婴儿是否能对图形的大小作出正确的判断还依赖于图形自身的形状，相比于椭圆、菱形和长方形这些稍微复杂的图形，幼儿更容易对正方形、圆形等这些简单的图形进行大小判断。研究者发现，6个月以前的婴儿就能分辨大小。最早对婴儿大小知觉进行探索的是克瑞克香克（R. M. Cruikshank），认为2.5个月的婴儿已经具有初步的距离知觉，证明了在婴儿早期距离知觉的存在。但由于这个早期的实验设计自身还存在一些问题，后续的研究者们认为该实验并不能有效准确地测定婴儿的大小知觉。于是，有研究者提出用建立两种条件反射的办法来研究婴儿的大小知觉，一种条件反射用来判断物体自身的变化，另一种条件反射用来判断物体位置的变化，这样的设计就可以把大小知觉和距离知觉的问题区别开。有研究者在上述实验的基础上采用习惯化法对大小知觉进行了研究，结果发现：4个月以前的婴儿就具有了大小知觉的恒常性。部分研究者认为，2岁半到3岁期间，婴儿判断平面图形大小的能力飞速发展（刘金花，2013）。3岁的婴儿可以判断圆形图片的大小，但不能对不相似图形的大小进行判断（如三角形和正方形）。

幼儿对物体大小知觉的能力会随着年龄而提升，儿童也逐渐从简单的目测到多方面进行比较，2～11岁的儿童很少会低估远离他们的物体的大小，而成人通常会高估远处物体的大小（刘金花，2013）。幼儿大小知觉的能力与教学紧密相关，可以通过日常的生活、学习和游戏获得，特别是搭积木等这些活动可以促进幼儿大小知觉能力的发展。

★ 二、时间知觉的发展

时间是一种抽象现象。个体没有专门感知时间的分析器，因而无法直接感知，因此总要借助标志时间的媒介对时间进行感知。婴儿主要依靠机体规律性的生理变化（如呼吸、心跳等）进行时间知觉。

从出生的那一刻起，婴儿就沉浸在时间中。他们看到或做的一切都会随着时间演变。因此，他们每天都要经历各种事件和行动的动态时间结构，时间知觉对人类行为的许多方面都很重要。

Brackbill 和 Fitzgerald（1972）对婴儿感知时间间隔的能力的研究使用了基于时间条件的行为学习程序，这项研究是在 1 个月大的婴儿中进行的。首先，婴儿被放置在黑暗的环境中 20 秒，灯打开 4 秒。这种光的变化产生了自主瞳孔收缩反射。经过一个学习阶段后，引入了没有光线变化的测试试验，并观察到瞳孔收缩在 20 秒的间隔内继续发生。这种有关时间条件的瞳孔反射表明婴儿能够在两个事件之间学习给定的时间间隔。

Brannon，Libertus，Meck，Woldorff（2008）对婴儿测试了标准和异常刺激间隔之间不同比率（例如，0.5 对 1.5 秒、0.75 对 1.5 秒或 1.0 对 1.5 秒），在标准和异常刺激间隔下记录的事件相关电位，发现失匹配负波（MMN）幅度随着这两个间隔之间差异的增加而增加，与标量特性一致。总的来说，这些结果表明婴儿会自动检测到重复刺激序列中的时间不规则性。

通过在 6 个月和 10 个月的婴儿中使用习惯化学习条件，VanMarle 和 Wynn（2006）和 Brannon，Suanda 和 Libertus（2007）也成功地表明婴儿能够估计事件本身的持续时间。在他们的研究中，作者记录了婴儿在标准持续时间（如 2 秒或 4 秒）内注视一个事件所花的时间，如西尔威斯特猫（一个玩偶），它在产生给定持续时间的声音时从右向左移动头部（第一项研究），或牛木偶在给定持续时间内张开和闭上嘴（第二项研究）。结果均发现，一旦习惯化发生，婴儿只在新的事件持续时间内的观察时间增加。比如，习惯于 2 秒事件的婴儿在 4 秒事件的试验中比在 2 秒事件中观察时间更长；习惯于 4 秒钟事件的婴儿在 2 秒钟事件的试验中比在 4 秒钟事件中观察时间更长。换句话说，婴儿对新的持续时间有反应，从而表明他们已经学会估计与事件相关的持续时间。此外，对新持续时间的这种反应在持续时间之间的不同比率下发生，而不管它们的绝对值如何（即 0.5 对 1 秒、2 对 4 秒和 1.5 对 3 秒，每组数值的绝对值相同，但比率不同）。这清楚地表明，婴儿辨别持续时间的能力遵循韦伯定律，并且是成比例的，而不是绝对的。

随着年龄的增长，时间知觉的精确性提高，青年期达到顶峰。它是儿童经验积累或后天学习的结果，在生活中体验的时间单元越多、越复杂，其时间评估越精确。由于儿童刚刚接触那些标志时间的现象，又没有掌握标志的量度和词汇，所以儿童知觉时间很困难。研究发现，4.5～5 岁的儿童还不能把时间关系和空间关系区分开；5～6.5 岁的儿童开始把时间次序和空间次序分开，但仍不完全；7～8.5 岁儿童才最后把时间和空间关系分开（黄希庭，1963，1979；方格，1979）。史密斯（Smyth）和格莱斯顿（Glodstone）以秒计的时间估计对 6～14 岁儿童的研究表明，8～14 岁儿童对短时间的估计比较准确，时间观念逐渐稳定，能利用有关参考信号帮助纠正错误，且与成人无多大差别。

总的来说，时间知觉的发展遵循下述规律：①时间知觉的精确性随年龄增长而递增，到青年期达到高峰；②时间知觉的精确性和儿童的生活经验密切相关。儿童知觉时、日等经常接触的时间单元在先，知觉和理解分、秒等较小的时间单元和周、月、年等较大的时间单元在后；③儿童在知觉并理解极短的时间单元时，容易将其估计过长，在知觉较长的时间单元时容易将其估计过短。

总之，婴儿的各种感知觉得到相当大的发展，这个阶段需要加强综合训练，父母可以提供综合性感知的环境，让婴儿看到、听到、嗅到、接触到各种事物，使其通过各种具体的感觉综合出整体的知觉，反过来从整体的知觉分解出各种具体的感觉。

第三节　感知觉发展的性别差异

一、感知觉性别差异的具体表现

男女的感知觉存在明显的差异。一般来说，男性的视觉能力优于女性，在其他的感觉方面，女性的感觉能力要优于男性。

通常，女性的听觉绝对感受性要优于男性，同时也在音调、响度和音色这三个声音特性上表现出优势，尤其是对声音频率的辨别能力，女性的优势更加明显。

女性的嗅觉辨别能力同样比男性要好。有研究者对男女的嗅觉进行了研究，通过闻不同气味的纸对两千人进行了嗅觉实验，结果发现：在同一年龄段中，女性回答正确的比例要明显高于男性。并且，随着年龄的增长，女性嗅觉衰退的程度也要小于男性。

再者，女性的触觉要比男性敏感。例如，女性对触摸的反应更为强烈，体验也更加深刻；女性能跳出难度很大的舞蹈动作；皮肤受损或打针时更容易引起疼痛。女性触觉更为敏感的原因是因为女性的绝对触觉阈限要小于男性，若用一根细针偷偷刺，女性会有所察觉，但男性却未必感受到（傅安球，1988）。

但是，男性对视觉刺激的反应要比女性灵敏。例如，在方位知觉中，男性更容易辨认方向，更容易在复杂的方位关系中形成动力定型（傅安球，1988）。所以，男性也更加擅长处理复杂的几何问题、模型、电子线路等。如果在空间知觉中利用声音定向方位的话，女性还是要优于男性。但总体上来说，在解决空间问题这方面，男性的能力要明显优于女性。

探讨时间感知在男女性别之间的差异研究大多在成年人中进行，并且更多的研究与其他感观知觉相联系。有研究者探讨时间感知关于年龄和性别的比较研究时，发现年龄会影响时间感知，老年人的感知时间比实际时间短，但男女在时间感知上没有差异（Mohammad Ali Nazari et al.，2016）。Jisha 和 Immanuel Thomas（2015）也得到了类似的发现，时间知觉的准确性受用于评估知觉时间的方法、所涉及的持续时间和受试者的年龄影响，而与他们的性别无关。

但也有研究者发现，性别差异在面部吸引力对时间感知的影响中起着重要作用。男性和女性对于有吸引力的异性面孔的重现期都比没有吸引力的异性面孔长；相反，在同性面孔的情况下，女性对漂亮面孔的再现持续时间仍然比不漂亮面孔长，而男性对面孔吸引力对时间知觉的影响往往较小（Tian Yu et al.，2019）。除面孔识别，嗅觉刺激对时间感知也存在影响。负嗅觉刺激（难闻的气味）对短时感知的影响存在性别差异，与男性相比,时间感知背后的神经网络对女性情绪操纵更"敏感"(F. Giovannelli et al., 2016)。

众所周知,各种感知觉并不是相互独立的,而是相互影响、协同作用的。虽然说女性的感知觉能力多半要优于男性,但这种优势在相同的环境中才能体现出来。因此,不能简单、笼统地认为女性的感知能力就要优于男性,男女性的感知能力也会存在个体差异。

二、感知觉性别差异的生物基础

为什么男女在感知觉方面会存在差异?为什么男性只在视觉能力上要优于女性,而其他的感知能力要低于女性呢?单从生理方面来说,这可能与男性神经细胞膜的通透性较差有关。神经兴奋的本质是生物电现象,在细胞局部表明处于未兴奋的状态时,细胞膜只对于正离子具有通透性,而负离子不能通过或是很难通过。由于受到刺激而产生神经兴奋时,细胞膜电位的相对平衡状态就会被打破,而兴奋本身就意味着要增大通透性。男性因为神经细胞膜通透性较差,因此就需要更强的刺激来增大通透性,这样感觉阈限就会提高,感觉的绝对感受性就会降低,因此感知觉没有女性敏感。相对于男性而言,女性的神经细胞膜在未兴奋状态时就具有半通透性,因此,不需要像男性那样靠增强刺激来增加细胞膜的通透性,感觉的阈限小于男性,感知觉与男性相比也就更加敏感。

那么为什么男性的视觉空间能力要优于女性呢?这是由于处理空间材料的右脑半球的专门化发育,这种发育男性要先于女性。男性在6岁就开始了右脑半球偏侧性功能的专门化,而女性在青春期才开始形成专门化。虽然到了青年期,男女都完成了右脑半球偏侧性功能的专门化,但与女性相比,男性的右脑半球经过了更多的空间材料刺激,以及解决空间问题的锻炼,所以男性的视觉空间能力还是明显优于女性(傅安球,1988)。

章后小结

即测即练

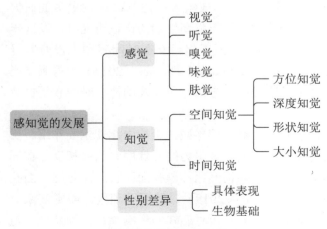

感知觉的发展思维导图

第九章 记忆的发展

霜天晓角　记忆与遗忘
（毕然然）

红尘万丈，中有千千网。记忆淘沙如浪，既消退、费思量。
俯仰，成过往。失去莫惆怅。念念终得回响，常相忆，自难忘。

章前导读

一、什么是记忆

　　记忆（memory）是对外界输入信息的编码、储存并在一定条件下进行检索的过程。记忆包含三个环节：编码（encoding）、储存（storage）和检索（retrieval）。编码是指对接收的信息进行组织。储存是把编码后的信息保留在特定的认知结构中。检索则是对储存的信息进行提取、使用的过程。这三个环节在记忆过程中相互联系、相互制约。无论是内隐记忆（implicit memory）还是外显记忆（explicit memory），都遵循着这一加工过程。

二、记忆的分类

　　从不同的视角可以将记忆分成不同的种类。从是否可以外显提取编码内容的角度，可将记忆分为外显记忆和内隐记忆。
　　个体过去的经验在意识控制下对其当前作业的产生影响，此为外显记忆。通常，随着年龄的增长，外显记忆的发展呈倒U形趋势。在外显记忆过程中，人们会针对记忆过程进行监督和调节，此为元记忆。元记忆能力同样也会随着年龄的增长而不断发展变化。

个体过去的经验在无意识的情况下对其当前作业产生影响，此为内隐记忆。通常，研究者认为内隐记忆的发展并不随年龄的增长而变化。

各种记忆之间的关系详见图 9-1。

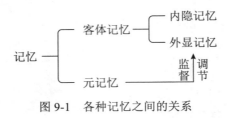

图 9-1　各种记忆之间的关系

三、记忆在认知活动中的作用

记忆是从感性认识到理性认识的过渡环节。个体在成长过程中，通常会先感知周围世界，并将感知到的信息保留在脑海中，在适当的时候，对脑海中储存下来的信息进行分析综合等思维活动，从而使问题获得解决。

记忆是儿童积累经验和心理发展的重要前提。若没有记忆的参与，儿童的心理活动就无法在时间上得以延续，旧的经验将无法影响当前的心理活动，心理发展的基础将不复存在（陈英和，2013）。

记忆可以将个体的过去、现在、将来连成整体。有了记忆，人们才能积累扩大经验，使心理活动成为一个发展的、统一的过程。

第一节　外显记忆的发展

一、什么是外显记忆

（一）外显记忆的概念

外显记忆是指对过去经历过的事物进行有意识提取的过程，如回忆昨天背诵的文章、向朋友介绍看过的一部好电影等。

（二）外显记忆的测量

外显记忆一般是通过学习 - 提取的方式来进行考察的。在一定条件下学习记忆一些材料，然后请学习者进行报告，报告出来的内容越多、越准确，就表明其外显记忆的成绩越好。

（三）外显记忆的分类

对外显记忆进行分类，有不同的方法。其中主要的分类是按照记忆的内容来进行划分的。从这个角度出发，外显记忆包含情景记忆（episodic memory）和语义记忆（semantic memory）。前者是指个体对体验到的特定情节或事件的记忆，后者则是指对一般的知识或事实的记忆。

二、外显记忆的发生

（一）外显记忆的研究

艾宾浩斯（图9-2）开辟了研究人类记忆的科学途径，将记忆作为一种心理过程，并将其分为学习（识记）、保持、联想和复现四个阶段。艾宾浩斯以自己为被试，以无意义音节及诗歌为材料，用完全记忆法和节省法对记忆进行测量，使人们认识到记忆这种高级心理过程是可以用实验的方法进行研究的，并首次揭示了记忆的遗忘曲线。

继艾宾浩斯之后，巴特莱特（图9-3）将心理图式引入记忆心理学，假设感觉信息与心理图式一起被结构化和存储，而心理图式本身被表征在记忆之中，提出了记忆的主动建构。

图9-2 艾宾浩斯（Hermann Ebbinghaus, 1850—1909）

艾宾浩斯，德国心理学家。实验学习心理学的创始人，第一位对记忆这种高级心理过程进行科学定量研究的心理学家。采用节省法学习无意义音节，提出著名的"艾宾浩斯遗忘曲线"。

图9-3 巴特莱特（Frederic Charles Bartlett, 1886—1969）

巴特莱特，英国心理学家，生于英国的格洛斯特郡，逝于剑桥。在推动英国实验心理学研究方面作出了巨大的贡献。1914年起在剑桥实验心理学室任教，并于1931年被任命为该校第一位实验心理学教授。

（二）外显记忆发生的指标

从现代认知心理学的观点来看，记忆包括信息的输入、存储和检索过程。判断个体记忆发生的时间与所用的指标有关。由于婴儿尚不会使用语言进行表达，对婴儿期记忆的研究多采用两种不同的测量指标。

（1）习惯化：习惯化是指对反复出现的刺激反应强度减弱的过程。婴儿只有对刺激有记忆，才可能对重复的刺激反应不同。婴儿的习惯化是婴儿记忆发生的指标之一。

（2）条件反射：对条件刺激物作出条件性反应，表明再认的存在，因此可以将条件反射作为记忆的一种指标。

（三）外显记忆的发生

习惯化是不学而能的。婴儿出生后不久即出现对刺激物的习惯化，这是最早的记忆表达。

经典条件反射（classical conditioning）和操作性条件反射（operant conditioning）最初出现的时间是不同的。经典条件反射是指在日常生活中出现的条件反射，传统的看法是以婴儿对喂奶姿势的再认作为第一个条件反射出现的标志。这种条件反射发生于婴儿出生后的10天左右。当母亲或其他人将孩子抱在怀里，婴儿就作出吃奶的反应，似乎对这种姿势有熟悉感。操作性条件反射是指在实验中经过专门提供的刺激反复作用而建立的条件反射。西格兰和利普西特（Sigueland et al., 1966）的研究发现，出生后 1～3 天的婴儿，已经可以形成由于铃声出现而把头向右转的条件反射。这种行为中包含了记忆的因素。换句话说，最初的操作性条件反射的建立早于经典条件反射。

长期以来，不论采用何种指标进行研究，人们都认为条件反射的出现是记忆发生的标志。后来相关研究表明，婴儿在出生后几小时就有了记忆。研究发现，在妊娠 8 个月左右，胎儿的脑电波与新生儿的脑电波就相似。

三、外显记忆的发展过程

（一）婴儿的外显记忆

婴儿虽尚未掌握一定的记忆策略，缺乏对世界的整体认知，却也能表现出最初的记忆能力（Rovee-Collier, 1997）。

佩波塞克（Papousek, 1967）采用经典条件反射探索婴儿记忆的发展。

费根等（Fagan, 1981）最先采用操作性条件反射，如图 9-4 所示，以婴儿腿不与任何事物相连状态下的运动次数为基本参照指数，随后，将婴儿腿上的布带与响铃相连，婴儿腿的任何一次运动都将得到铃铛响声的强化，使婴儿形成通过自己腿的运动来控制响铃的操作性条件反射。若经过一段时间后，处于相同的情境下的婴儿腿的运动仍明显高于基本参照指数，则说明婴儿具有相应的记忆。实验者将后测的时间从 48 小时推演到 336 个小时（两周），发现所有婴儿在第 8 天时仍保持着记忆，一部分被试的记忆保持了两周（Fagen et al., 1981）。随后，研究者将响铃换成可移动的玩具架，发现 3 个月的婴儿经训练后在 1 周内仍有保持，而 6 个月的婴儿可保持两周（Rovee-Collier, 1999; Rovee-Collier et al., 1993）。嘉爵-科利尔（Rovee-Collier）和海（Haye, 1987）也通过操作性条反射发现新生儿末期就已具备长时记忆能力；且 3 个月的婴儿对操作性条件反射的记忆能保持达 4 周之久。

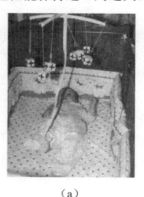 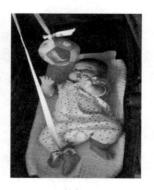

(a) (b)

图 9-4 操作性条件反射装置
(a) 操作性条件反射装置图；(b) 操作性条件反射装置改装

"习惯化/去习惯化"范式（habituation/dishabituation paradigm）可用于探索婴儿的视觉记忆能力。该范式假设婴儿对陌生的东西比对熟悉的东西更加偏好（注视时间更长）。向婴儿反复呈现同一个刺激，直到婴儿对该刺激的注意程度降低（习惯化），随后向婴儿呈现熟悉和不熟悉的两个刺激物，觉察出差异的婴儿对新刺激的注意程度会恢复到原来的水平（去习惯化）。若婴儿只对不熟悉的刺激物形成去习惯化，这不仅说明婴儿已具有对事物的最基本的辨别能力，同时也说明其对熟悉的刺激物具有记忆。因为只有记住熟悉刺激物的某些特征，才能将这些特点与不熟悉的刺激物进行比较，并将不熟悉刺激物感知为新颖刺激物。婴儿的这种记忆逐渐可以持续更长时间：3 个月大的婴儿大约能持续 24 小时；5 个月的婴儿能把这些暂时呈现的视觉信息保持至少 2 周；在 1 岁之前，对某些刺激（人脸照片）甚至可以保持几个星期（Fagan, 1973; Pascalis et al., 1998）。可见，虽然尚无充分证据表明新生儿具有记忆能力，但至少说明记忆是人类个体早期就表现出来的认知能力。而且，婴儿在七八个月的时候会出现认生现象，这是一种再认的表现。再认是婴儿期的主要记忆能力，该能力在整个婴儿期里会获得明显的发展。

有一项研究，本来试图考察 7～12 个月婴儿的"客体永久性"（object permanence）（图 9-5）。研究者发现，研究者先把玩具藏在地点 A 处，当婴儿顺利找到地点 A 处所隐藏的玩具后，研究者当着婴儿的面再将玩具藏在地点 B 处。研究者想看看，此时婴儿是会在地点 A 处还是 B 处寻找玩具。结果发现，所有 12 个月以下的婴儿都会在地点 A 处寻找玩具。这说明婴儿记住了第一次寻找玩具的地方。随后，研究者操控两次寻找玩具之间的时间间隔，考察婴儿第二次寻找玩具的具体表现。结果发现，当时间间隔为 2 秒时，7 个月大的婴儿仍会到地点 A 处寻找玩具；当时间间隔为 10 秒时，只有 12 个月大的婴儿仍会在地点 A 处寻找。可见，随着年龄的增长，婴儿对信息保存的时间也逐渐增长（Diamond, 1985）。

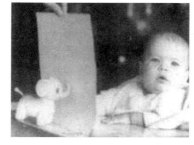

图 9-5　客体永久性

婴儿在 1 岁以前以动作记忆为主。1 岁之后，婴儿的感知动作活动开始内化为表象。在 1 岁左右出现视觉记忆表象，如婴儿区分熟悉人和陌生人，这种表象也是一种再认。随着言语的产生和发展，婴儿记忆的发展以表象记忆和词语记忆为主。

婴儿不仅能表现出一定的再认能力，也会表现出一定的再现能力，如对先前看到的动作的延迟模仿（deferred imitation）（图 9-6）。延迟性模仿的出现标志着婴儿表象记忆及再现能力的初步形成。

延迟模仿范式常用于研究婴儿的长时记忆。为了在延迟一段时间后能够模仿，婴儿必须认识到某个特定的时间是陌生的或熟悉的，还必须回忆出所经历的事件，并努力复制它。许多研究者采用该范式探索婴儿回忆经历过的时间顺序的能力及其发展变化趋势

图 9-6　延迟模仿（糖豆儿戴上项链了，12 个月）

(林崇德 等，2009)，发现在某些情况下，9个月大的婴儿能记住并复制2个或3个复杂时间的顺序，并保持1个月（Carver et al.，2000）。

皮亚杰则认为18～24个月大的婴儿才能进行延迟模仿。国外的研究表明24个月大的婴儿已获得了稳定的延迟模仿能力。婴儿在1～3岁期间陆续出现情绪记忆、语词理解记忆、图形符号记忆。

（二）幼儿的外显记忆

与婴儿期相比，随着活动的复杂化和言语的发展，幼儿的记忆能力发生了显著的变化。通常，幼儿记忆的发展遵循从不随意向随意方向发展、从具体向抽象方向发展的一般规律，主要表现为目的性、策略性、记忆容量等几个方面。

1. 记忆容量的增加

3岁时的记忆容量约为4个信息单位，6岁时约为6个信息单位。六七岁时的短时记忆容量已经与成人的短时记忆容量接近。成人短时记忆的容量则为7±2个信息单位（组块）。具体见表9-1。

表9-1　幼儿短时记忆广度

年龄组	均数
3岁	3.91
4岁	5.14
5岁	5.69
6岁	6.10
7岁	6.09

沈德立等采用再认法测量发现，随着年龄的增长，幼儿对情节图片和抽象图片的再认保持量逐渐递增，且发展并不等速，小班到中班的发展速度明显快于中班到大班；同样，不论是再认还是再现，幼儿听觉记忆的保持量均呈现随年龄发展的趋势。值得注意的是，视觉通道对情节图片的记忆保持量好于听觉通道对实物名词的再认保持量，可见，在幼儿阶段，视觉记忆效果好于听觉记忆。同样，幼儿在嗅、动、触摸觉上的记忆也呈现随龄发展的趋势（沈德立，2013）。

2. 幼儿初期儿童无意识记忆占据优势

儿童通常更容易记住自己感兴趣的、印象深刻的事情；直到幼儿晚期，儿童有意识记和追忆才逐步发展起来。这两种记忆均随着年龄的增长而发展，但有意识记的发展速度要快于无意识记。而且，有意识记的出现标志着幼儿记忆发展的质变。一项研究要求被试在意识和无意识条件下，识记熟悉物体的图片，具体结果见表9-2。

图9-7　米勒（George A. Miller，1920—2012）

米勒（图9-7），美国心理学家，认知心理学的奠基者之一，在记忆方面的研究十分著名。他1956年发表的论文《神奇的数字7±2：我们信息加工能力的局限》对于短时记忆的研究具有里程碑意义。

表 9-2　不同条件下识记 15 张图片的平均数　　　　　　　　　张

年 龄 组	A 组（无意识记）	B 组（有意识记）
小班	4.0	4.0
中班	9.6	4.0
大班	11.1	8.7
小学生	13.0	12.4
中学生	14.0	14.3
成人	13.2	14.1

3. 形象记忆在整个幼儿阶段仍占主导地位，语词记忆发展更快

幼儿初期的记忆带有很大的直观形象性，随着年龄的增长，形象记忆和语词记忆的能力不断提高，但 3～7 岁幼儿的形象记忆的效果要优于语词记忆。需要注意的是，形象记忆与语词记忆的区分是相对的，随着年龄的增长，形象和词在儿童记忆中都不是单独起作用的。正如，在物体的形象记忆中，语词也可以起到组织记忆形象的作用；而在语词记忆中，语词所代表的事物形象也会帮助记忆（刘梅 等，2010）。见表 9-3。

表 9-3　幼儿形象记忆与语词记忆的效果比较　　　　　　　　　个

年 龄 组	熟 悉 物 体	熟悉物体名称	不熟悉物体名称
3～4 岁	3.9	1.8	0
4～5 岁	4.4	3.6	0.3
5～6 岁	5.1	4.3	0.4
6～7 岁	5.6	4.8	1.2

4. 多采用机械识记，较少采用意义识记

这是因为幼儿的理解发展水平较低，知识经验相对贫乏。但从记忆效果来看，幼儿对理解了的内容的识记效果要好于不理解而只能机械识记的内容（刘梅 等，2010）。见表 9-4。

表 9-4　幼儿意义记忆与机械记忆的效果比较（正确再现率）　　%

年 龄 组	第一类图片（物体图片）	第二类图片（不规则图片）
4 岁	47	4
5 岁	64	12
6 岁	72	26
7 岁	77	48

5. 记忆策略与元记忆的形成

（1）记忆策略的形成。记忆策略是个体为有效完成某一记忆任务而采用的方法或手段。儿童在 10 岁以后，记忆策略才逐步稳定发展起来。儿童对记忆策略的运用，经历了从无到有、从不自觉到自觉的发展过程。

弗拉维尔（Flavell）等（1966）提出了记忆策略发展的三个阶段：第一阶段，0～5

岁，无策略。一般来说，5岁之前的幼儿很难运用记忆策略。第二阶段，5～7岁，不能主动应用策略，需要成人的帮助和诱导。第三阶段，10岁后，可主动自觉地采用策略。常用的记忆策略有复述（rehearsal）和组织（系统化）（organization）。

（2）元记忆的形成。元记忆反映了个体对自己记忆的了解程度。弗拉维尔认为，元记忆包括记忆主体方面的知识、记忆任务方面的知识和有关记忆策略方面的知识。幼儿对元记忆有初步的认识，4～12岁的儿童关于记忆的知识显著增长。如很多5岁左右的幼儿就已经知道，与不熟悉的物体相比，记住熟悉的物体更容易（Kreutzer et al., 1975）。儿童关于记忆策略的知识的增长也是逐步发展的，11岁之后，儿童才能认识到组织化策略比复述更有效。刘希平等对小学儿童学习时间分配策略的发展进行了系统研究，发现小学低年级儿童可以使用记忆策略，但还处于比较机械的水平；小学中年级儿童可以相对灵活地选择学习策略，但学习策略带来的效果并不明显；小学高年级的儿童可以主动使用策略，同时策略使用的效果明显（刘希平 等，2005，2006a，2006b）。

（三）儿童的外显记忆

进入学校后，儿童加工和保留信息的能力稳步增长，7～9岁是儿童短时记忆容量迅速发展的时期。此时，有意识记逐渐占主导地位，意义记忆逐渐发展起来；在形象记忆的基础之上抽象记忆迅速发展，而且随着年龄的增长，对抽象材料的重现成绩增长最快。见表9-5。

表9-5　三种不同性质材料重现的百分数　　　　　　　　　　%

年龄组	即时重现			延缓重现		
	形象	具体词	抽象词	形象	具体词	抽象词
一年级	51.9	41.7	26.4	45.4	17.0	6.4
三年级	72.6	68.2	52.6	67.3	64.6	34.4
五年级	82.6	70.0	64.6	81.3	71.0	65.4

该时期主要采用复述、组织和精细加工（elaborate processing）等记忆策略。

1. 复述策略

复述策略是指个体在记忆过程中有意识地重复、诵读记忆的内容，如一遍遍地复述电话号码，直到记住。大多数童年期的儿童都能自发地运用复述策略。不会复述的6～7岁儿童可以通过训练学会并运用此策略以提高记忆成绩，但对年幼儿童进行复述策略的训练，只能提高其在与训练条件相同的情景下的记忆，却很难进行复述策略的迁移（Keeney et al., 1967）。

2. 组织策略

组织策略是指按识记材料的内在联系加以归类来进行记忆，如将动物园的动物分成哺乳动物、爬行动物等。高年级儿童可自发运用该策略，中年级儿童则需要在提示和指导下才可以运用。通常，9～10岁的儿童使用策略的能力要好于5～6岁的幼儿，这种差异体现在使用组织策略的次数和质量上（Schlagmüller et al., 2002）。

3. 精细加工策略

精细加工策略是指在较难归类的材料中创造某种联系并赋予意义,以帮助记忆的策略,如通过谐音法记住一串毫无联系的数字。精细加工策略需要意志努力和工作记忆(working memory)的参与,因此要到小学高年级和青少年阶段才会出现(Schneider et al.,1997)。

(四)青少年的外显记忆

少年期的记忆广度是一生中最高(11.04 个信息单位)的。9～18 岁的个体对各种材料,如声音、语言等的记忆成绩都随年龄增长,十五六岁达到高峰。中学阶段是个体记忆力发展的"黄金"时期,其短时记忆广度已接近成人,记忆发展速度快,且发生了质变。其具体表现在以下几方面。

(1)记忆的自觉性明显增强,有意识记占主导地位。中学生有意识记中被动成分逐渐减少,主动成分逐渐增多,会主动给自己规定相应的识记任务,随时自查记忆效果。在识记难度较大的材料时,会自觉克服困难,完成记忆任务(韩永昌,1999)。与此同时,他们也会探索有效的记忆方法以提高记忆效率。

(2)记忆的理解性明显提高,意义记忆占主导地位。此时机械记忆所占的成分随年龄的增长而逐渐减少,而意义记忆的成分随龄逐渐增加,并占支配地位。

(3)语词识记迅速发展,抽象记忆占主导地位。中学生已能掌握大量的科学概念,并据此作出相应合理的判断和推理。

随着年龄的增长,进入高中后个体的记忆发展又表现出新的特点。

(1)记忆能力明显增强。研究者以 8～16 岁儿童、青少年为被试,要求其在 10 分钟内学习同一首诗,测查其记忆量,若以 8 岁儿童的记忆量 100 为参照标准,其结果见表 9-6。从表中可以看出,随着年龄的增长,被试对同一材料的识记量逐渐增加。十五六岁的记忆增长量几乎是 8 岁时的 4 倍(沈德立,1999)。

表 9-6　8～16 岁儿童、青少年记忆增长情况

年龄/岁	记忆量
8	100
9	131
10	163
11	182
12	206
13	245
14	313
15	385
16	387

(2)更擅长使用理解记忆的方式。研究发现,机械记忆在 10 岁以前快速发展,之后发展速度明显减慢。11～14 岁是机械记忆向理解记忆的过渡时期。理解记忆能力在

整个高中阶段不断发展并占主导地位。

（3）视觉记忆能力好于听觉记忆能力。14岁以前，个体的视觉记忆和听觉记忆的发展速度非常快，15岁以后发展出现停滞；从9岁开始视觉记忆超过听觉记忆，二者的差异随着年龄的增长而扩大。见表9-7。

表9-7　7～18岁听觉记忆和视觉记忆的发展

年龄/岁	听觉记忆	视觉记忆
7	36.4	35.2
8	44.6	42.8
9	45.0	47.4
10	49.4	54.6
11	55.4	64.7
12	55.7	72.8
13	57.9	76.8
14	66.2	80.5
15	65.6	78.2
16	66.9	81.3
17	65.5	84.1
18	67.2	77.5

（4）抽象记忆能力迅速发展并超过形象记忆而占优势。研究者要求一年级至十年级的学生学习代表具体事物的词和内容抽象的词，若将一年级的成绩设定为100，则二年级到十年级学生的记忆成绩与一年级相比较，其增加的百分数见表9-8（阴国恩，2015）。

表9-8　各年级学生记忆不同类型词汇的成绩的比较

年级	内容具体的词	内容抽象的词
二	28	68
四	50	68
六	84	192
八	90	192
十	77	195

（5）工作记忆容量增加，这也是青春期记忆发展的主要表现（Luciana et al., 2005）。在整个童年期和青少年时期，工作记忆能力一直呈线性发展的趋势（Gathercole et al., 2004）。而言语工作记忆广度则在18岁和成年期达到峰值，视空间工作记忆广度在14～16岁达到高峰（段小菊 等，2009）。

（五）成年和老年的外显记忆

总的来说，个体成年后的记忆达到顶峰，40岁之后出现较为明显的衰退，随后维持在一个相对稳定的水平，直到70岁，又会出现一个较为明显的衰退阶段。但不同类型记忆的变化趋势是不同的（Martin et al., 2005）。例如，在儿童期、青春期和成年早期，个体工作记忆的发展呈上升趋势，在 45 岁时达到顶峰，到 57 岁时开始下降（Swanson, 1999）。而短时记忆广度在 16 岁达到最高峰，以后开始下降，记忆广度的发展曲线近似于年龄对数的二次函数（王晓丽，2004）。

对老年人来说，其记忆变化的总趋势是随年龄的增长而减退。老年期记忆衰退的速度和程度受不同的记忆过程和影响因素的制约，表现出记忆减退的特殊性：机械记忆衰退明显，意义记忆衰退较慢；记忆广度变小；再认能力逐渐老化，但比回忆保持要好；识记和回忆"姓氏"最难；较少主动运用记忆策略和方法；情景记忆能力也有所下降（Mitchell et al., 2003；Wingfield et al., 2002）。

目前针对老年人的记忆减退主要有两种理论解释：加工速度理论（processing speed theory，PST）认为由于中枢神经系统的机能老化，老年人的反应速度越来越慢，使得记忆加工速度减慢，造成了老年人记忆的减退。工作记忆理论（working memory theory）则认为老年人缺乏信息加工资源，即缺少一种"自我启动加工"的能力，导致其记忆出现衰退。工作记忆容量随年龄增长而变小也是老年记忆衰退的原因。

虽然老年人出现了记忆减退的现象，但这种变化是具有可塑性的，可通过有意识的干预并发掘老年人的记忆潜能，以改善老年人的记忆。

四、外显记忆的促进

（一）工作记忆训练

目前关于记忆训练的研究多集中于工作记忆。研究者认为，工作记忆训练能提高成人和儿童的流体智力成绩（Jaeggi et al., 2011；Jaušovec et al., 2012）。采用单个空间 n-back 的工作记忆游戏程序对 4~5 岁幼儿进行训练，结果，训练后实验组幼儿的流体智力成绩明显优于控制组，可见，n-back 工作记忆训练可以提高幼儿的流体智力成绩，而且这种优势能保持 6 个月，具有持续的稳定性（彭君 等，2014）。工作记忆训练也可以帮助特殊人群改善记忆效果。如改善注意力缺陷多动症（attention deficit hyperactivity disorder，ADHD）儿童的工作记忆和症状（余雪 等，2015）；也可有效提高遗忘型轻度认知障碍（amnestic mild cognitive impairment，aMCI）老年人的行为记忆，但对老年人的记忆满意度的改善程度是有限的（景静，2013）。

（二）经颅直流电刺激

随着认知神经科学的发展，人们发现经颅直流电刺激（transcranial direct current stimulation，tDCS）既可作为临床上的一种治疗手段，也可作为对健康人的一种神经训练方法（图 9-8）。tDCS 是一种非侵入式、无创性的脑刺激方法，通过在头颅外施加微弱的电流来改变大脑皮层的活动性（郭恒 等，2016）。在学习过程中对相关脑区施加 tDCS 阳性

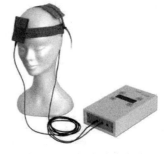

图 9-8　经颅直流电刺激

刺激，可增强健康人的学习和记忆效果，更快地达到训练目标（Falcone et al.，2012；Coffman et al.，2012；Clark，2012；Flöel et al.，2012）。例如，左侧阴性刺激右侧阳性刺激能提高视觉空间记忆水平（Chi et al.，2010）；相比虚假刺激或刺激左侧顶叶（parietal lobe），阳性刺激背外侧前额叶（dorsolateral prefrontal cortex，DLPFC）能增强对情景记忆的提取，使人们更准确地提取相关细节（Gray et al.，Q 2015）；tDCS 对语义记忆的效果会受到记忆提取条件的影响，在健康个体进行面孔‐人名配对学习的同时接受 tDCS，结果阳性刺激组被试的回忆成绩更好，错误更少，但在再认任务中并没有出现成绩的提高（Matzen et al.，2015）。

（三）记忆术

记忆术（mnemonic）是从古罗马时代开始就有的一种助记方法。记忆术也称联想记忆，是人为地通过巧妙地运用言语和表象对识记材料进行组织，以改善记忆效果的有效记忆方法。

联想记忆主要包括地点联想、谐音联想、缩减联想以及关键词联想等具体方法。这些方法之前都是出现在一些畅销书中，没有实验证据的支持。近年来一些硕博论文中也针对这些方法进行了详细的解释，有研究针对这些记忆方法进行了个体实验研究（高睿那，2012）；也有研究训练学生的"形象化联想记忆"，发现该方法有助于促进一年级学生左右脑协调发展，开发记忆潜能（李毓秋 等，1999）；有研究则采用以图像记忆为核心的联想记忆法，对大学生进行训练，也发现该方法确实有助于提高学生的提取成绩①；亦有研究以 115 名 7、10、13 岁儿童为研究对象，采用配对联想学习、倒序背数、字母‐数字排序、图画概念和矩阵推理等测验，发现在 7 岁时，联想学习对儿童流体智力的作用显著（王腾飞 等，2011）。

图 9-9　博赞（Tony Buzan，1942—　）

博赞（图 9-9），1964 年毕业于美国哥伦比亚大学，拥有心理学、语言学和数学多种学位，著名的大脑潜能和学习方法研究专家，世界记忆锦标赛和世界快速阅读锦标赛创始人。被全世界学生称为"世界记忆之父"和"记忆大师"。

需要明确的是，联想记忆不是单纯刻板的，而是复杂灵活的。人们联想时并不完全遵循事物间的某一关系，而是对多种关系的综合利用，以加强记忆储存、检索的规律性及有序性。人们应正确地驾驭和运用积极因素，充分发挥联想对记忆的促进作用，提升记忆效果。

虽然上述研究从不同的方面表明，外显记忆是可以通过训练得以促进的。但这种外显记忆的促进效果、持续的时间长短等问题仍需要更多的研究来进行探索。外显记忆发展趋势如图 9-10 所示。

---

① 李皖. 协作抑制中提取策略破坏假说的实验证据[D]. 天津：天津师范大学，2013.

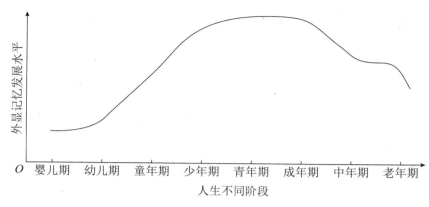

图 9-10　外显记忆发展趋势

第二节　内隐记忆的发展

一、什么是内隐记忆

内隐记忆是指对过去经历过的事物，不能外显地提取，但其记忆对行为又有影响。例如，见到一张婴儿的笑脸，尽管没有特别在意，但与人打交道的时候，脾气都变好了。

内隐记忆包含程序记忆（procedural memory）、启动（priming）和经典条件反射。程序记忆是对技能的记忆；启动是通过激活已存储在个体大脑中的信息来帮助其更好、更快地记忆新信息的过程；经典条件反射则包含了自动学习刺激之间的联系（劳拉·金，2013）。

二、内隐记忆的研究

（一）内隐记忆的发现

内隐记忆的研究始于英国神经心理学者沃林顿（Warrington）等（1968）对健忘症患者的实验研究。该研究发现健忘症患者丧失了短时记忆，在回忆和再认中，不能有意识地提取或辨别近期经历的事或学过的内容；但在词干补笔中，对已学内容表现出与正常人相似的保持效果：健忘症患者和正常人均倾向于用已学内容进行词干补全。在此基础之上，格拉夫（Graf）和沙克特（Schacter）（1985）提出内隐记忆这一术语，用以描述这种自动地、无须有意回忆却能在个体完成任务中自行发挥作用的记忆现象。

20世纪八九十年代，杨治良、朱滢等国内心理学者最早展开了对内隐记忆的研究。杨治良使用由C、P、S、T、V和X六个字母组成的九位无意义字母串，其中，在第4、5、6位上设置含有"SCT"的字母组合，如CVCSCTXSX，此为信号；不带有"SCT"的字母组合，如CXXXTSST，此为噪声。结果发现，被试对无意义字母串中"SCT"

这三个字母的分辨能力提高,表现出明显的启动效果,也就是说,被试未觉察到自己所学习的单词,却在无意识中表现了出来,这表明内隐记忆是普遍存在于学习过程中的(杨治良,1991)。

(二)内隐记忆的实验室检验

杨治良、叶阁蔚等(1994)采用匹配法,依据汉字的局部加工(字形、字义、字音)和整体加工(整体特征)将汉字偏好判断任务分为四类子任务,证明内隐记忆存在的同时,也发现了汉字认知范畴里内隐记忆存在的三个必要条件:非目标汉字、汉字的整体加工和偏好判断任务后阶段。

在上述实验的基础之上,操纵学习材料的呈现时间(250 ms、500 ms、750 ms)发现,对目标字来说,三种呈现时间下的再认成绩均显著高于随机水平,而启动效应仅在呈现时间为 500 ms 时显著高于随机水平,存在正向启动,出现单一任务分离;而对非目标字来说,仅在 750 ms 时出现再认测验的成绩高于随机水平,偏好测验的启动效应低于随机水平,出现双向的任务分离。可见,内隐记忆不仅存在于非目标整字偏好测验的后阶段,在非目标和目标整字偏好测验的前阶段也存在内隐记忆(杨治良 等,1995)。

在其他方面的研究中也发现了内隐记忆和外显记忆的实验性分离。如具有情感障碍的病人的外显记忆受到破坏,内隐记忆却是完好的(杨治良 等,1996);内隐情感记忆存在明显遗忘,其保持和遗忘规律不同于外显记忆(刘素珍 等,1997)。

可见,内隐记忆的确是一个独立存在的记忆过程,且与外显记忆不是同一个记忆系统。

(三)内隐记忆的研究范式

20 世纪 90 年代,内隐记忆成为认知心理学关注的一个前沿课题和研究热潮。研究内隐记忆常采用基于实验性分离范式的方法。1991 年以前主要采用任务分离范式(task dissociation paradigm,TDP);1991 年开始采用加工分离范式(process dissociation procedure,PDP),从任务分离范式到加工分离范式的革新,是 20 世纪 90 年代公认的内隐记忆研究方法论上的质的飞跃。

图 9-11 托 尔 文(Endel Tulving,1927—)

托尔文,加拿大认知心理学家,在人类记忆方面的研究世界著名。1983 年获美国心理学会颁发的杰出科学贡献奖,1988 年当选为国家科学院院士。

1. 任务分离范式(TDP)

任务分离范式由心理学家托尔文(图 9-11)于 1985 年提出,是使用最早和最广泛的实验性分离的具体形式。

其核心思想是:若不同的记忆任务间出现效果的分离,则这种分离就可作为加工过程独立存在的证据。具体逻辑在于:改变测验指导语以形成两种测验任务(直接测验和间接测验),分别对应外显记忆和内隐记忆,考察两种测验成绩的关系以确定是否出现实验性分离。若某种操纵影响被试一种测验的成绩,却不影响另一测验的成绩(单一分离),或者对两种测验的成绩造成相反方向的影响(双向分离),那就认为两种记忆任务之间出现了实验性分离。

该范式常用于分离外显记忆和内隐记忆。直接测验要求被试有意识或主动提取先前经验以完成当前任务,如自由回忆、再认,用于测量外显记忆;间接测验的结果则表现为被试未意识到的经验对当前任务的自动影响,如知觉辨认、词干补笔,用于考察内隐记忆。

然而,大量事实表明,任务分离范式在方法论上是存在局限的:首先,任务分离过于依赖所使用的特定记忆任务,而记忆任务是否能够对其内部加工过程进行纯粹测量,这是值得怀疑的。即使是词干补笔或知觉辨认这样的内隐测验,也会受到意识的控制;反之亦然。其次,任务分离对记忆加工过程的测量是间接推论的结果,而非直接测量。最后,任务分离并未详细说明内隐、外显记忆任务中所共有的加工过程。

2. 加工分离范式(PDP)

雅各比(图9-12)于1991年提出加工分离范式。

加工分离范式有三个基本假设:①意识提取和自动提取是彼此独立的加工过程。其中,自动提取依赖刺激的知觉特征,不需要注意参与,表现为自动地、无意识地利用记忆;而意识提取需要有意识地分配注意资源进行控制加工,该过程通常对概念加工的编码操纵较为敏感,概念加工越深,意识提取效果越好。②意识提取在包含和排除测验中的性质是一样的。③自动提取在包含和排除测验中的性质是一样的。

事实上,外显记忆和内隐记忆都需要意识驱动,只是在识记过程中,意识作用的程度不同。如何区分某记忆任务中所包含的无意识和有意识成分是分离外显记忆和内隐记忆的关键。

图9-12 雅各比(Larry L. Jacoby, 1944—)

雅各比,美国认知心理学家,南伊利诺伊大学博士,现为圣路易斯华盛顿大学博士生导师。主要关注认知控制与主观经验,特别是记忆中有意识控制与自动化过程的区别。曾获得诺曼·安德森终身成就奖。

加工分离范式有两种测试条件:包含条件和排除条件。包含条件是指外显记忆测验,需要意识成分的参与,此时意识成分和无意识成分共同促进作业成绩;而在排除条件中,意识成分和无意识成分对作业成绩的影响是相反的;最后,计算意识成分和无意识成分各自对实验任务所做的贡献,便可以得出结果。

PDP解决了任务分离范式中存在的"不纯净"问题,同时也为揭示内隐记忆信息加工特点和机制提供了大量的直接实验证据。但毕希纳(1995)发现个体自身的反应偏好在一定程度上不利于准确地测量记忆,于是,引入两个猜测变量,并提出扩展模型(extended model),试图分离自动加工过程和意识性提取过程中反应偏好的作用。杨治良(1997)的研究再次证明了内隐记忆不仅存在于500 ms的整字偏好判断测验中,而且也存在于750 ms呈现学习刺激后进行的同类型测验中,同时也支持了PDP修正模型(叶阁蔚 等,1997)。

迄今为止,实验性分离的具体形式也有了新的表现:功能性分离,比较同一被试群中一个独立变量在两种不同测验中的效果;神经性分离或发展性分离,比较两个或多个被试,或不同的年龄组被试,在不同测验中的成绩;或有性分离,单一被试群对同一测验相继进行两次测验,若两次测验结果之间没有相关,就认为存在或有性分离。

（四）内隐记忆的研究成果

自 20 世纪 70 年代以来，内隐记忆的研究大致可分为重学节省、阈下知觉学习、无意识学习、重复启动效应和健忘症患者的研究等相互联系、相互交叉的不同方面。

1. 重学节省

艾宾浩斯等早在 19 世纪就研究过重学时记忆的节省量。重学节省所表达的记忆信息有两种情况，一种是可以有意识进行提取的内容，一种是没有机会进行外显的有意识提取的记忆内容。所以从某种意义上来讲，重学节省所考察的记忆应该介于外显记忆和内隐记忆之间。近年来有研究者认为，重学时的节省同样也可以作为内隐记忆的指标。如果那些不能有意识回忆和再认的项目，在重学时表现出学习时间和学习次数的节省，就说明存在着内隐记忆（Nelson et al., 1979）。

2. 阈下知觉学习

未被个体有意识地主观知觉到的刺激，也会影响不需要意识提取的阈下刺激任务，如自由联想等。威尔逊（Wilson et al., 1980）以 1 ms/张的速度向被试呈现几何图形，此时被试无法有意识地知觉图形，而给被试者呈现看过的和未看过的图形，要求其选择较喜欢的图形时，被试明显地偏向喜欢已呈现过的图形，表现出明显的内隐记忆。可见，即使是在被试很少或没有外显记忆阈下刺激的条件下，也存在着对这些刺激的内隐记忆。

3. 无意识学习

雷伯（图 9-13）等（1976）要求被试在内隐或外显指导下，学习由不同人工语法规则所产生的字母串，结果发现，被试即使不能有意识地、外显地知道这些规则，他们还是能够确定符合语法的字母串，在语法规则较为复杂时，记忆性的内隐学习比规则发现性的外显学习更有效。

4. 重复启动效应

内隐记忆自身的某些特性决定了只能采用间接测量的方法来进行研究。目前最常使用的是重复启动效应（repetition priming effects），即先前完成某一任务对后来完成同样或者类似任务的促进或阻碍作用。也可以将内隐记忆理解为个体近期与某刺激的接触使其对该刺激的再加工得到易化或难化。关于启动效应的研究大多是以言语材料作为实验刺激，如词汇判断、词干补笔、知觉辨认。例如，采用词干补笔测验时，启动效应表现为被试更倾向于采用先前学习过的词进行补笔。

图 9-13 阿瑟·雷伯（Arthur S. Reber, 1940— ）

阿瑟·雷伯，美国认知心理学家。1967 年取得布朗大学博士学位。曾任教于不列颠哥伦比亚大学，于 2005 年退休，但在该校担任客座教授职位。其主要贡献在于采用人工语法范式，首次提出内隐学习的概念，同时也对进化理论和意识的起源进行了研究。

5. 健忘症患者的研究

正如上述所说，证明内隐记忆存在的实验最先就来自对遗忘症病人的研究。也有研究发现，遗忘症病人学习阅读镜像词列（镜像词列，即词以镜中倒像排列成行）的技能的进程和三个月内的保持效果与正常人无异，但三个月后患者中无一人能记得曾参加此实验，更无一人能记得自己所读过的词。除技能学习和重复启动之外，遗忘症病人在其他情景下也会表现出内隐、外显的分离。如遗忘症病人偏好先前呈现的旋律；遗忘症病人在短暂接触后，能较快地发现隐藏的图形（Schacter，1987）。

⭐ 三、内隐记忆的发展过程

外显记忆随年龄增长而逐渐提高，趋于稳定后又因自然老化而逐渐衰退，呈现出倒U形的发展趋势。那么，个体的内隐记忆又是如何发展的呢？

婴儿从一出生就存在编码和保存信息的能力，尤其是第一年内记忆痕迹的持久性和复杂性表现非常明显（Slater et al.，1984）。有研究者认为新生儿通过知觉接受外界刺激，受知觉或知觉自动化的影响，此时所表现出的记忆机能属于内隐记忆；而外显记忆大约出现在出生后的第 8 个月（Schacter et al.，1984）。换句话说，内隐记忆的发展要早于外显记忆，其发展曲线为渐近线，成熟也更快。对婴儿健忘症（infantile amnesia）的研究支持了该观点。婴儿健忘症是指个体通常很难记得其婴幼儿时期的事情，尤其是 2 岁以前发生的事情（Usher et al.，1993）。这可能是因为婴儿在 24 个月之前缺乏熟练的语言能力或自我概念。

大多数研究表明内隐记忆并不随年龄的增长而发生变化。帕金（Parkin）等（1988）采用图片启动任务发现，无论接受残图辨认测验的时间是 1 小时后还是两星期后，3 岁、5 岁幼儿、7 岁儿童和成人被试的内隐测验成绩均未出现年龄差异，其外显记忆成绩却表现出明显的随龄发展趋势（Parkin et al.，1988；Greenbaum et al.，1989）。

内腾（Naito）(1990) 采用残词补全和自由回忆测验，考察了小学一年级至六年级的儿童及成人在不同编码条件（表征编码、类别编码）下的内隐记忆和外显记忆。其中，表征编码要求被试判断靶子词中是否包含某个特定的字母；类别编码则要求被试报告靶子词所属的类别名称。结果发现，残词补全任务中存在明显且稳定的启动效应，不存在年龄差异；自由回忆的成绩表现出随龄增长的趋势。将被试年龄扩大为 8～85 岁，同样未发现内隐记忆的年龄效应（Perrig et al.，1993）。采用加工分离范式的修正模型也发现，小三、初一、高二以及大二学生的内隐记忆水平随年龄变化不大（郭力平，1998）。采用任务分离范式发现，无论学习材料是汉字、甲骨文字，还是汉语成语，抑或是唐诗和儿歌，4～6 岁幼儿的内隐记忆亦不存在年龄效应（钱琴珍，2006）。

另外，近年来对年轻人和老年人内隐记忆的研究结果也不尽相同（钱琴珍，1999）。拉兹拉（Lazzara）等（2002）发现在语义决策任务中，排除外显记忆参与的情况，中老年人和年轻人表现出相同的启动效应，正常的年老化并没有破坏概念内隐记忆。但在一项对损伤患者和正常被试的词汇启动与图片启动任务的实验中，正常被试在词干补笔启动效应上存在年龄差异，在图片辨认启动效应中却不存在。这表明正常老化会影响到词干补笔的启动效应（Arroyo-Anllo et al.，2004）。这很可能是由于老年被试的加工资源是有限的。另外，年轻人和老年人在知觉、词汇和语义加工条件下的内隐记忆也不存在年龄差异（Fay et al.，2005）。

上述研究表明内隐记忆不随年龄的增长而发展变化，但钱琴珍（1999）却发现 3～6 岁幼儿对抽象材料的内隐记忆效果优于外显记忆；幼儿的内隐记忆与外显记忆均随年龄增长而发展。总的来说，目前关于启动效应的年龄效应的争论焦点主要集中在其出现的任务类型上。有研究通过内隐记忆和外显记忆的概念驱动与知觉驱动任务，去除传统的测验类型（内隐测验和外显测验）与提取过程（概念和知觉驱动）的混淆，发现无论是内隐测验还是外显测验，在概念驱动的提取中均存在年龄效应，但知觉驱动的提取中无年龄效应（Stuart et al., 2006）。这支持了与年龄有关的概念加工损伤的观点。但外显记忆和内隐记忆相互污染也可能是导致记忆年老化研究结果不一致的原因（杨治良 等，2003）。再者，无论是文字材料还是非文字材料，老年人记忆中无意识的贡献和成人记忆相比无明显差异，这表明无意识贡献并没有下降，内隐记忆并未明显老化；老年人在文字材料再认的无意识贡献水平上不存在年龄差异，可见，内隐记忆具有一定的抗老化作用。该研究从另一侧面证实了无意识记忆（内隐记忆）的年龄独立性，同时也澄清了记忆年老化真正的内涵与外延（郭秀艳，2002）。

综上所述，大多数研究者认为个体一出生就有内隐记忆，它不随年龄的增长而增长或减退，表现出与外显记忆完全不同的发展趋势。

四、内隐记忆的利用

个体内隐记忆的发展早于外显记忆，二者的发展趋势也不尽相同。这两种记忆虽是相互独立的记忆系统，但又相互联系、关系密切。在实际生活中，儿童并非仅仅通过外显学习来获得相应的知识和经验，有时候也可以通过隐性的环境或有趣的画面来激发儿童的兴趣，使其内隐地获得某些知识。而且，在儿童外显记忆尚未完整形成之前，为儿童创设丰富有趣的学习环境，促使儿童在潜移默化中进行一定的内隐记忆和学习，从而为其随后外显记忆的发展奠定坚实的基础。

内隐记忆进一步推进，就有了内隐学习。学习是指由经验引起的行为的持久变化。经验包括直接经验和间接经验。直接经验是自己亲身经历，间接经验是他人转告的。小朋友被石头绊了一跤，这是直接经验。家长说，小心点儿，别被石头绊了，对孩子来讲，这是间接经验。无论是直接经验还是间接经验，都有可能带来行为的变化。比如，绕着石头走。如果行为的变化是暂时的，学习不能算发生了。只有当经验带来行为的持久变化，学习才算发生。而变化的行为有的是大家都能看到的，这是外显的行为改变。有的是他人看不见的，这是内隐的行为改变。因此，可以把学习定义为由于直接或间接经验带来的外显或内隐行为的持久改变。

当然，外显的行为变化因为容易被觉察、被测量，更容易令人兴奋。而内隐的行为改变常常不容易测量，从而引起误解，以为学习没有发生。例如，由于教师的教导，小学生学会了礼貌待人，这是由于间接经验带来了外显行为持久的改变。这容易被认可。而由于小学生不小心被石头绊倒而见到石头就心跳加快，这基本上相当于由直接经验引起的内隐行为的持久变化。这都是学习。

但无论是内隐行为的变化还是外显行为的变化，在上述情境中，都有一个共同特点，就是行为改变的原因是主体清楚意识到的。实际上，还存在一种学习，主体并不知道经验是什么时候发生的，也不知道经验的具体内容，但其行为却发生了改变。这种情形叫内隐学习。也就是说，只要人们直接或间接地获得某些经验，常常会带来主体行为的改变，但主体并不知道为什么。比如，人们的走路方式、喜欢的穿着方式、发音吐字的习惯、对某些食物的偏爱、对某些学科的兴趣等，也许都跟内隐学习有关。正是因为如此，在婴儿早期，为小朋友提供一些刺激，可以为日后小朋友的成长奠定基础。常听英语的小朋友，可能对英语有感觉。常听歌曲的小朋友，可能莫名其妙乐感强。常听诗歌的小朋友，可能对阅读感兴趣……

有人说，你怎么知道这些行为习惯的养成是什么时候获得的？那么小的孩子有这种能力吗？有一个实验，可以清楚地揭示孩子的学习能力远远超过我们的想象。研究者用刚刚出生不到 1 天的小朋友做被试，让他们吸奶，同时给他们听母语和外语。母语是指父母的语言，外语是指非父母语言。这两种语言交替呈现，研究者记录小朋友吸奶的力度和吸奶的频率。结果发现，每当母语出现，小朋友吸奶力度增强，频率增加。外语一出现，小朋友就放慢了吸奶频率，降低了吸奶的力度。这说明，出生不到 1 天的小朋友，就已经能够清楚地区分母语和外语了。不仅如此，实验继续下去，利用同样的范式，研究者甚至发现，出生不到 1 天的小朋友，甚至能够区分母语中的实词和虚词。我们揣测，这种能力的获得，不仅仅是在出生后的几个小时里受到环境影响导致的。很有可能，这种能力是儿童在母体内长期接收父母和周围环境提供的信息导致的。也就是说，甚至在胎儿期，小朋友就有了一定的学习能力。而外界的反复刺激，是这种能力得以发挥作用的基础。

正因为如此，在婴儿期（0～3岁），特别是新生儿期（0～1岁），在孩子少有办法外化自己的内心世界的情形下，在孩子更多依赖成人的时候，家长给孩子提供什么信息，就成了非常重要的事情。第一，通常，提供信息就比不提供信息好。第二，提供什么信息对新生儿更合适呢？宏观讲，提供的信息应该包括五官能够接收的各种信息。限于小朋友各种感觉能力的发展，出生 0～30 天的婴儿，以听觉信息为主，加上抚触。第三，抚触是个体身体发育必需的刺激。每日规律性抚触可能带来身体的茁壮成长。第四，听觉信息可以选择家长认为有价值的信息。比如，百家姓，三字经，千字文……第五，一定注意，不要急于求成。内容不要太多太杂，简单、明确、常重复为好。

第三节 元记忆的发展

一、什么是元记忆

认知过程可分为两个各具特色又相互联系的水平：元水平（meta level1）和客体水平（object level1）。在记忆领域，可区分为客体记忆（object memory）和元记忆：客体记忆是对客观信息的编码、存储和提取的信息加工过程；元记忆则是指记忆主体对记忆过程的认知和监控。

二、元记忆的基本构成

到目前为止，人们通常将元记忆划分为陈述性元记忆（declarative metamemory）和程序性元记忆（procedural metamemory）（图 9-14）。

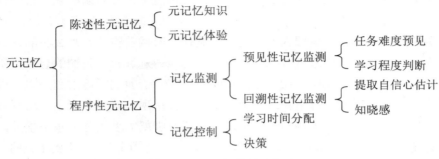

图 9-14　元记忆的基本构成

（一）陈述性元记忆

陈述性元记忆是主体对自己记忆的陈述和知识。

陈述性元记忆包括元记忆知识（metamemory knowledge）和元记忆体验（metamemory experience），前者是个体逐步形成的对于记忆主体、记忆任务和记忆策略相对稳定的认识（Karably et al., 2009）；后者则主要是指记忆的自我效能感，即个体对完成记忆任务所具有的行为能力的自信程度。

（二）程序性元记忆

程序性元记忆也称记忆监控（memory monitoring and control），是主体对自己客体记忆过程的监督和调节，是元记忆发展研究的核心。

记忆监控又包括记忆监测（memory monitoring）和记忆控制（memory control）。

1. 记忆监测

记忆监测是指从客体记忆接收信息，对客体记忆的难度、自己的记忆（学习程度）、提取情况等作出判断，以了解客体记忆的情况。按记忆监测发生的时间，可分为预见性记忆监测（prospective monitoring）和回溯性记忆监测（retrospective monitoring）。

预见性记忆监测发生在提取行为之前，包括任务难度预见（easy of learning, EOL）和学习程度判断（judgment of learning, JOL）。前者是学习者对所学项目难度的预见（Nelson et al., 1994），后者是对已学项目在随后测验中的成绩的预见（陈功香 等，2004）。

回溯性记忆监测发生在提取活动之后，包括提取自信心估计（judgment of confidence, JOC）和知晓感（feeling of knowing, FOK）。前者是学习者对自己答案的自信程度判断，后者是学习者对当前未回忆出的项目在随后测验中是否记得的判断（Nelson et al., 1990）。

2. 记忆控制

记忆控制是指主体对自己在记忆过程中心理资源的一种控制和管理，反映了主体对任务的理解和选择性参与的能力（Perfect et al.，2002；刘希平 等，2004）。

记忆控制分为学习时间分配（allocation of study time）和决策。学习时间分配是记忆控制的核心，有效的学习时间分配建立在准确的记忆监测基础之上（Mazzoni et al.，1998）。学习时间分配体现了学习者程序性记忆中的自我调整策略，是考察学习者对任务理解的一项传统指标（Brown et al.，1983）。李伟健等（2013）则将学习时间分配定义为学习者将时间资源分配到不同学习任务上的计划行为。决策则是在学习过程中，综合元记忆知识与当前的记忆经验，选择有效的记忆控制策略，即学习时间分配策略。

上述理论框架较为全面地说明了元记忆的各项内容。本章借助该理论框架来介绍元记忆的发展研究。

三、元记忆的研究

（一）元记忆与客体记忆

20世纪70年代初，美国著名心理学家约翰·弗拉维尔（图9-15）提出"元记忆"这一术语。

元记忆很好地解释了人们如何控制自己的记忆。研究者认为记忆监测中的两类四种监测、记忆控制中的学习时间分配与客体记忆中的编码、存储、提取三个环节相关联，大体反映了主体记忆监测和控制的情况（Schneider et al.，1989）。详细关系见图9-16。

图 9-15　弗拉维尔（John H. Flavell，1928—　）

弗拉维尔，美国发展心理学家。1952年获克拉克大学临床心理学硕士学位，1955年在该校获博士学位，曾任职于明尼苏达大学儿童发展研究所，1976年成为斯坦福大学教授。担任过美国儿童发展研究协会（SRCD）主席、《认知心理学》杂志主编。1984年获美国心理学会杰出贡献奖。元记忆的提出者。

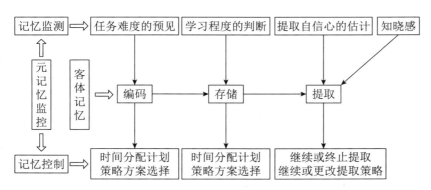

图 9-16　元记忆与客体记忆的关系

（二）元记忆的发生

1. 记忆监测的发生

记忆监测总是伴随着相应的记忆活动，个体在记忆过程中会出现各种元记忆监测和标准检验。在学习之前，先进行EOL判断，伴随着学习过程作出 JOL 判断以预测随后的回忆成绩，最后通过 JOC 估计对已回忆内容的准确性或通过 FOK 判断对是否记得未回忆出的内容进行主观预测，通过比较监测等级和实际回忆成绩之间的一致性得出监测判断的准确性。相关研究一般会针对某种监测成分进行研究，也有的同时考察多种监测成分，实现不同监测成分间的横向比较（张振新 等，2012）。通常，高水平的记忆监测可促进个体对记忆策略的有效选择并提高记忆的精确性（宋广文 等，2002），有效的元记忆监测是个体成功完成记忆任务的决定性因素。

国外研究认为年幼儿童已拥有充足的监测技能，学前和小学阶段是儿童记忆监测趋于熟练的重要发展时期（Roebers et al.，2007）。国内研究者却得出不同的结论，认为年幼儿童的记忆监测能力还很低，小学到初中的过渡期是儿童记忆监测发展的关键期（曹晓君 等，2009）。而且，记忆监测的准确性随年龄增长而不断提高；不同监测能力的发展早晚是不同的：提取自信心估计（JOC）发展最早，学习程度判断（JOL）发展较早，任务难度的预见（EOL）发展最晚（刘希平，2001；严燕，2011）；不同记忆监测能力的发展速度也不同：4～5 岁幼儿的回溯性记忆监测发展速度较快，而预见性记忆监测的发展速度较慢，5～6 岁幼儿则表现出相反的发展趋势（姜英杰 等，2013），从小学二年级到大学二年级，预见性监测判断随年龄的增长而提高，而回溯性监测判断几乎没有什么变化（刘希平，2001）。

2. 记忆控制的发生

记忆控制是不同于记忆监测的一种元认知加工水平。个体的记忆控制主要体现在学习时间分配的策略选择上。如何把有限的时间合理地分配给不同的学习任务，反映了学习者的决策水平，该水平的高低会制约学习的效果。

国外研究表明，通常，一年级、三年级的儿童会分配相同的时间学习难易不同的材料，而五年级、七年级的儿童会分配更多的时间学习困难项目（Dufresne et al.，1989）。但低龄儿童学习时间分配的决策发展还不够稳定，在个别情况下，一年级、三年级儿童也会分配不同的时间来学习难度不同的项目。

国内相关研究发现，儿童会主动地进行学习时间分配的决策，且该决策水平随年龄增长而提高；儿童在不同时限（短时限、中等时限、无时限）下会选择不同的掌握标准，进行不同的时间分配，这支持了"标准影响分配假说"；随着年龄增长，儿童的提取正确率有增加的趋势，时限越长，提取正确率越高（刘希平 等，2006a）。成人在学习时间较短时，更多地选容易的学习项目（李伟健 等，2014），而学习时间较长时，则选择困难项目进行再学习（Thiede et al.，1999；Dunlosky et al.，2011b）。

3. 记忆监测与记忆控制的关系

关于记忆监测和控制的关系，研究者们提出了两种观点：一种是 Nelson 和 Leonesio（1988）提出的监测影响控制模型（monitoring affects control-hypotheses，MC-model），另一种是 Koriat, Ma'ayan 和 Nussinson（2006）提出的控制影响监测模型（control affects monitoring-hypotheses，CM-model）。MC 模型和 CM 模型所体现的元记忆监测和控制的关系是单向的。但有研究者认为，在现实生活中，这两种关系是可以并存的，并尝试提出波浪连续性模型（the sequential and cascaded model）和同时发生模型（the simultaneous mode）。

1）监测影响控制（MC）模型

MC模型认为控制是以监测为基础的。个体在学习的过程中，会对所学项目的难易程度、学习程度等作出监测判断，确定自己对学习项目的掌握程度，而后个体会依据监测的结果来控制自己的学习行为。该模型中的学习时间分配是一种目标驱动下的策略调整，学习时间分配与学习程度判断是成正比的，体现了学习时间分配的控制功能。即学习者调节自己的学习时间来完成学习目标，此时，学习前和学习过程中的监测都会影响策略的选择和使用。

尼尔森等（1988）采用"固定速率学习－学习判断－重学学习"的范式。要求被试以固定的速率随机逐个学习项目，随后作出学习程度的判断（JOLs），最后让被试自定步调地重新学习项目，以考察主体预见性监测（EOL、JOLs）对学习时间分配的影响。结果发现，成人把学习时间更多地分配给判断为困难的项目和判断为学习程度较低的项目。大量研究支持了MC模型，表明无论是小学生、成人还是老年人，都能基于监测来调整自己的学习时间分配（Kobasigawa et al.，1993；Thiede et al.，1999；Froger et al.，2012；Hines et al.，2012），如觉察到的难度越大，分配的学习时间越多（Metcalfe，2002；Son et al.，2000）；分配的学习时间越长的项目，其学习程度判断值也越高（陈金环等，2010），选择学习程度判断较低的项目进行重学（Metcalfe et al.，2008）。

2）控制影响监测（CM）模型

CM模型认为监测是建立在控制反馈的基础之上的。个体在进行学习的过程中，对某学习项目的控制行为会影响其对该项目的监测水平。该模型中的学习时间分配是一种数据驱动下的策略调整，学习时间分配与学习程度判断是成反比的，体现了时间分配的监测功能。即学习者在某个项目上分配的学习时间反映了其尝试记住该项目时所付出的努力，分配的学习时间多，说明项目是难的或不容易回忆的，其学习程度判断值就会比较低（Koriat et al.，2006；Koriat et al.，2014）。

有研究表明9岁儿童也表现出学习时间与学习程度判断和回忆成绩成反比的现象（Koriat et al.，2009）。另外，学习次数越多的项目，其学习程度判断值也越低（Koriat et al.，2009a）。

3）波浪连续性模型

该模型认为个体的控制是紧随着监测的，控制行为中的反馈信息又成为下一次监测的依据，二者在一种类似波浪线中轮流产生替代，形成以监测为基础的控制和以控制为基础的监测的波浪连续性模型（陈金环等，2010）。该模型认为监测与控制几乎是同时发生的。学习时间分配的两种功能很多时候是相继发生的（Koriat et al.，2006），也就是说，目标驱动调整与数据驱动调整表现为连续交替作用，监测与控制是双向作用的。

有研究围绕学习判断和学习时间分配来探索元认知监控关系相互影响的双向作用，同时验证"波浪连续性模型"的理论观点。结果发现，学习时间分配为数据驱动时，遵循CM模型；学习时间分配为目标驱动时，遵循MC模型；学习时间分配的驱动形式及学习判断与学习时间分配关系会随时间压力的改变而相继交替转换，体现监控间双向作用关系（林恒，2012；刘琳慧，2013）。

4）同时发生模型

该模型假设 MC 模型与 CM 模型是在同一种情境下发生的，此时的自我调整既是目标驱动的也是数据驱动的，体现了自我调整战略的协同作用（陈金环 等，2010）。该模型虽符合理论的发展趋势，但却缺乏相关实证研究的支持。Koriat，Ma'ayan 和 Nussinson（2006）虽对此作出尝试性检验，但并不足以证明该模型的假设。该模型的合理性有待于进一步的实证研究。

四、元记忆的发展过程

记忆监测和记忆控制是两种不同的元认知加工过程，二者相互作用、相互影响。记忆监测是指学习者在对所接受的资料进行学习的开始、过程中以及结束时，对自己的加工程度所处的阶段、与理解的目标和记忆目标相差多远，进行监督；记忆控制则是依据监测的结果，对记忆过程进行自我调整和自我管理的过程，是程序性元记忆的核心。记忆监测最典型的研究是评估自己正在进行的记忆任务的执行情况，具体涉及 EOL、JOL、JOC、FOK 判断。记忆控制主要关注在监测的基础上进行的自我调整，如学习时间的分配。

（一）记忆监测的发展

1. 任务难度预见能力的发展

EOL 判断发生在学习活动之前，是个体对所要学习项目的难度作出的推测（Nelson et al.，1994）。其研究范式是对记忆成绩的预见（刘希平，1998），让儿童对所呈现项目进行难度评定，然后在相同条件下记忆所有项目，最后进行提取，计算难度评定与提取结果之间的相关。若难度评定越高，记忆成绩越低，则说明个体对难度的评定是准确的。

以逐项评定为例，具体操作为：按顺序呈现（假定）20 个随机排列的词对，要求被试将最容易的一对挑出来。随后在剩下的 19 个词对中再挑出最容易的一对，以此类推。逐一评定 20 个词对的难易后，再按由难到易的顺序评定一次，以消除评定顺序对材料学习的影响。然后要求被试在相同的时间内学习这 20 个词对，对比每个词对的学习成绩与当初的评定等级，就可以知道被试任务难度预见的准确性（Leonesio et al.，1990）。

以词表为学习材料的研究发现，幼儿和学前儿童常常会高估自己的记忆成绩，随着年龄增长，小学儿童估计得要准确得多。尽管这种现象已经被重复验证，但其潜在的机制还不清楚。有研究发现年幼儿童在熟悉情境中的预见比在不熟悉的、实验室情境下要更准确。此外，年龄小的儿童在利用非口语的方式来进行测验时比传统的口语方式进行测验预见得准确。学前儿童和幼儿在预见他人的行为时比预见自己的行为更准确。

很显然，儿童对自己的记忆成绩做过高的估计，与儿童的愿望有关。他们希望自己能记忆得更多，于是在预见自己的记忆成绩时就做了更高的估计。但他们对同伴能记多少，似乎并不过多地关注，于是就有了较为客观的估计，即"如意算盘假说"（wishful thinking hypothesis）（Schneider，1998；Schneider et al.，2000）。

这些实证研究对儿童元记忆水平缺乏导致儿童过高预见自己的记忆成绩这一传统观点提出了挑战。施耐德等考察动机和元记忆缺乏对年幼儿童预见准确性的影响。选择 4

岁、6岁、9岁儿童预见他们在运动项目（扔球和跳跃）上的表现和记忆成绩（记忆容量和藏找任务）上的表现。为儿童设置了两种条件："预期"（expect）条件下，要求儿童表明他们希望在下一次尝试中获得什么样的成绩；"预测"（predict）条件下，则要求儿童表明他们对自己的下一轮成绩如何进行判断，然后比较儿童的表现和对活动结果的判断。结果，无论在何种任务中，所有儿童都能够很好地监测自己的行为（Schneider et al., 2000）。很显然，单纯地用儿童元记忆水平欠缺来说明所有的预见的不准确，是有失偏颇的。另外，有研究表明 EOL 判断的准确性与记忆成绩之间存在着较高的相关，支持了元记忆假说；而且，不同年龄的被试，其相关值有所不同：年龄越小，其相关值越高（刘希平 等，2004）。

总之，国外的研究发现，尽管 EOL 判断在低年级小学儿童身上已经比较准确，但在整个小学阶段，确实存在着些许的进步。而国内的研究则发现，EOL 判断的准确性在小学二年级时还很低，从小学到初中阶段发生了较大的飞跃（刘希平，1998；刘希平，2001）。所以，EOL 判断的发展特点和规律，有待于进一步的跨文化的比较研究（刘希平 等，2006）。

2. 学习程度判断能力的发展

JOL 判断发生在获得记忆材料的过程中，是对刚刚或正在进行的学习在随后测验中的成绩进行预测。按判断的方式，可将 JOL 判断分为有两种：一种是逐项判断（item-by-item JOL），在学习的过程中对每个学习项目的回忆成绩进行预测；一种是总体判断（aggregate JOL），在学习结束后对整个学习的回忆成绩进行预测。也可以依据判断的时间，将其分为即时判断（immediate JOL）和延迟判断（delayed JOL）。前者要求被试在学完一对词对后，立即对所学词对在以后回忆测验中的成绩做预测；后者则要求被试在学完部分或全部词对后，再对所学部分或者全部词对在以后回忆测验中的成绩做预测。

JOL 判断的经典研究范式为："学习－判断－回忆"，比较估计记忆成绩（判断）与实际提取成绩的一致性程度或差异大小，以此作为 JOL 判断的准确性指标。对记忆成绩的估计常常采用 0%、20%、40%、60%、80%、100% 六级评定法（唐卫海 等，2003），其中，0% 表示完全不能回忆，100% 表示完全能够回忆。

以即时的逐项判断为例，被试每学习一个联想词对（线索词－目标词），都要求被试预测，随后若只呈现线索词，其能正确回忆出与之对应的目标词的可能性，所有词对学习结束后，随机呈现线索词，要求被试回忆出与之对应的目标词。比较 JOL 判断等级和实际成绩之间的 gamma 相关值，gamma 值越高，表明 JOL 判断的准确性越高。

以成人为被试的研究发现延迟判断与记忆成绩的相关更高（Kelemen, 2000; Kennedy et al., 2000）。施耐德等（2000）用词对联想学习任务来探讨 6 岁、8 岁、10 岁儿童延迟的 JOL 判断（学习后有 30 秒的延迟）和即时的 JOL 判断（学习后立即进行）与记忆成绩之间的相关。该研究也比较了逐项判断和总体判断，结果发现：①成年人所表现出的延迟 JOL 判断效应，在儿童中也同样存在。30 秒后延迟的逐项评定比在学习后立即进行的判断更准确。Nelson 分析指出，即时判断可能有赖于工作记忆，而延时判断则有赖于对长时记忆内容的搜索过程（Nelson et al., 1994）。②过度自信现象在逐项评定中表现得更明显（Schneider et al., 2000）。

在大量针对记忆成绩的预见发展的研究中，只有少数研究涉及儿童的 JOL 判断的发展，尽管以成年人为被试的研究并不少见。

刘希平采用整体评定的方式，发现 JOL 判断的准确性存在明显的发展趋势，甚至从初二到大二，JOL 判断的准确性仍有提高（刘希平，2001；刘希平 等，2002）。但总体看来，JOL 判断的准确性比 EOL 判断的准确性发展得相对早些。这也许与 JOL 判断比 EOL 判断在执行时能够获取更多的信息有关。因为 EOL 判断发生在学习活动之初，而 JOL 判断发生在学习过程中，此时，被试对学习材料、对学习材料与自己主观经验的吻合程度、对自己就相应的学习材料的学习效率等都有了一定的了解，所以如果儿童能充分利用这些信息，可相对准确地判断自己的学习程度（刘希平 等，2006）。贾宁等（2011）采用联结学习任务，发现小学高年级学生的即时逐项学习判断的绝对准确性随年龄增长而提高，这可能是由于被试判断时所依据的线索不同；而且小学高年级学生的逐项学习判断绝对准确性出现了延迟学习判断效应。

随着研究的发展，研究者发现个体对更具有社会意义的面孔的学习也存在记忆监测（Watier et al.，2011）。胡里安（Hourihan）等（2012）发现个体对本族和异族面孔的 JOL 判断准确性存在明显差异：对本族面孔随后的再认成绩预测更准确。但刘希平等（2012）发现儿童和青年对年龄面孔的 JOL 判断准确性并没有表现出明显的同龄效应。也有研究发现个体对不同吸引力面孔的 JOL 判断均存在过度自信现象；而且对低吸引力面孔的 JOL 判断最高，但其监测的准确性却最低（张宇驰 等，2014）。

3. 提取自信心估计能力的发展

JOC 估计发生在提取结束之后，是对自己提取结果的正确性作出的判断。其主要方法是对提取的项目进行等级评定，多采用逐项评定的方式，考察等级评定结果与提取准确性之间的一致性，作为 JOC 估计准确性的指标。若提取方式是线索回忆，还常常同时记录反应时，以此作为判断被试自信度的一种依据。

具体来说，被试学习一系列词对（线索词-目标词），学习结束后，随机呈现线索词，要求被试回忆出与之对应的目标词，并对自己回忆结果的准确性作出等级判断。比较 JOC 估计等级和实际成绩之间的 gamma 相关值，gamma 值越高，表明 JOC 估计的准确性越高。

尽管有关提取自信心估计发展的研究不是很多，但仍然有一些研究考察了儿童 JOC 的发展。例如，普雷斯利等（1987）发现即使是 7 岁儿童，其提取自信心的准确性也相当高，当然 10 岁儿童更好，而且那些对整个词表做总体 JOC 估计时最准确的儿童在逐项评定中却不是最准确的，反之亦然。很显然，对 JOC 的总体评定和逐项评定可能有不同的活动机制。

唐卫海等（2005）用 5 级评定法让被试对其回忆出的词对的正确性进行评定，以评定为 5 的正确词对数作为计算被试提取自信心准确性的依据，结果发现，JOC 估计的准确性在小学二年级阶段就已经发展得比较成熟，尽管从小二到初二阶段有稍许的进步，但幅度不是很大（刘希平，2001）；但是如果将被试提取正确的所有项目都进行统计，则会发现，从小学二年级到初二之间，被试的准确性有显著提高（唐卫海 等，2005）。因此，考察被试 JOC 判断的发展，需要选择比较敏感的指标（刘希平 等，2006）。

4. 知晓感能力的发展

FOK 是最早在实验室被系统研究的一种记忆监测。FOK 发生在提取活动之后，是对当时不能回忆的项目能否在后来的提取任务中获得再认的一种评估。通常用评定等级与再认成绩的相关（常用 G 相关）来说明 FOK 判断的准确性。多采用 RJR（回忆－判断－再认）范式。判断时常为 6 级评定法，以 0% 为没有知晓感，100% 为肯定能再认，每一级相间 20%。

具体来说，呈现一系列项目，要求儿童进行命名，当儿童不能回忆所给图片的名称时，要求他们表明，若实验者给出名称，他是否能再认？然后，考察儿童的评定等级与随后再认成绩的相关。大量研究表明，FOK 判断的准确性从小学到初中在持续不断地发展。但发展的趋势尚不清晰。

普雷斯利等（1987）改善传统的以绝对的 FOK 作为研究手段的范式，用 G 相关来衡量记忆监测，并未发现 7、8、9、10 岁的儿童在 FOK 准确性上的发展趋势（Pressely et al., 1987）。巴特菲尔德等（1988）使用相同的方法，但选择了不同的被试，发现 6 岁儿童的 FOK 比 10 岁儿童和 18 岁青年更准确。这与先前的研究不相吻合，很显然，研究者们需要从跨文化的角度比较 FOK 的发展，从而更好地揭示其内在的机制（刘希平等，2006）。

（二）记忆控制的发展

记忆控制的研究主要集中于对学习时间分配发展的探索。学习时间分配的研究大体可以分为两条比较清晰的脉络：一条是从认知心理学的角度对学习时间分配进行认知研究，另一条则是从发展心理学的角度对学习时间分配进行发展研究。前者更多地关注学习时间分配的内部机制；后者则在关注内部机制的同时，探索儿童学习时间分配决策水平的发展变化过程，以及影响儿童学习时间分配的内部因素和外部因素。

图 9-17 约翰·荡劳斯基（John Dunlosky, 1968—　）

荡劳斯基（图 9-17），1993 年取得华盛顿大学博士学位，现为肯特州立大学心理科学系教授。其研究主要涉及自我调节学习的三个相互关联的组成部分：①学习监控；②学习时间的控制；③学习过程中应用策略。国际元认知协会成员。

1. 学习时间分配的研究范式

学习时间分配的研究范式经历了从他控步调学习（experimenter-paced study）到自控步调学习（self-paced study）的转折。前者是由实验者安排学习的步调、速度以及学习是否还要继续的 Dunlosky 范式；后者是由学习者自己决定学习的步调、速度、节奏以及何时终止学习的 Metcalfe 范式。

Dunlosky 范式是基于"监测影响控制"的假设（Nelson et al., 1988）提出的。该范式包含五个阶段：他控步调学习－JOL 判断－初次回忆测试－再次学习（自控步调重学）－最终回忆测试。

Dunlosky 范式多用于考察 JOL 判断等级与学习时间分配的关系，了解元认知监测和控制的关系以及学习者学习时间分配策略的有效性。但该范式中所采用的学习方式是由外在情境制约学习者的进一步学习，也就是说，无论学习者是否希望继续学习，都要选择进一步学习的项目，学习者的学习时间及步调是由实验者事先安排好的,这在某种程度上剥夺了学习者学习的主动性,也不能体现出真正有效的学习策略,而且与学习者真实的学习情境相差甚远,生态效度亦不高。

基于此,梅特卡夫(Metcalfe)提出完全自定步调学习的 Metcalfe 范式(Metcalfe,2002;Son et al.,2000)。该范式包含两个阶段:自由选择学习—回忆测试。具体来说,在自由选择学习阶段,所有项目分若干屏呈现,每一屏向被试同时呈现 2～4 个项目,如呈现难度不同(容易、中等难度和困难项目)的三个项目,每个项目上方标有对应的难度,被试自由选择要学习的项目以及何时结束学习,并记录被试选择学习项目的顺序和相应的学习时间。回忆测试方式与 Dunlosky 范式一致。

图 9-18 亚伦·本杰明(Aaron S. Benjamin,1970—)

本杰明(图 9-18),加利福尼亚大学洛杉矶分校博士,现任伊利诺伊大学香槟分校的心理学教授,人类记忆与认知实验室主任。研究领域涉及人类的学习、记忆和决策。其实验室主要关注主体在进行认知加工的过程中,如何选择性地检索、评估、解释、提取、优化记忆。

该实验范式不仅可以比较学习者如何选择学习项目以及在不同难度项目上所分配的学习时间,而且在该范式中,学习者能更加积极主动地控制自己的学习进程,充分反映了其自主条件下的决策水平。研究的结果也更接近真实学习情境下学习者的决策实质。

虽然 Dunlosky 范式和 Metcalfe 范式的操作程序有所不同,反映的学习时间分配的指标也存在一定差异,但这两种研究范式都获得了许多研究者的认可,研究者们往往会根据研究目的选择不同的研究范式(任洁,2015)。

2. 学习时间分配的发展

学习时间分配能力的发展研究经历了从他控步调的学习到自控步调的学习的研究转折。首先是他控步调学习的研究。

1973 年,弗拉维尔在他的一项经典性研究中,研究了儿童学习时间分配能力的发展。他以图片为材料,让小学一、三年级儿童和成人学习,然后回忆,回忆之后要求被试选择一半的项目再学习,考察不同年龄的被试究竟选择什么样的项目进行再学习,结果发现,三年级儿童和成年人更多地选择没有回忆出来的项目进行再学习,而一年级的儿童在选择项目时却表现出随机性,即回忆出来的和没有回忆出来的项目机会均等地被选择。沃斯(1978)的重复实验,证实了弗拉维尔的实验结果。在这种方式下,学习者的进一步学习受到外在方式的制约。即不论学习者是否希望继续学习,都得选择进一步学习的项目,而且其中学习者学习的时间及步调都是由主试事先安排好的,这在某种程度上剥夺了学习者学习的主动性,与其真实的学习情境相去甚远。

1988 年和 1989 年,迪弗雷纳等(1988,1989)分别选择一、三、五年级和一、三、五、七年级的儿童为被试,利用语义联系密切程度不同的词对为材料(例如,球棒 - 球,语义联系密切,为容易的项目;青蛙 - 书,语义联系不密切,为困难的项目),考察儿童在自主学习情形下学习时间分配能力的发展特点,发现一、三年级被试在容易的项目上和困难的项目上,分配的时间相近;而高年级的儿童则将时间更多地分配给困难的项目。

1992 年,小桥川等加大了材料间语义联系的差异,重复考察了一、三、五年级被试学习时间分配的决策特点,发现一年级被试仍然将时间随机地分配给容易的和困难的项目，而三年级和五年级被试则把时间更多地分配给困难的项目。这与前面的研究有所不同，似乎说明，如果材料差异足够大，三年级儿童也可以把学习时间有区别地分配给难易不同的学习项目。

1993年，小桥川等改变了选择刺激的标准，以材料的熟悉度为区分难易的指标，例如，以"苹果、青蛙"等被试熟悉的事物作为容易的项目，而以砧骨、牌坊"等被试不熟悉的事物作为困难的项目，要被试学习对相应的图片命名，考察被试学习时间分配的决策情况。结果发现，在这种情况下，甚至小学一年级的儿童，也能够把时间更多地分配给困难的项目。至此，研究者发现了小学中、低年级儿童并不是在任何情况下，都将学习时间平均地分配给难易不同的项目。分析结果不难发现，在年龄小的和年龄较大的儿童之间最大的区别是对学习过程的监测和自我调节之间的联系。在年龄较大的被试中，准确的监测导致了适当的自我调节，而在年龄较小的被试中，尽管其监测准确，但准确的监测却不能导致适当的自我调节。

为了更详细地探讨从不适当的学习时间分配到适当的学习时间分配的发展，施耐德等选择了7岁、9岁和10岁的儿童作为被试。给被试看一系列图片，分为容易的和困难的，容易的项目之间联想的图片属于近距联想（一个苹果－一个梨），而困难的项目之间的联系属于远距离联想（一个胡萝卜－一本书）。告诉儿童，他们可以学习这些图片对，直到他们能够完全记住这些材料为止。所有的项目都由计算机呈现，以便更准确地记录学习时间。此外，容易和困难的项目的呈现顺序由计算机随机安排。主要结果证明了前人的研究：年龄小的儿童在容易的和困难的项目上分配的时间基本相同；而年长的儿童则把时间更多地分配给困难的项目。因此，只有到小学高年级，有效地自我调节的策略才会出现（Lockl et al.，2004；刘希平 等，2004）。

3. 影响儿童学习时间分配决策能力发展的因素

1）儿童的元记忆水平

20世纪80年代末90年代以来，研究者们更加关注学习时间分配决策的内部心理机制的探讨。1988年，纳尔逊探讨了主体预见性记忆监测对学习时间分配决策的影响，发现成人把学习时间更多地分配给判断为困难的项目和判断为学习程度较低的项目（Nelson et al.，1988）。后来的研究者大多采用同样的条件，探讨EOL和JOL与学习时间分配决策之间的关系，主要的研究结果是成人被试把学习时间更多地分配给判断为困难的项目和学习程度较弱的项目（Dunlosky, et al.，1998；Thiede et al.，1999）。但在时间压力较大等情况下，也发现成人被试将学习时间分配给判断为容易的项目或判断为中等难度的项目（Son et al.，2000）。说明学习主体的记忆监测直接制约着其学习时间分配的决策。但有关的研究在儿童发展的实验中还很少见，大家认为低龄儿童之所以没有区别地将学习时间平均分配给容易的和困难的项目，是儿童的元记忆水平较低造成的。例如，产生性缺损、利用性缺损等。但这些只是推测而已，并没有针对各种元记忆缺损进行的学习时间分配能力的发展研究（刘希平 等，2004）。

2）任务定向

纳尔逊等（1988）考察了任务定向对学习者学习时间分配的影响。他们将成人被试分为速度定向和准确性定向两组。速度定向组要求学习者"尽可能快地学习要求掌握的项目，没有必要再掌握之后继续学习，答对的项目数量越多得分越高，但多用一分钟就会减掉一些分数，最好的方法是一旦记住立刻结束学习"；准确性定向组要求学习者"在确信自己能够记住某一个项目之前别按返回键，最终按其能够回忆的项目数计分"。结果发现，强调准确性组的学习者使用更长的时间来学习（Nelson et al., 1988）。

成人学习者在不同任务定向中所采用的学习时间分配策略是不同的，那么，在不同任务定向中，儿童的学习时间分配决策水平的发展又是怎样的呢？

洛克和施耐德（Lockl et al., 2004）考察了强调速度和强调准确性对儿童学习时间分配的影响。强调准确性的时候，告诉儿童，他们可以分配任意长的时间来学习，直到能够完全记住所学的项目；强调速度的时候，要求儿童尽快学会有关的项目。结果发现，儿童在不同任务定向下对学习时间进行了不同的分配。强调准确性的被试比强调速度的被试分配了更多时间来学习项目。但是，直接以儿童为被试考察不同的任务定向对学习时间分配的影响的研究不是很多。这说明儿童与成年人一样敏感。

但是，施耐德等的研究给儿童提供了充分自由的学习时间，儿童可以从容安排学习时间。这样就有可能造成一种情形，即在强调速度时儿童所花费的总的学习时间与在强调准确性时所花费的总的学习时间不同，在强调准确性时儿童可能花费更长的时间。在这种情况下，儿童在两种任务定向下的学习时间分配就缺乏可比性。如果给儿童限定同样的学习时间，考察不同的任务定向下儿童学习时间分配决策水平发展的差异，就可能给我们提供更加客观的数据，来了解儿童学习时间分配决策水平的发展。同时，在施耐德等的研究中，只有"速度"和"准确性"定向两种情况，但在实际生活中，儿童所面临的情景常常是既要求速度又要求准确性。因此，考察多种不同任务定向对儿童学习时间分配决策水平发展的影响就更切合实际要求。

实验室进行过一项研究，专门探讨任务定向对学习时间分配的影响。研究在"速度定向""准确性定向""速度和准确性定向"三种任务定向条件下，探查小学儿童学习时间分配决策水平发展的特点。研究假设是：如果儿童在不同难度的材料上分配不同的学习时间，说明儿童主动进行了学习时间分配的决策；在三种任务定向下，如果儿童学习时间分配的模式有所不同，说明儿童能够比较灵活地使用学习策略；在不同的任务定向下，如果儿童学习时间分配决策的发展有不同的表现，说明任务定向制约儿童学习时间分配的发展。

被试为小学二、四、六年级学生各24人，随机选取，男女各半（大学二年级学生24人，男女各半，所得数据作为成人对照）。被试平均年龄依次为：7.9岁，9.9岁，11.9岁（大学生，19.9岁）。

在小学一年级语文课本中选择反义词对（如白天－黑天）98对，近义词对（如关门－关窗）98对，以及人为组合的动词－名词对（如刻字－月亮）98对，请2名小学一年级（第二学期）儿童阅读，过滤掉儿童不认识的词对；然后找小学一年级语文老师再次认定，把小学一年级儿童不认识的词对过滤掉。从儿童认识的词对中每种词对随机选取28对，共计84对。正式实验材料共3组：在挑选出的材料中随机选择反义词对、近义词对和人为组合的词对各6对，分别作为容易的、中等难度的和困难的材料，每一组18

个词对；3 组共 54 个词对。在本实验中使用 1 组词对，另外 2 组词对供实验 2 和实验 3 使用。在小学二、四、六年级和大二学生中，各选择 24 名学生，其中男女各半，对所选的材料难度进行确认。方法是，告诉被试，如果让他们在规定的时间内，把词对记住，那么哪个词对最好学，让每一个被试从容易到难排列 18 个词对，相应词对分别得到赋值 1～18；然后利用同样的方式，让被试对相同的词对从难到易再评定一次，得到赋值 18～1；最后将两次评定的结果相加，得到每一个词对的赋值为 2～36，赋值越高，表明被试认为词对越难。挑选出了不同年级被试需要学习的反义词对、近义词对、人为组合的词对。实验设计采用 3×3（A 年龄，为被试间因素。共 3 个水平：二、四、六年级小学生；B 材料难度，为被试内因素。共 3 个水平：容易、中等难度、困难）二因素混合实验设计。因变量：A 学习时间，以被试在容易、中等难度和困难的项目上学习时间的绝对值做指标；B 记忆成绩，以被试在三种提取方式下正确提取的项目数与应该提取的项目数之比为指标；C 反应时，以被试提取时的反应时间的绝对值为指标。无关变量的控制：A 三种材料难度采用随机呈现的方式，对难度顺序进行了平衡；B 对操作过程中被试的按键倾向进行了平衡。方法是，采用拉丁方设计，安排了 3 套实验程序，分别使数字键 1、2、3 都有相同的机会对应容易的、中等难度的、困难的项目。

  实验过程中，计算机每一次呈现与容易、中等难度、困难的词对相对应的数字 1、2、3，被试只需要按相应的数字键 1、2 或 3 就可以学习相应的词对。事先让被试了解数字与词对难度之间的对应关系。伴随数字有难、中、易的提示。每小组 3 个词对，给被试 8 秒的学习时间，考察被试怎样把 8 秒的时间分配给不同难度的学习材料。18 个词对全部学习结束之后，要求被试提取。具体步骤如下：计算机按照事先编写的程序，呈现指导语，主试逐一宣读。特别强调提取时提取的词对越多越好，以强调反应速度。被试复述指导语。确信被试完全理解指导语内容，并做练习，练习可以反复进行。直到被试理解实验要求和操作程序为止。计算机呈现刺激，每一屏有 3 个数字，对应 3 个难度不同的词对，3 个词对给被试 8 秒时间学习，共 6 屏 18 个词对。被试提取，提取方式是线索回忆。每个词对容许的时限是 10 秒，18 个词对时限共计 3 分钟。线索回忆的刺激词顺序随机排列。在学习过程中，每一组 3 个词对给被试限定的学习时间是 8 秒，允许被试在 8 秒的时间内自由学习 3 个词对。不论被试如何安排学习，3 个词对总的学习时间都是 8 秒。计算机分别把被试对每个词对的多次学习的时间记录下来，然后累加在一起。这样就把被试在 3 个词对上如何分配 8 秒时间做了准确记录。

  实验结果发现，在"速度定向"条件下，小学二年级儿童在三种材料上分配的时间相等；小学四年级儿童在三种材料上分配的时间不同，他们在困难的项目上分配的时间更长；小学六年级儿童在容易的项目上分配的时间较短，在中等难度的项目上分配的时间较长，在困难的项目上分配的时间更长，与小学四年级儿童学习时间分配趋势相同，并且，其显著性水平比小学四年级还要高，与成人被试在三种材料间分配的学习时间差异的显著性水平比较接近。这说明小学四年级以上的儿童在强调记忆速度的条件下，进行了学习时间分配的决策。具体数据如图 9-19 所示。

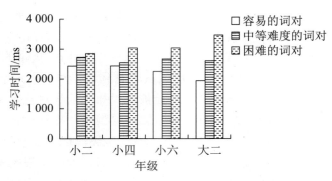

图 9-19 速度定向下儿童在不同难度材料上分配的学习时间

儿童在容易的项目上获得了最好的记忆成绩，无论哪个年龄段都是如此，在中等难度的词对上成绩稍差，在困难的项目上成绩最差。包括大学生在内，全部四个年级被试在容易的词对与中等难度的词对、中等难度词对与困难的词对之间提取正确率的差异都非常显著。对小学3个年级儿童的提取正确率和反应时进行方差分析，发现即使小学四年级以上的被试对学习时间进行了有目的的调整，这种学习策略对反应正确率也没有影响。但小学六年级儿童的提取反应时明显缩短。这说明，对于小学六年级被试而言，其学习时间的良好分配，尽管没有带来提取正确率的差异，但导致了反应时间的缩短。见表9-9。

表 9-9 儿童在"速度定向"下的提取正确率和提取反应时

年级	提取正确率 （正确提取的词对数／应该提取的词对数）				提取反应时 /ms			
	容易	中等	困难	平均	容易	中等	困难	平均
小二	0.79	0.36	0.06	0.40	2 578	3 876	4 922	3 792
小四	0.91	0.36	0.09	0.45	2 060	4 376	5 292	3 909
小六	0.85	0.42	0.11	0.46	1 751	3 290	3 598	2 880
大二	0.94	0.52	0.23	0.56	1 382	2 664	3 068	2 371

但是儿童在中等难度和困难的项目上分配较多时间，并没有有效地提高其提取正确率，尽管四年级以上的被试都在中等和困难的项目上分配了更长的时间，但提取正确率全部是在容易的项目上最高。这究竟是一种普遍现象还是"速度定向"下的特殊表现，是否因为强调速度导致了儿童对学习效果的正确率关注不够，从而急于学习更多的内容，结果适得其反，这有待于进一步实验检验。为此，研究者又对"准确性定向"下小学儿童学习时间分配决策水平的发展进行了探讨，实验结果发现，"准确性定向"下，在小学阶段，只有小学六年级儿童在三项难度不同的材料间分配的学习时间有显著差异，主要表现在分配给容易项目的学习时间明显比分配给中等难度和困难的项目少。而小学二年级和小学四年级儿童则在三种材料上分配的时间基本相同。

与"速度定向"条件下相似，虽然在容易的项目上，儿童分配的学习时间最短，但提取正确率却普遍较高，而在中等难度和困难的项目上，儿童提取的正确率则明显较低。在"准确性定向"下，儿童学习时间分配决策水平的发展与在"速度定向"条件下有相同的发展趋势，即儿童把学习时间更多地分配给难度较大的项目，难度越大，学习时间越长；这种趋势随儿童年龄的增长而加大。但具体表现的特点有所不同，在准确性定向下，直到小学六年级，儿童在三项难度不同的材料间分配的学习时间才出现显著差异。儿童的提取成绩在"准确性定向"下也表现出与"速度定向"下相同的趋势，即在困难项目上分配的学习时间较长并没有带来更好的提取成绩，在容易的项目上，儿童的提取成绩是最好的，在困难的项目上提取成绩最差。可见，学习时间的增加在"准确性定向"下也一样没有提高被试的学习成绩。值得注意的是，小学四年级儿童在"准确性定向"下比在"速度定向"下分配给容易项目的时间更长了，说明小学四年级儿童在不同的任务定向下进行了学习策略的调整。

为了进一步了解儿童的决策水平，研究者又设计了"速度和准确性定向"条件，考察了小学生学习分配策略水平的发展。所有操作与前面的实验类似，只是要求被试在记忆的时候，尽可能又快又准确。与"速度定向"条件下几乎相同，在"速度和准确性定向"条件下，从小学四年级开始，儿童在难度不同的材料上分配的学习时间有了明显的区别。他们给困难的项目更多的学习时间。这种趋势随儿童年龄的增长而变得更加明朗。与此同时，儿童提取正确率也表现出相同的趋势，即各个年级的儿童都在容易的项目上得到了最高的成绩，而在困难的项目上成绩最差。重复出现的这一现象，似乎说明，在学习时间与学习效果之间存在中介变量，少量的学习时间，并不能补偿由材料难易所带来的学习效果的差异。

研究者分析，儿童学习时间分配决策水平的发展表现出的这种趋势，与大多数前人的研究结果相一致，即低年级小学生在不同难度的材料上分配的学习时间相同，而中高年级小学生在难度不同的材料间分配的学习时间不同（Dufresne et al., 1988, 1989; Bisan et al., 1978; Masur et al., 1973）。说明利用线索回忆，低年级儿童确实把时间平均分配给了难易不同的材料。造成这种现象的原因，第一，可能是低年级儿童没有把难易不同的材料区分开。但这种推断似乎不能成立，因为在选择难度不同的材料时，即使是小学二年级的儿童也知道，反义词对比人为组合的词对容易得多。第二，可能是低年级儿童能够把难易不同的材料区分开，但没有清晰认识到应该在难度不同的材料上分配不同的学习时间。这种推断可能成立。第三，因为在三种不同的任务定向下，小学二年级的儿童表现相同，说明小学低年级儿童不能区分不同的任务要求，或者能够区分不同的任务要求，但没有清晰认识到在不同的任务要求下应该进行不同的决策。这种推断也有可能存在。无论是什么情况，都表明，小学低年级儿童在本研究的实验条件下，其学习时间分配决策发展水平还较低。但究竟儿童学习时间分配决策的较低水平受哪些因素制约，还有待于进一步的研究。也许对儿童的陈述性元记忆进行考察是一个很好的思路。

在有时间限制的条件下，不同定向要求，对不同年级的儿童影响不同。这与前人的研究有所区别。小学二年级儿童，在三种条件下，其学习时间分配的决策表现相同，即平均分配学习时间。小学四年级儿童则比较敏感。在"速度"与"速度和准确性"定向的情况下，小学四年级儿童把时间更多地分配给了困难的项目，在容易、中等难度和困难的项目间分配的学习时间差异显著；但在"准确性定向"的条件下，小学四年级儿童在三项材料上分配的学习时间基本相同。相比较而言，在强调提取的准确性时，他们把时间更多地分配给了容易的项目（因为在另外两种任务定向下，他们在容易的项目上分配的时间都相对较短）。这说明，小学四年级儿童能够认识到，在要求准确性时，他们如果想记住相同数量的词对，最好的方式是先记容易的，因为记住一个容易的词对比记住一个困难的词对要来得简单，所需要的努力相对较小。于是他们选择了容易的项目分配了相对更多的时间。这反映了儿童决策时，试图以较小的努力换取较大的收获的一种心理倾向。似乎证实了"努力最小化"的说法（Thiede et al.，1999）。小学六年级儿童，在三种条件下学习时间分配的决策表现相近，即在难度不同的材料间分配了不同的学习时间，但其具体的学习时间的分配随任务定向不同有所变化。在"速度定向"下，他们把更多的时间分配给困难的项目；强调准确性时，他们把相对更多的时间分配给容易的项目；既强调速度又强调准确性时，他们倾向于把时间向中等难度的材料调整，表现出非常灵活的决策反应。

这项研究充分表明，小学阶段学生的学习时间分配策略的使用，经历了三个阶段：第一个阶段，不使用策略；第二个阶段，使用策略但效果不稳定；第三个阶段，使用策略且有稳定效果（刘希平 等，2006）。

3）提取方式

前人在学习时间分配的研究中采用的提取方式大多是线索回忆（Bisanz et al.，1978；Dufresne et al.，1988；Dufresne et al.，1989；Dunlosky et al.，1998；Metcalfe，2002），也有研究采用自由回忆的范式（Nelson et al.，1988），对小学低年级儿童学习时间分配决策水平的发展进行了研究。研究结果并不一致。这一方面可能是因为所给的其他条件不同，另一方面也有可能是提取方式的不同。

那么，究竟儿童学习时间分配决策发展水平是由什么因素决定的？低龄儿童不能有效地分配学习时间是什么原因导致的？是儿童对项目的难易判断不准确，还是儿童不能有效地利用这种判断对自己的学习过程进行调整？学习时间分配的决策是直接制约于任务难度的预见，还是制约于学习过程中进行的学习程度的判断，抑或是同时受两种监测的制约？前人在探讨学习时间分配的决策水平的发展时，大多采用线索回忆的方式作为衡量学习结果的指标。而在儿童的学习活动中，除了线索回忆之外，自由回忆和再认是主要的提取方式。那么在自由回忆和再认条件下儿童的决策水平的发展如何？不同的提取方式对儿童学习时间分配的决策是否有影响。刘希平等设计了相应的研究，以探讨不同的记忆监测（EOL、JOL 等）对儿童学习时间分配决策水平发展的影响。本研究是整体研究的一部分，目的在于探查针对不同的提取方式 EOL 判断等级与儿童学习时间分配之间的 G 相关值，从而揭示小学儿童学习时间分配的决策水平的发展。实验假设是：①如果儿童 EOL 判断等级与学习时间之间存在着正相关，说明儿童的学习时间分配的决策建立在任务难度预见的基础上，即表明儿童具有决策行为；②如果儿童 EOL 判断等级与儿童学习时间之间的正相关，随年龄增长而提高，说明儿童学习时间分配的决策水平随年龄增长而提高；③如果在不同的提取方式下，儿童任务难度预见等级与儿童的学习时间分配之间的 G 相关值有不同的表现，说明不同的提取方式影响儿童的学习时间分配决策水平的发展。

研究也是选择小学二、四、六年级学生各 24 人，随机选取，男女各半；大二学生 24 人，男女各半（作为成人对照组）。利用难度不同的材料让被试学习，考察被试的学习时间是如何分配的。

实验采用 3×3 二因素混合实验设计。其中，A 年龄，为被试间因素。共 3 个水平：二、四、六年级小学生（大二学生做成人对照组，因此不作为一个水平考虑）；B 提取方式，为被试内因素。共 3 个水平：自由回忆，线索回忆，再认。因变量：A 任务难度的预见判断等级。以被试对每组 18 个学习词对的难易排序为根据，将被试由易到难评定的项目分别赋予 1～18 分，将被试由难到易排列的项目分别赋予 18～1 分，然后将每一个词对得到的分值相加，每个项目的得分都应该在 2～36 分之间，分值越高，表示难度评定等级越高。B 学习时间，分为首次学习时间和总的学习时间。首次学习时间，以被试进行自控步调的学习（self-pacedstudy）时在每个项目上的第一次学习时间做指标；总的学习时间，以被试在自控步调的学习时在每个项目上多次学习的累加的学习时间做指标。无关变量的控制：A 正式学习前材料学习程度的控制：评定项目难易时，先从易到难评定，再从难到易评定，这样抵消了由于评定所带来的对不同项目的学习；B 评定等级倾向控制：对项目的评定。每一位被试所接受的都是随机排列的词对，以防止被试对特别的系列位置评定难度的特定倾向；C 任务顺序平衡：三种提取方式的实验顺序进行了平衡。

首先进行难度等级评定。对 18 个词对的难易进行评定。方法是，a 从易到难依次排列 18 个词对；b 由难到易依次排列相同的 18 个词对。一半被试先 a 后 b，一半被试先 b 后 a。指导语如下（以自由回忆为例）：指导语 1：这里有 18 个词对，如果让你在学习之后，一字不差地报告出来，你认为哪个词对最容易，请你尽快把它挑出来，单击该词对；然后在剩下的词对中，将最容易的一个词对挑出来……以此类推，一直排到最后一个词对。指导语 2：还是这 18 个词对，如果让你在学习之后，一字不差地报告出来，你认为哪个词对最困难，请你尽快把它挑出来，单击该词对；然后在剩下的词对中，将最困难的一个词对挑出来……以此类推，一直排到最后一个词对。

然后请被试进行自控步调的学习。自由学习评定等级的 18 个词对，直到确信自己能够提取为止。指导语：现在，请你学习刚才评定难度的 18 个词对。屏幕上呈现的是每个词对的第一个词，当你在这个词上单击时，你可以看到整个词对。这时，你可以学习该词对，当你确信自己已经记住这个词对时，请按红色键，回到备选词单位置，你可以选择新的项目学习，直到你认为所有的项目都已经记住为止。在全部词对学过一轮之后，如果你认为，有些项目还需要再学习，你可以重复学习，直到你确信记住了为止。按绿色键退出。注意，全部学习结束后，给你 3 分钟时间，要求你报告记住的词对，报告对的词对数越多越好。

最后，提取。对刚刚学习的 18 个词对进行提取，时间限制在 3 分钟之内（自由回忆：要求被试在 3 分钟时间内，把评定难度并且进行了自控步调学习的 18 个词对原封不动地口头报告出来；线索回忆：依次给出每个词对的第一个词，要求被试口头报告第二个词，时限 10 秒；再认：给被试呈现 36 个词对，其中 18 个词对是被试刚刚学习的，18 个是新的，要求被试将学过的 18 个词对在 3 分钟时间内挑出来）。休息之后按照上述步骤重复不同的提取方式条件下的学习。

计算词对难度的评定等级与学习时间之间的 G 相关值（计算的是判断等级与提取结果之间的一致性，1988 年和 1994 年，Nelson 两次谈到在记忆监控研究中，Gamma 相关是考察被试记忆监控水平的最好的指标，详细内容请查阅相关文献），作为考察小学儿童学习时间分配决策水平的指标。同时，在考察年级的主效应时，都是以小学儿童的数据作为统计对象，大学生的数据只是作为成人对照。

研究结果表明，对小学儿童任务难度预见判断等级与学习时间之间的 G 相关值与 0 相关之间的差异显著性也进行了检验。发现，即使是小学二年级和小学四年级，其 G 相关值与 0 相关之间也都达到了非常显著的差异。这说明从小学二年级开始，儿童就可以在一定程度上借助对任务难度的预见，来调整自己的学习时间，而不是盲目学习。三种不同的提取方式下，不同年龄阶段小学儿童 EOL 判断等级与学习时间之间的 G 相关值的发展特点有所不同。小学儿童在自由回忆下任务难度预见的判断等级与首次学习时间的相关在年级间尽管有差异但不显。任务难度预见判断等级与首次学习时间之间的 G 相关值，在小学二年级与小学四年级之间没有显著差异，但在小学四年级与六年级之间差异显著。在线索回忆下，小学儿童在 EOL 判断等级与首次学习时间之间的 G 相关值才随年龄的增长有显著提高。小学二年级儿童在三项任务上的 G 相关值有显著差异，其他 3 个年龄段被试在三项任务间 EOL 判断等级与首次学习时间之间的相关值都没有显著差异。

对三种提取方式下，儿童对任务难度预见的判断等级与小学儿童在每一个项目上的总的学习时间分配之间的 G 相关值进行统计，发现小学儿童在自由回忆的情况下，任务难度的预见判断等级与小学儿童在每个项目上总的学习时间的相关在年级间的差异显著。任务难度预见的判断等级与总的学习时间之间的 G 相关值，在小学二年级与小学四年级之间，同样差异不显著；在小学四年级与六年级之间差异显著。说明，小学四年级到小学六年级之间，是儿童依据任务难度预见等级调整学习时间，从而进行有效决策的快速发展阶段。六年级与大学生都没有出现显著差异，说明小学六年级儿童在任务难度预见判断等级与学习时间之间的 G 相关值已经接近成人水平。

在线索回忆的情况下，对小学儿童在任务难度判断等级与首次学习时间之间的 G 相关值进行了差异显著性检验，发现年级间差异显著，年龄越大，其相关值越大，说明随着年龄的增长，小学儿童的学习时间分配决策水平在提高。任务难度预见判断等级与总的学习时间的相关值在小学阶段，年级间的差异也达到了非常显著水平。具体细节请参见图 9-20。

从图 9-20 中可以看出，小学儿童依据任务难度的预见来进行学习时间分配，两者之间的相关值随年级增长而提高，在小学二年级到小学四年级之间发展迅速；小学四年级与小学六年级和大学生之间则没有显著性差异。不论是与首次学习时间的相关值还是与总的学习时间的相关值，都表现出了相同的趋势。

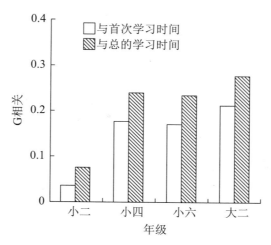

图 9-20　任务难度预见等级与首次学习时间和总的学习时间的相关（线索回忆）

对小学儿童 EOL 判断等级与首次学习时间和总的学习时间的 G 相关值进行配对 t 检验，发现从小学四年级开始，小学儿童在两项 G 相关值之间就表现出了显著的差异。说明四年级以及年龄更大的儿童，可以在学习过程中对自己的学习时间进行更多的调整。

在再认条件下，小学儿童 EOL 判断等级与学习时间之间的 G 相关值的比较发现，小学二年级到小学六年级之间，学习时间分配决策水平的发展在增长，但增长的幅度在年级间没有达到显著性水平。只有大学二年级在 EOL 判断等级与首次学习时间之间的相关和与总的学习时间的相关才出现显著差异。详情请见图 9-21。

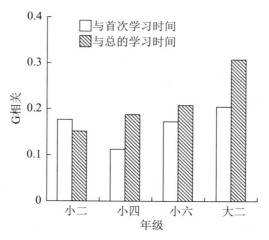

图 9-21　任务难度预见等级与首次学习时间和总的学习时间的相关（再认）

本实验用小学儿童对任务难度预见的判断等级与所分配的学习时间之间的 G 相关值作为小学儿童学习时间分配的决策水平的指标，这是有一定道理的。因为在自主学习的情况下，小学儿童是否能够分配更多的时间给自己认为困难的项目，这在一定程度上反映了小学儿童决策的水平。由于是自主学习，如果小学儿童能够区分学习材料的难易，但却不能有区别地对待不同的学习内容，不能分配不同的时间给难度不同的项目，说明小学儿童还不能充分利用自己对材料难度的判断来进行决策；相反，如果小学儿童能够区分材料的难度，同时能够针对不同难度的材料给予不同的主观资源的投入，有针对性地分配不同的学习时间，则说明小学儿童能够利用自己对学习材料的难度的判断来进行决策。

实验揭示出在三种提取方式下，小学儿童的学习时间分配的决策水平都有随年龄增长而提高的趋势。说明小学儿童在记忆控制中对记忆监测的利用水平随年龄增长而提高。

对儿童就反义词对、近义词对和人为组合的词对的难度判断进行了统计，发现所有被试（小学二年级儿童也包括在内）都认为，反义词对是最容易的，近义词对比较困难，人为组合的词对是最难记忆的。因此在本研究中，小学二年级儿童在难度判断与学习时间之间的 G 相关值较低，并不是不能区分材料的难度，而是在进行区分之后，主动地利用这种区分来进行决策的力度不够。而年长儿童或大学生则能够更加主动地利用对材料难度的判断，为自己的决策提供依据。正是从这个意义上说，低龄儿童把学习时间"平均地"分配给难度不同的材料，可能并不是他们对材料的难度不能很好地加以区分，而是在记忆监测和记忆控制之间缺乏有效的整合。因此，如何引导小学儿童充分利用自己对学习内容的认识，为自己的决策提供依据，应该成为今后发展与教育研究所关注的焦点。

不同的提取方式下，小学儿童的学习时间分配的决策水平的发展表现出了不同的趋势。在自由回忆的情况下，小学儿童学习时间分配的决策水平在小学四年级到小学六年级之间有较大的进步；小学六年级儿童的决策水平与大学二年级学生的表现比较接近，说明小学六年级儿童的决策水平已经发展得比较成熟。在线索回忆的情况下，小学二年级儿童的决策水平明显低于其他年龄段的儿童。而小学四年级和小学六年级儿童的决策水平几乎相等，与大学二年级被试的表现没有明显差别。似乎揭示出在线索回忆的情况下，小学二年级到小学四年级之间是学习时间分配决策水平的快速发展期。至于再认情况下的学习时间分配的发展，在小学阶段表现出了渐进式的提高，但各年级间的差异并不显著。各年级的学习时间分配决策水平与大学二年级之间均差异显著。说明，在小学阶段，儿童学习时间分配的决策水平在再认情况下发展还处于较低水平。

不同的提取方式下，小学儿童学习时间分配的决策水平有不同的表现，这说明了以下几点。第一，不同的提取方式对小学儿童来讲有难度上的差别，这种难度上的差别不仅在于记忆任务本身，还在于不同的提取要求对小学儿童判断其难易所造成的难度不同。例如，在判断线索回忆任务下材料的记忆难度时，儿童可以尝试只看刺激词来猜想反应词；而要小学儿童判断再认的词对的难易，就没有什么线索，只能凭经验，判断起来会有一定的难度。在分配学习时间时，儿童需要对学习程度进行判断，线索回忆仍然更加容易判断。因此，当儿童面对线索回忆的任务要求时，EOL 判断准确性应该较高；而在自由回忆的条件下，EOL 判断准确性可能较差；再认条件下的判断准确性就更差。即在线索回忆的条件下，儿童认为困难的材料，学习起来也确实困难，他们自然就分配更多的时间；而在再认条件下，儿童认为困难的项目，学习起来可能并不困难，因此分配的时间可能较短，在这种情况下，小学儿童的学习时间分配的决策水平随不同的提取方式有不同表现就比较容易理解。第二，在不同任务间，小学二年级儿童学习时间分配决策水平有显著差异，说明小学二年级儿童学习时间分配的决策水平发展还不是很稳定，更容易受任务条件的影响。第三，小学儿童正处在成长中，其元记忆水平本来就有局限，这在多项研究中早有发现。小学到初中阶段是儿童元记忆水平快速发展的时期，学习时间分配的决策是在记忆监测的基础上进行的，应该较记忆监测发展晚些，所以学习时间分配决策水平的发展在小学阶段随任务的改变而波动是正常的。第四，对小学生而言，应该给他们更多的机会对所学习的材料以多种方式进行提取，以增加其对不同提取要求的敏感性。

任务难度的判断等级与首次学习时间的相关值，反映了学习者任务难度的判断对学习过程的制约作用。而任务难度的判断等级与总的学习时间的相关值，既涉及任务难度判断（EOL）对学习过程的制约作用，也反映了在学习过程中学习者对学习的调整，即学习者学习程度的判断（JOL）对学习过程的制约作用。如果 EOL 与首次学习时间的相关值和 EOL 与总的学习时间的相关值没有差异，说明儿童在学习过程中对主观资源的控制，更多地依据 EOL 来进行；如果存在差异，说明儿童在学习过程中对自己的主观资源的投入进行了不断的监测并据此进行了调整。

因为所给的学习时间没有限制，完全由儿童自己掌握，儿童 EOL 判断等级如果是准确的，而儿童又是比较成熟的学习者，就应该在 EOL 判断等级与首次学习时间之间出现较高的正相关。即自己认为困难的项目，自己学习时应该分配较多的时间；自己认为容易的项目，自己在学习时就应该分配较短的时间。但结果中相关值较低，说明小学儿童的学习时间分配决策的发展水平较低。事实上，在学习过程中，学习者一方面在记忆，一方面在监测自己记忆的程度。而对自己记忆程度的判断，也制约着儿童下一步的学习。因为实验是自控步调、不限时间的学习，成熟的学习者会在学习程度较低的项目上，投入更多的资源。在这种情况下，如果当初判断为难度较大的项目，在学习过程中掌握程度也较差，成熟的学习者就会在这样的项目上分配更多的时间，这样 EOL 判断等级与学习时间之间的相关就较高；如果学习者的 EOL 判断等级较高，但随着学习的深入，对学习程度的判断也较高，则儿童可能在这样的项目上分配较短的学习时间，此时，EOL 判断等级与总的学习时间之间的相关就会较低。而造成这种现象的原因，显然是因为当初的 EOL 判断不够准确。如果判断准确，认为难度大的，应该学习起来困难，用相同的时间所带来的学习程度就应该较低。所以任务难度预见等级与首次学习时间之间的相关值，反映了儿童对材料难度的判断准确性以及儿童在任务难度预见基础上的学习资源的控制。而任务难度预见的准确性与总的学习时间之间的相关值既反映了儿童对任务难度的预见准确性的高低，又反映了儿童依据对任务难度的预见而进行的学习资源的调整，同时还反映了儿童对学习程度的判断与学习时间分配之间的关系的把握。

尽管具体数值有差异，但可以看出，在线索回忆的条件下，各个年龄段小学儿童的 EOL 判断等级与首次学习时间的相关值均小于判断等级与总的学习时间的相关值。同样说明，随着学习的深入，小学儿童的决策状况在变化，小学二年级儿童随学习次数的增多，EOL 判断等级与总的学习时间之间的 G 相关值与首次相关之间没有表现出差异，但小学四年级儿童和小学六年级儿童则随学习进程，表现出 EOL 判断等级与学习时间分配之间 G 相关值的调整，即与总的学习时间的相关值比与首次学习时间的相关值明显增大。反映了四年级以后儿童已经能够根据学习进程来进一步灵活地调整主观资源的投入。但 JOL 如何影响儿童的学习时间分配的决策，还有待于进一步的研究。而在自由回忆和再认情况下,只有大学二年级的被试其 EOL 判断等级与首次学习时间和总的学习时间的相关值才存在显著差异。表明在自由回忆和再认情况下,小学儿童要依据对学习程度的判断来调整自己的学习过程,还有一定的难度。

总体而言,任务难度预见与首次学习时间之间的相关值随年龄增长而提高,说明小学儿童的记忆控制随年龄增长而提高。任务难度预见与总的学习时间的相关值也随年龄增长而加大,说明在反复学习的过程中,儿童依据自己对学习过程的监测调整了学习时间;而随年龄增长,两项相关值之间的差异越来越大,说明年龄越大,学习时间的调整受制约于 JOL 判断的程度越大(刘希平 等,2005)。

4)时间限制

通常情况下,实验者都是要求被试学习项目,直到确信自己完全记住了所学内容为止。此时所提供的学习时间是非常充足的。而这种学习情境与真实学习情境有所区别。在实际学习中,个体常常不得不在规定的时间内尽可能多地记住学习的内容。因此,在不同时间限制条件下,探讨学习者学习时间分配的决策,更能够比较真实地反映学习者的决策水平。锡德和邓洛斯基(1999)限定成人被试的学习时间,探讨学习者的项目选择和学习时间分配。结果发现,在限定学习时间较短的时候,被试倾向于选择容易项目进行再学习,而在限定时间较长的时候,被试倾向于选择困难的项目进行再学习。

桑和梅特卡夫(2000)探查了在不同的时间压力和材料长度下,被试如何进行学习时间的分配。结果发现,当被试没有足够的时间学习的时候,他们分配更多的时间给容易项目。当材料变短,有足够的时间学习的时候,人们分配更多的时间给困难项目(李伟健 等,2014)。邓洛斯基等(2011b)的研究也发现了同样的规律。而且在不同时间限制下,材料的位置和项目分值对学习时间分配的影响也是不同的。在短时间限制下,材料的位置对学习时间分配的影响较弱,而在无时间限制下,被试更倾向于按顺序进行学习(Dunlosky et al.,2011b),而此时分值的影响却比较弱(牛勇 等,2010)。

其实,在不同时间限制下,探讨儿童学习时间分配的决策,才能够比较真实地反映儿童的决策水平。而在不同时间限制下,对学习主体的学习时间分配的探讨,更多集中在利用成年人进行的认知研究中。锡德和邓洛斯基(1999)设计实验,给被试(成人)限定了不同的学习时间,考察被试对项目的选择和学习时间的分配。结果发现,在所限定的学习时间较短的情形下,被试选择的学习项目更多的是那些容易的项目,而在限定的时间较长的时候,被试则选择困难的项目进行再学习。按照邓洛斯基的分析,学习者在不同的任务条件下,为自己确立了不同的学习标准,依据不同的学习标准进行学习时间的分配。如果学习标准比较高,学习者就将更多的时间分配给困难的项目,试图记住更多所要记忆的内容;而如果学习标准比较低,学习者就把学习时间更多地分配给容易的项目,以保证记住一定数量的学习内容。这一说法,被称为"标准影响分配假说"(norm-affects-allocation)。先前以成人为被试的研究似乎证明了这一说法。

但前人的研究其被试都是成年人,没有揭示儿童学习分配决策水平的发展趋势。因此在面对不同的时间压力的时候,儿童如何决策、这种决策水平如何发展变化,就成为研究关注的焦点。而对儿童学习时间分配决策的探讨势必丰富记忆监控发展的研究。

刘希平等的研究试图考察在给定的学习时间短、中等长度和没有限制三种条件下,小学儿童学习时间分配决策水平的发展特点。研究假设是：①在三种时间限制下，如果儿童在不同难度的材料上分配不同的学习时间，说明儿童主动进行了学习时间分配的决策；②如果儿童分配给难易不同的材料的学习时间的差异随年龄增长而加大，说明儿童学习时间分配的决策水平随年龄增长而提高；③如果在不同的时间限制下，儿童学习时间分配决策水平的发展有不同的表现，说明时间限制制约儿童学习时间分配的决策。

研究首先考察了短时限下小学儿童学习时间分配决策水平的发展。由于在短时限下，儿童的时间压力比较大，如何有效地调节自己所拥有的主观资源，这种调整随年龄增长有否发展变化，表现如何，是实验1要解决的主要问题。

仍然选择容易、中等难度和困难的词对作为学习材料。材料得到了不同年级被试的确认。研究一共三个实验，需要三组材料。三组材料进行了平衡，对三组材料的难度评定进行了一致性检验，发现材料1与材料2、材料1与材料3、材料2与材料3之间的一致性比较高，材料等质（刘希平 等，2006）。

实验1，选择小学二、四、六年级学生各24人，男女各半；大学二年级学生24人，男女各半，作为成人对照组。实验采用3×3（A年龄，为被试间因素。共3个水平：二、四、六年级小学生；B材料难度，为被试内因素。共3个水平：容易，中等难度，困难）二因素混合实验设计。因变量：A学习时间（相对值），分别以被试在容易、中等难度和困难的项目上学习时间与在三个项目上总的学习时间之比作为在容易、中等难度和困难项目上的学习时间的指标；B提取正确率，以被试在三种提取方式下正确提取的项目数与应该提取的项目数之比为指标。无关变量的控制：A难度顺序平衡：三种材料难度采用随机呈现的方式，对难度顺序进行了平衡；B反应倾向平衡：对操作过程中被试的按键倾向进行了平衡。方法是采用拉丁方设计，安排了三套实验程序，分别使数字键1、2、3都有机会对应容易的、中等难度的、困难的项目；C体会学习时间：为了消除被试对时间理解的误差，学习之前让被试感受5秒钟时间。

实验操作步骤共计三个轮回，每一个轮回涉及学习和提取两个环节。学习过程中，计算机每一次呈现与容易、中等难度、困难的词对相对应的数字1、2、3，被试只需要按相应的数字键1、2或3，就可以学习相应的词对。事先让被试了解数字与词对难度之间的对应关系，并随数字有难、中、易的提示。每小组3个词对，给被试5秒钟的学习时间，考察被试怎样分配学习时间。全部18个词对学习结束之后，要求被试提取。记录被试的学习时间和提取成绩。

研究者首先分析了在短时限下，小学儿童学习时间分配决策水平的发展，对儿童在三种难度的材料上分配的学习时间进行统计，得到表9-10。

表9-10 短时限下儿童在不同难度材料上分配的学习时间的相对值

年　　级	容　　易	中　　等	困　　难	$F_{(2,184)}$
小二	0.373 3	0.312 5	0.314 2	2.54
小四	0.353 7	0.316 7	0.329 6	0.75
小六	0.323 1	0.370 2	0.306 8	2.30
大二	0.279 0	0.348 3	0.372 7	5.03**

注：表中数字为分配给某项材料的学习时间与在三种材料上的总的学习时间之比；**$p < 0.01$。

对表 9-10 中小学生的数据进行混合设计的方差分析，发现学习时间在材料间以及年级与材料间的交互作用都不显著（学习时间在年级间的主效应不做考虑，因为主试对所有被试的总的学习时间做了规定）。说明小学儿童在短时限下，分配给三种难度材料的学习时间没有差异。而这种特点在小学阶段没有明显的发展变化。大学生则在难度不同的材料上分配了绝对不同的时间。把儿童提取出来的词对数与儿童应该提取的词对数之比作为儿童提取正确率的指标。得到在容易的项目、中等难度的项目和困难的项目上，儿童提取正确率在年级间均差异显著。表现出小学儿童在三种难度的材料上的提取正确率随年龄增长在提高。

对同一年级在三种不同难度的材料上提取正确率的差异进行简单效应检验，结果发现，任何年龄段的儿童，在三种材料上提取正确率的差异都达到了非常显著的水平。可见，即使儿童在中等难度和困难的项目上花费的时间与在容易的项目上花费的时间相近，但在中等难度和困难的项目上的提取正确率却不如在容易的项目上高，小学每个年龄段都有相同的特点。而大学生的数据说明，尽管他们在中等难度和困难的材料上花费了更多的学习时间，但其记忆成绩却仍然是容易的项目高，说明在中等难度和困难的项目上所做的时间补偿不足以弥补其难度上的差异。

利用 5 秒钟记忆 3 个难度不同的词对，一共 18 个词对，然后进行线索回忆，这是一项难度较大的学习任务。即使是大学生，也仅仅能够提取其中的 50% 左右的内容。在压力面前，要最大限度地满足任务要求，就需要在给定的时间内进行有效的选择和取舍。所以儿童学习时间分配的决策在时间压力较大的条件下，就应该有所反映。本实验发现，从小学二年级到小学六年级儿童分配在难度不同的材料上的学习时间没有显著差异，表明在短时限下，儿童的决策在小学阶段还没有理想的表现（大学生则在困难的材料上分配了更长的时间）。可能因为 5 秒钟时间比较短暂，记住 3 个词对难度比较大，因此儿童难以有效地调整自己的学习时间，这和前人的结果有一些出入，在前人的研究中，高年级小学儿童已经可以有效地调整自己的学习时间。出现这样的差异是任务条件有些困难，不能很好地反映小学儿童的决策水平，还是有其他原因，有待于进一步的实验检验。选择初中组和高中组来完成相同的任务，或者，改变时间限制，再来考察儿童学习时间分配决策水平的发展，也许可以看到明确的发展变化的过程。

研究者利用 15 秒钟作为中等时限，考察了小学儿童学习时间分配决策水平的发展。基本研究思路等与实验 1 相同。结果发现，不同年级儿童在三项不同难度的材料上学习时间的差异都达到了非常显著的水平。这说明任何年龄段的儿童，在三种难度材料上的学习时间都存在非常显著的差异。即使小学二年级儿童，也在困难的项目上分配了更多的学习时间。同时发现，小学四年级和小学六年级儿童在容易的、中等难度的、困难的项目上分配的学习时间的差异，有随年龄增长而加大的趋势（到了大学二年级，在不同难度材料上分配的学习时间的差异更加明显）。

同时发现在不同难度的材料上学习时间分配的发展差异不同。可见，在容易的和中等难度的材料间，儿童的学习时间分配表现出了显著的年级间的差异，但在困难的材料间，不同年级的儿童则没有表现出学习时间上的差异。

对不同年级儿童在容易和中等难度的材料上的学习时间的差异进行多重比较,发现无论是对于容易的还是对于中等难度的材料,都是小学二年级与小学四年级之间学习时间差异显著,但小学四年级与小学六年级之间,学习时间则没有显著差异。总体而言,在容易的项目上,学习时间随年龄增长而减少;而在中等难度的项目上,学习时间随年龄增长在增加。

对中等时限下儿童的提取正确率进行了统计,得到儿童正确提取的词对与所学习词对数量之比,以此作为儿童的提取正确率的指标,得到提取正确率随年龄增长而提高。在容易的项目、中等难度的项目和困难的项目上,儿童提取正确率的年级间差异显著。在中等时限下,小学儿童在三种难度的材料上的提取正确率都随年龄增长在提高。对不同年级儿童提取的正确率进行多重比较,发现小学四年级儿童的提取成绩明显高于小学二年级;而小学四年级与小学六年级提取正确率没有什么变化。

儿童学习时间分配与提取正确率之间的不相一致,在中等时限下也有相同的表现。似乎说明儿童在分配自己的主观资源的时候,还存在一些不成熟。因为儿童并没有在容易的项目完全记住之后再把剩余的时间给困难的项目。而分配给困难的项目的时间,并没有带来相应的记忆成绩的提高。但成年人也有类似的表现。这似乎表明,这种现象有其他的机制存在,有待于今后的研究。

当儿童面临的时间压力不是那么大的时候,不同年级的儿童其学习时间分配的决策与短时限相比有了不同的发展特点,特别是小学二年级儿童,也表现出在困难项目上分配的时间更长,容易项目和困难项目之间分配的学习时间的差异达到了非常显著的水平。说明,即使是小学二年级的儿童也可以在比较从容的学习条件之下,主动地控制自己的学习时间,即控制学习资源,以最大限度地满足学习要求。与短时限相比,小学四年级和六年级的儿童,也表现出了学习时间分配在不同难度项目之间的差异,而且差异非常显著。

这令人思考,如果对学习时间不加限定,儿童在进行决策时是否有什么不同的发展特点?于是,研究设计了新的实验,考察没有时间限制的条件下儿童学习时间分配的情况,以比较全面地了解儿童学习时间分配发展的特点。

新实验探索了无时限条件下小学儿童学习时间分配决策水平的发展。在无时限的条件下,儿童借助自主学习来记忆所要求学习的内容。对儿童在三种难度的材料上分配的学习时间的相对值进行统计,发现越是困难的项目,分配的学习时间越长,而且年级之间没有差异。见表 9-11。

表 9-11 无时限时儿童在三种难度不同的材料上分配的学习时间的相对值

年 级	容 易	中 等	困 难
小二	0.248 9	0.358 9	0.392 2
小四	0.242 4	0.354 0	0.403 6
小六	0.231 3	0.341 8	0.426 9
大二	0.199 4	0.331 5	0.469 0

注:表中数字为分配给某种材料的学习时间与在三种材料上的总的学习时间之比。

无时限条件下小学儿童的提取正确率，随着年龄增长而增加。进一步分析发现儿童提取正确率只有在困难的项目上存在年级间显著差异。可见，在无时限下，在容易的和中等难度的材料上小学儿童的提取正确率随年龄增长，没有出现显著变化，在困难的材料上的提取正确率随年龄增长在提高，这种变化主要发生在小学二年级到小学四年级之间。

研究对三种时限下，儿童在容易的项目上对分配的学习时间进行比较。按照推测，时间短说明任务可用的资源少，在这种情况下，成熟的学习者，应该在容易的项目上分配相对多的时间。而在长时限下，儿童在容易的项目上应该分配的时间较少。对数据进行比较发现，从小学二年级开始，儿童就在短时限下在容易的项目上分配了更多的时间，比中等时限和无时限条件下所用时间明显要长。在中等难度的项目上对分配的学习时间进行比较，发现儿童在中等难度的材料上分配的学习时间在年级间没有显著性差异。对困难的项目进行比较，发现各个年级的被试在三种时间限制下，分配的学习时间的差异都达到了显著性水平，即都在中等时限和无时限的条件下分配了更多的学习时间。

对研究进行总结，发现，即使是小学二年级儿童，在某些条件下也可以主动地分配学习时间。

本研究的结果说明，在某些条件下，即使是小学二年级儿童，也可以主动地分配学习时间（中等时限和无时限条件下）。这一方面反映出小学二年级儿童能够区分项目的难易，另一方面说明儿童在有意识地针对不同项目的难度进行调控。所以前人关于小学低年级儿童可否主动进行记忆控制的争论，在本研究中得到了肯定的结论。而如果要探查儿童学习时间分配决策水平的发生，显然要以年龄更小的儿童为被试。

年龄越大的儿童，其学习时间分配在不同难度项目上的差别越大。无论是短时限、中等时限还是无时限，儿童的学习时间分配都出现了相同的趋势，即年龄越大，在不同难度的项目间分配的学习时间的差异就越大。如果我们把大学二年级的学生的决策当成所选被试中的最高水平的话，这似乎说明，分配给难度不同的材料的时间差异反映了被试决策水平。但这种结论还需要进一步的实验检验。

在三种时限下，儿童学习时间分配决策水平的发展都表现出了不同的趋势。在短时限下，利用5秒钟记忆3个难度不同的词对，一共18个词对，然后进行线索回忆，这是一项难度较大的学习任务。即使是大学生，也仅仅能够提取其中的50%左右的内容。在压力面前，要最大限度地满足任务要求，就需要在给定的时间内进行有效的选择和取舍。所以儿童学习时间分配的决策在时间压力较大的条件下，就应该有所反映。本实验发现，从小学二年级到小学六年级儿童分配给不同难度材料的学习时间都没有显著差异。说明小学儿童在时限较短的条件下，还没有表现出明显的策略行为。到了中等时限下，从小学二年级开始，儿童对困难的项目就投入更多的学习时间。随着年龄的增长，儿童在困难的项目上分配的学习时间越来越多，而在容易的项目上分配的学习时间越来越少。到了无时限条件下，这种趋势就更加清晰明确。无论是中等时限还是无时限，儿童面临的时间压力都不是那么大，不同年级的儿童其学习时间分配的决策与短时限相比有了不同的发展特点，特别是小学二年级儿童，也表现出在困难项目上分配更长时间的趋势，容易项目和困难项目之间分配的学习时间的差异达到了非常显著的水平。说明,即使是小学二年级的儿童也可以在比较从容的学习情景之下,主动地控制自己的学习时间,进而控制学习资源以最大限度地满足学习要求。

在前人的研究中,小学低龄儿童很少表现出学习时间分配的策略性行为,他们常常在容易的和困难的项目上分配相同的时间。但本研究揭示出小学二年级儿童也在难易不同的材料上分配了完全不同的时间。说明如果条件允许,即使是小学低年龄儿童也可以有策略性的表现。这与小桥川未发表的文献相吻合。至于这种策略性是否可以在小学低年龄儿童身上有非常稳定的表现,还需要进一步的实验检验。中等时限下学习时间分配的表现与梅特卡夫的研究结果也有所不同。梅特卡夫的研究结论是,在15秒钟的条件下,被试把时间平均地分配给难易不同的项目。而在本研究中,在15秒钟的条件下,儿童已经能够把时间更多地分配给困难的项目。这可能是因为本实验中提供给儿童的记忆任务相对简单。

当儿童面对容易的材料时,在困难的任务条件(短时限)下分配了绝对更长的学习时间,表现出儿童的学习决策。随儿童年龄增长有在短时限下分配学习时间减少的趋势,这可能与儿童决策水平的提高有关,也可能与儿童记忆能力水平的提高有关;在面对中等难度的材料时,儿童在三种时限下分配的学习时间基本相同;在面对困难词对时,儿童在相对轻松的学习条件——中等时限和无时限下分配了相对较多的学习时间,这种趋势到小学六年级达到非常显著水平,与大学生表现相同。这说明,随儿童年龄增长,学习时间分配的决策水平在提高。

儿童在中等难度和困难的项目上分配的时间较多,但并没有有效地提高其提取正确率,所有的提取正确率全部是在容易的项目上最高。这种现象被称为"劳动无效"(laborinvain)。这究竟是一种普遍现象还是特定条件下的特殊表现?这虽然不是本研究关注的焦点,但有待于另外的、进一步的实验检验(刘希平 等,2006)。

但也有研究表明,小学低龄儿童很少表现出学习时间分配的策略性行为,他们常常在容易的和困难的项目上分配相同的时间(Dufresne et al.,1988;Dufresne et al.,1989;Kobasigawa et al.,1993)。

5)议程

此外,学习者的学习决策也受两种性质完全不同的加工过程的影响:议程和习惯化反应(Dunlosky et al.,2011b)。

议程即学习计划,学习时间分配包含议程的建构与执行过程(Dunlosky et al.,2011a)。个体倾向于分配更多时间给奖励结构(项目的测试可能性、分值)高的项目(Ariel et al.,2009;Castel et al.,2012)。即使隐藏了实验项目的奖励结构,随实验次数的增加,被试也会掌握项目的奖励结构,并将更多学习时间分配给高奖励结构的项目(Ariel 2013)。这种分配更多时间学习高分值项目的现象也存在于老年人中(Castel et al.,2013;Castel et al.,2011)

习惯化反应则是指学习者按照惯常的阅读习惯来选择学习项目,如无论难度如何排列,习惯从左到右阅读的被试倾向于优先学习左侧项目;习惯从右到左进行阅读的阿拉伯人倾向于优先选择学习右边的项目(Ariel et al.,2011);个体总是倾向于分配更多的时间来学习大字体文本(Ball et al.,2014)。当习惯化反应无法最大化收益时,学习者开始转向基于议程的学习时间分配，这种转变会随着年龄的发展而变化，主要发生在四年级到六年级（Li et al., 2016）。值得注意的是，虽然议程和习惯化反应都会影响高中生和成人的学习时间分配（谢瑞波 等，2014），但与成人相比，高中生的自控步调学习更易受到外部条件，如对位置的习惯化反应的影响（Wang et al., 2016）。

记忆监测和控制水平会随着年龄的增长而有所提高，目前大部分的研究更多的是关注成人，未来研究者们需要更系统地从发展的角度来探讨学习时间分配，构建儿童学习时间分配的理论模型，同时，充分了解个体元记忆水平的发展规律以及各个阶段的发展特点，以便采取恰当的干预策略来提高个体元记忆监控的能力，为提高儿童的学习效率提供参考。

6）影响儿童学习时间分配决策能力发展的其他因素

先前的学习时间分配的研究范式存在的一个问题是，它也许不仅反映了元认知的过程，而且也受动机的影响。1972年，莱尼（Leny）在他的自我调整学习的系统模型（system model of self-regulated study）中，曾经假设"学习一个特别的项目的过程有赖于通过指导语诱导的动机状态，而这些（动机状态）决定了所要达到的学习标准"。事实上，有成人的研究证明了"标准影响分配假设"（Dunlosky et al., 1998）。研究发现，自控步调的学习时间受提供给被试的指导语影响。这一方面直接导致了后来的自我调整的学习层次模型（the hierarchical model of self-regulated study）的提出；另一方面也启发研究者思考，也许当给年幼儿童更高的学习标准后，儿童能够表现出更加有效的自我调整技巧。为了进一步探讨上述问题，施耐德等调查了动机和指导语对儿童学习时间分配决策的影响。在实验中，他们考察了强调速度和强调准确性对儿童学习时间分配的影响，以及学习的外部动机对儿童学习时间分配的影响。强调准确性的时候，告诉儿童，他们可以花费任意长的时间来学习，直到能够完全记住所学的项目；强调速度时，要求儿童尽快学会有关的项目。然后在两种情况下将被试各分成两组，对其中一组声称：每答对一个项目就奖励5分代币券。结果儿童对学习的要求和成年人一样敏感。但外界刺激的激励，并没有增加儿童的学习时间。特殊领域的知识，也是影响学习时间分配的原因之一。2002年，梅特卡夫利用成年人和六年级儿童做被试，比较了专家和新手（西班牙和英语学习）在学习时间分配决策上的差异，发现新手把时间平均地分配给容易的和困难的项目，而专家则把时间更多地分配给困难的项目。由此梅特卡夫认为，特殊领域的知识直接制约着被试的学习时间分配的决策（Metcalfe, 2002；刘希平 等，2004）。

★ 五、元记忆的训练

（一）自我检测的元记忆训练

主体在学习过程中会不断地判断自己的学习程度，这种判断是否准确，与主体能否适当地使用自我检测（self-testing）技术有关（Dunlosky et al., 1997）。学习程度的判断为主体进一步的学习提供了依据。若时间充裕，成熟的学习者在认识到学习程度尚未满足学习要求时，会继续学习，直到认为学习程度已达到学习要求。而在进一步学习中，学习时间如何分配，就反映了主体自我调整能力的水平。当主体认为学习程度已满足学习任务的要求时，就会停止学习。在适当的时候会提取相应的内容，而对提取结果的反馈，无疑会给记忆主体提供线索，使之对自己学习程度判断的准确性获得新的理解，对随后进行的学习时间分配决策的情况进行反省，从而对进一步的学习产生影响。

虽然没有以儿童为研究对象的直接证据，但以成人为被试的研究发现，通过训练可以提高记忆监测的水平（Dunlucchi et al., 1987; Koriat et al., 2002; Nelson et al., 1994）。同时，借助自我监测技术对记忆监测进行训练，可以改善老年人在自控步调学习中的学习效果（Dunlosky et al., 2003; Dunlosky et al., 1998）。这启发研究者思考，对儿童的记忆监测进行训练也许是提高其学习时间分配决策水平的有效途径。

（二）学习策略的元记忆训练

学习策略是存储在长时记忆中的元认知知识，包括认知策略、元认知策略以及资源管理策略；元认知过程是在工作记忆中进行的、运用存储在长时记忆中的元认知知识（包括学习策略知识）来管理和控制认知活动的过程，它包含情感调节的过程。元认知过程是使用学习策略的过程（陈琦 等，1997）。元认知能力是执行该控制过程的能力。这就是说，学习策略是有关学习的动态过程的静态知识，元认知过程则是使用静态知识的动态过程。

西方教育心理学领域从20世纪80年代初兴起学习策略的元认知训练，促进了课堂教学的改革，取得了良好的效果（陈琦 等，1997）。有研究表明，在记叙文和说明文中对学生进行摘要、建构推论的学习策略和元认知训练，能有效提高阅读效果（Baker et al., 1984）。也有研究通过对不同能力的学习者进行元认知训练，教给他们管理和控制自己学习的生成过程，提高了其学习成功的概率和迁移能力（Wittrock, 1991）。

国内虽然也有研究表明学习策略的训练能有效提高学生的学习成绩（方平 等，2000；刘电芝，1989），但在训练的过程中对元认知（对学习策略的认知和监控）不够重视，且训练时间短，而学生的元认知水平对策略的学习和应用是有制约作用的（沈德立，1999）。唐卫海等（2006）采用自编的学习策略训练教程和元认知训练单，发现学习策略的元认知训练对提高初二学生的几何成绩是有效的，而且表现出对代数、物理学习的远迁移效应（唐卫海 等，2006）。同样，对幼师高二学生进行化学学习策略的元认知训练，结果不仅能提高化学学习成绩，同时也能提高数学、物理成绩（唐卫海 等，2005）。

可见，元认知具有领域一般性的特点，结合某一学科的学习训练学生的元认知，为学生的元认知水平迅速提高，提供了一个具体的抓手。因此，提高学生的元认知水平是提高学生学习能力的关键。元记忆发展趋势如图9-22所示。

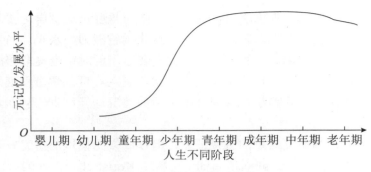

图 9-22　元记忆发展趋势

第四节　记忆发展的性别差异

⭐ 一、记忆性别差异的神经生物基础

（一）记忆的神经生物基础

记忆是知觉、理解等认知加工过程的副产品。它存在于人类的大脑中，不同类型的记忆对应了不同的大脑区域。

外显记忆与大脑皮层里的海马（hippocampus）、颞叶以及大脑边缘系统（limbic system）的其他区域有关。其中，前额叶（prefrontal lobe）与情景记忆有关。左侧额叶与语义记忆信息的提取有关，右侧额叶则与情景记忆信息的提取有关（Tulving, 1998）；杏仁核（amygdala）与情感记忆有关。通常，外显记忆的神经机制表现出相关脑区的激活（图 9-23）。

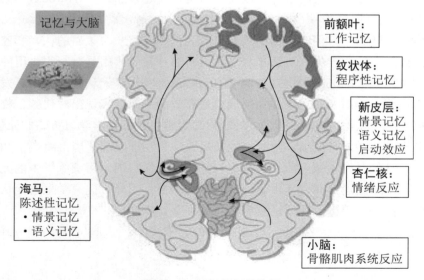

图 9-23　记忆的相关脑区

小脑则与内隐记忆中有关技能的记忆有关，颞叶和海马均与启动有关。通常，内隐记忆中启动效应的神经机制表现为相关脑区激活程度的降低（Schacter et al.，1998；Bäckman et al.，1997）。例如，被试在词干补笔的实验中，使用未学字进行填写时，涉及知觉加工的后脑区域较活跃，而采用已学词进行填写时（启动效应），相关脑区激活降低（Bäckman et al.，1997）。

元记忆的研究中，前瞻性和回溯性元记忆任务都调节着前额叶皮层的活跃性，前瞻性元记忆任务一般依赖于内侧前额叶皮层，回溯性元记忆任务则依赖于外侧前额叶皮层（赵佳 等，2015）。

（二）神经生物基础的性别差异

在行为学的研究中，研究者发现个体在某些记忆上的性别差异并不明显，如自传体记忆（Piefke et al.，2005）、儿童对情绪图片的再认记忆（张珊珊，2012）等。然而，随着认知神经科学的发展，研究者们发现大脑存在着广泛的性别差异（Chou et al.，2011；Lv et al.，2010；Ruigrok et al.，2014）。Ruigrok 等（2014）对以往关于脑结构性别差异的研究进行元分析时发现，女性额叶（如额下回、额中回等）、枕叶（如枕叶皮层外侧等）以及顶叶（如顶叶盖部等）的灰质体积明显大于男性；而且，女性额叶、顶叶某些区域的灰质密度和皮层厚度也明显大于男性（Ruigrok et al.，2014；Wang et al.，2012）。另外，在正常发育和老化过程中，男女大脑表现出不同的发展轨迹，而且脑结构性别差异的发展变化既存在于脑局部区域层面又存在于脑连接层面（全脑结构连接组）（杨天亮 等，2015）。但是，关于脑功能上所存在的性别差异的研究结论尚不一致，详见杨天亮等（2015）的综述。

（三）记忆的性别差异的神经生物基础

目前大量研究发现，即使男性和女性在某种行为表现上没有差异，但这种行为的神经基础也可能存在着显著的性别差异。例如，虽有研究表明性别不影响情绪记忆的增强效应（康诚，2014），但男性加工情绪刺激时主要激活右侧杏仁核，女性则主要激活左侧杏仁核（Cahill et al.，2004）。通常，左侧杏仁核主要是有意识地加工情绪性刺激，即认知评估；右侧杏仁核则是无意识地加工情绪性刺激，即自动加工（张珊珊，2012）。以成人为被试的脑功能成像研究以及采用 ER-fMRI 技术均得到了相同的结论（张珊珊，2012；Mackiewicz et al.，2006）。可见，即使在某些行为研究中并未发现性别差异，但也不能否认性别差异的作用。接下来就详细了解一下记忆的性别差异的具体表现。

■ 二、记忆的性别差异的具体表现

首先，最早记忆的性别差异的研究结果存在一定的争议。很多研究显示女性比男性不仅有更早的记忆（Mullen，1994），还有更多 2 岁、3 岁和 4 岁的记忆（Rubin，2000）。然而，在青少年和小学生的研究中并未发现该现象（刘啸莳 等，2014）。同样，虽然派夫柯（Piefke）等（2005）的研究表明自传体记忆中不存在性别差异（Piefke et al.，2005），但也有研究发现中学生自传体记忆在母亲参照条件和异性好友参照条件上存在明显的性别差异：女生在母亲和异性好友参照条件下的记忆成绩要好于男生（余丹，2016）。

其次，多数实验者采用文字为材料进行研究，同样发现了性别差异。有研究运用事件相关电位技术发现，汉词再认的 ERP 新旧效应存在性别差异：男女被试在 350～600 ms 均诱发出了明显顶区新旧效应，但男性呈左侧优势，女性则更为双侧化；仅男性诱发出了明显的额区新旧效应，呈负走向变化，头皮分布呈右侧优势。研究者认为，这种性别差异既与信息提取速度及强度的差异有关，也与不同性别的神经解剖结构差异有关（王湘 等，2005）。也有研究将作为记忆材料的人格词汇区分为两种性别特征，以探讨自我概念长时记忆表征的性别化问题。结果，在自我参照任务中，男性记住较多的男性化人格特征词汇，女性记住较多的女性化人格词汇。可见，自我概念长时记忆表征具有性别化特征（杨志新 等，2015）。亦有研究者发现女性短时和长时词汇记忆成绩明显好于男性（栗香翠，2010）。

除了上述文字材料的记忆中存在性别差异，在语言操作、空间记忆等方面也同样存在。例如，幼年期个体空间记忆的性别差异尚不明显，但在整个青春期和成年期，男性的空间记忆能力都比女性强（丁小丽 等，2003），但躁郁症病人却表现出男性的空间工作记忆低于女性（Barrett et al.，2008）。女性的言语记忆好于男性（Gur et al.，2017）。女性在陈述性记忆也具有一定的优势。通常，女性多依赖于陈述性记忆加工复杂的语言形式，而男性更倾向于使用程序性记忆系统实时加工语言（Ullman et al.，2002）。同时，女性在陈述性记忆上的优势与海马有关（Barha et al.，2010）。研究表明，女孩海马区的发展要快于男孩（Ngun et al.，2011）。因此，不管是从生理还是从脑结构上来说，女性在陈述性记忆方面都优于男性（黎樱 等，2011）。但基于事件前瞻记忆任务的反应时和正确率上是不存在性别差异的，这说明基于事件前瞻记忆是普遍存在的一种记忆类型，不同性别的基于事件前瞻记忆大致相同（苏涛，2016）。

再者，具有社会性的面孔的再认中的性别差异问题也是研究者们关注的一个方面，但该领域中性别差异的研究结论不尽相同：有研究认为女性再认所有的面孔都好于男性（Rehnman et al.，2007）；也有研究认为女性再认女性面孔有优势，男性再认男性面孔有优势（Wright et al.，2003）；同样也有研究认为，再认女性面孔，女性有优势，再认男性面孔，并不存在性别差异（Lewin et al.，2002）。例如，采用"学习－再认"范式进行的研究发现，有外部特征时，女性被试对不同性别面孔的记忆成绩均好于男性；无外部特征时，未表现出性别差异；男女被试均能更好地记忆女性面孔；且在有外部特征的情况下，女性的自我性别偏见更明显（吕勇 等，2010）。也有研究表明，大学生对有吸引力女性面孔的记忆偏好存在性别差异，男性对有吸引力女性面孔的记忆偏好效应更大；同时，再认任务中有吸引力的女性面孔诱发了男性更负的早期 ERP 成分（N90、N220 和 N300），而女性的效应并不显著（张妍 等，2012）。

同样，大多数研究者在正常人负性情绪记忆增强效应中也发现了性别差异，即女性对负性情绪的记忆要好于男性（Young et al.，2010）。例如，女性青少年再认负性情绪图片的错误率明显低于男性，产生了更为明显的记忆偏向（张敏 等，2012）。研究者猜测，这可能是由于女性比男性具有更强的情绪易感性，对情绪性信息的回忆更好（Bloise et al., 2007）；也可能是由于女性更容易受负性情绪的干扰，形成负性认知（Martin et al., 1981），从而出现了对负性刺激的记忆偏向。此外，女性对情绪记忆的保持时间更持久，且包含更多的感觉和情境上的细节（唐向阳 等，2008）。即使延迟 24 小时之后再进行再认，杏仁核的激活同样表现出性别偏侧化效应，可见，情绪记忆中杏仁核的性别偏侧化效应具有时间依赖性（王海宝 等，2009）。

最后，也有研究从内隐记忆和外显记忆的角度来探索中学生记忆的性别差异，发现这两种记忆能力的性别差异不同：在外显记忆中，女性更擅长自上而下加工的图形符号记忆；在内隐记忆中，无论是自上而下加工还是自下而上的加工，女性比男性的图形符号的记忆能力都更强；而无论是自上而下的加工还是自下而上的加工，男性在言语符号方面的记忆水平都更高（高旭，2004）。该结论与人们以往的经验出现了较大的差异，甚至是相反的趋势，但该研究并未明确指出出现此趋势的原因，因此，在后续的研究中有待探索。

总的来说，上述研究从记忆的不同角度分别单独考察了记忆中的性别差异，虽存在某些争议，但仍旧不能否认性别差异对记忆的影响。当然，也有部分记忆的方面尚未涉及性别差异的问题，有待进一步的探索。

三、记忆的性别差异的意义

结合行为与认知神经技术对记忆的性别差异的探索，不仅能帮助个体深入了解男女记忆在行为和神经上的差异，为临床上与性别相关的记忆障碍性疾病（如抑郁症等）的诊断与处理提供可靠依据和新方法，以保证诊断和治疗的有效性；同时，也可以为教育提供相应的参考。在现实教学中，教学者不仅要根据男女各自的记忆特点，发挥各自的优势，因性别施教，也可以通过不同的方法训练男女各自的记忆能力，使男女学生相互补充，取长补短，从而成功地达到教育的目的。

章后小结

即测即练

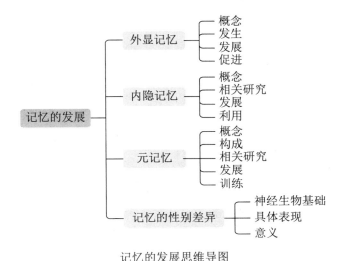

记忆的发展思维导图

第十章　思维的发展

长相思　梦
（毕然然）
思无形，念无形。压抑情思入境中。模糊意未明。
爱成空，恨成空。大梦南柯来去匆。内容皆象征？

章前导读

★ 一、什么是思维

思维（thinking）是对同类事物本质属性及事物间规律性联系的概括的、间接的反映。它是认识的高级形式。概括性（generality）和间接性（indirectness）是思维最主要的两个特征。概括性是指借助思维可以透过事物的表面现象，抓住事物的本质，如每次看见"月晕"就要刮风、"潮湿"就要下雨，得出"月晕而风""础润而雨"的结论。间接性是指借助思维可以从已知推断未知，如天空出现朝霞，就会下雨；天空出现晚霞，就会放晴，得出"朝霞不出门，晚霞行千里"的结论。

★ 二、思维的基本过程

思维的基本过程包括分析（analysis）、综合（synthesis）、比较（comparison）、抽象（abstraction）、概括（generalization）等。分析是将事物的组成部分和各个特征分解开来；综合是将事物的各个部分和各个特征联系起来，结合成为一个整体；比较是将几种有关事物加以对照，确定它们之间相同和不同的地方；抽象是抽取出同类事物所共有、他类事物所没有的特征；概括是利用词语或符号将抽象出来的特征加以结合。

通过分析、综合、比较、抽象和概括，借助词的作用，就可以形成概念（concept）；反映概念与概念之间关系的命题，就是判断（judgment）；在已知判断的基础上推导出新的判断的过程就是推理（ratiocination）。通过推理，获得事物的现象和本质、原因和结果之间内在联系的过程称为理解（understanding）。经过上述这些层层递进的过程，人们才能实现思维活动的实际效用，进而对客观事物形成理性的认识。

三、思维的分类

根据思维的形态，可以把思维分为动作思维、形象思维和抽象思维。动作思维是以实际动作作为支柱的思维过程，如堆积木；形象思维是以直观形象和表象为支柱的思维过程，如作家塑造人物形象；抽象思维是以词进行判断、推理并得出结论的过程，是以词为中介来反映现实，是思维最本质的特征，也是人与动物的根本区别。

根据探索问题答案方面的不同，可以把思维分为辐合思维和发散思维。辐合思维是依据已知的信息和熟悉的规则进行的思维过程，又叫求同思维；发散思维是沿着不同的方向探索问题答案的思维过程，又叫求异思维。

根据思维是否具有创造性，可以把思维分为再造性思维和创造性思维。再造性思维是用固有的方法去解决问题的思维过程；创造性思维是用独创的方法去解决问题的思维过程。

四、思维的形式

思维的形式是概念、判断和推理。

概念是具有共同属性的一类事物的总称，是人脑对客观事物的本质特征的反映，是以词为标示和记载的，是思维的结果和产物，是思维活动进行的单元。

每一个概念都包括内涵与外延两个方面。概念的内涵指概念对事物的特有属性的反映；而概念的外延则表示具体的、具有概念所反映的特有属性的事物。通常，概念的内涵和外延之间存在着某种反比关系：当概念的内涵增加，其外延就变小了。举例来说，"水果"这一概念的内涵包括可直接生吃、植物果实；外延包括一切可直接生吃的植物果实，如苹果、香蕉、菠萝、西瓜等；而当"水果"加上产于热带这一内涵后就变为"热带水果"这一概念，其外延就减小了，只包含了香蕉、菠萝等产于热带的、可直接生吃的植物果实，而那些产于非热带的水果，如苹果、西瓜等则被排除在外了。可见，概念的内涵越丰富，其外延越小。

判断是对概念与概念之间关系的反映。例如，张三是个聪明人；木头能浮在水面上……都是判断。

而推理是由旧判断推出新判断。例如，由张三比李四高，李四比王五高，就可以推出张三比王五高。

其中，最基础的思维形式，就是概念。

第一节 概念的获得

⭐ 一、概念获得的层次

概念获得通常包含两种层次：一种是概念的形成（formation of concept），一种是概念的掌握（mastery of concept）。

（一）概念的形成

1. 什么是概念的形成

概念的形成是在日常生活中，自然而然获得概念的过程。个体依靠这种方式所把握的，通常是概念的外延。因此，相应的概念被称为前科学概念。个体虽然在生活中可以辨识概念的样例，但对概念的本质特征并不清楚。

2. 概念形成的特点

个体概念形成的过程，是提出假设检验假设的过程。研究者在实验中呈现一张图片，其中包含依次排列着的 18 张卡片，每张卡片上画着一个几何图形，有正方形、圆形、三角形三种；图形在卡片中的位置包括左边、中间、右边；并分为大、小两种。详情见图 10-1。

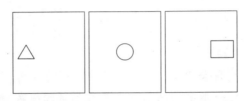

图 10-1 实验所使用的卡片示意图

首先，主试默想一个概念，如"大圆形"，要求被试在猜测主试是怎么想的。实验者先向被试呈现一个符合此概念的例子，然后要求被试猜测主试所想的概念的内涵，猜测之后，在图中的卡片中拿出一张卡片，主试给予对或错的反馈。直到被试能够说出主试脑海中的概念内涵是什么为止。此时，可以认为被试在这个过程中已经形成了相关的概念。上述过程表明，形成概念是一个循序渐进的过程。

布鲁纳（Bruner）等则在《思维研究》一书中提到了个体在概念形成时所采用的策略包括扫描策略和聚焦策略。扫描策略是指每次假设都针对有关特征来进行。聚焦策略是每一次假设都针对无关特征来进行。其中扫描策略分为继时性扫描（successive scanning）和同时性扫描（simultaneous scanning）。继时性扫描指每次假设都针对一个有关特征来进行；同时性扫描则指每次假设都针对两个或两个以上的有关特征来进行。聚焦策略可以分为保守性聚焦（conservative focusing）和冒险性聚焦（focus gambling）。保守性聚焦策略是指每次假设针对一个无关特征进行；冒险性聚焦策略是指每次假设都针对两个或两个以上的无关特征进行。

综上，人们可以发现，首先在形成概念时离不开事物的属性。当个体面对大量的事物的属性时，会接收到外界许多的信息，为了形成概念，个体必须作出选择，有意识地去注意与概念有关的属性而忽略无关属性。此时，属性本身的特征会影响概念的形成与掌握，如果概念有关属性比较突出，那么概念便容易形成，但是如果无关的属性更为突出，则会导致掌握概念困难得多。随着个体的不断成长，其接触到的概念也更加复杂。人们可以发现，前文实验中举例的"大圆形"就包含"大"和"圆形"两种属性，而人们日常生活中的概念可能更为复杂。属性越复杂，个体在形成概念时越困难。

（二）概念的掌握

1. 什么是概念的掌握

概念的掌握是指借助定义获得概念的过程。学生在学校的学习中所获得概念的过程，就是概念的掌握。利用概念掌握的方式所获得的概念，是科学概念。个体在获得科学概念的过程中，既把握了概念的内涵，也了解了概念的外延。

2. 概念掌握的特点

就个体在概念掌握过程中的发展趋势，研究者普遍认为其具有以下特点。

第一，概念的具体性和含糊性减少，概念的抽象性和精确性增加。概念的掌握并非一蹴而就，它依赖于人们的知识经验，并随着知识经验的积累而发展。较晚获得的概念，往往需要依赖和吸收先前获得的概念。通常，幼儿以直接知觉物体的共同属性为标准；小学儿童以物体的结构和功能相似性为依据；青春期以后，个体则越来越多地以抽象的关键特征为基础。在这个过程中，个体不仅获得了概念，还在概念之内发展出了从属的概念。

第二，概念形成减少，概念的同化增加。这是个体在概念掌握方式上的显著特点。幼儿主要是在家长的引导下通过概念形成的途径来获得概念，这一时期获得的基本是初级概念。进入小学后，概念同化的形式才逐渐成为概念获得的主要方式。因为概念同化是以获得二级概念为特征的，它必须具备一定的智力成熟水平。个体在教学条件下获得的概念基本为科学概念。随着个体智力逐渐发展，认知功能从具体过渡到抽象，概念同化有了一定的基础后，随之成为个体获得概念的主要形式。

第三，概念的自发性降低，概念的自觉性提高。维果斯基把通过概念形成获得的初级概念称为自发概念，即儿童在运用自发概念时，并未意识到这些概念。因为他们关注的是概念所指的对象，而非思维互动本身。只有当某一概念成为某个概念体系的组成部分时，其才能受到意识的控制。儿童在学校所获得的概念，一方面受到已有自发概念的影响；一方面通过同化相似概念的意义性，逐渐形成科学概念，也就是在概念体系中具有一定位置上的意义。因此，概念获得中的自我意识，即概念的自觉性，是与科学概念和教学相联系的。皮亚杰和维果斯基都认为，对概念掌握过程中认知运算的自我意识，要到接近青年期，并且在受过系统的科学教学后才得以发展。这也就说明了，在概念同化过程中，概念的自发性降低，概念的自觉性提高，是概念获得中自我意识发展的特点。

★ 二、个体概念获得能力的发展

在个体生命的早期，其概念的活动常常是通过概念形成的方式实现的。入学之后，概念掌握的方式成为个体获得概念的主要方式。

（一）婴儿的概念获得

在认知心理学领域，研究者们更多关注的是伴随语言发展的概念获得，但是在先于语言出现之前，个体并非完全不能形成概念。已有研究表明最早在婴儿期，个体已经表现出能够从感知觉层面对事物的属性形成一定的认识。这里涉及两种类型的客体，即非概念有机体（nonconceptual organism）和概念有机体（conceptual organism）。就婴儿的概念发展来说，其实是一个非概念有机体（基于事物像什么来对世界进行分类的）向概念有机体（基于意义性基础来对世界作出反应的）转变的过程。

大量研究表明，婴儿自出生就具有一定的学习能力，这种能力的最根本特点在于，明显倾向于认识环境中某些特定的联系。而这一能力对于婴儿形成概念至关重要。婴儿在认识客观世界时，需要不断判断具体客体属于哪一类别，这个过程即为分类（categorize）。而头脑中存在的分类依据，即婴儿所掌握的外部世界的类别知识，就是概念。前人对婴儿的分类能力进行了研究，结果发现3个月的婴儿能够形成形状（几何图形）、动物、家具、脸谱等的类别表征（Behl-Chadha，1996）。但是研究者提出，这一时期根据婴儿的行为反应可以认为仍处于非概念有机体。3个月后的婴儿的信息编码能力开始进入迅速发展阶段，这使得婴儿能更快、更有效地从外界获取信息；6个月后的婴儿的学习能力表现出全方位的发展，尤其是分类能力获得了显著的发展，这使得婴儿的学习更加接近于概念学习。7个月后的婴儿可能已经具有意义性知识及分类能力，因而其反应就建立在意义的基础上，虽然此时的婴儿几乎还不具有语言能力，但他们的动作已经在明确地显示这种意义性行为了。由此可以推测，从3个月到7个月是婴儿从非概念有机体向概念有机体转变的关键时期。

另外，陈（Chen）和莱斯利（Leslie）（2007）的研究结果证明，10～12个月的婴儿已经能够形成基本的数概念，进行高级的、对现实世界事物的分类，并且在2～3岁进入数概念形成和发展的关键时期。

（二）幼儿的概念获得

幼儿时期，不同种类的概念开始进入发展的重要时期，但是各自发展的速度有所不同。就数概念来说，5～6岁是幼儿数概念（转折点在5岁左右）形成和发展的关键年龄。但在空间概念与时间概念方面，空间和时间是比较抽象的概念，描述的是事物存在的基本形式。3岁的幼儿已具有朴素的拓扑学概念，在不考虑形状和大小的前提下，3岁的幼儿可以区分封闭图形和开放图形，但这距离能够形成概念的水平还相差甚远。对于更为抽象的时间概念，幼儿对时间的认知相对比较困难，5～6岁的幼儿仅仅能掌握早、中、晚的时序。相比于上述几种概念，类别概念更加接近日常生活、更加具象，因此幼儿基于对事物和现象的认识与理解，在自身已经具有一定的分类能力的情况下，其已经能够掌握一定的类别概念。

总的来说，幼儿对概念的理解能力有如下特点：①概念所概括的内容比较贫乏，一个词只代表一个或某一些具体事物的特征；②概念所概括的特征大多是外部的、非本质的；③概念概括的内涵往往不精确，有时过宽，有时又过窄。所以，这一时期的幼儿概念获得尚且不具有系统化的过程，主要依靠以观察等获得的信息，自下而上形成一些简单的概念。

（三）儿童的概念获得

整个小学阶段，儿童的思维从具体形象思维向抽象逻辑思维过渡，概念掌握在这一时期也得到了关键性的发展。随着年龄的增长，儿童在学习和成熟的过程中，对事物的概括能力不断提高，从概括事物表面特征逐渐转向概括事物本质特征，这一能力使得小学期儿童的概念获得也有了大幅发展。

有研究表明，小学儿童概念获得的发展可以分为以下几个阶段：第一阶段是 7～8 岁，儿童处于直观形象概括阶段，与幼儿的概念获得水平相接近，主要依赖感知觉获得的信息，此时儿童所获得的概念通常依据的是客体直观的、形象的和外部的属性。第二阶段是 8～10 岁，儿童可以进行形象-抽象概括，概念的获得处于从形象水平向抽象水平过渡的状态。此时儿童在概念获得的过程中，以事物直观的、外部的属性为依据形成的概念逐渐减少，基于本质属性获得的概念逐渐增多。第三阶段是 10～12 岁，儿童已具备了初步的本质抽象概括能力，获得的概念基本上是抽象的科学概念。虽然儿童能够对事物的本质属性及事物的内部联系进行抽象概括进而获得科学概念，但这种抽象概括还仅仅是初步的科学全面的概括。受到自身思维水平和智力成熟程度的限制，10～12 岁的儿童对那些与其生活领域相距甚远的科学规律进行抽象概括还十分困难，获得的科学概念属于基础性概念，还需要进一步的提高和发展。

（四）青少年的概念获得——逐步发展

青少年的思维已趋于成熟，抽象逻辑思维逐渐处于优势地位，再加上不断的学习，智力也得到了发展，种种因素使得青少年的概念获得能力有了明显的提高。青少年期包含初中和高中两个阶段，这一时期个体的主要任务是学习，也逐渐掌握了更多的字词概念、类别概念等，并且能够理解更多的抽象概念和更复杂的概念系统。

就字词概念而言，初、高中学生在理解字词概念的能力上存在着明显的年龄差异。一般来说，初一年级的学生掌握复杂抽象概念还有一定的困难，无法触及概念涉及的本质核心，因而其大多还处于功用性定义或具体形象的描述水平向接近本质的定义或做具体的解释说转化。待进入初二年级以后，中学生可以逐渐掌握并理解一些抽象概念的本质，并且能够分清主次特征属性，但是一些高度抽象、概括化的概念在理解上仍有些困难。研究者们普遍认为初二年级是概念掌握的一个转折点。初三年级的中学生被认为已经接近概念的本质定义。高中生的概念掌握水平则明显高于初中生，其已经能够达到本质定义水平，掌握的字词概念数量也远远增多。

另外，初中生对类别概念还处于能正确分类但不能从本质上说明分类的依据的水平。高中生已经可以正确分类并从本质上理解并说明分类的依据，在说明理由时可以从理性的角度而不掺杂感性经验。这表明在青少年期，个体逐渐从零散性、片段性的概念，发展并形成了系统且完整的概念体系。

（五）成年及老年的概念获得——基本趋于完善

成年人在具有足够丰富的生活经验的同时，思维也达到了高度发展水平，因而也具有更高水平的概念获得能力。但这一时期由于生活环境、工作环境等都相对熟悉，新概念获得的机会不多。一旦涉及新概念的获得，一种是通过概念形成的方式获得，另一种是通过概念的掌握来获得概念。虽然此时大部分个体都离开了学校，没有具体的教师来传授概念，但个体会利用书籍、网络等获得概念的内涵，从而相对准确地把握概念。

到了老年期，个体的概念掌握能力会下降，思维的效能也呈现出衰退的趋势。有关研究表明，出现这一现象的原因主要是老年人的记忆能力的衰退以及工作记忆容量的限制，导致成年晚期个体在概念掌握时水平有所下降。

第二节 问题解决

★ 一、什么是问题解决

问题（problem）是指利用原有的经验不能直接处理但可以间接处理的情境。

问题解决（problem solving）是在某一情境下，个体按照一定的目标，应用各种认知活动与技能，经过一系列的思维操作，使问题得以解决的过程。问题解决具有三个特征：首先，问题解决具有目的指向性；其次，问题解决是一系列的操作；最后，这种操作属于认知操作层面，也就是说问题解决本质上是一种思维活动。

问题解决能力与人们的生活息息相关，同时这一能力的发展也离不开个体的认知发展和智力水平的提升。问题解决作为心理学的重要研究内容，一直受到广泛关注，尤其是皮亚杰学派与现代认知心理学，学者们从各自的理论框架和研究范式出发力图探讨问题解决的心理机制，这方面的研究积累了大量的理论和实证资料。

★ 二、问题解决的步骤

一般来说，问题解决包含了从已给定问题的起始状态出发，经过一系列有目的指向的认知操作，达到目标状态的过程。非常著名的河内塔（Tower of Hanoi）实验可以说明问题解决的过程。此前已经介绍过这个范式。该问题的初始状态有三根柱子，在第一根柱子上有三个圆盘，而且小的圆盘在大的上面，叠在一起就像一个"塔"。目标状态是把这三个圆盘移到第三根柱子上，大小顺序不能变。规则是每次只能移动最上面的一个圆盘，大的圆盘不能压在小的圆盘上，可以利用中间的柱子作为过渡。

要解决"河内塔"问题，就要寻找联系初始状态和目标状态的一系列中间状态，然后一步一步达到目标，换言之就是分析手段和目标之间的关系，以最终解决问题。

那么，谈及问题解决首先离不开"问题"。根据问题种类的不同，人们在问题解决过程中采用的方法和具体过程也有所区别。

乔纳森（Jonassen，1997）根据问题结构的完整性将问题分为结构良好的问题（well-structured problem）和结构不良的问题（ill-structured problem）。结构良好的问题是指所有要素均被明确地呈现的问题，包括：以肯定且规律性安排并组织起来的有限数量的规则与原理；拥有正确且收敛的答案；有一个优先的、建议性的解决方法。与之相反，结构不良的问题往往和具体情境相联系，并且对于问题的本质描述较模糊，给定的信息不完全、目标不明确，而且个体在解决的过程中很难明确哪些概念、规则和原理是有帮助的。人们在日常生活中遇到的大多数问题都属于结构不良的问题，因为现实情境通常比较复杂，在问题解决过程中人们很难获得足够多的信息。

在面对结构良好的问题时，个体通常遵从的步骤是：①激活图式来表征问题；②搜寻解决方案；③实施解决方案。而结构不良的问题涉及的范围和涵盖的内容更加广泛，不能依据统一的步骤来解决。但从问题解决的本质出发，一般来说个体首先要表征问题空间，所谓的问题空间，即问题解决者对所要解决的问题的一切可能的认识状态。其次，进入问题解决阶段，个体要以自身知识储备为基础搜寻并生成适当的解决方案。在选择解决方案之后，个体需要实施这一方案，同时要运用到之前所选择的各种操作与策略等。最后，通过运用元认知对问题解决的过程以及结果是否得当作出评估和判断。

三、个体问题解决能力的发展

（一）婴儿的问题解决

关于婴儿的问题解决能力如何发生发展一直是研究者们关注和争论的焦点。基于皮亚杰的认知发展理论，研究者们得到了一些不尽相同的结论。近年来，研究者发现婴儿并不只具备简单的感知运动反射，其知觉整合、表征及其关于客观事物的关系等方面的内隐知识均迅速发展。在上述这些认知发展的基础之上，采用启发式搜索策略的问题解决行为在婴儿早期（至少是在3个月之前）就已经产生并贯穿于整个婴儿期。6个月时婴儿已经能够进行模仿，12个月前婴儿已经能利用工具解决问题，并获得了"手段-目的"分析策略（图10-2）。因而人们可以说在一定的心理基础与认知发展基础之上，婴儿已具备相应的问题解决能力。

图10-2　婴儿的工具使用（郭耘彤，2岁）

（二）幼儿的问题解决

幼儿主要经由感知觉获得外界信息，并通过具体形象的思维活动来认识周围的事物。幼儿解决问题的水平有所提高，表现出了一定的年龄特征。其主要是通过制订计划、使用工具、运用规则、类比迁移这四个方面来实现问题的解决。

第一，制订计划是一项相对复杂的活动，要求多种认知能力达到极高的水平。幼儿虽然没有形成制订计划的能力，但研究表明其已经能够简单按照手段－目的进行分析。幼儿并非首先进行一些操作，而后偶然发现一个有趣的结果；相反，幼儿会首先确定某一目标，然后有意识地控制环境中的有关因素并通过相应的行动来达到这一目标。当然，这一时期幼儿制订计划的能力还不能与年长儿童甚至是成年人相提并论。

第二，在使用工具方面，皮亚杰认为幼儿问题解决能力发展的重要成就正是工具的使用。在婴儿开始手段－目的分析后不久，他们已经开始运用工具来解决问题了。随着年龄的增长，幼儿所使用的工具呈现种类多样化、熟悉程度增长且越来越适应具体情境的趋势。在这一时期，幼儿使用工具的能力与其问题解决能力相辅相成、相互促进。

第三，规则体现了事物的本质，并且大多数认知发展从根本上来看都是归纳并运用规则来解决问题的过程。研究者们运用独特性问题的任务范式来考察个体什么时候开始能够归纳或发现规则。奥夫曼（Overman）等（1996）的一项研究结果发现，幼儿期个体遵循和执行规则的能力已经开始发展，但是在归纳规则方面还处于初级阶段，并且运用规则解决问题的能力也尚未成熟。

第四，类比迁移要求个体将从某一情境中习得的问题解决方法通过类比应用到其他情境中。戈斯瓦米（Goswami）（1996，2000）提出类比思维是问题解决能力以及许多其他推理的基础，在幼儿期已经具有一定的发展。

（三）儿童的问题解决

小学儿童问题解决能力的各方面均表现出随着年龄增长不断提高的趋势。在制订计划方面，小学儿童开始更广泛、更熟练地应用手段－目的分析来解决一些较为复杂的问题。同时，在制订计划能力的更高层面上，这一时期儿童开始有意识地选择最有效且最适当的实现目标的方法，体现出其制订、选择计划的能力显著提高。加德纳（Gardner）和罗格夫（1990）的研究表明，要求4～10岁的儿童从一处移动到另一处，对一组儿童要求他们避免出错，而对另一组则告诉其速度和避免出错都很重要。结果发现7～10岁儿童能够根据情境要求灵活地选择计划的重点，而4～7岁儿童则表现出了明显的刻板性。

总的来说，对于小学儿童而言，制订一个接近完美的计划仍是一项难度十分大的任务。运用工具方面，小学儿童经过幼儿期的发展已经能够运用日常生活中的许多工具，如筷子、勺子、剪刀等。更重要的是，儿童发展了运用符号表征工具的能力，同时也可以根据情境运用自我产生的工具，表现出更多的灵活性与适应性。小学儿童已经开始接触一些知识与生活经验，因而在运用规则方面也有了显著的进步。这一时期的儿童可以逐渐理解一些较为简单的具有一定逻辑性、抽象性和系统性的规则。在解决问题时，小学儿童也能够不再仅仅局限于事物的表面特征，而是从逻辑规则出发去理解、分析问题。但是，这一时期所运用的规则在一定程度上需要以已有知识为背景，问题的熟悉度也会限制规则的应用。但小学儿童在规则运用上还是取得了长足的进步，表现在儿童能够将一些逻辑规则运用在抽象符号而不仅仅是具体形象的事物中，这与小学儿童的思维发展分不开。

此外，类比迁移在这一时期同样也得到了发展。小学儿童不仅可以利用事物间的共同物理关系特征实现问题解决的类比迁移，其也可以依据关系相似性来解决问题。但是，当面对一些复杂问题时，小学儿童在把经训练习得的问题解决方法迁移到新的问题时，仍表现出能力上的不足，只有更为年长的青少年才能胜任（Chen et al., 1999）。

（四）青少年的问题解决

进入青少年时期，个体的心智逐渐成熟，知识经验的积累也远远多于儿童。因此，个体的问题解决能力在这一时期更是得到了充足的发展。初、高中学生已经具备各种推理的能力，其能够运用演绎推理、归纳推理来解决问题。同时，青少年运用逻辑规则能力也逐渐提高，有助于其在问题解决中理解并应用恰当的规则，进而提升自身问题解决的能力。

值得关注的是，高中生的表现尤为突出，他们通过学习更为复杂、抽象的内容，归纳推理的能力基本已经成熟，并且演绎推理也与归纳推理同步发展，二者均达到了较高水平，这为高中生的问题解决能力提供了有力的支持。此外，高中生辩证思维能力也高度发展。其已经能够透过现象揭露事件与事物的本质，在问题解决中也表现出全面考虑问题、清晰地分析问题主次、针对问题的情境进行细节分析等优异的能力。

梁建宁等（2002）对处于青春期的中学生的问题解决能力进行了相关研究，结果表明问题解决的认知策略和解题规则的选择与掌握对问题解决具有重要的影响作用，只有选对解题规则与解题认知策略才能解决问题；问题解决的认知策略是让中学生能够充分利用已知问题中的信息顺向思考推理，同时还必须重视运用问题中的未知信息进行逆向思考推理。

（五）成年及老年的问题解决

成年人遇到的问题更加复杂，因此成人社会对问题解决能力的要求更高。进入这一时期，个体已经积累了足够多的知识与经验，同时辩证逻辑思维也达到了成熟水平，在心智已发展到高级水平的基础上，成年人已经到达了有意识地自发产生策略，同时也能够有效地运用策略的水平。尤其是解决一些难度相对较大的问题时，成年人能够形成并选择最恰当的策略，对信息的本质进行编码加工。

但是，不可否认的是问题的难度是无法估计的，有时候即使是经验丰富、知识渊博的成年人同样也有无法顺利解决的问题，但是与年幼个体相比，成年人能够更理智、成熟地面对问题，可以逐步将难解的问题拆分，通过循序渐进的方法来分析并最终一定程度上解决这些难题。

同时，一些研究发现老年人问题解决能力显示出普遍下降的趋势。分析原因，主要是老年人受工作记忆容量的限制，提出解决问题策略的能力降低，因而表现出问题解决效能减退。

四、如何提高问题解决能力

（一）影响问题解决的因素

一般来说，影响问题解决的因素有以下四类：一是迁移的作用，即已有的经验对解决新问题的影响。二是原型启发。原型是指对解决新问题能起到启发作用的事物，任何事物或现象都可以作为原型。原型启发在创造性地解决问题中起着很大的作用。三是定式的作用。定式是一种心理准备状态，影响解决问题的倾向性。有时助于问题解决，有时妨碍问题解决。四是情绪与动机。情绪对问题解决过程具有增力或减力作用，积极情绪激励人们，消极情绪使受障碍。动机对问题解决的效率也有明显的影响。对于简单问题，解决效率随动机的增强而提高；对于复杂问题而言，动机强度对问题解决效率几乎没有影响；而对于那些有一定难度但难度又不是太大的问题，动机强度与问题解决效率之间呈倒 U 形曲线关系。

（二）如何提高问题解决能力

1. 婴儿问题解决能力的促进——大胆尝试

伍德沃德（Woodward）等探究了婴儿是如何利用身体和周围环境发展逻辑推理能力的（Hamlin et al., 2008；Cannon et al., 2012）。研究者给婴儿呈现两个玩具，并让他看到实验者接近、抓住其中一个玩具，接着实验者把玩具推到婴儿触手可及的范围内，说："该你了！"婴儿确实碰了碰实验者之前抓的那个玩具。一系列的类似研究证明，7 个月大的婴儿能分析他人的意图，并利用该信息来思考一些事情。根据我国学者对婴儿问题解决行为的特点与发展的研究，8～11 个月婴儿的问题解决过程经历三个水平：其一，无效尝试；其二，有效尝试；其三，无须尝试而直接成功。这些婴儿解决同一问题的方法策略也随月龄增长而发展。所以，对于婴儿，促进其问题解决能力发展的有效途径之一是鼓励其观察并进行尝试。

2. 幼儿问题解决能力的促进——勤于推理

幼儿会在 3～5 岁期间形成复杂的思维和见解。在这一阶段他们的逻辑思维、推理等认知能力将获得大幅度发展（Amsterlaw et al., 2006）。这些能力使幼儿能够识别、理解和分析问题，并能利用知识和自身经验去寻求问题的解决方法。理解因果关系是 3～6 岁幼儿发展归纳与演绎推理能力的重要因素（Schraw et al., 2011）。当幼儿能从自己的行为和经验中概括出结论时，使用的就是归纳推理能力。演绎推理是个体用事实或一般规则得出结论的过程，理解的前提是"如果 P 发生，则 Q 也会发生"（Schraw et al., 2011）。在这一时期，幼儿不断增长的知识、多样性的体验以及和环境的互动，使得幼儿归纳和演绎推理能力大幅度地提升，进一步促进了儿童问题解决能力的发展。

3. 儿童问题解决能力的促进——利用图式

进入小学后，儿童开始接受系统的学校教育并学习各种科目的课程。大量国内外研究者考察了小学儿童在数学方面的问题解决能力，刘美丹（2006）的一项研究表明，具有明确的有教师指导的图式教学能显著地提高小学三年级学生数学问题解决的远迁移能力，并同时促进图式水平的显著提高。也就是说，在这一阶段中，小学儿童主要依赖于教师的指导和图式学习来提升自身的问题解决能力。

4. 青少年问题解决能力的促进——掌握策略

提高问题解决的能力，也就是要选择最适当的解决方案、提高问题解决的效率。毫无疑问，好的策略有利于问题的解决。在青少年时期，个体普遍达到成熟的智力水平，并逐渐学习、运用一些策略来解决问题。纽维尔（Newell）和西蒙（Simon）（1972）对于问题解决中的策略进行了建设性的归纳和总结，主要有如下两个通用的问题解决的策略。

（1）算法式策略（algorithm strategy），即在问题空间中搜索所有可能的解决问题的路径，逐一尝试，直至解决问题。算法式策略的主要特点是周全。只要问题有答案，就一定可以找到答案。

（2）启发式策略（heuristic method），个体根据一定的经验，在问题空间内凭直觉进行最可能的问题解决路径的搜索，以达到解决问题的目的。启发式策略主要包括手段-目的分析、逆向搜索、爬山法。对于青少年而言，掌握策略是有效提高问题解决能力的最主要途径。

5. 成年问题解决能力的促进——不断练习

知识是问题解决的重要基础，知识的数量与组织方式都会影响个体在问题解决中的效率。通过研究者们对专家与新手展开的各种研究，结果显示，当个体的记忆中存储的信息量更大、知识储备数量更多时，其在问题解决中的表现也更好。此外，对于知识的组织方式也会影响问题解决，尝试按照层次结构来组织已有的知识，即根据问题的深层结构进行分类，把解题时运用相同原理与规则的问题归为一类，这样有助于提高个体的问题解决的能力。进入成年期后，个体的知识储备和问题解决能力已达到较高水平，所以这一时期个体在提高问题解决能力方面的重点应放在日常的练习中。

第三节 创造性思维的发展

★ 一、创造性思维概述

创造性思维（creative thinking）这个概念虽然已被广泛使用，但到目前为止，对于创造性思维的界定一直都未达成一致。据统计，仅国内学者对于创造性思维定义的看法至少就有30种，不同研究者在其论著中所表达的创造性思维的"特点"多达180多个（张丽华 等，2006）。综合各种界定概念，人们可以从过程、状态和结果三种角度来解读创造性思维。一是认为创造性思维代表的是大脑皮层区域不断地恢复联系和形成联系的过程，它是以感知、记忆、思考、联想、理解等能力为基础，以综合性、探索性和求新性为特点的心智活动。二是认为创造性思维指人们在最佳的心理构成和心理合力作用下的种种思维状态，如直觉、灵感及创造想象等。三是认为创造性思维是指能产生新颖性结果的思维活动。

二、创造性思维的过程

关于创造性思维的过程，1926年，华莱士（Wallas）研究了创造性思维的心理活动过程，首次提出了包含准备期（preparation）、酝酿期（incubation）、明朗（顿悟）期（illumination）、验证期（verification）四个阶段的创造性思维一般模型。四阶段模型（four steps for creative production）一经提出，便受到了研究者们的广泛关注。

随着研究的深入，许多研究者采用ERP、fMRI等技术对四阶段模型的神经机制进行了考察。结果表明，内侧额叶/ACC、颞叶构成解题前准备期网络，其中，内侧额叶/ACC负责认知控制，提前抑制无关思维活动，颞叶负责解题信息的语义激活准备。此外，这一准备期与静息状态存在密切联系，有待未来研究做深入探讨。酝酿期的一个重要特征是思维僵局会引起右半球信息保持增强，但并不意味着酝酿期是右脑的功能，这一无意识加工由包含额叶、颞叶、顶叶在内的广泛脑区的激活共同实现，其中海马、腹内侧前额叶参与酝酿期的加工，在实现催化表征重组过程中起重要作用。现有顿悟相关研究反映了明朗（顿悟）期和验证期的神经机制，其起作用的脑区包括扣带回、前额叶、颞上回、海马、楔叶、楔前叶、舌回、小脑等，其中，前扣带回、前额叶在不同角度进行的研究中均有参与，颞上回负责远距离联想的形成，海马与定式打破新颖联系形成过程有关，外侧额叶负责定式转移，而楔前叶、左侧额下/额中回、舌回在原型激活中起关键作用，左外侧前额叶负责对答案的细节性验证加工（詹慧佳 等，2015）。总的来说，创造性思维四阶段的神经机制如图10-3所示。未来研究可从研究对象、研究内容、研究手段三方面加以改进，对创造性思维过程做更系统的探讨。

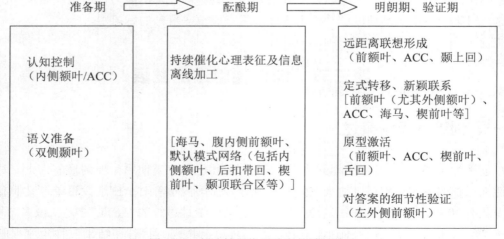

图 10-3　创造性思维四阶段的神经基础

★ 三、个体创造性思维的发展变化

（一）婴幼儿的创造性思维

婴幼儿时期，个体的思维主要是直观形象的，并且生活经验与知识都十分缺乏，一般来说进行的思维活动都较简单。但是，1～2岁的婴儿已经表现出想象的萌芽。幼儿想象的发展，与他们的生活经验和言语能力发展有密切关系。幼儿一般是以无意想象为主，有意想象会随着年龄增长逐渐增多。但是，从本质上来说婴幼儿的想象更多地具有直观性和具体性，想象的形象也比较贫乏、零碎且不完整，想象的形象之间缺乏一定的联系。

至于发散思维的发展，我们自己的研究发现，对幼儿进行发散思维训练，可以有效促进发散思维的流畅性、变通性和独特性的发展（李幼穗 等，1990）。

（二）儿童的创造性思维

小学是儿童创造性思维得到迅速发展的一个时期。创造力的流畅性和变通性两个维度在9～11岁期间发展较快。家庭环境对于儿童的创造力有直接影响也有间接影响，其中间接影响是通过影响创造性态度而得以实现的（李金珍 等，2004）。

儿童的想象这一创造性思维成分在小学学校教育的影响下同样得到了进一步发展。主要表现在：有意性迅速增长；内容逐渐符合客观现实；想象仍存在一定的直观性和具体性；创造性成分日益增多。

在信息加工方面，小学儿童已经从对具体形象材料加工发展到了对词语抽象材料的加工。林崇德（1984）的一项研究探讨了通过数学学习培养小学儿童创造性思维的可能性，结果显示，小学儿童在自编应用题的过程中表现出许多创造性思维的品质，如发散性、新颖性和独创性等特征，这为通过常规的数学教学提升学生的创造性思维水平提供了重要依据。同时，小学儿童在自编应用题时，一般先从模仿书本例题开始，经过半独立性的过渡，最后发展到独创性。在正常的学习程度下，三年级是从模仿编题向半独立编题的一个转折点，四年级则是从半独立编题向独立编题的一个转折点。

徐青（1999）通过传统讲授法及发现教学法两种不同的训练方法，对小学三年级至五年级儿童进行为期一学期的训练，结果显示，在创造性思维的不同维度上，两种方法都能有效地提升小学儿童的创造性水平，两种训练方法之间差异不明显。

（三）青少年的创造性思维

国外早期的研究发现9岁是儿童创造力发展的一个转折点，小学前三年级儿童的发散思维能力不断增长，四年级以后开始下降，五年级又回复上升，六年级至初一年级出现第二次下降，以后直至成年基本保持上升趋势。国内研究认为，青少年创造性思维表现出先下降（三年级至五年级）后上升（六年级至八年级）的发展趋势。中学生的创造力态度初一到初三年级一直表现出上升趋势。尤其是在六、八年级显示出创造性思维发展的两次飞跃（刘国雄 等，2004）。

中学时期的青少年创造性思维的发展存在较多的争议。一些研究者认为青少年的创造性思维随年龄增长而不断提高，另一些研究者则主张青少年创造性思维发展是起伏波动的。国外学者指出，青少年创造性思维的发展存在两个低落期，即13岁和17岁。然而，有研究显示，在整个中学阶段青少年写作方面的创造性一直在降低；有研究者持不同看法，其发现青少年写作方面的创造性在初一年级至初二年级有所下降，但从初三年级至高中阶段则一直上升（董奇，1985）。

将平均年龄为15.4岁的中学生和音乐特长生智力和创造力进行比较，研究结果表明专业音乐院校学生与普通中学生的智力二者无显著差异，而音乐特长生创造力远远低于普通中学生（范俊英 等，2009）。

（四）成年及中老年的创造性思维

成年以后个体的创造性思维对于个人发展而言具有重要的意义。大量研究发现创造性思维在成年早期处于上升阶段，30岁末或40岁初达到顶峰，然后逐渐下降，当然这种发展趋势也存在个体差异和领域差异。对于科学领域、艺术领域及人文科学领域来说，因其自身的性质不同，对个体创造性思维发展的影响也不同。但从总体上来看，相对于以后的各年龄段，20岁左右个体尚未进入创造性思维的高峰期，成年早期的最后阶段才是创造性思维表现突出的一个重要时期。这时候个体的创造性思维往往流畅性发展到较高水平，变通性与独立性品质也达到了一定的水平。个体可以认为，创造性思维在成年早期的前一个阶段得到了充分的准备，并在成年早期的后一个阶段达到较为成熟的状态，使人生这一阶段成为人类累积和发展文化财富的黄金时期。

★ 四、如何促进创造性思维

（一）逻辑思维的训练

狭义的逻辑，指的是思维的规律（主要是指形式逻辑）；而广义的逻辑则可以泛指各种事物的规律。逻辑思维是以概念为思维材料，以语言为载体，每推进一步都有充分依据的思维，它以抽象性为主要特征，其基本形式是概念、判断与推理。因此，逻辑思维能力就是正确、合理地进行思考的能力。关于逻辑思维的训练，可以结合学习过程开展。逻辑推理需要雄厚的知识积累，这样才能为每一步推理提供充分的依据。同时，逻辑思维依赖于严谨的语言表达和正确的书面表达。因此重视个体语言培养，尤其是数学语言和几何语言的培养对个体逻辑推理能力的形成是不可或缺的关键一环。此外，作图识图能力对训练逻辑思维同样起到重要作用。初中阶段的逻辑推理更多直接地应用在几何方面，而几何与图形是密不可分的；几何图形中包含了许多隐藏的已知条件和大量的推理素材及信息，对图形认识得是否深刻，直接影响到问题能否解决。因此个体的作图识图能力在逻辑推理能力的培养中是绝对不能忽视的。

（二）发散思维的训练

从创造性思维的本质和心理成分入手，促进创造性思维的方法是多种多样的，并且在不同年龄阶段应采用相应的手段，其中重点之一是关注发散思维的培养。从婴幼儿至小学时期，让儿童自由地展开"想象"的翅膀或许是一种方式。年幼的个体逻辑思维发展尚未完善，时常有天马行空的想法，这时应当给予他们鼓励和支持，从而推动他们的发散思维形成与发展。参加科技活动有助于中学生发散思维的发展，高玉琛等（1985）的研究表明在科技竞赛等创新活动中，个体可以通过观察和思考发现规律，并应用于新的领域，这对于发散思维的发展有着很大帮助。成年早期，尤其是大学生有很强的创造潜能，其创造性人格突出表现为富有挑战性，创造性思维核心品质的新颖性表现突出，主要体现在投射未来、评估力和通感能力表现明显。这时候如果能够更多地参与一些创造性活动，可以加强对发散思维的训练，进一步有助于个体在成年早期末创造性思维达到更高水平。

（三）创造个性的养成

创造个性的养成需要个体注重全方面的发展，结合不同领域的个体在创造性思维上的差异，人们可以发现，艺术类、科学类、人文类等有助于促进创造性个性的养成。也就是说，类似于绘画、科技创新活动、文学创作等可以培养个体在思考模式上不被固有的逻辑思维所束缚，有更大的想象空间，充分地发散思维，从而提高创造性思维水平。

第四节　元思维的发展

★ 一、什么是元思维

元思维（metathinking）是指对思维过程的监督和调整，也就是人们对自己的思维活动进行的认知。思维与元思维不同。思维是对事物本质特征以及事物之间规律性联系的概括的间接的反映；而元思维是对思维过程的监督和调整。

1. 认识和思考的对象不同

思维活动的对象是客观事物的本质特征和事物之间的必然联系；而元思维的对象是思维活动本身。如阅读的对象是某段具体的文字；此时元思维的对象是对阅读过程中所进行的思维活动的监督和调整。

2. 活动的内容不同

思维活动的内容是对思考对象进行某种智力操作。例如，阅读某一篇文章，通过对这篇文章的字词进行辨认，对句子、段落进行理解，最后达到对文章的整体把握。元思维活动的内容是对思维活动进行监督和调整。如阅读中的元思维活动有明确阅读目的、将注意力集中在阅读材料中的主要内容上、自我提问以检查阅读效果、对当前阅读活动不断进行调节、随时采取修正策略等。

3. 作用方式不同

思维活动可以直接使认知主体取得认知活动的进展。例如，个体阅读一篇文章，就可以知道这篇文章的大意、中心思想。而元思维只能通过对思维活动的监督和调整，影响主体的思维活动。例如，通过自我检查确认主体的阅读是否达到预期目标。

4. 发展速度不同

从个体认知发展看，元思维能力的发展落后于一般思维能力的发展。研究表明，婴儿出生以后就有了一定的认知能力。而幼儿到了学前期才开始获得一些零星的、肤浅的元思维能力，这时元思维能力才开始发展。

总的来说，元思维是不同于一般思维等认知活动的另一种现象。它反映了个体对自己"思维"的认知。同时两者又是相互联系、不可分割的，思维是元思维的基础。没有思维，元思维便没有对象。元思维通过对思维的调控，提高了思维的效果。元思维和思维共同作用，促进和保证思维主体完成相应的思维任务，实现相应的思考目标。

★ 二、元思维的构成

若将元认知的对象只限定在思维上，就是元思维。所以人们可以认为，元思维作为元认知体系下的一个独立概念，其同样具有三个既相互独立又相互联系的成分：元思维知识、元思维体验、元思维监控。

（一）元思维知识

元思维知识是有关思维活动的知识，就是一个人对有效完成任务所需的技能、策略及其来源的意识，是一个人在进行思维活动以前的一种认识。它主要包括：①知人方面知识，知道哪些信息与思维有关，知道自己在与思维相关的领域能力如何，知道自己在思维方面擅长什么、拙于什么。这是关于主体方面的知识。②知事方面的知识，关于不同的认知材料和任务目标不同特点的认识，如对不同课程内容的性质、对学习材料的结构、逻辑性及呈现方式的知识。这是关于任务方面的知识。③知法方面的知识。关于认知策略及其使用方面的认识，对各种学习策略的优点及其不足、应用条件和情景、效力等的认识。这是关于策略方面的知识。

（二）元思维体验

元思维体验是指伴随着思维活动产生的认知体验和情感体验。比如，确信自己所要完成的思维活动可以顺利完成，预感考试可能失败，对思维成败的结果可以接受或者产生焦虑等，都属于元思维体验。

（三）元思维监控

元思维监控是指在进行思维活动的全过程中，将自己正在进行的思维活动作为意识对象，运用自我监控的机制，对思维过程进行自觉的监督和控制。元思维的监督过程，包括对思维目标的明确程度、对思考过程的清晰程度、对思维过程中思路的流畅程度、对思维结果的满意程度等进行监测；元思维的控制过程包括在元思维监测的基础上制定出的对思维目的的调整、对思考过程的调整、对思考策略的调整、对思维结果的进一步探索等。元思维监控是元思维的核心。

三、元思维的发展过程

元思维的发展规律是：随年龄增长而增长；从外控到内控；从无意识到有意识再到自动化；从局部到整体。元思维的各成分之间存在着相互依存、协同发展的关系，各部分并非独立地形成、发展，一种成分有时候需要在另一种成分的辅助和支持下实现自身功能的完善。在发展过程中，元思维知识和元思维监控之间关系紧密。儿童的各种元思维知识要发挥效用，需要以存在元思维监控这一具体的操作过程为前提。元思维知识与元思维体验的发展也是相辅相成的。儿童关于思维活动的元思维知识一定程度上决定了其元思维体验，人们可以认为元思维知识影响着元思维体验，同时又在某种程度上成为元思维体验的内容。此外，元思维监控与元思维体验之间也存在关联。元思维监控的每一步具体的效应都对元思维体验产生直接的影响，而元思维体验也会对元思维监控的进行产生动力性的影响。

（一）婴儿元思维的发展

婴儿对自身思维活动的监测从 1 岁时就已经开始，生理指标显示，12 个月的婴儿具有成人错误监测的核心神经机制，说明即使是 1 岁的婴儿也会在一项决定中监测他们的确定性和不确定性。18 个月的婴儿在行为上就表现出元认知监测的能力，在面对困难的任务时选择退出或寻求帮助以避免错误，在选择位置并搜索玩具任务中信心较高时，有更多的搜索持续时间，说明 18 个月的婴儿可以监测自己的不确定性，同时对自己的决策信心有一个评估过程，婴儿也可以通过决策信心来调整后续的行为（Goupil et al.，2016）。

但在这一阶段对自己思维活动的监控具有不自觉性，是个体自动化评估和调节自己的认知（Goupil et al.，2019）。

（二）幼儿元思维的发展

2 岁半到 3 岁半的儿童仍处在对思维活动监控的内隐阶段，尽管他们可以通过评估信心程度这种外显的方式对元认知水平进行测量，但他们的外显元认知监控准确性显著地低于内隐的元认知监控，他们自动地对心理操作进行反省的能力更优。在行为上表现为在选择错误后比在选择正确后会出现更多的需求帮助行为、在延迟满足的任务中能使用和同伴手牵手的策略增加延迟时间获得成功等（Marie，2018）。此外，外显和内隐的元认知的准确性在发展的早期阶段都保持相对稳定，并未发现与年龄相关的差异。

4～5 岁是幼儿对思维调节的关键时期，随着幼儿年龄的递增，幼儿对于问题解决思路的调节能力增强。然而，5 岁组幼儿和 6 岁组幼儿在此项目上无显著差异，表明 4 岁到 5 岁时期，是幼儿个体问题解决思路的调节能力迅速发展的时期（傅路军，2017）。

5～6 岁幼儿在元认知监测方面有了很大的发展改善（Roebers，2017；Schneider et al.，2016）。在幼儿配对联想识别任务的研究下，内隐的选择延迟测量结果显示，正确反应时选择延迟时间显著短于错误反应项目。在外显的测量水平上，6 岁的孩子比 5 岁表现出更准确的元监控。6 岁的孩子不论是学习判断还是选择退出测量，高信心/接受项目的正确反应率均高于低信心/拒绝项目，而 5 岁的孩子在非语言的选择退出条件下，接受和拒绝的项目正确反应率并没有表现出显著差异。虽然 5 岁幼儿接受或拒绝的项目反应正确性没有显著差异，但对接受项目的信心评估显著高于拒绝项目，说明 5 岁幼儿原则上能够战略性地使用选择退出策略，但在信心评估方面存在问题。且 6 岁的幼儿内隐和外显的元监控一致性显著优于 5 岁幼儿，进一步说明幼儿在 5~6 岁阶段元监控等相关技能的迅速发展（Roebers，2019）。国内学者也指出，6 岁是幼儿科学元认知知识和科学元认知监控发展的重要时期，科学元认知体验在 5 岁时快速发展，幼儿科学元认知体验的发展好于科学元认知知识和科学元认知监控的发展水平（张亚杰，2016）。

但需要注意的是，幼儿在学习判断中虽然不正确的反应信心判断要低于正确的反应，但相对而言依然要比成年人在预估自己是否容易成功或预估自己成绩时表现出更高的信心（Lipko et al.，2012；Destan et al.，2014）。

虽然年幼的儿童能够监测认知需求来指导任务选择，但认知需求的自发监测在 5~7 岁才开始出现，年龄较大的孩子和成年人会在选择任务时选择低要求的任务，而年龄较小的孩子选择处于随机水平，7 岁的孩子会在选择时出现偏向于更低要求的任务（Niebaum，2020）。在较为贴近生活且有意义的幼儿游戏场景中，他们对思维活动的监控会有更大的潜能（Howard，2010）。6~8 岁儿童在音乐伴奏玩耍情境中自发地进行了监测和控制，幼儿表现为监测行为显著多于控制行为，且 8 岁的儿童比 6 岁的儿童表现出更多的监控行为。同时 6 岁的幼儿在音乐伴奏游戏中，他们的元认知能力与音乐敏感性相关，但 8 岁的幼儿并没有此种相关，说明 8 岁的孩子已经发展出了一般性的元认知能力（Zachariou，2019）。

（三）儿童元思维的发展

幼儿出现的学习判断过于自信的现象在入学教育一年后就有了明显的改善。在自我监测时，一年级出现高估，而二、三年级已发展了相对较好的准确性（Schneider，2015）。儿童随着年级的升高，元认知监控能力逐渐增强（Keane，2018），二年级是监控发展的一个关键时期（计艳楠，2016）。儿童过度自信在整个二年级学年（8 岁左右）中都在显著下降，同时监控能力也有着快速的发展。随着拼写技能的提高，孩子们可以更好地区分易于拼写和难于拼写的单词（监测），并能更好地发现和纠正错误（控制）（Roebers，2017）。

7~11 岁的儿童随年龄增长越来越多地使用有效和信息丰富的元认知线索进行监测，特别是在任务困难的时候，监测的准确性在两个年龄组中都随着时间的推移而提高，但对线索的利用仅在年龄较小的儿童中有所增加。表明线索利用可能是推动元认知能力不断提高的因素（Roebers，2017）。在信心判断上表现为七八岁的儿童在他们无法使用新概念造句时也表现出过度的自信，而 11 岁的孩子在能用新概念造句时才表现出过度的自信（van Loon et al., 2017）。

采用"策略效用判断"（JOU）的方法从策略评价的角度对元认知监测能力进行评定（即个体对当前所使用策略的有效性的评价），发现三年级（年龄 9～10 岁）属于儿童元认知能力发展较快增长的时期，该时期元认知初始水平较高的个体发展速度亦更快，至五、六年级后，元认知能力在自由发展情况下，高水平个体发展速度减缓，而低水平个体则逐渐赶上来。在 12 岁时，儿童的学习判断已经能达到相对准确的水平，并在之后不会再有明显的变化（Van Loon et al., 2013）。

（四）少年元思维的发展

有研究者通过他人评价和自我报告对比的方法，旨在运用基于一致性的元认知量表（CMS）来测量元认知和自信能力，并研究青春期元认知的发展。元认知的发展轨迹如下：儿童元认知能力低，然后在青春初期到青春期后期/青年成年期元认知能力逐渐增加（Kawa Ta, 2021）。对于初中生思维活动检测和控制的相关研究主要集中于对各个学科学习上元监控的特点，通过元认知策略的使用，可以有效地提高数学、语文、英语等各个学科的学习效果（范永玲，2020；戴健，2017）。

此外，初中生还处在元认知监控的发展期，其稳定性可能受测试时间间隔的影响，而高中以上学生发展较为稳定，所受影响并不明显。小学高年级和初中阶段，应该是元认知控制发展的关键期，在义务教育阶段应该抓住这个关键期对学生元认知监测和控制能力进行早期培养和塑造（吴先超，2019）。

高一学生已具备一定的反思意识和对思维活动的计划能力，但反思习惯、思维监控策略相对来说较为欠缺（林嘉滢，2020；林秋萍，2019）。

高中阶段在学习和解决问题上思维活动的监控和调节仍然在进一步发展，但学生的自我监控能力随年龄增长变缓（陈婉茹，2005）。自我监控的水平与高效学习和好成绩有着显著的相关，高中阶段已经发展到相对较高水平，元认知控制准确性具有了一定一致性，具有了一定特质特征（吴先超，2019）。

（五）青年元思维的发展

大学生在自我调节学习中能够自觉地应用元认知策略，对自己的思维进行监测和控制，且这种能力与学术成绩有显著的相关（Dörrenbächer-Ulrich, 2021）。在学习和完成任务的过程中更倾向于在掌握目标定向的学习动机下对自己的学习进行监控，在重读选择任务中会选择更难的任务以保证自己更好地掌握该内容（吴先超，2019）。

（六）成年后元思维的发展

成年人能够准确判断不同任务对于自己的难度差异，会在任务选择中选择容易的任务去完成，对于自己成功的判断准确性也相对较高。他们在任务监测和自身表现监测上都有良好的表现。但成年人也可能会在自身监测中低估自己的表现，7 岁的孩子在评估自己的表现方面可能比 5 岁的孩子和成年人都更准确（O'Leary et al., 2017），这或许反映了从童年早期的高估偏差到成年时的低估偏差的转变。

对于老年人元思维能力是否有所衰退存在不同的研究结果。在对任务完成策略的选择等监控能力的研究中发现，在认知资源需求较少的情况下，老年人元思维能力较好且与青年人不存在显著差异，在认知需求较多的情况下，老年人的元思维能力可能会有所下降（蔡任娜，2013，2015）。也有研究发现老年人的元认知准确性、对任务的执行和计划能力均有所下降（Roberto，2020）。

第五节　思维发展的性别差异

一、思维性别差异的具体表现与生理基础

人们常说，男性是理性的，而女性是感性的。经过科学家长期的研究和验证，男性与女性的思维方式确实是有区别的，这种差异是天生的，一般情况下无法人为地改变。我国心理学工作者通过研究表明，男性和女性思维差异的发展变化与年龄的递增是有着密切关系的，整体上随着年龄的增长，男、女性之间思维发展的差异逐渐明显。其发展变化的趋势是：学龄前男女思维差异不显著，婴儿期几乎没有什么差异。幼儿期虽然已经显示差异，但仅仅表现在女孩的思维发展略优于男孩，并不显著。

从小学到初中一年级，男性与女性思维差异逐步明显。女性思维发展的速度和抽象逻辑能力的水平明显地优于男性。初中二年级以后，男生在事物比较能力上表现得比女生更好，推理能力方面男生也优于女生；而在计算能力、图形分析能力、运用逻辑法则的能力上，女生的表现则更为突出。

在创造性思维的流畅性、变通性和独特性测验上没有发现显著的性别差异，但在通常被认为与创造力有密切关系的心理折叠测验上表现出男生优于女生的现象，而且这种现象在中国和德国儿童中有比较一致的表现，体现在学习爱好、技术问题理解和科学活动方面，在中国和德国的超常儿童与常态儿童中都有不同程度的性别差异存在。主要表现为男生的得分高于女生，尤其在学习爱好和科学活动兴趣方面，这种性别差异更为显著（施建农 等，1999）。

对高智商的女性进行了调查，研究发现，许多被认为智力超常的女性，她们的创造性成就明显低于同等智力超常的男性。这种现象在以往被归因于性别差异。但赖斯等（1997）认为，这种归因是有偏见的。他们认为，女性的创造性成就低于男性，是因为她们没有与男性同样的机会将自己的才能用于受社会评价的事业。

在元思维领域的研究也揭示出元思维发展的性别差异。有研究者发现，幼儿根据自身因素制订计划能力、幼儿对活动干扰因素和活动任务难度的监控能力以及对活动效果反馈的补救调节、对效率反馈的调节能力上存在性别差异，男童明显优于女童。中高年级小学生数学元认知各维度的性别主效应显著，女生数学元认知的自我意象、自我调节、策略选择和动机维度显著好于男生（孙喜英，2017）。中学后阶段，在数学解题元认知

上男生优于女生（黄红梅，2017），在英语学习上女生的计划监控和评价均优于男生（田曲平，2014）。

为什么男性与女性的思维方式如此不同？澳大利亚研究身体语言和行为学的专家亚伦·皮斯（Allan Pease）在大量的研究和调查后认为，男、女性大脑的差异决定了其行为能力、思维方式等方面的差异。其在所著的书《亚当的脑，夏娃的脑》中做了有趣的解释，如果知道了异性之间彼此不同的思维方式，人们再也不必因为相互误解而最后不得不向对方说"对不起"了。

女性的大脑思维方式是呈"扇型"思考的，用扇型思维方式来想问题的人，主要特点是：当她遇到一个问题的时候不会只想遇到的这个问题，而是会通过这个问题联想到其他的许多问题。所以遇到一个问题就相当于遇到很多问题，然后亟待解决的问题就充斥在脑海中。因为当一下子遇到这么多问题时，个体很难准确地区分主次，从而全部解决。而男性的大脑思维方式是呈"梯型"思考的，用梯型思维方式来思考问题的人通常在遇到一个问题的时候就只会想遇到的这个问题，不会联想到其他的问题，专注地想办法去解决当前面对的这个问题。

同时，男性的大脑是高度区域化的，按区域分类和贮存信息，在度过紧张忙碌的一天后，男性的大脑信息处分类存档。而女性大脑并不以这种方式贮存信息，所有问题不停在大脑中涌现，此时女性更多地通过沟通的方式来输出脑海中思考的问题，从而寻求方法来解决问题，并将问题排出脑海。因而在问题解决过程中，男性往往会默默地思考问题，男性在大脑中"说话"，而女性则需要口头表达来沟通。

二、思维性别差异的意义

了解男、女性在思维上的差异对于个体来说意义重大，对于整个人类的发展来说也是具有长远影响的。

总的来说，男、女性的思维差异是十分复杂的，人们认为思维在总体上性别差异不明显，在各具体的思维特质上，存在着性别差异。

常态儿童在图形测验的新颖性、精细性和灵活性上女生优于男生，但超常儿童的这种性别差异不显著。有这样一种倾向，年龄较小的常态组（同年龄组）似乎都有女性优于男性的倾向，而年龄较大的常态组则男女各有所长。这提示在常态儿童13～17岁阶段，男生很可能在创造性思维的各个方面发展较为迅速。对高智商的女性进行的调查发现，许多被认为智力超常的女性，她们的创造性成就明显低于同等智力超常的男性。

有研究表明，五年级至七年级儿童技术创造性思维能力是不断发展提高的，不存在性别差异，中国、德国儿童均是如此。乡镇中小学生创造性思维的发展不存在性别差异，表现出先下降（三年级至五年级）后上升（六年级至八年级）的发展趋势。中学生的创造力态度也不存在性别差异，从初一到初三年级一直呈发展趋势（刘国雄，2004）。

章后小结　　即测即练

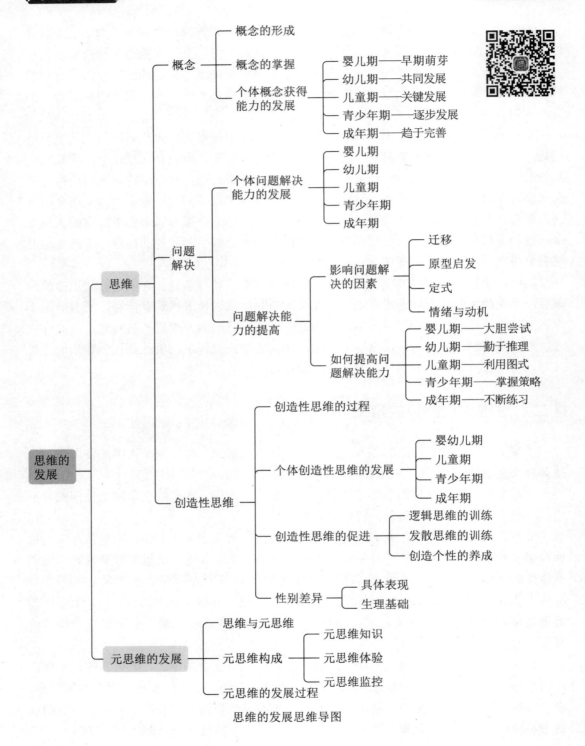

思维的发展思维导图

第十一章 注意的发展

西江月　注意
（毕然然）

选定目标指向，抛开纷扰集中。
千头万绪计无穷，注意把关去冗。
两耳不闻他事，专心致志书声。
心无杂念更轻松，品质还需稳定。

| 章前导读 |

一、什么是注意

注意（attention）是指心理活动或意识对一定对象的指向与集中。与其他心理活动不同，注意并非独立的心理过程，而是伴随着各种心理活动的一种状态。它表现在人的全部的心理活动之中，使心理活动处于一种积极的状态并具有一定的指向，在该活动上的强度越大，紧张度越高，注意也就越集中。

当人们处于注意状态时，会出现明显的外部行为，表现为身体微向前倾、凝眉、托住下颌、凝神远望等适应性动作出现，与活动无关的动作暂时停止，呼吸变得轻微而缓慢甚至出现呼吸短暂停止的"屏息"现象，此外，还会出现心跳加速、牙关紧闭、紧握拳头、肢体血管收缩、头部血管舒张等现象。

注意对于人的心理及其发展至关重要，它好比一座门，凡外界进入人们心灵的东西都要通过它。注意可以使人们集中自己的心理活动，认识外界事物和我们自己及其变化，正确地反映它们，以便更好地适应环境。

★ 二、注意的功能

个体要正常地生活与工作,就必须选择重要的信息,排除无关刺激的干扰,这就体现了注意的选择功能;当注意指向并集中在一定对象之后,会保持一定时间的延续,维持心理活动的持续进行,此时被选定的对象或信息居于意识的中心,等待个体对它做进一步的加工和处理,这就体现了注意的维持功能;在整个注意过程中,个体需要有效监控自己的动作和行为,以达到预定目的,避免失误,顺利完成相应的工作任务,这就体现了注意的调节与监督功能。

★ 三、注意的分类

个体对事物的注意,有时是自然而然发生的,不需要任何意志;有时是有目的的,需要付出意志的努力来维持。这样,我们将注意分为不随意注意(involuntary attention)、随意注意(voluntary attention)和随意后注意(post voluntary attention)三种。

(一)不随意注意

不随意注意是指事先没有目的、也不需要意志努力的注意。不随意注意一般被视为一种消极被动的注意,此时注意的引起与维持更多取决于刺激物本身的性质,而非人的积极性。例如,我们正在图书馆聚精会神地看书,突然门外传来喧闹的吵架声,这时大家会不约而同地朝门外看去,不由自主地注意到外面的事物。

引起不随意注意的原因:一是刺激自身的特点,包括刺激物的新异性、强度、运动变化等;二是人本身的状态、需要、情感、兴趣、过去经验等。

(二)随意注意

随意注意是指有预定目的、需要一定意志努力的注意,是一种积极主动的注意。随意注意比不随意注意出现得晚,引起随意注意的影响因素包括注意目的与任务、兴趣、活动组织、过去经验、人格等。

(三)随意后注意

随意后注意是注意的一种特殊形式。从发生上来讲,随意后注意是在注意的基础上发展起来的,同时具有不随意注意和随意注意的某些特征,既服从于当前的活动目的与任务,又能节省意志的努力。因此,随意后注意对完成长期、持续的任务特别有利。

★ 四、注意的品质

注意的品质是考察注意质量的指标,主要有注意的广度(attention span)、注意的稳定性(stability of attention)、注意的分配(distribution of attention)和注意的转移(shifting of attention)。

（一）注意的广度

注意的广度是指在同一时间，注意所能清晰把握的对象的数量。这是注意在数量上的特征。注意的广度受许多因素影响，比如，注意对象的特点、个人的活动任务与知识经验、把握对象的方法。注意广度的大小，对于个体的生活实践有重要影响，广度越大，意味着在同样的时间内接收越多的信息，有利于学习效率的提高。

（二）注意的稳定性

注意的稳定性指注意能长时间地保持在同一对象或活动上。这是注意在时间上的特征。注意的稳定性受对象的特点、主体因素、注意的方式方法的影响。一般情况下，注意稳定时间的长短与年龄有关，也与人的主动性有关。

（三）注意的分配

注意的分配指在同一时间里，将注意分配到两种或两种以上的对象或活动上去。注意分配是完成复杂工作任务、提高效率的重要条件。注意的分配有赖于个体对活动的熟练程度、活动内容的性质与特点。

（四）注意的转移

注意的转移指根据新的任务要求，个体主动地将注意从一个对象转移到另一个对象上。注意的转移可以在同一活动的不同对象之间，也可以在不同的活动之间进行，这是注意灵活性的表现，也是个体发挥积极主动性的表现。注意的转移受原来注意的紧张度、新任务的特点、个体神经活动的灵活性等因素影响。

★ 五、注意的生理机制

图 11-1　伊凡·彼德罗维奇·巴甫洛夫（Ivan Petrovich Pavlov，1849—1936）

巴甫洛夫（图 11-1）认为，注意是有机体对外界环境变化所产生的一种应答性反应，并将其称为定向反射（orienting reflex），即当有新刺激出现时，有机体就会产生一种相应的运动，将感受器朝向新的刺激，以更好地反映新刺激，探明新刺激的特点和意义。当定向反射发生时，大脑皮层相应区域内就会产生一个优势兴奋中心。由于负诱导的作用，兴奋中心以外的其他区域就处于不同程度的抑制状态。而这些抑制又增强了兴奋区域的兴奋。在优势兴奋中心，新的暂时联系容易形成和巩固，旧的暂时联系容易恢复，从而使传到兴奋中心的刺激得到最清晰完整的反映；而落在兴奋中心以外的刺激，就反映得比较模糊，甚至完全没有反映，因而就出现了"视而不见，听而不闻，食而不知其味"的现象。优势兴奋中心不是长时间地保持在大脑皮层的一个部位静止不动的，当刺激物发生

巴甫洛夫，苏联生理学家、心理学家、医师、高级神经活动学说的创始人，高级神经活动生理学的奠基人。条件反射理论的建构者，也是传统心理学领域之外而对心理学发展影响最大的人物之一，曾荣获诺贝尔生理学或医学奖。

变化或者同一刺激作用时间过长时，它会不断地从一个区域转移到另一个区域。这也是注意转移的生理基础。

总体而言，注意的生理机制比较复杂，它既与大脑皮层的活动有关，也与皮下结构的活动有关。其中，网状结构在唤醒注意中有特殊的作用，其主要功能在于激发和维持大脑皮层的觉醒状态，由于注意的前提是个体处于清醒状态，因此网状结构提供了注意等心理现象的发生的可能性。另外，在有意注意产生中，大脑的额叶起着决定性的作用。大脑额叶某些部位损伤的患者，皮层觉醒水平很低，言语指示及定向反射几乎不能恢复；额叶严重损伤的患者，不能根据预定的任务来集中注意，非常容易分心，有意注意严重失调。

第一节　婴儿注意的发展

新生儿并不是一块白板，虽然有很多概念尚未建立，但他们会对某些特定的刺激投入更多注意资源，如面孔和言语，这些基本的注意偏好一方面影响了其大脑的发育，另一方面使得其更好地将注意放在身边的社交信息上，帮助他们学习语言及面部表情的含义。

新生儿的注意活动最初表现为定向反射，主要体现在视觉和听觉方面，他们会停止正在做的事情、睁大眼睛、心跳减慢，这些行为上的变化说明新生儿做好了加工外部刺激的准备，但是如果外界刺激太强烈，他们就会出现防御反射、闭上眼睛、心跳加速且情绪激动。定向反射和防御反射被视为婴儿早期的注意形式。

一般0～3个月大的婴儿已经开始注意具有轮廓的物体和运动的对象，3～12个月的婴儿更喜欢注意那些在他们所知情况下令人惊奇的事物和新奇事物。比如，向婴儿同时呈现规则脸型和扭曲脸型的陶娃娃，他们会更关注令人意外的扭曲脸型的娃娃。12个月以后的婴儿更注意那些激发他们猜测和假设的事物，这是人类走向自由探索的开端。目前，研究婴儿注意的测量方法主要有测量婴儿的注视时间、追踪婴儿眼动、分析血氧含量判断大脑活跃程度的近红外光谱分析法（near-infrared spectrometry，NIRS）等方法。

具体来讲，婴儿注意的发展表现在以下方面。

★ 一、婴儿的无意注意与有意注意

无意注意是整个婴儿期占主导地位的注意形式。婴儿一生下来就有注意，这种注意实质上就是先天的定向反射，是无意注意的最初形式。婴儿期注意的发展，主要表现为选择性注意的发展。1～3个月婴儿的注意已经明显地偏向曲线、不规则图形、对称的或集中的或复杂的刺激物以及所有轮廓密度大的图形。

3～6个月婴儿的视觉注意能力在原有基础上进一步发展，平均注意时间缩短，探索活动更加主动积极，而且偏爱更加复杂和有意义的视觉对象。可看见和可操作的物体

更能引起他们特别持久的注意和兴趣。Niedźwiecka 等（2018）考察了 5 个月时亲子互动中的视觉注意力是否能预测 11 个月时的注意力控制能力。在 5 个月大婴儿的自由游戏中评估相互注视的总持续时间（MG），在 5 个月和 11 个月大的间隙 - 重叠任务中测量婴儿的注意力控制。结果发现 MG 可以预测 11 个月时的注意脱离，5 个月大时 MG 更长的婴儿在 11 个月大时表现出更好的注意力控制（Niedźwiecka et al.，2018）。

6 个月以后婴儿的睡眠时间减少，白天经常处于警觉和兴奋状态。这时的注意会以更广泛和更复杂的形式表现在日常感知活动中。有研究者将婴儿暴露于不同类型的敏感行为中，以检验对婴儿注意的影响。结果显示婴儿的视觉注意模式发生了改变：婴儿对玩具的持续关注时间更长，对社交伙伴的持续关注时间更短，当与非语言社交伙伴互动时，他们的注意力转移要少于当与会说话的社交伙伴的互动下的注意力转移（Miller et al.，2018）。Tsurumi 等使用优先注视法研究 6～8 个月大的婴儿是否表现出基于对象的注意。在基于对象的注意中，目标出现在有线索的物体上比目标出现在没有线索的物体上能更快地被检测和处理，这是现实世界对各种刺激的有效处理的先决条件。结果发现，相对于空间线索效应在 6 个月左右出现，基于对象的注意可能在 8 个月左右获得，即物体对 8 个月大的婴儿的视觉注意力起作用（Tsurumi et al.，2018）。

婴儿的共同注意随着年龄的增长而逐步提高，在 9 个月左右有了显著的变化，但 1 岁以前该能力的发展水平都较低。在一项有关婴儿共同注意的研究中，实验者开发并应用了一个新的范式——头戴眼动仪来记录父母和婴儿在自然的玩具情境下的注视数据。研究者测量了父母和 9 个月大的婴儿在玩耍时的共同注意力和持续注意力，以及父母在婴儿玩耍时为物体命名时的注意力。结果发现，共同注意和婴儿持续注意都能预测 12 个月和 15 个月时的词汇量，但在共同注意背景下的婴儿持续注意，是更强的预测词汇量的因素。共同注意可以预测单词学习，因为共同注意支持婴儿对命名对象的注意（Yu et al.，2019）。

有研究者采用了与以往研究不同的静态图像和动态视频序列对婴儿的面孔注意进行了探索，结果发现，在婴儿早期，人们对面孔的关注最初有所增加，然后在 2 岁时有所下降。2 岁的婴儿对面孔注意力的下降可能是由于面孔处理技能的提高和对社会场景其他方面的兴趣的增长。同时，刺激特征影响儿童对面孔的注意。1 岁的婴儿对静态图像的偏好更强，2～3 岁的婴儿对动态刺激的偏好更强（Libertus et al.，2017）。

1 岁以后，言语的产生与发展使婴儿的注意活动进入更高的层次，即第二信号系统。这时，当成人对婴儿说出某个物体的名称时，婴儿便会注意那个相应的物体，而不管其性质如何、是否是新异刺激、是否能满足其机体的需要。在第二信号系统的影响下，婴儿的注意进入一个更加广阔的领域，逐渐发展出有意注意的萌芽。具体表现为，婴儿的注意开始跟随成人的指令与要求，能够完成成人提出的活动任务。比如，成人要求婴儿看电视节目，他们能集中注意看一小会儿，但是如果对内容不感兴趣，很快婴儿就把注意转移了。由此看来，婴儿无意注意与有意注意的发展步调并不一致，当婴儿无意注意有了进一步发展时，有意注意才开始萌芽。

二、婴儿注意品质的发展

（一）婴儿注意稳定性的发展

有一些研究关注婴儿的持续注意与生理机制的联系。Xie 等在 2018 年的实验中研究了婴儿的持续性注意与脑电之间的关系，结果发现，10 个月和 12 个月大的婴儿在持续注意期间，在额、颞和顶叶电极上发现了 θ 同步。在持续注意时，在额叶、中央和顶叶电极上发现了 alpha 去同步现象。这种 alpha 效应在 10 个月时开始显现，在 12 个月时得到充分证实，证明了婴儿持续注意与脑电振荡活动之间的联系（Xie et al., 2018）。Xie 等在 2019 年的研究中发现，婴儿的持续注意是伴随着独特的大脑功能连接模式的，并且在婴儿时期，大脑网络的功能连通性迅速发展（Xie et al., 2019）。

小于 2 岁半的婴儿在看电视时容易被屋内的玩具或其他新异事件吸引，稳定性差。学前儿童的注意稳定性还是不高，但总的来说呈增长的趋势。

（二）婴儿注意选择性的发展

随着经验的增加，婴儿可以有区别地对待不同的事物，其注意的选择性越来越受知识和经验的支配，受当前事物在其社会认知体系中的地位以及婴儿所知的自己与它们之间的关系的支配或影响，注意的表现形式也更加广泛、复杂，表现在吮吸、抓握、够物、操作和运动等日常感知活动中。1～3 个月的婴儿偏好曲线、不规则图形，对称的、集中的或复杂的刺激物以及所有轮廓密度大的图形。3～6 个月婴儿的视觉注意能力进一步发展，偏爱更加复杂和有意义的视觉对象，那些可看见、可操作的物体更能引起他们持久的注意和兴趣。6 个月以后，婴儿的睡眠时间减少，白天经常处于警觉和兴奋状态，觉醒时间的增长使得注意能力进一步发展。

（三）婴儿注意广度的发展

以婴儿知觉能力的发展为基础，婴儿注意的广度得到发展。此时，婴儿的知觉已经有了一定的概括性和随意性。但是，婴儿在注意过程中所表现的知觉的整体性依旧很差，婴儿在观看图形时，眼动轨迹杂乱，只限于观看图形的某一部分，眼动轨迹与图形轮廓不相符合，判断图形形状的错误率高达 50%。另外，随着视觉机制的发展、对比敏度的提高，婴儿会更加积极地探究客观世界的复杂模式，将注意力转向视觉世界的高对比特征。

（四）婴儿注意加工速度的发展

除了注意广度的增加，婴儿越来越擅长组织自己的注意，能够更加有效地接收和加工环境输入的信息。习惯和非习惯化的实验研究揭示，早产婴儿需要更长的时间才能对一个新奇刺激习惯化和非习惯化。例如，早产儿需要花 5 分钟甚至更长的时间加工一个视觉模式的新刺激，而 5 个月的婴儿只需要 5～10 秒就能对一个复杂的视觉刺激习惯化，并认出后继的刺激与它的不同（Werner et al., 1978）。

第二节 幼儿注意的发展

一、幼儿的有意注意与无意注意

幼儿注意的特点是以无意注意为主导，有意注意正在形成中。由于幼儿心理活动、行为的不随意性占优势地位，他们调节控制自己心理活动与外部行为的能力还比较差，所以外界的无关新异刺激对他们有很大的引诱力，儿童的注意不容易受目的的支配。随着调节和控制能力的提高，幼儿注意的随意性也在发展。

二、幼儿注意品质的发展

（一）幼儿注意稳定性的发展

幼儿的注意是不稳定的，容易在外界事物的影响下改变注意的目标。幼儿对事物十分好奇，喜欢四处探索，这摸摸，那碰碰。从积极方面理解，幼儿注意的不稳定性是他们积极探索世界、发挥主动性的表现，这也为他们认知能力的发展创造了前提。但是从消极方面来看，注意的不稳定性既不利于获得对事物清晰的感知，也不利于完成较为复杂的学习任务。因此，发展注意的稳定性是幼儿入学前的重要心理准备之一。

随着年龄的增长，幼儿注意的稳定性也在不断提高。有研究表明，1岁儿童注意看一个玩具的时间仅能维持2秒钟，到2岁时能集中注意地玩一个玩具的时间已达到8秒钟以上（Ruff et al., 1990）。有人曾经在幼儿园观察记录5～6岁幼儿在自由游戏活动中的注意稳定性，发现他们能维持注意于一个单独活动的平均时间大约是7分钟（Stodolsky，1974）。

由于游戏能够引起幼儿的兴趣，所以在游戏活动时，幼儿注意持续的时间明显比他们从事不感兴趣活动时的时间长，这表明幼儿注意稳定性受个体对活动意义理解与兴趣的影响。随着年龄的增长，幼儿越来越能够按照成人的要求从事自己不感兴趣的活动，同时更少把注意离开这项活动而去做别的事。另外，信息的类型与性质也会影响幼儿注意的稳定性。一般，幼儿喜欢看形象生动的材料，如果材料的内容和表现形式能适合儿童的智力发展水平，儿童的注意能维持较长的时间。很多孩子都喜欢父母给自己讲故事，他们会兴致勃勃地听着，有时候讲完一个还要听下一个故事，一点都不走神。对于可以理解的电视节目，如《喜羊羊与灰太狼》等，3～5岁幼儿能够专注地从头到尾地看完。

研究者采用连续作业任务从整体特点和在时间进程中的变化特点两个方面考察幼儿持续性注意的发展，结果发现4～6岁幼儿持续性注意的反应是随年龄增长而逐渐缩短，感受性和集中率随年龄增长而不断提高，其中4～5岁是持续性注意的快速发展期；在整体发展和随时间变化的过程中均未发现4～6岁幼儿持续性注意存在性别差异；就任务进程来看，4～6岁幼儿的持续性注意随着时间不断衰减，集中率不断降低，其中5分钟是一个重要的波动转折点，并且不同年龄组在不同时间段之间的波动差异显著（杨莉等，2019）。

对于幼儿注意稳定性的培养，采用心理训练法可以有效延长幼儿注意的稳定时间。诸如，使用"视觉引导法"走迷宫训练就是其中一种，即运用手指、笔、尺子等视力引导工具，幼儿在完成迷宫任务时，其视线能随着引导工具的移动而移动，提高注意的稳定性。

（二）幼儿注意广度的发展

有研究表明，6 岁以下的幼儿在看电视节目《芝麻街》时，往往只关注节目中的视觉形象，如各种拟人动物角色的衣着打扮、长相和动作表现，而不理会它们之间的对白内容。6 岁以后不仅对视觉形象感兴趣，而且能同时接收听觉方面的刺激信息——对白（Hayes et al., 1981）。这说明，幼儿关注的范围有所增加，内容也更加有意义。天津市幼儿师范学校心理组的研究表明，在 1/20 秒的时间内，大部分 4 岁幼儿（73.5%）只能辨认 2 个点子，大部分 6 岁幼儿（66.6%）刚能辨认 4 个点子；4 岁幼儿根本不能正确辨认 6 个点子，6 岁幼儿已有 4% 的人能辨认 6 个点子。

（三）幼儿注意策略的发展

如果让 3~5 岁的幼儿在幼儿园的院子里寻找"丢失"的物品，年龄较大的 5 岁幼儿能较有计划地把院子里的每一个角度都找一个遍，而年龄小的幼儿则毫无计划地东找西找（Wellman et al., 1979）。这说明，幼儿的注意策略在逐渐增加，但即使是学前末期的幼儿，他们计划自己注意目标的能力也还刚刚发展，他们还不大会运用注意的策略指导他们的观察活动，如让他们观看一幅内容丰富的画面，他们往往会忽略其中许多重要的细节（Ruff et al., 1996）。

第三节　儿童注意的发展

儿童的主要任务是学习，而注意是学习好的前提。如果将注意比作通向知识的门户，那么只有打开它，知识的阳光才能透进心灵，智力才能得到发展。随着学业任务的增加，对儿童的注意力也提出了新要求。随着年龄的增长和神经系统的进一步成熟，小学生更能控制自己的注意（注意的有意性），使自己注意更能适应任务的要求（注意的分配和转移）和更有计划地获取有关信息，提高活动的效率。也就是说，小学儿童在无意注意、有意注意和注意品质上均得到发展，其中，有意注意的发展速度更明显，直到小学高年级阶段，有意注意才占据主导地位。因此，童年期是加强注意能力培养的关键时期。另外，人们也注意到在小学生中存在一部分注意缺陷多动障碍儿童，对他们要给予特殊的帮助。

★ 一、儿童有意注意与无意注意的发展

（一）由无意注意占优势逐步发展到有意注意占主导

对于刚入学的小学儿童来说，无意注意还占有重要的地位，有意注意正在逐步发展

起来，但尚未达到完善的程度。小学低年级学生无意注意仍起重要作用，他们的有意注意基本上是被动的。这与他们神经系统活动的内抑制能力尚未发展起来有关。随着年龄的增长，大脑不断成熟，神经系统活动的兴奋与抑制逐步协调起来，同时，由于教学提出的要求和教师的训练，学生的有意注意逐步发展起来，四五年级小学生的有意注意基本上占主导地位。

（二）无意注意的发展

在个体发展中，无意注意的发生先于有意注意。一般，小学低年级儿童的认知活动较多依赖无意注意，他们的无意注意已相当成熟，一切能引起成人无意注意的对象也能引起小学低年级儿童的注意。继续深入研究发现，小学低年级儿童与高年级儿童的无意注意在某些方面依旧存在差异，例如，阴国恩、沈德立（1989）采用不连续图形为刺激材料对小学儿童的注意进行研究，以速示器的方式呈现分别被五条白横线分割成几部分的大写"K"字图形，每种图形都画在卡片上，以学生估计K字上白横线的数目来比较小学生无意注意的发展水平。结果表明：二年级和五年级的学生对线条的估计正确率分别为27%和31%，二者的差异不显著，因此可以看出童年期儿童对于同一材料的无意注意基本处于同一水平。但是，如果将材料换成有组织的材料，如狗的轮廓图线条，二年级和五年级学生之间的差异就比较大，五年级学生的表现更加成熟。因此，对于儿童无意注意的发展，还需要做更深入的研究。

（三）有意注意的发展

在小学阶段，儿童的主导活动由游戏变为学习，外界要求儿童必须适应新的环境，原有的无意注意已经不能适应新的环境，需要逐步发展出有意注意。因此，有意注意不仅是生理成熟的需要，还受到儿童所处环境变化的影响。对于小学低年级的学生，无意注意仍占主要地位，随着年龄的增长以及教师不断提出的各种要求，儿童的有意注意逐步发展。到了小学中、高年级，儿童的有意注意迅速发展，儿童在日常学习生活中更多地依靠有意注意，而且有意注意的效果明显高于无意注意。比如，对某对象估计的正确率，无意注意时只达20%，有意注意时则达56%。在高年级学生的认识活动中，有意注意的作用超过了无意注意，占据主导地位。

★ 二、儿童注意品质的发展

（一）儿童注意稳定性的发展

注意的稳定性是从事学习活动所必需的品质。在注意的稳定性方面，小学儿童无论是无意注意还是有意注意，都比幼儿有了很大的发展，表现在注意力的集中时间更长、强度更大。我国学者李洪曾等（1983）对儿童注意稳定性的研究表明：6岁儿童的稳定性普遍优于5岁儿童。这说明，进入童年期后，注意的稳定性就会快速发展。但小学低年级儿童注意的稳定性还是比较差。观察显示，一年级儿童在课堂上往往不能长时间持续聚精会神的学习状态，只要老师稍有松懈，他们就很容易分散注意力，去搞小动作。儿童到了中年级，注意的稳定性有了很大进步。有研究发现，6～7岁是注意力发展的关键时期，8岁以上儿童的注意力发生了微妙的变化（Lewis et al.，2018）。有人对小学生在日常学习中注意稳定性做研究，发现7～10岁儿童可维持20分钟，11～12岁约为25分钟。小学的一堂课中常包含多种活动，因此只要老师把教学组织好，二年级以上的学生在45分钟内能够较好地保持注意的稳定而不出现疲倦的现象。

（二）儿童注意选择性的发展

我国的一项研究采用不同的语义关系刺激材料探查小学儿童注意选择性的发展，特别探查了注意目标与背景信息之间的语义关系和加工方式对成人与儿童的影响。结果表明，注意选择性随年龄增比而增长，小学二年级至五年级发展较快，但儿童和成人显示出不同的特点：成人更倾向于把同一类别的词看成一个整体，自动进行加工，能够利用其语义关系集中注意于目标词，但对小学生来说，特别是二年级儿童，不善于利用其语义关系，其自动化程度也没有成人高（王文忠 等，1992）。

（三）儿童注意广度的发展

小学儿童注意广度较小，如果用速示器在1/10秒时间内呈现圆点图，二年级儿童能清楚地知觉到的圆点数一般少于4个，五年级儿童在4个到5个之间，成人能达到8个到9个。如果呈现的是有意义的语句，则小学生的注意广度更低于成人，如低年级儿童在阅读时往往一个字、一个字地读，随着经验的丰富，注意的广度逐渐扩大，阅读速度也就提高了。

此外，注意广度也与材料的性质和组织方式有关。一般，小学儿童对4个汉字的估计正确率低于4个点子数，在对4个点子的估计中，横向排列的正确率低于散状排列，散状排列的正确率又低于分组排列。材料的适当组织有利于注意广度的提高。在实际教学中，将分散的笔画组织成字，或将单个的字组织成词，或将词连成适当的句子，都会提高注意广度。

（四）儿童注意分配性的发展

在上小学后，儿童注意的分配性逐步发展，低年级儿童的注意分配性较差。例如，课堂上不能同时注意上课的任务和自己的行为，在写字时往往顾此失彼，注意了字的笔画的写法，忽略了字的章回结构；注意了写字，忘了正确的握笔和坐姿，从小学二年级开始，注意分配情况则大有改观。有研究者用"注意分配仪"（一种需要左右手相互配合才能完成任务的仪器）对幼儿进行测试，发现幼儿几乎不能进行操作，表明他们不能分配自己的注意，可是大多数小学儿童可以顺利地分配其注意，完成"注意分配仪"的测试活动。当然，要使小学生在日常生活和学习活动中把注意分配到较多的方面并顺利完成复杂的工作，就离不开适当的练习。

三、儿童注意发展的其他特点

（一）对具体生动、直观形象的事物的注意占优势，对抽象材料的注意在发展

小学儿童，特别是低年级学生的知识水平和言语水平很有限，具体形象思维占重要地位，因此，在教学中，初入学儿童的注意状态取决于教学内容的直观性和形象性。刺激物只要是生动的、新异的，就能引起他们的注意。随着学生学习活动的发展和知识水平的提高，随着以词为基础的第二信号系统和抽象逻辑思维能力的发展，学生对具有一定抽象水平的材料的注意也逐步发展起来。

（二）明显的情绪色彩

小学儿童由于大脑与神经系统的内抑制能力尚未充分发展，一个兴奋中心的形成往往波及其他相应器官的活动，面部表情、手足乃至全身都会配合活动，所以注意表现出明显的情绪色彩。例如，学生在课堂上，如果听得入神，就会表现出庄重的样子；如果听得高兴，就会露出欣赏的笑脸，甚至会手舞足蹈。

（三）更能适应任务的要求

随着年龄的增长，小学儿童越来越能根据任务的要求主动地转移注意于不断变换的任务目标，他们能根据一定的目的，主动灵活地把注意从一个对象转移到另一个对象上。注意的转移和注意的分散是根本不同的。后者是在需要稳定的情况下，受到无关刺激的干扰，而使注意离开了所需注意的对象。

（四）更有计划性

计划性是指儿童系统地收集和过滤信息，计划自己行动的能力。比如，儿童独自写作业时，可以计划先做什么、后做什么，并且这种计划自己注意的能力随年龄的增长而提高。在一项经典型研究中，要求 4～10 岁儿童观察若干张图片，每张图片上各画有两栋楼房，每栋楼房都画有 6 扇窗户，要求被试以最快的速度判断每张图片上的两栋楼房是相同还是不相同。眼动记录结果显示，4～5 岁儿童的注意没什么计划性，他们跳跃式地看几扇窗子就匆忙作出判断，而判断往往是错误的。与此对照，6.5 岁以上的儿童，则能系统地注意观察，逐一比较两栋楼房位置相对应的窗户是相同还是不相同，最后才作出判断，因而作出的判断往往是正确的（Vurpillot，1968）。

四、注意缺陷多动障碍儿童

注意缺陷多动障碍就是指儿童很难维持注意于当前的任务，超过几分钟，他就"走神儿"。注意缺陷多动障碍儿童智力正常，没有严重的情绪障碍，占小学生总数的 3%～5%。具体的表现是注意力差、自制力差、行为具有冲动性，活动过量即多动的症状，经常违反课堂纪律，影响别人的正常生活和学习，这就影响注意缺陷多动障碍儿童的人际关系和家庭关系。

有研究发现，注意缺陷多动障碍儿童往往有家族史。此外，同卵双生子发病的概率比异卵双生子要高。但环境也是不可忽视的因素。据调查，许多注意缺陷多动障碍儿童的家庭生活并不幸福，他们的父母经常闹婚姻纠纷，或因经济或其他问题，家庭生活经常处于高度紧张压力状态之中。但不能反过来说，凡是处于高压状态的家庭就会产生注意缺陷多动障碍儿童。另外，这种注意障碍和多动症状的产生，可能与这些儿童缺乏一种先思考后再行动的能力有关，他们对要求集中和维持注意的任务很难完成，且容易分心，经常被无关的刺激信息所吸引。

对于注意缺陷多动障碍儿童发展的干预，通常做法是将带有注意缺陷多动障碍症状的儿童送到医院进行检查，确诊以后，医生就会开出处方，通过定期服药以降低其活动水平。事实证明，对大多数注意缺陷多动障碍儿童来说，服药是安全有效的，通过降低活动水平能改善注意功能，学习成绩也有所提高，与小伙伴的关系也改善了。但服药只有短期的效果，服药本身也不能教会儿童怎样待人处世、怎样集中注意和克制行为的冲动性。因此，有关专家建议在儿童服药期间通过示范和强化的方法进行行为干预训练，对家庭的干预尤其重要，因为许多家长已经被孩子的多动症状和种种不良行为表现弄得筋疲力尽，他们往往失去了耐心，对孩子经常采取惩罚手段，而这种不明智的教育方式则会加重儿童的症状，为打破这一恶性循环，应采取家庭式的干预治疗，以提高家长的认识，改善其抚育方式。

第四节 青少年注意的发展

一、青少年无意注意与有意注意的发展

中学生无意注意的发展规律为，先随年龄增长而递增，至初中二年级达到最高水平后，继而缓慢下降。而有意注意与之不同，有意注意的发展一直随年龄增长而发展。

二、青少年注意品质的发展

青少年注意广度不断扩大。与小学生相比，中学生注意的范围有较大进步。据研究，小学生在0.1秒内只能看到2~3个客体，初中生能看到4~5个客体，而高中生则已达到成人水平，能看到4~6个客体。另有数据表明，中学生注意品质的发展已趋于成熟，主要表现为：注意广度发展到较高水平，接近成人的7±2的中数7。

青少年注意的持续时间随年龄增长而延长，注意稳定性不断增强。到高中阶段，注意稳定性趋于成熟，注意稳定性增长速度逐渐缓慢。注意稳定性处于迅速发展时期；注意分配能力的平均成绩虽然在逐渐增加，但已进入缓慢发展时期，究其原因可能是注意分配能力在幼儿至小学阶段已有了长足发展；注意转移的速度随年龄的增长而发展越来越慢。

青少年注意分配能力随年龄增长而不断发展。小学生注意分配能力较低，难以兼顾两件事情。初中生注意分配时也会有顾此失彼的表现。高中生能够根据不同活动的性质

和任务，较好地进行注意分配（简晓艺，2018）。

青少年注意转移能力的发展相对较为缓慢。小学生注意转移能力很差，初中生的注意转移也还存在一定的困难，高中生注意转移能力得到较快发展，大部分学生能自觉地根据活动任务把注意从一种对象转移到另一种对象上（简晓艺，2018）。

三、青少年注意能力的训练

（一）巧用无意注意

（1）根据教学内容，教师采取灵活的课堂引入（如游戏、故事等），充分吸引学生的注意力，使其尽快进入角色，积极主动地参与课堂活动。

（2）中学生注意力的持续时间较短（20～25分钟），自制力也相对比较差。在教学过程中，教师可以采用一些活动来维持学生的注意力，培养学生上课认真听讲的学习习惯。

（二）调动有意注意

（1）加强学习目的性教育。中学生对活动自身的意义理解得越深刻，完成任务的愿望就越强烈，注意力维持的时间也就越长，控制力也就越强。通过教育让学生认识到在较高水平的有意注意支配下，他们能长期坚持专心听讲，从而提高学习成绩。

（2）培养学生良好的学习习惯。①课前预习的习惯。可以帮助学生降低课堂听课难度，增加课堂听课的针对性。起初教师需要培养学生这方面的意识，甚至对其加以监督，让学生形成习惯。②上课专心听讲的习惯。教师为学生创造一个专心听课的良好环境，让学生做好课堂笔记，减少开小差的机会，有利于学生集中注意力。③上课积极回答的习惯。既可以培养学生的口头语言表达能力，又可以培养学生的思维能力，集中学生注意力。

（三）善于运用有意注意与无意注意相互转化的规律

在课堂教学中，教师要引导学生交替运用有意注意与无意注意。一方面，使学生产生无意注意为学习服务；另一方面，通过帮助学生明确学习活动的目的与任务来发挥有意注意的作用，使得他们始终集中注意力，提高学习效率。

第五节　中老年注意的发展

一、中年注意的发展

有研究者探讨了听觉选择性注意的老化是否出现在中年期。对20名中年和21名配对青年两组人群进行测试，同时用ERP记录脑电数据。结果发现：中年组的N1波幅比青年组更负更大；中年组 N1 和 P2 的潜伏期都显著长于青年组；选择和抑制条件上，N1 波幅和 N1 与 P2 的潜伏期均体现了注意老化，但在抑制上比选择上体现得更多，即中年人出现了听觉选择性注意的老化，且主要体现在抑制活动上（李商 等，2021）。

★ 二、老年注意资源的局限

随着年龄的增长，老年人的注意资源也受到了限制，原因可能有两方面：一方面是注意资源总量的减少，即注意资源的绝对有限性；另一方面则是有效利用资源的能力下降，造成了资源使用的冲突，即注意资源的相对有限性。由于注意能力可以影响一个人的整体认知能力，因此，早先的一些研究者将注意能力衰退对认知能力的影响归因于注意资源的衰减，也有一些研究表明，真正引起认知老化的可能并不是注意资源的衰减，而更可能是注意的控制能力的降低。

研究者以经典 DRM 词表为实验材料，采用简化后的联合范式来探讨注意资源对老年人错误记忆的影响。比较老年人和青年人在注意集中与注意分散条件下的错误记忆成绩。结果发现，老年组的虚报率显著高于青年人的虚报率，特别在注意集中条件下。更重要的是，老年人在注意集中条件下的虚报率与青年人在注意分散条件下的虚报率相比无显著差异，同时两种条件下的判断标准差异也不显著。结果显示，老年人相比于青年人有更多错误记忆的原因可能是注意资源的不足（王宝玺 等，2020）。

★ 三、老年注意品质的衰退

罗婷等（2004）为考察注意能力的年龄差异，分别从注意分配能力和注意选择能力两方面对青年和老年被试的表现进行了比较。结果表明：青、老年在注意分配能力上没有显著的差异；而青、老年在注意选择能力上却有显著的差异，老年的注意选择能力有显著的衰退。因此，注意能力衰退对认知老化的影响可能更主要的是来自注意控制能力的衰退。

第六节　注意发展的性别差异

关于注意发展的性别差异，研究者们采用不同的方法进行了研究。

李洪曾等先后于 1983 年和 1987 年，采用录音校对测验纸上的数字组的方法，对 48 名 5～6 岁男女幼儿及中小学学生的注意稳定性做了进一步的研究，从两项研究的结论可知：儿童有意注意的稳定性存在性别差异，具体表现为：男生的注意稳定性一直低于女生；随着年龄的增长，差异会越变越小；从小学高年级开始，女生之间的个体差异均小于男生。姜涛等（1990）采用划消实验法得到了同样的结论，发现不论是小学二年级还是小学五年级，注意稳定性的成绩都是女性儿童高于男性儿童。

有研究者采用颜色、图形和数字信号监测的三种警觉任务形式，来探索 7～11 岁儿童持续注意能力的性别差异。结果发现，男女儿童持续注意随时间的变化趋势一致；7 岁男性儿童的持续注意能力优于女性儿童，而 9 岁和 11 岁男女儿童的持续注意能力各有自己的风格，男性儿童反应快而正确率低，女性儿童反应慢而正确率高（李靖 等，2000）。

另有研究发现，多媒体绘本对男生的视觉注意有明显的增强作用，而对女生的视觉注意则没有明显的增强效应。这一结果表明，具有声音、灯光和动画效果的多媒体绘本对男生更有吸引力，从而提高了男生的注意力。赫中华等采用划消实验、Stroop 任务和 Go/No Go 任务对儿童的持续注意和抑制控制能力进行测查。结果表明性别在持续注意对儿童抑制控制的影响中起调节作用，持续注意只对男孩的抑制控制能力有影响（赫中华，2019）。这些研究说明，男性的注意可塑性更强。

章后小结

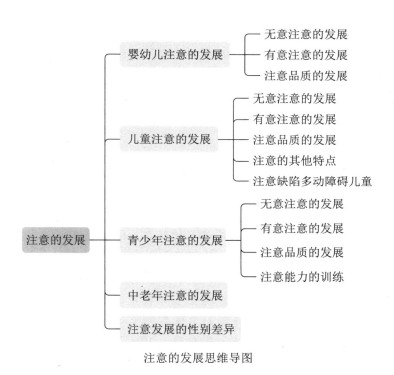

注意的发展思维导图

即测即练

第十二章　智慧成长的理论

巫山一段云　认知发展理论
（毕然然）
动作得发展，认知结构生。
顺应同化为平衡，图式建构中。
智慧源于动作。内外交流结果。
越多体验越聪明，手巧自心灵。

章前导读

　　认知（cognition）是指人脑接收外界输入的信息，经过加工处理，转换成内存的心理活动。这个过程就是信息加工的过程，也就是认知过程（彭聃龄，2010）。它包括感觉、知觉、记忆、思维、想象和注意等。智力（intelligence）是以抽象思维能力为核心的认知能力，人们平时所说的注意力、观察力、记忆力、思维力、想象力等都属于智力（黄希庭，2008）。能力（ability）是顺利实现某种活动的心理条件。能力表现在所从事的各种活动中，并在活动中得到发展（彭聃龄，2010）。

　　认知是活动的过程，具有较强的情境性。智力是在信息加工过程中发展并制约信息加工效果的心理条件，受遗传因素的制约，具有较强的稳定性。能力则是制约活动效率的心理条件。它的外延比智力要广。在长期的认知活动过程中，潜在的智力得以激发。在智力的参与下，人类的一系列心理活动得以顺利完成。而所有认知的发展，最终凝聚成了人的智慧。从这个意义上讲，所谓智慧，就特指能力的高度发展。

　　心理学家试图探索智慧成长的内在机制和制约因素。本章对心理学家在认知领域进行探讨，对提炼出的猜想进行了介绍。

第一节 皮亚杰的认知发展理论

一、发生认识论的提出

个体的认识是如何发生的呢？是生来就有，还是后天形成？是来自主体，还是来自客体？一旦主体有了认识，它是如何发展变化的？发展变化的结果是什么？这一系列问题，都是发展心理学家关注的焦点问题。

皮亚杰通过大量实验探讨了儿童认识的发生和发展，提出了发生认识论和发展阶段论，基本解释了个体认知发生发展的过程。

二、发生认识论原理

认知发展心理学的理论核心是"发生认识论"。发生认识论主要探讨认识是怎样产生的，认识产生的原理是什么。

（一）发生认识论的基本原理

1. 皮亚杰发生认识论的基本概念

图式（schema）：动作的结构或组织，这些动作在相同或类似环境中不断重复而得到迁移或概括。图式最初来自先天的遗传，以后在适应环境的过程中，图式不断地得到改变和丰富，即低级的动作图式逐渐构成新的图式。

同化（assimilation）：把环境因素纳入机体已有的图式或结构之中，以加强和丰富主体的动作。如儿童原有认知图式认为哺乳动物是胎生的、生活在陆地上，了解到马的成长后知道马是胎生，是哺乳动物，将新信息纳入原结构。

顺应（accommodation）：外部环境发生变化，而原有认知结构无法同化新环境提供的信息时所引起的儿童认知结构发生重组与改造的过程，即个体的认知结构因外部刺激的影响而发生改变的过程。如儿童了解到鲸鱼并非生活于陆地但也是哺乳动物这个事实后，改变自己的认知结构，不再将生活在陆地作为哺乳动物的必要条件。

平衡（equilibrium）：个体保持认知结构处于一种稳定状态的内在倾向性，使机体暂时达到平衡，并不是终结，这只是下一个较高水平平衡运动的开始。个体的心理就是在这种不断的平衡—不平衡—平衡过程中得到了发展。

动作（action）：心理既不是起源于先天的成熟，也不是起源于后天的经验，而是起源于动作，即动作是认识的源泉，是主客体相互作用的中介。

运算（operation）：组成认知结构的元素，各个运算联系在一起就组成了结构的整体，是内化了的、可逆的、有守恒前提、有逻辑结构的动作。

适应（adaptation）：主体通过动作对客体的适应，乃是心理发展的真正原因。

2. 皮亚杰发生认识论的基本原理

认识是如何发生的？认识发生之后是如何发展变化的？认识发展变化的结果是什

么?皮亚杰的发展观对上述问题进行了讨论。他认为,个体出生时所具有的本能,是其心理发生发展的基础。个体出生之后,有机体遇到新环境会由平衡状态转换成不平衡状态。处在不平衡状态的主体,就会想办法恢复平衡。在恢复平衡的过程中,主体在本能的驱动下,与环境之间产生交互作用。交互作用的结果是把新信息纳入主体原有的图式中去。新信息纳入主体图式的方式有两种,一种是同化,一种是顺应。同化带来了原有图式的量变,顺应带来了原有图式的质变。主客体的交互作用,是借助动作实现的。广义的动作包含两种情况,一种是外在的可见的动作,一种是头脑中进行的可逆的逻辑思考。皮亚杰称后者为运算。

将皮亚杰的发生认识论原理进行梳理整合,如图 12-1 所示。

综上所述,皮亚杰的发生认识论回答了前面提到的三个基本问题:第一,在皮亚杰看来,认识是在主客体相互作用的过程中发生的。这种相互作用的过

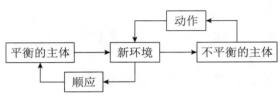

图 12-1　皮亚杰发生认识论基本原理示意

程是借助动作实现的,是认知主体主动施加给客体的。第二,认识的发展是主体的图式由平衡到不平衡再到平衡,循环往复不断建构的过程。第三,认识发展的结果,是原有的图式借助同化和顺应获得了量变或质变之后形成的新的图式。

(二)影响认识发生发展的因素

皮亚杰认为影响心理发展的因素包括成熟、物理因素、社会环境、平衡。

(1)成熟。成熟主要指神经系统的成熟。成熟的作用是给儿童心理发展提供可能性和必要条件。

(2)物理因素。物理因素包括两个方面。一个是物理经验,是关于客体本身的知识,是客体本来具有的特性的反映,是通过简单的抽象活动而获得的直接经验。另一个是数理逻辑经验,是指主体自身动作协调的经验,即个体作用于物体,从而理解动作间的协调结果。数理逻辑经验,来源于动作,而非来源于物体(林崇德,2004)。

(3)社会环境。社会环境指社会互动和社会传递,主要是指他人与儿童之间的社会交往和教育的影响作用。其中,儿童自身的主动性是其获得社会经验的重要前提。

(4)平衡。平衡是认知发展各因素中最重要的、起决定性作用的因素,是指不断成熟的内部组织和外部组织的相互作用,主要有以下两个方面的作用。首先,平衡是协调成熟、物理因素和社会环境的重要因素。其次,平衡是一种动态平衡,是一种通过连续不断的同化和顺应的自我调节活动过程,在这种动态平衡下,实现心理结构的不断变化与发展。

三、认知发展阶段理论

皮亚杰认为,人的心理发展过程具有连续性、阶段性和顺序性,且每个阶段具有其独特的结构特点。因此他根据个体在主客体相互作用过程中所使用的"动作"作为衡量

个体认知发展水平的标尺，把个体认知成长划分为四个阶段。每个阶段的核心特征见表 12-1。

表 12-1　儿童思维发展的四个阶段及核心特征

四个阶段	核 心 特 征
感知运动：0～2 岁	借助外在可见的动作与世界相互作用 具有初步的记忆 缺乏灵活性 客体永久性的概念
前运算：2～7 岁	儿童的思考具有非理性 思维不可逆性 自我中心 知觉集中化倾向 泛灵论
具体运算：7～12 岁	可以进行可逆的逻辑思考，但需要具体事物的支持 思维具有可逆性 知觉去集中化 理解类包含关系
形式运算：12 岁以后	可脱离具体事物进行可逆的逻辑思考 具有现实与可能之间的逆转能力 经验归纳与假设演绎能力 命题内与命题间的推理能力

皮亚杰的发展观主要体现在他的发展阶段理论上，其阶段理论主要有以下特点：①各阶段是连续的，但具有阶段性，即各阶段有自己独特的结构。②阶段可以提前或推迟，但先后次序固定，不能逾越，也不能互换。③阶段间可以有交叉，即心理发展的阶段并不是严格划分的，可以存在交集。④前一个阶段是后一个阶段的必要条件和结构的基础，每一个阶段的形成都是建立在前一个阶段发展的基础上，同时又为下一个阶段的形成提供必要的条件，但之间有本质区别。⑤同一阶段内各种认知能力水平相当。⑥心理发展的新水平是许多因素的新融合和新结构。

四、教育与发展的关系

首先，皮亚杰强调认知发展对学习的制约作用。他认为教育应适应儿童的发展。根据皮亚杰的心理发展阶段理论，每一阶段的儿童都有其独特的特点，且存在一定的顺序，因此在教学过程中教师要根据儿童不同发展阶段特点进行教学，为不同阶段的儿童选取适当的教学内容，使用适当的教学方法。其次，根据建构主义理论的观点，皮亚杰认为学习是一个主动建构的过程，是学习者通过不断的同化和顺应，在原有图式的基础上不断建构经验的过程。因此在教学过程中，要充分调动儿童的主动性与积极性，并有意识地引导学生进行新旧知识的整合，建构自己的经验体系。再次，皮亚杰认为个体的发展离不开动作。在 7 岁以前，需要外在可见的动作，7 岁以后可以利用头脑中的逻辑思考。因此，教育最重要的任务是为个体提供主客体相互作用的机会，为学生创造引发主体图式不平衡的环境。这样，在主客体的相互作用中，个体就获得了成长。最后，皮亚杰认为教学应适应学生的发展。儿童的发展是在其认知结构不断地平衡－不平衡－平衡……的循环往复中进行的，因此，在教学过程中，教师的任务是提供新的环境，打破学生已有的平衡状态，帮助学生经由动作和运算，与新环境相互作用，通过顺应建立新的平衡。这样才能促进学生认知的不断发展。

五、对皮亚杰发展理论的评价

皮亚杰以独特的研究方法、严谨的实证探索揭示了儿童认知发展的规律，对当代西方心理学的发展以及教育理论和实践产生了重要的影响。

第一，创造性地提出儿童的认识源于主客体间的相互作用，推动了对儿童认知发展的研究。皮亚杰的发生认识论，以内外因的相互作用为理论的出发点，他认为认识源于联系主客体之间的动作。他的理论既承认先天影响，又强调后天经验的重要性，理性地、极具创造性地、富有逻辑地解释了个体认知发生发展的原理。

第二，皮亚杰的认知发展阶段理论的提出对教育领域产生了重要的影响。

皮亚杰认为儿童的认知能力具有阶段性，对教育工作者实施因材施教提供了教学依据。他认为，教师在与学生交往的过程中，要具有理性移情（empathy）的能力，从学生认知发展水平的视角来设计自己与学生沟通的方式和内容。

但是，也有人认为皮亚杰的理论还具有一定的局限性。首先，有人认为皮亚杰的理论具有生物化倾向，忽视了社会文化因素对个体发展的影响。其次，有人认为，皮亚杰的理论更多关注认知，忽视了对儿童全面发展的讨论。最后，缺少积极的教育意义。皮亚杰提出教育要适应发展，他主要研究的是儿童在自然情境中与周围环境相互作用时进行的认知活动过程，不主张通过学习加速儿童的认知发展。

虽然皮亚杰的理论存在一些局限，但不可否认的是皮亚杰提出的发生认识论和发展阶段论，对当代发展心理学产生的重大影响，特别是对儿童发展心理学的影响，在心理学发展历史过程中占据着无可替代的地位。

第二节 维果斯基的发展理论

一、文化-历史发展理论的提出

文化—历史发展理论是 20 世纪二三十年代在苏联创立并发展起来的一种儿童心理学理论。其创始人及主要代表人物是苏联儿童心理学家列夫·维果斯基（图 12-2）。维果斯基与鲁利亚（Luria）、列昂节夫（Leontyev）所创立的社会文化学派是苏联心理学史上最有影响的一个学派，简称为维列鲁学派。从 20 世纪 60 年代开始，维果斯基的心理学思想对西方心理学与教育学逐渐产生越来越大的影响（邹晓燕，2001）。

二、文化-历史发展理论

20世纪初期,西方心理学家在进行人类心理发展研究时,要么主张环境的重要作用,如行为主义的发展教育观,强调教育万能论、环境决定论;要么认为人类的发展主要靠本能,如弗洛伊德的精神分析理论,将人的一切活动归根于性本能的冲动(人的生物、遗传特性),而没有认识到个体与环境的相互作用,特别是外部的生活环境和教育环境对个体的影响。

(一)文化-历史发展理论的核心概念

维果斯基认为人的心理发展的实质就是心理在遗传、环境和教育影响下,以言语和符号为中介,从低级心理机能向高级心理机能发展的转化过程。言语和符号起核心的中介作用。

维果斯基提出两种心理机能:低级心理机能和高级心理机能。低级心理机能是个体作为动物进化的结果,如基本的知觉加工和自动化过程;高级心理机能是作为历史产物进化的结果,如记忆的精细加工系统。

值得注意的是,高级心理机能表现为:①心理活动是主动的、随意的,由主体预定目的自觉引起的;②心理活动反应水平是概括的、抽象的,需要思维的参与;③各种心理机能之间的关系不断变化、组织,形成间接的、以符号或词为中介的心理结构;④起源于社会文化历史发展的产物,受社会规律制约;⑤在人际交往过程中得以发展。

图12-2 维果斯基(Lev Vygotsky,1896—1934)

维果斯基,苏联心理学家,文化-历史发展理论的创始人,与皮亚杰是同时代的心理学家。维果斯基在其短暂的一生中对心理学作出了巨大的贡献。他在1924年,与鲁利亚、列昂节夫等开始对人的高级心理机能进行研究,形成了社会文化-历史学派。1925年发表了《意识是行为主义心理学的问题》,明确提出了研究意识问题对科学心理学的重大意义。他的一生留下了180多本著作,其心理学思想至今仍影响巨大(叶浩生,2004)。

(二)文化-历史发展理论的基本观点

20世纪20—30年代,维果斯基提出了"心理发展的文化-历史理论",主张历史研究作为建立人类心理学的基本原则,并以此来解释人类心理与动物心理从本质上不同的那些高级的心理机能,进而说明人的高级心理机能的社会历史发生问题。他认为,人的高级心理机能是社会历史的产物,受文化历史的制约,其具体机制是通过各种器具、机械等物质工具和符号、语言等精神工具实现的。

维果斯基强调人的高级心理机能的发展与人所从事的物质生产是分不开的,特别强调活动和社会交往在人的高级心理机能发展中的突出作用。他认为,高级的心理机能来源于外部动作的内化,这种内化可以通过教学,也可以通过日常生活、游戏和劳动等来实现。另外,内在的智力动作也会外化为实际动作,使主观见之于客观。内化和外化的桥梁便是人的活动。总的来说,儿童通过对心理工具的不断掌握,逐渐从直接的、不随意的、低级的、自然的心理技能转化为间接的、随意的、高级的、社会历史的心理技能,即将人类社会发展的产物——文化转化为自己的内部心理结构,这个过程就是内化过程。

三、教育与发展的关系

（一）维果斯基发展观中的教学与发展

维果斯基研究了教学与发展，特别是教学与儿童智力发展的关系，提出三个重要思想。

（1）最近发展区。维果斯基认为在教学中需要确定两种水平，一种是儿童现有的发展水平；另一种则是儿童可能达到的发展水平，即在得到成人支持或指导的条件下可能达到的潜在发展水平，这两种水平之间的差距就是最近发展区。教学创造着最近发展区。维果斯基特别指出："我们至少应该确定儿童发展水平的两种水平，如果不了解这两种水平，我们将不可能在每一个具体情况下，在儿童发展进程与他受教学可能性之间找到正确的关系。"维果斯基认为，最近发展区能够比儿童当前的发展水平更好地反映心理发展中的个体差异。

最近发展区注重儿童现有能力与潜在能力之间的距离，因此要抓住儿童的最近发展区，就要在动态的过程中进行评价。例如在教学过程中老师给出学生需要解决的问题，当学生无法解决问题时，给予一系列不同等级的提示，然后观察学生从这种系统指导中获益的能力（黄希庭，2008）。

维果斯基最近发展区思想的提出，为智力测验中的动态测验（dynamic testing）提供了理论基础。动态测验又称为学习潜能评估，即采取动态的观点，不仅重视被试当前的能力，而且对被试将来的智力发展情况进行预测，也即对其潜能进行评估。传统的智力测验多为静态测验，而静态测验本身具有诸多局限性，如静态测验测出来的为个体的能力状况，相同能力的个体接受训练后，能力是否相同，传统的静态测验则不能进行预测；而且静态测验多注重最终的 IQ 分数，而没有考虑受试者获得所测知识和技能的机会是否相同，这些局限使得动态测验更加重要。动态测验的基本设想是发展一种儿童潜能的评估模式来替代传统静态测验，也就是说，动态测验的目的是测试儿童在获取认知和行为成就中的学习潜能，而不仅仅以其现有的能力和知识水平为基础来预测儿童未来的发展。

目前比较有代表性的动态测验主要可以分为四类：①旨在教授可概括化原理和规则的元认知干预方法（如 Feuerstein 的中介学习、Hurtig 的经验学习、Paour 的学习结构的归纳）；②重构测验情景的方法（如 Budoff 的训练测验，Calson 和 Wiedl 的测验管理最优化）；③在测验过程中学习的方法（如 Guthke 的学习测验）；④专项认知功能训练（如 Swanson 的工作记忆测验，Spector 的语音意识测验）（王穗苹 等，2003）。

（2）在最近发展区的基础上，维果斯基提出教学应走在发展的前面。教学决定智力发展的内容、水平和活动特点，也就是说教学可以定义人的发展；若只根据儿童智力发展的现有水平来确定教学目的、任务和组织教学，面向已经完成的发展进程。从发展意义上来说，这样的教学是消极的。教学过程只有建立在那些尚未成熟的心理机能上，才能产生潜在水平和现有水平之间的矛盾，引起儿童心理机能间的矛盾，进而推动儿童的发展。

（3）学习的最佳期限。要发挥教学的最大作用，就不能脱离学习某一技能的最佳年龄。若脱离了最佳年龄，就会对技能的获得产生阻碍作用，不利于技能的获得和掌握。

（二）维果斯基发展观对教学的启示

根据维果斯基提出的最近发展区的思想，教学应指向最近发展区的上限，儿童通过与指导者的密切合作以实现目标。通常，在学生掌握相应目标技能所需的动作序列后，指导的重点逐渐从教师转向学生，教师的讲解、提示和演示逐步减少，直到该学生能够单独展示该项技能，一旦实现目标，就能成为发展新的最近发展区的基础。在教学过程中的支架式教学，就很好地体现了最近发展区的思想。支架式教学既不是单纯的发现学习，也不是单纯的接受式学习，而是协作的发现式学习，通常分为六个步骤：引入（recruitment）、示范（demonstration）、简化作业（simplifying the tasks）、维持参与（maintaining participation）、给予回馈（feedback）、控制挫折感（controlling frustration）。支架式教学的本质在于，以最近发展区作为教师介入的空间，为儿童的学习提供支持，帮助处于现实发展水平的儿童，促使儿童主动而有效地学习，跨越最近发展区，进而达到潜在的发展水平。在实际教学中，鼓励、讲解、提示、回馈、演示、点拨、指导等都可以作为支架使用。在这个过程中，教师要不断获得关于学生发展的反馈，并为学生提供处于其最近发展区内的、难度适当的学习材料。

最近发展区与情境认知理论相结合提出了情境性教学，情境性教学是指利用即时的教育情境，向儿童提供适应学生当前发展水平的支持，促进其发展。因此，在教学过程中教师要根据教学情境不断地调整课程及教学方法，而不是按照前期既定的教学程序教学，这就要求教师不断地关注儿童的成长发展，根据儿童的变化进行反应。

维果斯基的智力内化学说强调对人类社会发展的产物——文化的内化，因此要重视社会文化对儿童的影响，除了学校文化系统外，社会环境也需要对儿童提供支持，从教师与学生一对一的合作拓展为整个社会的相互支持与合作。

★ 四、对文化-历史理论的评价

维果斯基在其短暂的一生中创立并发展的文化-历史理论，不仅对苏联的心理学界产生了极大的影响，而且后期对西方心理学界也产生了巨大的影响。

首先，文化-历史理论重视个体本身的积极作用，强调文化情境的作用。

维果斯基是第一个对社会环境作出具体的结构分析的人。他所指的环境涵盖了文化在内的政治、经济、历史和科技的大环境，不同于以往的仅指生物内环境（如胎儿期环境）和与儿童直接有接触的微环境（如家庭）（刘金花，2013）。

其次，文化-历史理论提出了最近发展区的概念，为教育学提供了重要的理论基础。

维果斯基运用历史唯物主义的观点来看待儿童的心理发展，并提出了最近发展区的概念，较为全面地阐述了教育与发展的关系，在心理学界独树一帜，具有极为重要的理论价值。而且这一理论也充分反映了个体是在与人和环境的交互作用中发展起来的社会文化观点。

维果斯基对社会历史背景对儿童发展作用的重视、对高级心理机能发展的论述以及最近发展区概念的提出与阐述,对当下的儿童教育有深远的影响。

但是,维果斯基的文化-历史理论也存在一定的局限与不足。其中最主要的一点是维果斯基过分强调文化和社会经验,忽略了生物学因素和个体自身对发展的作用(刘金花,2013)。

章后小结

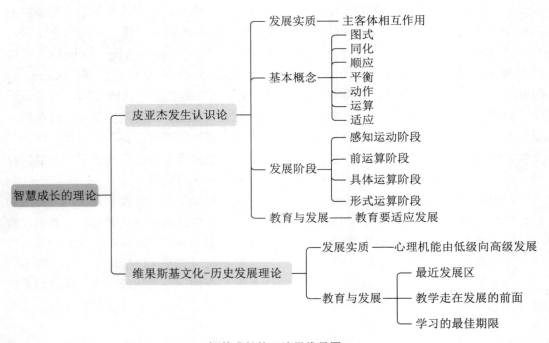

智慧成长的理论思维导图

即测即练

第五编
社会性与人格的发展

第十三章　情绪情感的发展

喝火令

（毕然然）

数载磨一剑，三所砥砺行。
万千学子待争锋。
情窦乍开年纪，无奈阻重重。
邂逅涟漪起，难平绮念生。
少时心事正朦胧。
几许凝眸，几许靥绯红。
几许欲说还敛，隐忍诉情衷。

章前导读

★ 一、什么是情绪

情绪（emotion）是日常生活中常见的、个体亲身体验的一种心理活动。高考落榜后的郁闷和痛苦，面试成功后的欣喜和愉悦，受到不公平对待时的愤怒，失去亲人时的悲伤，这些都是情绪的不同表现形式。

情绪指个体对客观事物是否符合自身需要所产生的态度体验，是伴随个体认知活动产生的心理过程。

（1）情绪是多成分的复合过程：包括内在体验、外在表现（表情）和生理唤醒三种成分。内在体验反映了客观事物与个体主观需求之间的关系，是大脑的一种状态，为行为提供动机，对认知起着组织或瓦解的作用，每种具体情绪的主观体验都各不相同；不同的情绪具有特异化的外在表现，如面部肌肉运动的特异化，这种外在表现是情绪的客观表达，使情绪具有传递信息的功能；情绪的发生要建立在一定的生理唤醒水平上，大脑一定部位的激活为情绪的发生和活动提供能量。

（2）情绪具有多维结构：冯特（Wundt）是首个提出情绪维度理论的心理学家，认为情绪可以从愉快-不愉快、兴奋-平静、紧张-松弛三个维度来衡量，每种情绪在具体发生时，都分别处于这三个维度两极之间不同的位置上；施洛伯格（Schosberg）通过研究面部表情提出了情绪的三维理论，认为情绪包含快乐-不快乐、注意-拒绝和激活水平三个维度，并建立了三维模式图；伊扎德（Izard）提出了情绪的四维理论，用愉悦度、紧张度、确信度和激动度四个维量对情绪进行度量；典型的多维量表以普拉切克（Plutchik）最具代表性，他提出了情绪的立体模型，把情绪分为相似性、对立性和强度三个维度。

（3）情绪是生理和心理多水平整合的结果：情绪是在大脑进化的低级阶段发生的，作为脑的功能，丘脑系统、脑干结构、边缘系统等整合有机体各种生命过程的部位，同时是整合情绪信息的中枢，人类情绪与大脑皮质的进化紧密相关。大脑皮层的高度分化为情绪的分化提供了可能，每一次情绪的发生都是多级神经活动整合的结果（LeDoux，2000）。

二、什么是情感

情感（feeling）指与人的社会性需要相联系的态度体验，是在人类社会发展过程中产生的，具有一定的社会历史性。比如，爱恨情仇都属于情感。

三、情绪和情感的区别与联系

为了区别感情发生的过程和在这一过程中产生的主观体验，人们采用了情绪和情感两个概念。实际上，情绪、情感指的是同一过程和同一现象，只是侧重点不一样。

情绪强调的是主观体验的过程；情感强调的是主观体验的内容。情绪与生理需要联系更紧密；情感与社会需要联系更紧密。情绪相对肤浅；情感相对深刻。情绪的色彩随着情境的改变而变化；情感的内容则比较稳定而持久。

情绪和情感之间也有着密不可分的联系。情感通过情绪来表现。离开情绪，情感也就无法表达了。同样的情感可以由不同的情绪来表达；同样的情绪也可以表达不同的情感。比如，因为我们爱孩子，所以在孩子取得进步的时候，我们表达出由衷的自豪；当孩子遭遇挫折的时候，我们表达出内心的焦虑。同时，都是哭，但可能表达了不同的情感。比如，伤心至极、喜极而泣都可能会有哭的表达。

四、情绪情感的功能

（一）适应功能

情绪和情感是有机体生存、发展和适应环境的重要手段。有机体通过情绪和情感所引起的生理反应，能够发动其身体的能量，使有机体处于适宜的活动状态，便于机体适应环境的变化。如婴儿通过情绪反应与成人交流，以便得到成人的抚养；人们用微笑表示友好，用点头表示同意。

（二）动机功能

情绪伴随动机性行动产生，具有动机作用。如缺水带来心理上的恐惧时，情绪和情感就会放大和增强内驱力提供的信号，驱使人的取水行为，成为人的行为、活动的动机（图13-1）。

（三）组织功能

情绪情感对其他心理活动具有组织功能，具体表现为：积极的情绪对行为有促进作用；消极的情绪对行为有抑制作用。如愉快的情绪状态下，容易注意到事物的美好，态度变得和善；在消极的情绪状态下，看问题悲观，易产生攻击性行为。

图13-1　疼，促成了沟通的动机（糖豆儿，17个月）

（四）信号功能

情绪情感具有传递信息、沟通思想的功能。个体以体验的方式表达出自己对周围事物意义的认知，并对他人施加一定的影响。

第一节　情绪的发展

在情绪发展的相关研究中，研究者发现，基本情绪是那些人类和动物共有的、不学而能的情绪。它有很强的生理基础，在生命早期就出现了，并且具有跨文化的普遍性。自我意识情绪指那些需要自我觉察的情绪。自我意识情绪也被称为"次级情绪"，属于复杂情绪，晚于基础情绪出现，在动物身上表现得并不明显。自我意识情绪包括同情、嫉妒、尴尬、自豪、羞愧和内疚。

一、情绪的分类

（一）情绪的基本分类

中国古代的多本著作中都提及了情绪的划分。《礼记》中提到喜、怒、哀、惧、爱、恶、欲"七情"说；《白虎通·情性》中，把情绪分为"六情"：喜、怒、哀、乐、爱、恶；春秋时期的思想家荀子将情绪分为好、恶、喜、怒、哀、乐六种。

从生物进化角度来看，人的情绪可以分为基本情绪和复合情绪。

1. 基本情绪

基本情绪是人与动物共有的基础的、原始的情绪，是先天的，是不学而能的，每一种基本情绪都有其独立的神经生理基础、内部体验和外部表现，在进化和适应环境的过程中发挥着不同的作用。

西方心理学家多用因素分析法对情绪进行分类，不同的心理学家对于基本情绪的分类不同。伊扎德提出 11 种基本情绪，即兴趣、惊奇、痛苦、厌恶、愉快、愤怒、恐惧、悲伤、害羞、轻蔑和自罪感；艾克曼（Eekman）在情绪的跨文化研究中发现，高兴、惊奇、生气、厌恶、恐惧、悲伤和轻蔑 7 种表情在世界各地的表达方式基本相同，从而提出这 7 种情绪是最基本的情绪。

一般认为，快乐、愤怒、悲哀和恐惧是最基本、最原始的四种情绪。快乐是指一个人盼望和追求的目的达到后所产生的情绪体验，强度与目的达到的难易程度和突然性有关；愤怒是由于目的、愿望受阻，不能达到而累积紧张所产生的情绪体验；悲哀是在心爱的事物失去或理想、愿望破灭时所产生的情绪体验；恐惧是企图摆脱和逃避某种危险情境而又无力应付时所产生的情绪体验。

2. 复合情绪

复合情绪是由基本情绪的不同组合派生而来的。伊扎德认为复合情绪大致有三类：基本情绪的混合，如兴趣—愉快、恐惧—害羞；基本情绪与内驱力的结合，如疼痛—恐惧—愤怒；基本情绪与认知的结合，如多疑—恐惧—内疚。

另外，对情绪按照其效价进行分类，可以区分为：积极情绪，如热情、快乐和爱；消极情绪，如焦虑、愤怒和悲伤（Santrock，2009）。不同的研究根据其研究目的的不同，可以采用情绪的不同分类方式。

（二）情绪状态的分类

情绪状态是指在一定的生活事件影响下，一段时间内各种情绪体验的一般特征表现，根据情绪状态的强度和持续时间可分为心境（mood）、激情（intense emotion）和应激状态（stress state）。

1. 心境

心境指个体比较平静而持久的情绪状态，具有弥散性和长期性。心境的弥散性是指当人处于某种心境时，这种心境表现出的态度体验会影响对周围事物的感受；心境的长期性是指心境产生后要在相当长的时间内主导人的情绪表现。心境可以是由对人具有某种意义的心理事件引起，如事业的成败、人际关系的好坏，除了这种由当前情境产生的心境外，人还可以有各自独特的、稳定的心境——主导心境。主导心境往往与个体的性格特征相关，如有的人乐观开朗，在他的生活中愉快心境占主导地位；有的人总以消极的眼光评价事物，在他的生活中忧郁心境占主导地位。

2. 激情

激情是一种强烈、短暂、爆发性的情绪状态。这种情绪状态通常是由对个体有重大意义的事件引起的，如重大成功后的狂喜、亲人突然逝世后的悲痛等。个体在激情状态下，常常伴随着生理变化和明显的外部行为表现。

3. 应激状态

应激状态指出乎意料的紧张与危险情境引发的情绪状态，当人们遇到紧张危险情境而身体与精神负担过重却又需要迅速采取重大决策时，就可能导致应激状态的产生。个体在应激状态下，机体会出现一系列的生物性反应，如肌肉紧张、血压升高、呼吸加快等。

二、情绪的发展变化

（一）婴儿情绪的发展

1. 婴儿的基本情绪

婴儿的基本情绪，即婴儿先天的情绪表达机制。许多研究证实婴儿具有先天的情绪机制。孟昭兰提出8种情绪：愉快、感兴趣、惊奇、厌恶、痛苦、愤怒、惧怕和悲伤，认为这8种情绪都是在进化中获得，并在外部刺激的诱导下发生的，并提出了婴儿的情绪分化理论：首先婴儿有8～10种从种族进化中获得的情绪；其次，个体情绪的发生有一定的时间顺序和诱因；最后，情绪的发展有一定的规律，同时也存在个体差异，如表13-1所示。

表 13-1 孟昭兰对于婴儿情绪的划分

时间	诱因	情绪
新生儿	痛、异味、新异光、声音、运动	痛苦、厌恶、感兴趣和微笑
3～6周	看到人脸或者听到高频语音	社会性微笑
2个月	打针	愤怒
3～4个月	痛	悲伤
7个月	与熟悉的人的分离；处于高处	悲伤；怕
1岁	新异刺激突然出现	惊奇
1～1.5岁	在熟悉的环境中遇到陌生人；做了不对的事	害羞

华生则认为新生儿有3种非习得性的情绪：爱、怒、怕，但随后的一些研究都未能证实华生对于原始情绪的划分。谢尔曼（Sherman）用4种不同的刺激情境（针刺、过时不喂、身体突然失去支持、束缚手和脚的运动）来引起新生儿的情绪反应，并让不同的人对婴儿的哭泣进行评价（包括指出哭泣是否不同，以及哭泣的原因），结果发现新生儿的情绪状态是笼统的，远没有华生提出的那么具体。布里奇斯（Bridges，1932）提出：新生儿的情绪只是一种弥散性的兴奋或激动，是一种杂乱无章的未分化的反应，包括一些由强烈的刺激引起的不协调的内脏和肌肉反应。通过生理的成熟与后天的学习，各种不同的情绪才逐渐分化出来。斯洛夫（Sroufe）的观点与布里奇斯相似，他认为，随着婴儿生理的成熟，各种情绪发展开来，婴儿开始会用微笑表示高兴、用哭来表示不安。

伊扎德（图13-2）利用摄像机记录婴儿与母亲在一起玩的情景中出现的表情，然后让不知道该情景的被试通过录像判断婴儿的情绪，结果发现婴儿出生时就已经具有5种面部表情的迹象，包括惊奇、苦恼、厌恶、微笑和感兴趣。3～4个月的婴儿会表示愤怒；5～7 个月的婴儿能够表示悲伤和恐惧，然后是羞耻和害羞；1 岁的婴儿有了蔑视、内疚等复杂情绪。

图 13-2　卡罗尔·伊扎德（Carroll E. Izard，1924—2017）

伊扎德，美国心理学家，被心理学家斯托曼称为至今为止最杰出、最伟大的情绪心理学家。早年间他在 Vanderbilt 任职期间，开创了情绪心理学研究；1976 年，入职 Delaware 大学，专门研究婴幼儿情绪的发展，直到 2014 年在 90 岁高龄退休。伊扎德提出的情绪的动机-分化理论（differential emotions theory，DET）以及最大限度辨别面部肌肉运动编码系统（maximally discriminative facial movement coding system，MAX）得到了心理学界的高度评价，对情绪的研究有巨大的推动作用。

林传鼎认为，新生儿具有两种可分清的情绪反应：一种是愉快情绪反应，代表生理需要的满足；一种是不愉快的情绪反应，代表生理需要尚未得到满足（如饥饿、疼痛、委屈等）（图 13-3）。

2. 婴儿的自我意识情绪

通常在 1 岁半左右，婴儿开始出现自我意识。自我意识发生的典型表达是在照镜子之前给婴儿鼻头抹上口红，然后带着婴儿去照镜子。如果婴儿摸镜子，就说明婴儿没有意识到那个红鼻头的家伙就是自己。相反，如果婴儿可以直接摸摸自己的鼻子，就说明他意识到了镜子中红鼻头的家伙就是自己。

图 13-3　委屈（糖豆儿，13 个月）

伴随着自我意识的发生，婴儿有了自我的觉醒，开始感受到与自己相关的情绪。从图 13-4 中可以看出，婴儿意识到那个红鼻头的家伙就是自己时，她为自己的样子还有些羞愧。这时候，如果你莫名其妙地不停地喊他的名字（图 13-5），他会手足无措；如果还伴有手指的动作，并且不是一个人，是好几个同时这么做，孩子就会非常委屈并愤怒。

 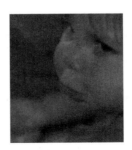

图 13-4　自我意识发生（糖豆儿，14 个月）　　图 13-5　被莫名其妙指着喊名字（亨特，2 岁）

2岁左右,婴儿开始表现出复杂情绪。1岁半至2岁的婴儿会出现同情、嫉妒和尴尬的自我意识情绪;2岁半左右的婴儿才会出现自豪、羞愧和内疚的自我意识情绪。在发展一组自我意识情绪(又称自我意识评价情绪)的过程中,个体需要掌握并且能够运用社会标准和规范来评价自己的行为。

3. 婴儿的情绪交流

婴儿进行情绪交流的能力对于婴儿和养育者之间的互动和情感纽带的建立而言至关重要(Thompson et al.,2008)。婴儿3个月时,父母就能够根据婴儿的情绪表达调节自己的情绪表达,以与婴儿的对应,婴儿也可以改变自己的情绪表达来回应父母的情绪表达。当婴儿与父母或养育者进行互动沟通时,哭泣、微笑和恐惧是婴儿最常出现的三种情绪,也是婴儿最早的情绪交流方式。

哭泣:平耶尔德(Pinyerd,1994)解释道,"哭叫"是婴儿交流感情的主要方式。大量研究表明,婴儿哭泣的高峰期大约是在出生后6周(Lucas et al.,1998)。如果哭泣是婴儿交流感情、反映需求的主要方式,那么对婴儿的哭声进行分辨对于养育者来说就显得至关重要。沃尔夫(Wolff)对婴儿的哭泣进行了录音,对录音结果分析后,提出了四种不同的哭泣,代表着不同的情感表达:①基本哭泣,沃尔夫称为"有节奏的哭泣",是指一种短暂沉默后有节奏的啼哭模式,饥饿是产生基本哭泣的原因之一;②愤怒哭泣,典型特征是声调明显突出,是与愤怒和恼怒情绪相关的哭泣;③疼痛哭泣,典型特征是较长时间的号啕大哭之后,紧跟着一段时间的屏住呼吸,一般由高强度的刺激引发;④饥饿哭泣,沃尔夫对此并没有做详细的描述,他认为这种哭泣是最容易为养育者所理解的哭泣形式。如图13-6所示。

图13-6 哭(糖豆儿,3个月)

微笑:婴儿的另一种重要的交流方式,格维茨(J. L. Gewirtz)将微笑的发展区分为三个阶段:①反射性微笑或自发性微笑(0~5周),这种微笑并不是由于外源性刺激的存在而出现,出生1个月内的婴儿主要进行的就是这种反射性微笑,且通常发生在睡梦中,又被称为内源性的笑。②社会性微笑(5周~4个月),这种微笑是对外界刺激的反应,起初发生在对本质上具有社会性的听觉与视觉刺激的反应上。社会性微笑的出现是婴儿情绪社会化的开端。5周左右的婴儿能够区分人和其他非社会性刺激,对人的声音、面孔有特别的反应,成人的声音和面孔更容易引起婴儿的微笑,社会性微笑开始出现。5周~3.5个月期间,婴儿对人的社会性微笑是不加区分的,即对所有人的微笑都是相同的。③选择性的社会性微笑(五六个月),婴儿能够辨认熟悉的脸和陌生的脸,对不同的人的微笑不同,此时的社会性微笑是有差别、有选择性的。如图13-7所示。

恐惧:通常第一次出现在婴儿6个月时,在18个月时达到顶峰。婴儿表现最多的恐惧是陌生人焦虑。布隆森(Bronson,1972)的一项纵向研究发现,6个月以前的婴儿是没有陌生人焦虑的。4个月前的婴儿尚且不能区分熟悉人和陌生人,对所有面孔刺激的反应

图13-7 微笑(糖豆儿,16个月)

基本上都是微笑；4个月左右，婴儿开始能够区分陌生人和熟人；虽然对于陌生人仍有反射性微笑，但次数明显少于对母亲或抚养者；5～6个月的婴儿见到陌生人时表情会变得严肃，笑得更少，但并不害怕；6～7个月的婴儿见到陌生人就会开始感到害怕；8个月的婴儿明显出现陌生人焦虑。除陌生人焦虑外，当婴儿与养育者分开时也会感到恐惧，也就是"分离焦虑"，分离焦虑一般出现在出生6个月后。这是一种因为与某个与自己有亲密的情感联结的个体的离开而表现出的伤心、痛苦、害怕、拒绝分离。

婴儿情绪出现时间如表 13-2 所示。

表 13-2　婴儿情绪出现时间

时　间	情　绪	情绪的类别	影　响　因　素
新生儿	满足 厌恶 痛苦 好奇		生理
2～7个月	愤怒 恐惧 快乐 悲伤 惊讶	基本情绪	所有的健康婴儿都在大致相同的时间段出现，在所有文化中的解释也是相似的
12～14个月	尴尬 嫉妒 内疚 骄傲 害羞	复杂情绪： 自我意识情绪 自我评价情绪	需要自我感知和认知能力来评价自己的行为是否违背了标准或者规则

4. 婴儿的情绪调节

在出生后第一年里，婴儿逐渐发展出一种抑制或最小化情绪反应强度和持续时间的能力（Eisenberg et al., 2004）。婴儿早期，婴儿将吮吸拇指作为一种自我安抚的策略或依靠养育者的帮助来安抚自己的情绪，如养育者轻轻拍打婴儿；婴儿后期，婴儿开始使用其他一些策略来减少不愉快的冲动，如摇晃自己的身体，避开引起不快的人或事物；当被激惹时，婴儿有时会通过转移或分散自己的注意力来减低激惹程度（Grolnick et al., 1996）。

5. 婴儿面部表情的识别与模仿

费尔德等（Field, 1982）的研究表明，3天大的婴儿就已经可以模仿成人的高兴、伤心、惊奇的表情；尼尔森（1979）提出，面部表情的识别能力优于命名表情的能力，指认和命名高兴情绪的能力优于指认和命名消极情绪的能力。在消极情绪中，恐惧是最难识别的表情；徐琴美（2013）让婴儿识别不同的表情照片，结果发现，高兴、伤心和好奇的识别效果较好，害怕、讨厌和生气的识别较差。如图 13-8 所示。

图 13-8　情绪四连（郭耘彤，2 岁）

（二）幼儿情绪的发展

1. 幼儿的自我意识情绪

自我意识情绪的产生要求儿童注意到自己和别人是有区别的。自我评价情绪——自豪、羞愧和内疚第一次出现在 2 岁半，体验到这些情绪说明儿童已经开始学习，并且能够运用社会标准和尺度来评估自己的行为。

自豪：当幼儿成功完成一个特定的活动，并为此感到愉快时，就会产生自豪感。自豪感一般与达到特定的目标相联系。

羞愧：当幼儿根据自己的标准、规则和目标将自己的某一行动判断为失败时，会感到羞愧（Lewis et al.，2002）。典型的羞愧一般涉及幼儿对于自我整体的评价。羞愧并不是由某个特定情境引发的，而是由个体对某一事件的解释而产生的。

内疚：羞愧是由泛化的失败感引发的，而内疚是来自特定的归因。内疚的归因过程集中于某个行为而不是自我整体。内疚引发的消极感受的强度低于羞愧。当幼儿感到内疚时，有时会采取矫正行为来减少消极情感并防止这种情况的再次发生。

2. 幼儿的情绪语言和情绪理解

幼儿的情绪语言是指幼儿谈论自己和他人情绪的言语活动。幼儿情绪语言和情绪理解能力的发展是幼儿期情绪发展的重要变化之一。2～4 岁的幼儿描述情绪的词汇量大大增加（Ridgeway et al.，1985），同时在与成人的交往以及幼儿园的学习教育中，了解了导致不同情绪的原因和不同情绪引发的后果（Denham et al.，2003）。四五岁幼儿的情绪反应能力也有了一定发展，开始意识到需要控制自己的情绪以达到社会规范或标准的要求。

3. 幼儿情绪的发展趋势

幼儿情绪的发展呈现出一定的趋势。

（1）与婴儿的情绪相比，幼儿的情绪日益丰富。新生儿只有未分化的舒服与不舒服两种情绪表现，随着生理成熟，婴儿开始表现出各种基本情绪，而复杂情绪（自我意识情绪和自我评价情绪）的发展缓慢。随着与成人的交往以及经验的积累，幼儿开始产生自我意识情绪和自我评价情绪，如羞愧、自豪等。

（2）情绪日益丰富（情绪过程分化程度提高）和深刻化（从指向事物表面到指向事物内在的特点）。例如，年纪较小的幼儿对于他人的喜欢的评价标准一般是基于外表，而年纪稍大的幼儿则是基于个体的行为或者个性特点（如老师像妈妈一样温柔）。

（3）情绪的自我调节能力增强。①情绪的冲动性逐渐减少。幼儿早期情绪易激惹，常常处于激动的情绪状态，随着生理的成熟和语言的发展，其冲动性逐渐降低。另外，幼儿对于自己的情绪控制最开始是被动的，即在成人的要求下，服从成人的指示而调节自己的情绪。到幼儿晚期，对于情绪的自我调节能力才逐渐发展。②情绪的稳定性逐渐提高。婴儿期的情绪并不稳定，其情绪易受情境和他人情绪的影响，随着年龄的增长，儿童情绪的稳定性逐渐提高。③情绪从外露到内隐。婴儿期和幼儿初期的儿童的情绪完全表露在外，随着言语和心理活动有意性的发展，幼儿逐渐能够调节自己的情绪及其外部表现。同时，儿童调节情绪外部表现的能力发展早于调节情绪本身能力的发展。幼儿情绪语言和情绪理解能力的特点如表13-3所示。

表13-3 幼儿情绪语言和情绪理解能力的特点

年龄	描述
2～3岁	情绪词汇增加速度快 准确地识别自己和他人的基本情绪，能谈论不同时期（过去、现在、未来）的情绪 能够谈论情绪的原因和后果，可以识别与特定情境相关的情绪 在假装游戏中能够使用情绪语言
4～5岁	对情绪作出口头反应的能力增强，能够思考情绪和情境之间的关系 理解相同的事件可以引发不同个体的不同感受；情绪与事件的结束并不是同步的 控制、调节自己的情绪以适应社会标准的意识逐渐增强

（三）儿童情绪的发展

童年期的儿童更加有意识地调节、控制自己的情绪以适应社会标准的要求。这一时期儿童情绪的重要发展变化主要有：①儿童理解自豪、羞愧等复杂情绪（自我评价情绪和自我意识情绪）的能力有所增长。情绪外露的程度降低，变得更加内部化，主观性更强，同时与个人责任感相结合。②儿童逐渐理解情境与情绪并不是一一对应的。在某个特定的情境中，同一个体可能感受到不同的情绪；不同个体的情绪感受可能也有差异。③儿童逐渐倾向于充分思考能够引发情绪反应的事件。对自己和他人的情绪的诱因进行分析。④儿童压抑或隐藏消极情绪反应的能力显著增强。⑤儿童能够使用自发策略来疏导情绪。

在童年期，儿童对于自己和他人的情绪活动有了更多更深入的思考，这种思考较之幼儿期也更加有策略性。通过一些认知方法（如分散注意力）和行为策略，儿童能够更加行之有效地控制情绪。同时，童年期的儿童学会使用一些表达规则来有意地掩饰自己的真实感受。在整个小学阶段，儿童对于社会所认可的表达规则有了越来越清楚的认识，更加了解哪些情绪适合在某种情境下表达，哪些情绪应该在某种情境下抑制（Holodynski，2004）。如图13-9所示。

图13-9 儿童的情绪（郭耘彤与哥哥在一起，2岁）

（四）青少年情绪的发展

1. 青少年情绪发展的一般特点

①自我意识情绪：内向体验更深刻，情感生活越来越重要，世界观开始形成，交友

范围缩小，重视人际情感。②情绪理解：有较强的洞察力，不同的道德水平可产生不同的情绪体验。③情绪表达和调控能力：能够更熟练地运用情绪表达社会规则。④矛盾性：由于青少年心理能力的发展和生活经验的丰富，其情绪的表现形式也不再单一，但又不能够像成人的情绪那样稳定，因而表现出了半成熟、半幼稚的两面性。青少年的这些情绪表现特点完全是由于青少年身体和心理的发展所导致的，其典型的特点是强烈、狂暴与温和、细腻共存，情绪的可变性与固执性共存，内向性与表现性共存。

2. 青少年情绪表达的发展特点

（1）内隐性与外显性并存。青少年的情绪活动具有外露性，各种情绪通常通过面部表情、身体动作表露。随着经验的积累、心理的成熟，有时也表现出对情绪进行修饰的能力，情感表达变得逐渐缓和与细致。这是青少年适应能力的表现，他们开始注意到自己的情绪在特定的情境中的表达要适宜。当情绪表现与他人和社会的评价相悖时，青少年往往会对情绪进行掩饰、克制甚至用逆反的方式来表现。

（2）心境化表现。进入高中后，青少年的情绪爆发率逐渐降低，与此同时，情绪的控制力提高，情绪体验的时间延长，青少年的活动在较长的一段时间内都会受到同样的情绪色彩的感染。

3. 青少年常见的情绪困扰

（1）烦恼突然增多。不知如何在公众面前表现；与父母关系出现裂痕；不知如何确立在同伴中的地位。

（2）焦虑。引起青少年焦虑的原因主要有适应困难和考试。

（3）抑郁。抑郁是一种感到无力应付外界压力而产生的消极情绪，常伴有厌恶、痛苦、羞愧、自责等情绪体验。如果长期处于抑郁状态，可导致抑郁症。

（4）压抑。争强好胜的冲动和自尊易受打击的性格使青少年常常处于压抑的心境。

（5）孤独。心理学家称青春期为"心理断乳期"（何林渥斯，Hollingworth），个体要在心理上脱离父母的保护和对父母的依恋，成长为独立的社会成员；然而，青少年短时间内还不能独立处理很多问题，又不愿向人求助，于是产生了一种孤独心境。

（6）自卑感。青少年自卑感的特点有自我评价过低，概括化、泛化，敏感性和掩饰性。

（五）成年早期和中期情绪的发展

1. 成年早期和中期情绪发展的特点

成年以后，个体的情绪发展趋于稳定，但同时由于社会身份的变化，又表现出和个体早期情绪不同的特点。

成年早期和中期是情绪发展稳定、情绪能力迅速提高的时期。成年人的情绪能力的发展，不仅与认知的发展、生理的发展、社会性的发展息息相关，同时表现出更大的独立性和个性。随着情绪智力的发展，成年人能够更熟练地预知和表达情绪、理解情绪，并运用情绪促进思维的发展。

情绪智力是识别和理解自己与他人的情绪状态，并利用这些信息来解决问题和调节行为的能力。它既反映在个体解释他人情绪和情感的能力上，也反映在用社会适宜的方式控制和表达自己情绪和情感的能力上。一般认为，情绪能力的发展包括一些社会技能的发展，如：①觉察个体的情绪状态，能够区分自己的不同情绪。如能够正确区分自己的悲伤或焦虑情绪。②辨别他人的情绪。如辨别他人是悲伤还是忧虑。③恰当地使用社会的和文化的情绪术语。如当一个人感到焦虑时能够使用恰当的语言去描述令其感到焦虑的社会文化情境。④理解内部的情绪状态不一定和外在表现一致；随着个体心理的逐渐成熟，理解具有特定外部表现（如表情）的情绪行为对他人的影响，并且能够掌握这类的情绪行为。如了解"喜怒不形于色"。⑤对他人的情感体验的移情和共情的敏感性。如敏感地察觉到朋友的悲伤。⑥能够运用自我调控的方法适当地应对消极情绪，降低消极情绪状态的强度，缩短其持续时间。如当感到愤怒时，离开产生愤怒的情境以降低愤怒感受。⑦理解情绪表达对于人际交往的重要作用。如对朋友发怒可能会伤害友谊。⑧能够正确、全面地认识个体的感受。如清楚自己可以有效地应对压力，并且可以成功地解决压力问题。

2. 成年晚期情绪发展的特点

成年晚期情绪情感的特点及其影响因素是发展心理学家关注的焦点问题，是关系到老年人身心健康和生活质量的具有现实意义的问题。

成年晚期情绪情感的一般特点如下。

（1）比较容易产生消极的情绪情感。个体进入老年阶段后，生理和心理都发生了退行性变化。此外，社会身份的变化（如退休）、社交圈的变化都是老年人易产生抑郁感、孤独感、衰老感和自卑感等消极情绪的原因。荒井保男指出，老年期是一个充满危机、紧张和焦虑的时期。我国学者采用斯皮尔伯格（C. D. Spielberger）编制的状态－特质焦虑量表（STAI）和自编的老年人焦虑影响因素问卷，对上海市 302 名 50 岁以上的被试进行测查，得到以下的结果：①女性老人的状态－特质焦虑水平高于男性老年人，存在显著的性别差异。②不同年龄、不同文化水平的老年人，对状态－特质焦虑水平具有显著影响，且对特质焦虑的影响更大。

（2）情感体验深刻而持久。老年人的情感体验比较深刻，主要表现在道德感、美感方面。我国大多数老年人对祖国和社会充满着政治热情，有高度的责任感。其次，老年人十分重视美的内容。他们热爱、赞赏那些对社会、对人类有益的事物，在老年人看来，凡是不符合社会公德的东西，即使表面看起来多么美，也是毫无价值的。老年人更倾向于追求内在而深沉的美，如心灵美等。就情绪体验持续的时间而言，老年人中枢神经系统的生理变化以及内部稳定状态的调节能力降低，老年人的情绪一旦被激发就需要较长的时间才能恢复平静，无论是心境、激情还是应激都是如此。同时，由于老年人具有稳固的价值观和较强的自我控制能力，他们的情绪一般不会轻易受到外界因素的影响，情绪状态比较稳定，短时间内的变化较小。

（3）情绪体验最重要的诱因是"丧失"。相同的事件在不同的时间对同一个体的影响不同，能够引起不同的情绪反应，激发情绪体验的事件类型在不同的年龄段也各不相同。研究表明，在影响老年期情绪体验的各种因素中，社会地位、经济地位、健康、容貌、配偶等的丧失是最重要的激发情绪体验的事件。科斯特森的社会情感选择性理论认为，老年人对于他们的社交圈更加具有选择性。这种理论认为，老年人对于与那些在生活中处于次要地位的人的交往更加谨慎，有时会选择减少彼此间的社会联系，而对于与自己拥有愉快关系的亲密朋友或者家庭成员的交往和联系更多。这种社交的选择性缩小了老年人的社交圈，增强了积极的情绪体验，减少了个体衰老时的情感威胁。

第二节　情感的发展

除情绪外，情感也是心理学中常常出现的概念。情感与情绪的侧重点是不同的。通常认为，情感包含道德感（moral feeling）、理智感（rational feeling）和美感（aesthetic feeling）。

一、道德感的发展

（一）什么是道德感

道德感是个体在评价自己和他人行为、思想、言论和意图是否符合社会道德行为准则时产生的情感体验，由人的道德需要是否得到满足来决定。如爱国主义情感、集体主义情感、责任感等都属于道德感，道德感具有社会历史制约性。

国内外不同的学者对道德感有着不同的看法。国外学者倾向于认为，只有"连接着他人或社会的利益与幸福"的情绪才属于道德感的范畴。道德感具有无私的诱因和亲社会行为意向两个典型特征。若一种情绪的诱因是与自己无直接利害关联的刺激物，且能够驱动个体从事有利于他人或社会的行为，这种情绪就可能是典型的道德感。

海特（2003）根据情感的内在关系，划分了四种比较典型的道德感。第一种是他人谴责的情感，如鄙视、义愤、厌恶等，是个体因为他人违背了道德规范而产生的体验；第二种是自我意识的情感，如羞愧、尴尬、内疚、自豪等，是个体意识到自己的行为给他人或社会带来不利或有利的结果时而产生的体验；第三种是为他人痛苦的情感，如同情、怜悯、移情等，是个体由于感知到他人的不幸经历而产生的体验；第四种是为他人赞颂的情感，如感激、崇拜、敬畏等，是个体见证他人的善行或伟大行为时产生的体验。

国内学者倾向于认为，道德感是在道德认知基础上，对现实生活中自己和他人的思想言行是否符合道德标准和道德需要而产生的内心体验。道德感与道德认知一起，是驱使个体产生道德行为或制止不道德行为的内在动力。

通常道德感按照产生的形式，可以分为三种。

（1）直觉的情感体验：是由对某种情境的直觉感知所引发的，具有迅速而突然的特点，是个体长期稳定的道德认识、道德行为在特殊情境下的集中反映。如突然产生的不安和羞耻阻止了某些不道德的行为。

（2）与具体的道德形象相联系的情感体验：是一种通过想象发生作用的道德情感。如通过榜样的影响而激起的道德感。

（3）意识到的道德理论的情感体验：青少年时期才开始产生并且发挥重要作用的情感体验，也叫伦理道德的情绪体验，是以明确地意识到道德要求为中介的情感，是一种自觉的、有意识的、具有很大概括性的情感。这种道德感具有持久而强大的动力作用，使人的道德行为具有较强的稳定性和灵活性，道德行为的控制力也得以增强。

（二）道德感的发展变化

在家庭、学校、社会的教育和影响下，个体逐渐掌握了一定的社会规范、道德标准，并将遵守社会规范、道德标准转化为自己的一种需要。当自己或者他人的行为、言论、思想符合儿童所掌握的社会标准时，个体会产生高兴、满足、自豪的情绪体验；当自己或他人的行为、言论、思想不符合个体所掌握的社会标准时，个体会产生懊悔、羞愧、愤怒的情绪体验。在我们国家，道德感主要包括集体主义感、义务感、责任感和爱国主义感（卢家楣，2010）。

1. 婴幼儿道德感的发展

儿童发展学家威廉·戴蒙强调共情（empathy）在道德发展中的作用。共情是一种积极的道德情感，是指对他人的情感作出相应类似的情绪反应，需要具有辨认他人内心状态的能力，与观点采择能力（Eisenberg et al.，2002）相关。普遍的共情（global empathy）是早期婴儿还没有建立自己的情感需要和他人情感需要之间的界限时的共情反应，1岁的婴儿已经产生了这种对人的最简单的同情感。如当一个11个月大的婴儿看到另一个孩子跌倒受伤时，自己也会哭泣；看到别的孩子笑，也会跟着笑，这是高级情感产生的基础。戴蒙对于共情从婴儿到青少年的发展变化进行了总结，见表13-4。

表13-4　共情的发展

年龄阶段	共情的本质
婴儿早期	以普遍的共情为特征，早期婴儿的共情反应并不能区分自己与他人的情感和需要
1～2岁	因他人的痛苦所导致的不愉快，这种未分化的感情成为一种真诚的关心，但是婴儿无法将对他人的不愉快情感的认识转化为有效的行为
儿童早期	儿童意识到每个人的观点都是独特的，他人对于这一情境可能会作出不同的反应。这种意识使得孩子对于他人的痛苦能够作出更加恰当的反应
10～12岁	儿童对于那些生活在不幸的情形下的人——穷人、残疾人和流浪汉，发展了一种新的共情取向。在青春期，这种新建立的敏感性可能会使个人的思想和政治主张产生人道主义倾向

两三岁的幼儿已经产生了简单的道德感，如同情心、责任心和羞耻心等。在幼儿园的集体生活中，幼儿进一步掌握道德规则，促使其道德感有了明显的发展。幼儿做某件事时，总伴随着成人的评价以及肯定或否定的情绪表现。当幼儿看见别的孩子有了新的玩具，就会想要夺过来玩，成人会生气地呵斥，并告诉孩子"好孩子是不会抢别人的东西的"；当幼儿把自己喜欢吃的东西让给长辈或者别的小朋友，成人会高兴地称赞孩子，表扬孩子"真乖，真是个好孩子"。在成人的言语教导和情绪表现的影响下，两三岁的幼儿已经出现了最初的爱与憎。这时的儿童虽然无法解释为什么有些事情可以做、有些事情不可以做，但成人的评价和情绪表现使得幼儿产生了相应的情感，这时的道德情绪表现完全取决于成人的表情、动作和声调。两三岁幼儿的道德情绪表现是粗浅的，他们的相应行为或者是产生于纯粹的模仿，或者是来自成人的指示，所产生的情绪表现也因

成人的态度而变化，成人为他的行为表示高兴，幼儿便高兴；成人为他的行为表示愤怒，幼儿便不高兴。只有当幼儿对自己的行动意义有了一定的自我理解或养成了一定的习惯后，才会产生自觉的、主动的体验。

爱国主义情感也是在幼儿阶段开始萌芽的。幼儿的爱国主义情感的发展特点是由近及远的，即先爱自己的父母、兄弟姐妹和周围环境，之后逐渐将这些情感与爱祖国联系起来。

幼儿道德感发展的一般趋势为：①幼儿在正确的教育影响下，一些高级的道德感，如爱国主义情感、义务感、集体荣誉感开始形成和发展；②幼儿的道德感不断丰富，道德感指向的对象不断增加，范围不断扩大；③幼儿道德感指向的对象由近及远，由直接到间接，由具体向抽象发展；④幼儿道德感逐渐由比较肤浅、表面、不稳定向比较深刻、持久和稳定发展；⑤幼儿的道德感与道德需要密切相关，成为一种内在品质，来约束自己的行为。

2. 儿童道德感的发展

西方心理学对于儿童的道德感的研究主要以海斯（R. D. Hess）和托尼（J. V. Torney）的国家意识发展理论最具代表性。海斯和托尼对 12 000 名美国小学儿童进行研究发现，童年期的国家意识（national loyalty），即忠于国家的情感，经历了三个发展阶段：低年级儿童表现为"国家象征期"（national symbols stage），儿童对于国家的热爱表现为尊敬国家象征（如国旗、国歌）的行为；中年级儿童表现为"抽象国家观念期"（abstract idea about a country），儿童以有关国家的抽象观念，如言论自由、选举等作为爱国的依据；高年级的儿童表现为"国家组织系统期"（a country in the organized system of nations），儿童以国家在国际中所担任的角色为其忠诚或热爱的对象。

我国心理学家对于小学儿童的道德感的研究主要涉及儿童道德感发展的特点。李怀美等人制定了一套问卷，用以测查小学二、四、六年级儿童的道德情感的发展趋势。研究结果发现，每个年级儿童的道德情感都有五个水平，按照水平从低到高，分别是：①自然的、直接的情感，以直接感受到的痛苦与快乐为依据；②由对直接的个人得失的预测引起的情感；③按照社会反应而行动的情感；④无论自愿与否，由必须遵守的道德行为准则的外部作用引起的情感；⑤以已被内化并结合成为自我的抽象道德观念为依据的理论型的情感。随着年龄的增长，高级水平逐渐增加，低年级从第③级向第④级转变，中年级以第④级水平为主，高年级约半数的儿童达到第⑤级水平；小学三年级是道德感发展的转折期；小学儿童对不同道德范畴所表现出的道德感有差异，即道德情感发展具有不平衡性，义务感最强，荣誉感次之，良心和爱国主义再次之，幸福体验最差。

学龄儿童道德感发展的特点为：①学龄儿童的道德感处于不断发展的过程中。低年级学生主要以社会反应作为自己情感体验的依据，中年级学生主要以抽象道德观念为依据。②学龄期儿童的道德感发展具有明显的转折期，一般是在小学三年级。③学龄儿童的道德感发展具有不平衡性，不同道德范畴的情感体验不同。④由客观现实引发的情感体验以及具有高度概括性并具有激励作用的崇高道德观，对小学生的道德感发展至关重要。前者能够让儿童产生强烈的、具有感染功能的情绪体验，后者与儿童的人生观、世界观、价值观密切相关，对道德感的发展起内部稳定的作用。

小学生的道德感从内容上来说，较学前儿童有了很大的发展。研究发现，从小学二年级到初中二年级,各范畴道德感的水平随着年龄的提高而提高。低年级学生道德感具有直觉性和形象性,由于道德认知水平及自我意识水平的发展还不完善,还不能对道德感进行调节和控制,停留在被告知的水平上。小学生的道德感是从自然的、直接的、对个体得失的预测引起的情感的生物水平向按社会反应而行动或由对社会反应预测的外部作用力而引起的情感的社会水平的方向发展。

学龄儿童已经有了集体感、荣誉感、自尊感、责任感、爱国主义感,他们以参加到集体中去或投入集体活动为满足,虽然小学儿童已经开始具有集体荣誉感,但是自觉性还不高;能够区分一些真与假、美与丑、善与恶,不过这种区分是基于道德认知的发展,受道德认知水平的局限,小学儿童对事物的判断还处于非好即坏的阶段。他们的道德感在很大程度上仍然带有直接性和经验性。从形式上来说,学龄儿童的道德感还属于与具体的道德形象相联系的情绪体验。一些光辉的、伟岸的道德形象最能够引发小学生情绪共鸣,并激发他们向榜样学习的热情,因此榜样在小学儿童的道德情感培养中有着重要的作用。

3. 青少年道德感的发展

根据国内外对于青少年道德感的研究,青少年道德感的发展水平是随着年龄的增长而逐渐提高的。青少年道德感的发展,常常依据社会标准,逐渐发展为内化的抽象道德观念为标准。

西方心理学对于青少年道德情感发展的研究一般从三个方面进行。

第一,青少年的亲社会行为的研究。如耶洛(M. R. Yarrow)1983 年的研究表明,青少年亲社会行为的方向随年龄的变化有正有负,说明年龄与亲社会行为之间并没有必然的联系。

第二,青少年的同伴关系的研究。如帕科(J. G. Parker)和亚瑟(S. R. Asher)的研究表明,低接纳(lowaccepted)的青少年容易在个体适应中出现问题,即青少年的友谊情绪或同伴关系障碍能够影响其后来的个体适应性,有攻击行为(aggressiveness)和羞怯-退缩行为(shy-withdraw)的青少年退学和犯罪率要比低攻击行为和不具备羞怯-退缩行为的青少年退学和犯罪率高 4~6 倍,两位学者据此建立了两个模式(图 13-10)。

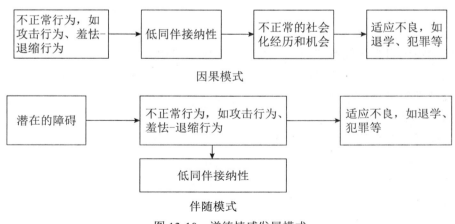

图 13-10 道德情感发展模式

这两个模式的缺陷在于:极端的伴随模式否认同伴排斥,而长期的同伴排斥会导致青少年消极地看待自己和世界,对社会性或个性发展、道德情感乃至整个品德发展都有消极的影响；极端的因果模式忽视了较差的同伴关系形成的因素在后来的适应中会继续起作用。

第三，青少年道德情感发展的具体特点的发展。我国心理学界针对青少年道德情感的研究材料来分析青少年的道德情感的发展，主要有两个方面：一是对道德情感形式的分析，二是对道德情感社会性的分析。

（1）青少年道德情感形式的发展。若以道德情感产生的原因、道德感和道德认知的关系为指标分析，可将青少年的道德感形式分为三种：直觉的情绪体验、道德形象引起的情绪体验和伦理道德的情绪体验。青少年的道德感形式是十分复杂的，每一种形式本身有程度和水平的不同。

首先，青少年某种形式的道德感的激发，既取决于刺激强度，又取决于个体的主观态度。如青少年到了一定的年龄阶段，直觉的情绪体验（如激情）减少，但在强烈外界刺激下，仍会被迅速引发，且对不同的青少年来说，引起的情绪体验的形式和程度有所不同。

其次，上述三种形式的道德感之间是有梯度划分的，后一种形式的道德感可以控制前一种形式道德感的产生。对于一些持有怀疑观念或错误伦理观念的青少年而言，电影中的英雄往往并不能激发他们的崇敬之情，反而可能被当作笑料。

最后，道德情感的形式发展存在着年龄特征。有研究表明，初三之前的少年易受情境影响，易冲动，且较难认识到激情的后果；初三之后少年的直觉情绪体验明显减少，伦理道德的情绪体验在良好的集体环境中基本上已经占领了优势地位，集体中成员会有意识地控制自己的激情。

（2）青少年道德感的社会性发展。青少年的大部分时间是在学校度过的，其集体情感和社会情感的程度或者占比逐步增多，道德感的社会性获得长足发展，集体荣誉感、义务感、责任感、友谊感和爱国主义情感都有所增加。

①青少年的集体感。集体感是指集体成员在集体中产生的对集体的态度体验，包括集体荣誉感、责任感、义务感等形式。青少年阶段是集体情感最丰富的时期，他们喜欢生活在集体之中，并被集体接纳，遵守集体的要求和规则，产生各种形式的集体主义情感。

随着青少年交往范围的扩大，青少年的集体感越来越复杂，有了一些新的特点：首先，中学的集体组织一般有三类，一类是班集体、校集体等正式群体；一类是校外有组织的集体，如课外班、兴趣班；还有一类是非正式的、自发组成的集团。前两类都是有组织、有领导的集体，集体中的各种活动有利于培养青少年的集体荣誉感、同伴感和义务感。而非正式的集体，由于成员的复杂性以及没有正规组织管理约束，因此，很难定义这种集体对于青少年道德感的影响究竟是积极的还是消极的。其次，随着年龄的增加，青少年的自尊心越来越强，中学阶段，特别是初中二年级以后，随着自我意识的增加，青少年的自尊心也在发展。青少年逐渐不再仅仅因单纯地参加集体活动而感到满足，他们希望自己的能力能得到同伴的认可，从而确定自己的价值，希望在集体中有一定的威信。最后，随着道德品质的发展，青少年集体感的方向性、稳定性逐渐加强。集体感的水平往往受控于所在集体的凝聚程度和集体成员的品德水平，集体间的差异和个体的差异往往大于年龄的差异。

②青少年的友谊感。青少年有强烈的友谊需要。中学阶段，尤其是15～16岁的青少年，认为友谊是社会关系中最重要的东西。

青少年有友谊感的特点主要有：首先，青少年的友谊有一定的心理基础，小学阶段的友谊是建立在共同的活动和共同的兴趣之上的，而青少年的友谊是更加深刻稳固的，有一定的选择性，青少年会选择兴趣、爱好、性格、信念相同或相近的人做朋友，由于青少年自我意识的飞速发展以及自我意识封闭性的特点，朋友之间更加关心内心世界，彼此倾诉"内心的秘密"。其次，青少年的朋友大多是相同年龄或相近年龄的同学。同学关系是青少年交朋友的主要途径。再次，青少年重视友谊对于自身的鞭策性，青少年不仅重视友谊，还对友谊形成了一定的信念，即对友谊产生了带有一定情感色彩的认识；不仅在情感上有依恋的特点，而且还会将友谊作为行为的内驱力量。最后，青少年的友谊感存在明显的个体差异，包括结交朋友的数量、彼此依恋程度、友谊交往的内容以及友谊的稳定性方面的差异。此外，青少年的友谊也存在一定的性别差异，一般而言，女生的友谊感发展得较早，同年龄的女生对友谊标准提出的要求比男生略高，初中二年级以后，这种差别逐渐减小。由于女生的感受性较高，相比男生对于人际关系更加敏感，因此女生间友谊的稳定性和持久性不如男生。

二、理智感的发展

（一）什么是理智感

理智感是在认识客观事物的过程中，追求和探索真理的需要是否得到满足时产生的情感体验，是与人的求知欲、好奇心、解决问题的需要满足与否相互联系的。例如找到了解决问题的新方法时的成就感、问题百思不得其解时的苦闷感等都是理智感的表现。

（二）理智感的发展变化

布鲁纳认为人类生来就具有一种好奇的内驱力，巴甫洛夫认为个体生来就有一种不学而能的探究力：个体一出生就积极地探索周围的世界，通过触觉碰触，通过视觉追寻和辨别。这些都是个体与认识事物相联系的情绪反应——好奇感。

1. 幼儿理智感的发展

随着幼儿年龄的增长、活动能力的提高、认识活动的扩展，幼儿会越来越多地因为认识而感到喜悦。3～4岁的幼儿在成人的指导下用积木搭出形状时，会高兴得手舞足蹈；幼儿的理智感的特殊表现形式是"好奇、好问"。幼儿热衷于问"这是什么""为什么"的问题，有心理学家把幼儿期称为疑问期。皮亚杰对于学前儿童的言语进行分析，发现其中有15%的言语属于提问性质，在不熟悉的情境中，问题所占的比例更大。这种认识事物的强烈兴趣，一方面帮助幼儿获得知识，另一方面进一步推动了幼儿理智感的发展。5岁左右幼儿的理智感已明显地发展起来，其头脑中产生了大量的疑问，从问"这是什么""那是什么"逐渐发展为问"为什么""怎么样"，且涉及的范围很广。幼儿求知欲的另一种表现是与动作相联系的，即"破坏行为"：6岁左右的幼儿开始喜欢各种智力游戏，如猜谜语、下棋等。认识活动使幼儿产生由活动成果带来的积极情感,如快乐、自豪、独立感,产生的情感又促使幼儿进一步去完成新的、复杂水平更高的活动。幼儿喜欢动手进行实际操作,以满足不断增长的好奇心和求知欲。该时期幼儿的理智感发展比较迅速。

2. 儿童理智感的发展

儿童进入学校后,由于知识面的扩大、学生身份的变化,理智感也在发生变化。儿童从对游戏和对事物粗浅面的兴趣转入从积极的自主的思维活动中寻找乐趣,如自己独立解决了一道数学题的喜悦、遇到困难时的焦急。高年级小学生已经不满足于解决简单的题目,而是喜欢探索有一定难度的题目。由于小学生的抽象思维尚未发展,所以小学儿童的理智感更多是与具体直观的事物相联系的,具有直观性、具体性和形象性。此外,小学儿童对于不同学科产生了不同程度的兴趣,但这种分化尚未确定,所以并不稳定。教师对于学生的态度、学生对于课程的掌握程度直接影响到儿童对于学科的喜爱程度。

学龄期儿童学习兴趣的发展趋势为:①从对学习过程和学习的外部活动感兴趣,发展到对学习的内容和独立思考的作业更感兴趣;②从笼统的、未分化的兴趣发展到对不同学科内容的不同兴趣;③从对具体事实的兴趣发展到初步探讨抽象知识和因果关系的兴趣;④阅读兴趣从课内发展到课外,从童话故事发展到文学作品和通俗科普读物;⑤从对日常生活的兴趣发展到对于社会和政治生活的兴趣。

3. 青少年理智感的发展

青少年随着学习内容难度的增加以及对于自身能力的认识的增长,对学科兴趣的分化趋于稳定。对于不同学科的兴趣与本人今后的职业选择、未来规划联系起来。青少年的理智感中最突出的特点是产生了与稳定的、深刻的认识兴趣相联系的情绪体验,与探索不同观点的论证有关的情绪体验,以及与智力活动的发展有关的情绪体验。

初中生的理智感主要表现在学习过程中,理智感发展明显的学生在学习活动中有以下特点:①成功的、愉快的体验在学习活动中占主导地位;②自觉地确立了学习的目标,并且采取一定的措施来保证学习目标的实现。

郑和钧等的调查研究表明,高中生的求知感最强烈,对于问题的主动怀疑感较弱,喜悦感、坚信感水平中等,说明理智感发展水平较高,但缺少主动发现问题的积极性;另外,青少年在追求知识的过程中害怕失败,容易因为挫折而丧失信心,其中,以高三学生最甚。

三、美感的发展

(一)美感的定义

美感是人对客观事物或对象美的特征的情感体验。它是由具有一定审美观点的人对外界事物进行评价时产生的一种肯定、满足、愉快、爱慕的情感。美感可以来自自然(如大自然的景色)、社会(如现实生活中具有美好心灵的人)和艺术品(如名家的画作)。

美感包括自然美感、社会美感和艺术美感。审美标准是美感产生的关键,其两个显著的特点是:愉悦的体验和带有倾向性。美感同道德感一样,既具有共性,又具有社会历史制约性。不同的社会、不同的文化背景、不同的历史年代中的美的标准是不同的,因而对于同一事物，人们产生美的体验也是不相同的。

（二）美感的发展变化

美感与儿童的知觉、思维的发展有着密切的关系。

1. 幼儿美感的发展

2～3岁的幼儿由于知识经验的不足，尚无法分辨艺术作品中的形象与真实生活中的对象，往往认为二者是一体的，动画中的人物或动物也是真实存在的。此外，幼儿的美感还与道德感关系密切，并且有道德感代替美感的现象，凡是与幼儿的道德感相一致的艺术作品或者是表演，无论艺术造诣如何，都是美的、让人愉快的；凡是与幼儿的道德感相冲突的艺术作品或者是表演，总是丑的、令人不快的。

幼儿对于色彩的敏感性和喜爱，使其更倾向于将色彩鲜艳的艺术作品或是物体评价为是美的、令人愉快的。在教育的影响下，幼儿逐渐能够从音乐作品、绘画作品中，从自己参与的美术活动、歌舞活动等表演中产生美感。随着社会经验的增多，逐渐能够体验到大自然的美。幼儿晚期对于美的标准和美的体验有了进一步的发展，不仅对产生美感的物体的色彩有要求，而且对于颜色之间的协调性也有了一定的评价标准。

2. 儿童美感的发展

学前儿童开始能够对艺术作品中的形象和真实生活中的对象进行区分，高年级的儿童能对艺术作品中的形象和生活中的对象进行比较，并作出自己的评价。美感对于儿童的知觉和思维发展有着重大作用。儿童通过视觉、听觉接触美好的事物，理解美好的事物，并以此为基础去创造美好的事物，这些经验和活动能够丰富儿童的精神生活。个体如何理解、感受艺术作品和现实生活中的美与丑、善与恶，在很大程度上影响着个体的品行发展、思想发展。

有研究设计了形体-塑像欣赏和声音-音乐欣赏两类任务，研究了小学生美感的发展，结果发现：①低年级学生能够很好地欣赏动物塑像，与高年级学生的成绩十分接近，但是对于人体造型的欣赏还处于发展过程中，随着年级的增长，对人体造型的美感逐渐深刻，美感欣赏能力逐渐发展；②在音乐美感欣赏上，小学高年级学生与中学生一样，认为流行歌曲通俗易懂，更能产生美的愉悦体验。

3. 青少年美感的发展

青少年开始在学校接触到丰富的、标准化的艺术教育，如音乐课、美术课以及各种各样的文艺活动，在很大程度上提升了青少年的美感，促使青少年形成与理解评价艺术作品所描绘的现实相关的情绪体验，以及与理解并评价艺术作品中所运用的艺术手段的技术和表现力有关的情绪体验。青年阶段的个体已具有敏锐的审美力，且对美的感受开始呈现出个体差异，受个体受教育水平、社会生活经验的影响。

全国儿童青少年研究协作组从形体美感和声音美感的角度对青少年的美感进行了研究，结果表明，在形体美感的动物塑像欣赏中，各年级感受体验的成绩十分接近，高中生的成绩随着年级的升高而提高。美感的发展同个体的年龄、受教育程度和文化修养的程度有关；在音乐美感体验中，新鲜、活泼的流行歌曲更受青少年的喜爱，说明美感的时代性、社会性的特征。可见，青少年的美感体验水平的发展，是在一定的社会生活条件下形成的，对美的不同需求和追求，受到对客观事物外部特征和内在特征的领会和理解的影响。

初中生的美感有了很大的发展，主要表现为：①开始注意自己的外表，力求给他人美好的印象；②开始注意自己在他人心中的形象，关注他人对自己言行举止的评价，力图给人一种温文尔雅、成熟的印象；③开始注意并提高自己美的修养，开始学习美学知识，提高自己的审美水平和能力。

高中是美感发展的主要时期，此时由于知识经验的积累、思维水平的提高，道德观念逐渐成熟，高中生有强烈的对周围事物美的特征进行分析和评价的倾向。高中生美感发展的特点是：①对美的追求表现出广泛性，能够欣赏各种自然美、艺术美、社会美；②不仅关注外在美，而且更注重心灵美和思想美；③美感的产生与对美的认识关系密切，同时对美的欣赏也更加注重思想性。

第三节 情绪发展的性别差异

一、情绪发展性别差异的表现

（一）情绪表达的差异

通常研究者采用三种不同的方法来测量情绪（自我报告法、行为观察法、生理唤醒法）的研究为情绪表达原则上的性别差异提供了支持。

一项对大学生情绪表达的研究发现，不同性别的情绪表达存在固定的模式。个体作出反应及反应的程度，是由参与者与情绪互动的对方的关系以及所处的情境决定的。在较为私人的关系中，女性的情绪反应多于男性；在成就情境中，男性的情绪反应多于女性。对于愤怒情绪而言，互动双方的关系是重要的影响因素。当互动双方并不熟悉时，男性比女性更容易产生愤怒的情绪体验。在爱情关系中，男性和女性的愤怒指数是相当的；在友谊关系中，同性之间更容易产生愤怒情绪体验。

对30岁左右的已婚男女的研究得出了相似的结论。女性在私人领域，尤其是在家庭环境中，与关系较为密切的个体交往时，生气和发怒较为频繁。如在配偶关系中，女性通常更易怒且富有攻击性。男性则更注重社会和职业环境、个人事业上的成功、朋友关系（尤其是同性朋友），当男性在这几个方面受挫时，相较于女性，更易体验到愤怒。

此外，两性在愤怒时的表现也存在差别。女性发怒时常常伴随着细致而周密的想象，会担心发怒的后果；而男性愤怒时较为直接和粗鲁，较少考虑发怒的后果，较易导致攻击行为。女性生气和发怒的原因更多是与道德相关，而男性生气和发怒的原因大多与公认规则被破坏相关。

即使男性和女性有着相同的情绪体验，其在情绪的表达方式和行为表现上也是存在差异的。男性更多地将愤怒表现为攻击行为，女性更多表现为哭泣。此外，女性的情绪的外部表现（面部表情、姿势表情、语气表情）也比男性更加丰富。

（二）大脑活动模式的差异

大脑不同部位控制着不同的情绪，产生特定情绪的大脑活动模式存在性别差异。

杏仁核是大脑中与情绪密切相关的结构，与恐惧等情绪的处理和记忆有关。当研究者要求参与者回忆恐怖电影的情节时，男性大脑中右侧杏仁核变得更加活跃，而女性的左侧杏仁核更加活跃。拉里·卡希尔发现，即使个体处于休息状态，杏仁核的"工作状态"在两性大脑中也存在不同：在女性大脑中，流向左侧杏仁核的血流量与大脑其他部位的血流量变化是同步的，但右侧杏仁核没有这种现象；在男性大脑中，情况正好相反，与大脑其他部位血流量变化一致的是右侧杏仁核。此外，不同性别的个体，杏仁核的活动会引发不同大脑区域的活动：女性大脑中与杏仁核一同活跃的是人体处理压力反应、影响感情的视丘下部和下皮层，而在男性大脑中则是控制行动和视觉的区域。也就是说，男性在处理情绪时可能更倾向于把情绪与外部环境相联系。

在神经成像学方面的研究中发现，女性悲伤时，边缘系统和大脑皮层的活动都会增加，左侧前额叶皮层的活动强于右侧前额叶皮层。而在快乐时，大脑皮层的活动减少。女性悲伤时边缘系统的激活程度高于男性，同时女性报告感受到更深的悲伤。

（三）情绪刺激敏感性、情绪强度、稳定性的差异

不同性别对于同样的情绪刺激的敏感性和反应强度是不同的。

有研究表明，女性对于积极图片的愉悦度、优势度的评分显著高于男性；而对于消极图片的愉悦度、优势度的评分显著低于男性，唤醒度的评分显著高于男性。在中性图片三个维度上的评分不存在显著的性别差异。即与男性相比，女性对积极和消极图片更加敏感，反应更加强烈，这种性别差异在对消极图片的反应中更为明显（蚁金瑶 等，2006）。研究者发现用自我报告法测量情绪时，女性比男性更加情绪化：女性比男性更愿意承认自己的恐惧和焦虑情绪。女性的情绪感受性较强，有时对于情绪的表达更加的夸张和激烈，稳定性也较差。日常生活中，常常会用"喜怒无常"形容女性。

二、情绪发展性别差异的原因

（一）生物学理论

1. 激素与情绪

激素是影响个体情绪体验的一个重要因素。例如，女性在月经周期中存在着情绪的波动，尤其是在经前和月经期中，情绪易低落、抑郁或急躁。造成这种情绪波动的原因，从生物学的角度理解即激素的波动影响个体情绪。女性在月经周期中，性激素和垂体促性腺激素都会发生一系列的变化，通过一定的神经机制影响女性的心理活动和行为，引起一些情绪变化；同样，男性也存在一月一循环的生物规律周期，其体内的激素水平的变换导致周期性的情绪低潮。在"情绪低潮期"，男性易焦虑，心情烦闷，脾气暴躁（尹璞，2008）。

虽然，情绪波动确实与激素水平的变化存在一定的相关性，但绝不能以"生物决定

论"来解释情绪的性别差异。情绪波动同样与文化、社会环境相关,不同因素之间相互影响,共同决定情绪的波动,并影响情绪的不同性别的表现。

2.脑活动模式与情绪

两性悲伤时大脑的活动是不同的,神经成像学的研究表明,当男性悲伤时,其右侧前额皮层轻微激活,而女性悲伤时,大脑两半球更广阔的区域被激活,其左侧大脑的语言区域的活动更强烈,这也是为什么女性更易通过言语表达情绪。

在确认情感信息方面,两性所使用的神经通络也是不同的。女性大脑的深层结构被激活,如丘脑、端脑边缘叶和边缘结构,且激活程度大于男性;男性的皮层区域的激活程度更高。

(二)社会学习理论

模仿可能在情绪的性别差异的形成中起着重要的作用。儿童许多与性别相关的信息都是通过对父母、同伴、重要他人的模仿而获得的。各种大众媒介为性别角色和行为的模仿提供了途径。他人的情绪表现能够唤起个体自身的情绪,替代性情绪的一个重要作用在于观察者能够获得持久的态度和情绪以及与情绪相关的行为倾向。因此,情绪上的性别差异会受到生活情境的限制和社会学习的影响。

(三)文化主义理论

社会、文化的规则、刻板印象使情绪在不同性别的个体身上以不同的方式表现。杰哈德斯认为文化通过三种方式影响情绪:①文化通过影响个体对于社会结构的理解影响情绪;②文化规范推动"适宜的"情感情绪表达的发展;③文化对于人格和认同的定义包含了对于情绪的认同。罗伯特·莱农探讨了男性对男性性别角色的遵从:①男性会尽量避免所有被社会认为是女子气的行为,如哭泣和害怕。社会对于男性的刻板印象认为,男性应该避免女子气,而女性则应该是感性的。②男性对于表达愤怒和攻击性感到骄傲。

性别刻板印象给不同性别的个体设定了不同的情绪表达原则。社会文化鼓励女性更多地表达自己的情绪情感,而当男性表现出如悲伤、恐惧的情绪时,则会被安上"女子气"的名头。文化赋予个体的情绪表达原则要求男女表露不同的情绪和行为。两性在不同场合通常会按照各自的表露原则行事。

章后小结

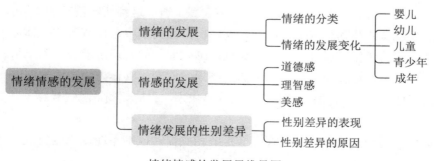

情绪情感的发展思维导图

第十四章 意志的发展

临江仙　松
（毕然然）

四季更迭还翠，英姿飒飒长青。
严霜凄雪愈峥嵘。任群芳妩媚，风雨吾独擎。
傲骨冰心无畏，何时得见身躬。
挺胸昂首骨铮铮。形容坦荡荡，屹立向苍穹。

章前导读

有机体为什么会产生行为？同一个情境下人与人之间的行为为什么会不同？其实对于这些问题的探讨就是在寻找行为的动机。"动机"是指人们行为的内在动力。人的感知、记忆、学习和问题解决是受什么力量推动、调节和控制的？人为什么对一些事物有兴趣，而对另一些事物没兴趣？又是什么力量让人们在条件十分艰苦的情况下，仍然坚持学习和工作？这些都是探究动机和意志时需要解决的问题。本章将首先概述意志与动机的概念及其关系、坚强意志的特点、动机的形成、意志品质的发展及其性别差异等，然后详细介绍在人类生命全程的发展中各种不同的动机和意志的四种品质的发展及特点。心理学对人的心理过程的研究主要涉及认知、情感和意志过程。意志品质在我们的日常生活中具有重要作用，动机的研究也一直是心理学界的一个热门话题，掌握了动机形成和发展的规律，就可以掌握人们行为的规律，提高活动效率，使人们成为自己行为的主人。

一、意志与动机

（一）什么是意志

意志（will）是有意识地支配、调节行为，通过克服困难，以实现预定目的的心理过程。

意志具有引发行为的动机作用，比一般动机更具有选择性和坚持性。意志可以看成是人类特有的高层次动机（彭聃龄，2001）。它会使人们在竞争中变得更为坚强，也是人们通过努力来超越先前取得的成绩的精神动力，并为个体实现新的目标提供精神上的动力（Newman，2005）。意志通过行为表现出来，受意志支配的行为称为意志行动（彭聃龄，2001）。

（二）什么是动机

动机（motivation）是一个概括性的术语，它概括了所有引起、支配和维持生理和心理活动的内部过程。"动机"一词来源于拉丁语 movere，意思是"趋向于"（to move）。动机是对人的行为的激发和指引，是人渴望食物、向往性亲密以及追求成就等愿望背后的力量（彭聃龄，2012）。

（三）意志和动机的关系

意志与动机既有区别又有密切的联系。意志是有意识地支配、调节行为，通过克服困难，实现预定目标的内在心理过程。它的本质在于以较小冲动的观念与较强大冲动的观念进行斗争而最终取胜（Kuhl et al.，1985；高觉敷，1982）。意志具有引发行为的动机作用，它是自觉的、有目的的行为。比如学生在复习考试中，必须克服外界环境的引诱和干扰，集中精力，坚持学习，以获得良好的成绩。意志是和克服困难相联系的，只有在克服困难的过程中，才能体现意志的力量。

二、意志的特点

（一）意志品质

个体意志力的强弱是不同的。构成人的意志的某些比较稳定的方面，就是人的意志品质。了解意志品质，对培养优良意志品质、克服不良意志品质具有重要意义。

1. 自觉性

意志的自觉性（conscious）是指一个人不屈服于周围人们的压力，不随波逐流，而能根据自己的认识与信念，独立地采取决定、执行决定。自觉性不同于武断。武断表现为置周围人们的意见于不顾，而一意孤行。自觉性是理智地分析吸收周围人们的合理意见，独立确定目标、制订计划，按照计划行动最终实现目标的过程。

受暗示性与自觉性相反，是一种不好的意志品质。受暗示性表现为一个人很容易接受别人的影响。他们的行动不是从自己的认识和信念出发，而是为别人的言行所左右，人云亦云，没有主见。他们没有明确的行动方向，也缺乏坚定的信念与决心（彭聃龄，2001）。

2. 果断性

果断性（determination）表现为有能力即时采取有充分根据的决定，并在深思熟虑的基础上去实现这些决定。具有果断性品质的人，善于审时度势，善于对问题情境作出正确的分析和判断、洞察问题的是非真伪。这是他们能够迅速采取决策的根本原因。果断性在日常生活中有重要意义。军事指挥员的当机立断，对战争胜败有直接影响；飞行驾驶员、汽车司机的果断性，也使他们能即时排除险情、化险为夷、转危为安。果断性与草率不同。果断性能导致行动成功，而草率是以行动的冲动性、鲁莽为特征，往往导致行动失败。

与果断性相反的意志品质是优柔寡断。有这种品质的人，在决策时常常犹豫不决，冲突和动机斗争没完没了；在执行决定时，常出现动摇、拖延时间、怀疑自己的决定等，不过当情况复杂时，人们在作出决定以后，常常需要根据情况的发展修改决定，这种修改是为了保证决定的正确执行，因而和优柔寡断是不同的（彭聃龄，2001）。

3. 坚韧性

坚韧性（steadfastness）也叫顽强性。它表现为长时间坚信自己决定的合理性，并坚持不懈地为执行决定而努力。具有坚韧性的人，能在困境面前不退缩，在压力面前不屈服，在引诱面前不动摇。所谓"富贵不能淫，贫贱不能移，威武不能屈"就是意志坚韧性的表现。这种人具有明确的行动方向，并且能坚定不移地朝着既定方向前进。

坚韧性不同于执拗。后者以行动的盲目性为特征。执拗的人不能正视现实，不能根据变化了的形势灵活地采取对策，也不能放弃那些明显不合理的决定。坚韧性是和独立性相联系的，具有独立性的人不易为环境的因素所动摇；而执拗是和武断、受暗示相联系的（彭聃龄，2001）。

4. 自制性

自制性（self-control）指善于掌握和支配自己行动的能力。它表现在意志行动的全过程中。在采取决定时，自制性表现为能够进行周密的思考，作出合理的决策，不为环境中各种诱因所左右；在执行决定时，则表现为克服各种内外的干扰，把决定贯彻执行到底。自制性还表现为对自己的情绪状态的调节，例如，在必要时能抑制激情、暴怒、慷慨、失望等（彭聃龄，2001）。

自制性发展不好，会表现出任性。任性的人相对而言比较容易放纵自己，较难与人相处。

（二）意志坚强的表现

在执行阶段，意志的强弱主要表现在两个方面：一方面坚持预定的目标和计划好的行为程序，另一方面制止那些不利于达到目标的行动（彭聃龄，2001）。

坚强的意志是人们达到目的、获取胜利的重要条件。成就大的人，对自己的工作充满信心，有着不屈不挠的坚持性和毅力；成就小的人，正是缺乏这些品质。意志坚强体现在：自己提出行动目的，制订行动计划；不屈服于周围人的压力，不随波逐流，而是依据自己的信念与认识，独立地采取决定、执行决定；善于对问题情境作出正确判断、洞察问题的是非真伪；面对困难不退缩，面对压力不屈服，面对引诱不动摇；克服各种内、外的干扰，把决定贯彻执行到底。

第一节 动机的发展

一、动机的形成

动机是在需要的基础上产生的。当某种需要没有得到满足时，它就会推动人们去寻找满足需要的对象，从而产生活动的动机。例如，正常人体需要一个稳定的内环境，保持正常的体温，维持细胞内水和盐的适当平衡等，当这些平衡发生变异或破坏时，人体内的一些调节机制会自动地进行校正。如当体温升高时，靠近皮肤的血管就会舒张，使热量散出，汗腺分泌汗液使体温下降。有机体的这种自动化的调节机制也维持着血液中氧与二氧化碳的水平、血糖浓度、血液的酸碱度（pH值）等。在这种情况下，需要会引起有机体的自动调节机制的活动，但它还不是行动的动机。

维持体内的平衡状态不能只靠自动装置来解决。当需要推动人们去活动，并把活动引向某一目标时，需要就成为人的动机。例如，热时寻找比较凉爽的地方、饿时寻找食物并奔向有食物的场所、渴时寻找水源等，这时需要就成为人活动的动机了。需要作为人的积极性的重要源泉，它是激发人们进行各种活动的内部动力（彭聃龄，2001）。

二、动机的分类

根据动机的性质，人的动机可分为生理性动机（physiological motivation）与社会性动机（social motivation）。

生理性动机也称为基本动机，它是为了维持生命所必须满足的动机，以有机体自身的生物学需要为基础，如饥、渴、缺氧、疼痛、母性、性欲、睡眠、排泄等，都是生理性动机。生理性动机推动个体进行活动，以满足某种生物学需要。当这种生理的需要得到满足时，生理性动机便趋于下降。

社会性动机，是以人的社会文化需要为基础的。人有权力的需要、社会交往的需要、成就的需要、认识的需要等，因而产生了相应的权力动机、交往动机、成就动机、认识性动机和学习动机等。这些动机推动人们与他人交往，使人希望获得社会和他人的赞许，希望参与某种社会团体，并能在其中获得某种地位等，当这些社会性需要获得满足时，社会性动机才会缓解下来。

（一）生理性动机

1. 饥饿

饥饿是由于体内缺乏食物或营养引起的一种生理不平衡状态，它表现为一定程度的紧张不安，甚至是某种折磨和苦楚，从而形成个体内在的紧张压力，并使个体产生求食的活动。

坎农（1935）的一项实验中，让被试把一个气球吞进胃里，设法往气球里充气。结果发现当气球充气引起胃壁收缩时，被试便受到饥饿的折磨。似乎说明胃壁收缩与饥饿状态有关，如图14-1所示。

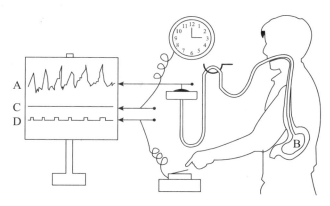

图 14-1　胃壁收缩与饥饿的关系

但是，沃根斯坦和卡尔森（1931）早就发现，用外科手术将胃切除后，病人不能感受胃壁的收缩，但仍能体验到饥饿。现在已经知道了胃部收缩不是产生饥饿感的必要条件。许多人的胃通过外科手术切除了，然而这些人仍能感到饿，并照常吃东西。说明除了胃壁的收缩外，引起的饥饿可能还有其他的原因。

腾布里通和奎格利从饿了几天的狗身上抽取血液，注射到刚吃饱了的狗身上，这些吃饱了的狗又会继续吃食，好像已经饿了几天一样。这说明血液中某些化学成分的变化，有可能是引起饥饿的动机。

后来人们发现饥饿感的一个重要指标是血糖。人和动物都能自动调节热量的摄入，防止能量的不足和维持体重的稳定，这种调节的体内化学物质是血糖。胰岛素的增加可降低血糖，把它部分地转化为脂肪储存起来。如果血糖水平下降，饥饿感就会增加。然而胰岛素和血糖并不是调节饥饿感唯一的化学物质。

引起饥饿除了某些外周的原因以外，还可能和中枢神经系统的某些部位的功能有关。20世纪50年代中期，生理学家们用电刺激法和局部毁损法在实验动物的下丘脑（hypothalamus）中发现了"饥饿中枢"和"厌食中枢"。

"饥饿中枢"在下丘脑的两侧，它会分泌一种引发饥饿的激素——增食激素（orexin），当给老鼠注射这种激素时，它们会变得狼吞虎咽起来。相反，当"厌食中枢"（在下丘脑腹内侧）受到刺激时，动物将停止进食；如果破坏这个区域，动物的肠胃会加速加工食物，最终导致异常肥胖。

2. 性

性（sex）是人和动物比较强有力的一种动机或驱力。它的产生是以性的需要为基础的。性驱力和饥、渴等驱力不一样，它与物种的延续有关，而不是个体生存和维持生命所必需的。性驱力与个体的性成熟有着密切联系。

（二）社会性动机

1. 兴趣及其发展

兴趣（interest）是人们探究某种事物或从事某种活动的心理倾向，它以认识或探索外界的需要为基础，是推动人们认识事物、探求真理的重要动机。

按照不同的分类标准，兴趣可划分为不同的类型。按性质，可将兴趣分为积极兴趣和消极兴趣。按产生的原因，可将兴趣分为直接兴趣（direct interest）和间接兴趣（indirect interest）。直接兴趣是由认识事物本身的需要所引起的，如对看文学作品、电影的兴趣等；间接兴趣是由认识事物的目的和结果所引起的，它和当前认识的客体只有间接的关系，如人们在完成科学实验后，可能对数据处理没有兴趣，只对研究结果感兴趣。间接兴趣在自觉组织的劳动中占重要地位，因而应该注意它的形成和培养。

心理学家海蒂、贝尔德及科拉普（1992）从兴趣的结构特征出发，将兴趣分为个体兴趣（individual interest）和情境兴趣（situational interest）。个体兴趣是在个体已经存在的知识、经验及情感的基础上产生的，是内在的、积极的、稳定的，并与特定的主题联系在一起。情境兴趣是由当前环境中的某一事物突然激发的兴趣，它持续的时间较短，对个体的知识、偏好系统产生影响，是一种唤醒状态的兴趣。

个体兴趣（内在兴趣）是儿童本性的一种流露，是由于儿童对活动本身有愉悦情感而自发产生的，其自发性特征意味着儿童处于一种活动的自主状态，这种自主活动使儿童摆脱了成人的控制与监督，儿童在某种程度上主动地控制周围的环境而不是顺从或依赖于成人。如为了使活动更好地进行下去，儿童会自觉思考问题、制定规则。如果不是被成人遏止，个体兴趣通常是持久的。

情境兴趣（外在兴趣）是在教育者精心设计或安排的环境与活动中，通过人为引导（提供外部刺激）而形成的。如父母通过给予孩子物质奖励来鼓励孩子参加某些活动，学校通过设立"三好学生"、奖学金等来鼓励学生努力学习，等等。这类兴趣最初是不稳定的，容易随着外部刺激的消失而消失。如果教育方法得当，引导得好，情境兴趣也可以转化为个体兴趣，成为孩子的一种内在需要，从而持久保持下来（胡小桃，2016）。

兴趣还有不同的品质，即兴趣的广度、兴趣的中心、兴趣的稳定性和兴趣的效能。广泛的兴趣是从兴趣的广度来看的，也有人称之为"广阔兴趣"，广阔兴趣是对多方面的事物或活动具有兴趣，有利于人们获得较广博的知识。它与中心兴趣相对应。中心兴趣是对某一方面的事物或活动有着极深厚而又强烈的兴趣，它能推动人们较深入地认识客观世界（张大均，2003）。兴趣的稳定性是指对事物具有持续、稳定的兴趣，而兴趣的效能是指兴趣能积极推动人的活动，提高活动的效能。

国外对婴儿期兴趣的研究多集中于婴儿对面孔的兴趣（Gemma et al.，2014），在该研究中，考察了声音在激发婴儿对母亲和陌生人面孔的兴趣方面的作用，以及婴儿对面孔兴趣与母亲心理健康之间的关系。研究人员给3.5个月大的婴儿看母亲和一个陌生人的照片，再配上母亲和一个陌生人声音的录音，录音的声音要么匹配（如母亲的照片配母亲的声音），要么不匹配（如母亲的照片配陌生人的声音），结果发现：①婴儿花更多的时间关注陌生人的面孔和声音，而不是母亲的面孔和声音，以及不匹配的面孔和声音，因此婴儿在听到声音信息时比单独看到陌生人的面孔时更早表现出偏爱；②母亲有明显的轻度母亲情绪症状的婴儿与母亲没有轻度母亲情绪症状的婴儿相比，会更长时间地注视脸部、倾听声音。因而，婴儿基于经验的面孔加工系统对母亲的母亲心理健康和面孔的多模态性质敏感。

在 2～3 岁幼儿数学学习兴趣研究（韩晨，2017）中，以蒙台梭利维多利亚公园全日制幼儿园为研究对象，通过持续采样与调查，探索了 2～3 岁幼儿对不同类型数学内容参与率的变化趋势。其结果如下。

（1）幼儿对数字常识类活动的参与率高。

（2）培育幼儿对度量、预测两类内容的学习兴趣尤为重要。

（3）空间认知与图形识别是幼儿数学教育的重要组成部分。

实验得出了以下的结论：①2～3 岁幼儿具有很强的好奇心和能力参与到数学教学活动中；②2～3 岁幼儿最感兴趣的三大数学内容包括数字常识、空间认知与度量；③幼儿教师在幼儿数学兴趣培养方面扮演极其重要的角色；④培养高素质的幼儿教师队伍是发展幼儿数学教育的关键。

李晖（2005）在看电视、文体活动、绘画制作、游戏、棋类、收集物品、读书、饲养或种植、谈话聊天、自然科普 10 个方面考察 3～6 岁幼儿兴趣广度、稳定性和效能品质的发展。其结果显示，女孩对收集活动的倾向性高于男孩，而男孩在棋类方面的倾向性高于女孩；3～6 岁幼儿兴趣广泛，并开始向稳定、积极的方向发展。儿童兴趣的广度、稳定性、效能总体上是随年龄增长而发展的。郭素然等（2020）对青少年的政治兴趣展开了探索，研究选取 507 名 11～16 岁的青少年为被试，使用政治兴趣量表、同伴依恋量表、儿童抑郁自评量表以及政治符号态度量表评估政治兴趣、同伴关系、抑郁和政治符号态度，并采用 PROCESS 宏程序模型 14 对有调节的中介效应进行检验，结果显示：①同伴信任、同伴交流和政治兴趣正向预测政治符号态度；②政治兴趣在同伴信任与政治符号态度、同伴交流与政治符号态度的关系中均起到了部分中介的作用；③抑郁对上述两个中介模型的前半路径起调节作用。其结论为：①青少年同伴信任、同伴交流与政治符号态度关系甚密；②政治兴趣起到部分中介的作用；③抑郁对中介模型起到了调节的作用。

2. 学习动机及其发展

学习动机（learning motivation）是人类的一种重要的社会性动机，是直接推动学生进行学习的内部动力。它表现为对学习的意向、愿望或兴趣等形式，对学习起着积极推动的作用（彭聃龄，2012）。

以 4～5 岁幼儿为被试，运用情境模式任务选择法，给幼儿一个学习取向的游戏学习环境，通过"兔子追萝卜"画线追踪游戏难度任务选择来反映儿童的学习动机取向。结果发现幼儿学习动机取向与幼儿年龄呈正相关，与幼儿性别无关（顾芮莹，2019）。另有研究发现，大班幼儿学习主动性中等偏上，学习能力和学习动机水平中等偏下（王舒云，2019）。

对于二年级学生来说，高内在和外在目标强度的学生比低目标强度的学生表现出更高的动机取向和学习策略（Lao et al.，2017）。对于六年级和七年级的学生来说，具有高外化问题的学生比具有低外化问题或没有外化问题的学生在数学上具有更低的内在价值、成就价值和效用价值。同时，具有高外化问题的学生的数学学习成绩显示出较大的下降趋势（Metsäpelto et al.，2017）。

学业成绩对提高学生学习动机有重要作用。通过提高学生的英语水平，他们的学习动机会相应地提高，最终他们的学习成绩会得到提高。

童年期儿童容易受到挫折，意志力薄弱，心理防线比较脆弱，极易受到外界条件（如来自学校、家庭、社会等方面相对于儿童主体以外的条件）的影响。家庭的变故、教师或父母对儿童的不公正评价、教师的教学质量、考试失利等都会降低儿童的学习积极性。这时儿童的自我意识处于一个由低水平向高水平发展的时期，他们的自我评价、自我判断最易发生偏差，有时对自己评价过高，目标定得太高，致使动机支配下的学习行为无论怎样努力都难以达到目标；或者在行动之前对目标的期望值过高，达到目标时发现与原先的预料相距甚远，致使个体的动机得不到充分满足，产生挫折感受。

儿童的挫折容忍力基本与年龄成正比。从普遍意义上讲，儿童挫折容忍力比较低，心灵较脆弱，遭遇挫折情境的机会要多于成人。学习动机受到挫折后，其自我调节能力较差，很可能就会出现攻击、冷漠、固执等行为反应，不仅影响学习，而且会对心灵造成创伤。因此，我们必须予以重视，针对受挫原因尽可能帮助儿童减少受挫机会（李正花，1999）。

同时，游戏学习对小学生学习成就动机也具有影响。接受游戏学习的实验组学业成就动机得分显著高于对照组。此外，研究也发现计算机教育游戏对小学生学业成就动机有显著影响（Partovi et al.，2019）。在汇报策略如何提高学生在游戏学习中的动机和自我效能的研究中，学生在团队汇报中的动机和自我效能得分高于自我汇报。此外，在游戏中汇报使自我效能和动机水平方面优于游戏后汇报（Bilgin et al.，2015）。

有研究探讨了小学儿童学习动机、学习投入、学业成就及情绪性和情绪调节的关系。结果发现，情绪控制在学习动机和学习投入间起到调节作用，情绪控制力较强的儿童，其学习动机越高，学习投入程度就越高；同时，积极情绪频率在学习动机和学业成就间也存在调节作用，积极情绪体验频率较高的儿童，其学习动机越高，学习成就就越高（杜瑶，2017）。

以 11 岁学生和 15 岁学生为被试，探讨了学生学习动机的不同维度与数学素养之间的关系，结果发现：11 岁学生的内部动机明显地强于 15 岁学生。11 岁高数学素养的学生组，数学素养和内、外部学习动机有明显的相关，低数学素养学生组两者不相关；而对于 15 岁低数学素养的学生组，数学素养得分和内、外部学习动机有明显的相关，高数学素养学生组两者不相关（程黎 等，2013）。对于初中一年级学生的数学学习动机水平，无论是自主动机还是非自主动机，在整个学年都有所下降（Leroy et al.，2016）。

11～15 岁（即处在童年期后期和少年期）学生的学习动机以积极的动机成分为主，小学六年级和初中三年级学生的主导学习动机成分水平降低，可能是因为此阶段的学生正在经历毕业升学的问题，升学因素会对学生的学习动机产生影响（刘跃雄，2006）。不同性别初中生的学习动机存在显著差异，女生的学习动机明显高于男生（程润红，2016）。

中学生学习动机的促进，有没有相应的方法？有研究通过培训教师，间接提高学生的学习动机，取得了较好的效果。研究对历史教师进行一个专业的培训，改变他们的方法论和认识论，学生的动机水平将得到大幅提高（Arias，2020）。

研究考察了中国学生在大学前三年自主学习动机的变化，结果表明，大学生的自主学习动机随着年龄的增长而下降（Pan et al.，2012）。不同评估反馈类型（个体反馈、任务反馈、社会反馈、无反馈）对大学生的学习动机和学习成绩的影响不同，任务反馈能够提高大学生的学习动机，其余三组会降低学习动机（杨春 等，2015）。美国学生的成就动机水平略高于国际学生（Karaman et al.，2017）。

通过修订老年大学学员动机问卷，调查其学习动机、主观幸福感现状，揭示二者间的关系。结果表明，老年大学学员学习动机水平总体较高，内在动机（如求知兴趣、丰富生活等）是推动他们参加老年大学学习的关键因素。老年大学学员学习动机在年龄、文化程度、子女个数、离退休前从事职业、身体健康状况、月均收入等方面均呈显著性差异（余正台，2018）。

3. 成就动机及其发展

成就动机（achievement motivation）是人们希望从事对其有重要意义的、有一定困难的、具有挑战性的活动，在活动中能取得完满的优异结果和成绩，并能超过他人的动机。成就动机的高低还影响着人们对职业的选择。麦克兰德（1955）发现，成就动机低的人，愿意选择风险较小、独立决策较少的职业；而成就动机高的人喜欢毛遂自荐，喜欢担任富于开创性的工作，并在工作中敢于自己作出决策。

综合德韦克（图14-2）（1978）和维诺夫（1969）对儿童成就动机的研究，可以认为，儿童成就动机的发生发展分为三个不同的阶段，即婴儿期的操纵动机阶段、幼儿期的自我的成就动机阶段和童年期的社会比较的成就动机阶段。这体现了儿童成就动机从无到有、从简单到复杂的发生发展规律。

德韦克认为，儿童出生不久后便初步具有了努力理解和把握自身与环境的愿望，他把这种愿望命名为"操纵动机"，并视之为成就动机的原型。一般情况下，3岁前婴儿动作的发展，第一年和第三年是发展较快的时期，第二年则是第一年动作发展的巩固时期。也就是在第二年，儿童的操纵动机才开始明显表现出来。维诺夫认为，自我的成就动机产生于婴儿期，这时的儿童力图通过活动来提高自己的能力。3岁婴儿开始出现"反抗"现象，他对什么都表示反抗，即使自己喜欢的事，如果别人先提出来，也会表示不高兴。婴儿的反抗，正是他的自我的成就动机的表现。

图14-2 卡罗尔·德韦克（Carol S. Dweck，1946— ）

德韦克，人格心理学、社会心理学和发展心理学领域的杰出研究者，其研究成果获得了世界广泛的赞誉。她是美国艺术与科学学会会员、哥伦比亚大学威廉·兰斯福德心理学教授，现在还担任斯坦福大学行为心理学教授。她的学术专著《自我理论：动机、人格和发展的角色》被世界教育协会评为年度好书。

有研究以德国5～6岁幼儿和348名幼儿教师为样本，探讨幼儿教师与幼儿科学动机的关系。教师的自我效能感与幼儿的科学自我效能感存在相关性，教师的教学实践没有发现任何影响。然而，这些关系在性别上存在差异：教师的自我效能感与女生的动机关系更为密切，而教师的教学实践与男生的动机关系更为密切（Oppermann et al.，2019）。

幼儿期末，儿童的自我意识有了进一步的发展。这时，儿童可以独立地进行自我评价，成人如果对他作出不正确的评价，往往会引起他的不信任或反感。通常认为，自我的成就动机标志着儿童成就动机的真正出现。根据维诺夫的研究，童年期（6岁、7～11岁、12岁）儿童开始出现社会比较的成就动机，即用别人的表现、集体的常模作为标准来评价自己的行为结果，希望自己处于常模群体中的较理想的地位（郑宗军，1997）。

高二和初二的学生追求成功动机低于初一学生；高一学生避免失败动机最强（王文娟，2017）。

20世纪80年代，尼科尔斯（1984）和德韦克等（1988）将成就目标（achievement goals）引入成就动机领域，目前学术界对成就目标的定义有不同的看法，但大家普遍接受的解读比较一致。成就目标是指关于个体追求成就任务的理由和目标的认知表征，它反映了个体对成就任务的一种普遍取向，是有关目的、胜任、成功、能力、努力、错误和标准的有组织的一种信念系统（Pintrich，2000）。

那么，如何来评价成功呢？成就目标理论（achievement goal theory）建构了三个评价标准和原则：①任务标准：主要看个体是否达到了活动的要求；②自我标准：主要看个体现在是否比自己以前做得好；③他人标准：主要看个体是否比群体中的其他人做得好。

成就目标理论把成就目标分为两种。一种是掌握目标（mastery goals），个体的目标定位在掌握知识和提高能力上，认为达到了上述目标就是成功。个体对自己的评价往往依据任务标准和自我标准。另一种是成绩目标（performance goals），个体的目标定位在好名次和好成绩上，认为只有赢了才算成功。这种目标常常表现在把自己和别人进行比较，并且根据一般标准来评价自身的表现。

研究发现，不同的成就目标对应着不同的动机和行为模式。具有掌握目标的个体，往往会采取主动、积极的行为，如选择恰当的具有挑战性的任务，并使用深层的加工策略等；而具有成绩目标的个体，往往有较高的焦虑水平，有时不敢接受挑战性的任务，遇到困难有时容易退缩。

安德曼和迈尔（1994）总结了两类成就目标的特征，见表14-1。

表14-1 两类成就目标的特点

项 目	掌 握 目 标	成 绩 目 标
成功	提高、进步、掌握、创新	高成绩，比他人更好的表现，在标准化测量中取得相当的成就，不惜一切代价地取胜
有价值的	努力，挑战困难的任务	避免失败
满足感的产生是基于	进步、掌握	成为最好的，低努力的成功
喜欢的工作环境	有助于个人潜能的成长、学习	能建立不同成绩等级
努力的理由	活动内在的、个人的意义	证明个人的价值
评价依据	绝对标准，进步的证据	常模，社会比较
错误	成长过程的一部分，具有信息功能	失败，缺乏能力和价值的证据
能力	通过努力发展的	天生的，固有的

对于中学生（少年期）的成就动机的发展状况，我们可以从他们的成就目标来进行分析，在中学阶段，掌握目标基本保持平稳的发展趋势。成绩目标从初一到初三呈上升趋势，高一最低，到高二有上升（沃建中等，2001）。

对于十三四岁的学生来说，不同学业成绩的学生与成就动机测量总分具有较高的一致性，成绩优秀的学生在成就动机测量水平上，其得分要明显高于成绩落后的学生得分。

在实验中常发现，有的学生成就动机很强，但成绩却不好，而有的学习成就动机不强，但学习成绩不错，这也属正常。因为除动机因素外，还有许多非智力因素的影响作用。所以成就动机强弱与学生学习效果的关系，应从整体综合上考量，而体现在一个学生身上，可能会表现出特殊性（刘新生，1992）。

高中生成就动机的年级差异显著，高三显著高于高二、高一。高中生成就动机的学科类型差异不显著（宋红霞，2020）。高中生随着年龄的增长越趋内控，时间管理能力和成就动机亦越强，男生的时间管理能力和成就动机均高于女生，走读生的成就动机高于住校生，同时心理控制源、时间管理倾向与成就动机之间存在着密切的关系，时间管理倾向在心理控制源与成就动机之间起着中介作用（沈洁，2017）。

学生掌握目标在高中阶段呈曲线下降趋势，表现趋近目标呈曲线上升趋势，表现回避目标的曲线上升趋势不显著。高中学生掌握目标的变化趋势无显著性别差异，表现趋近和表现回避目标的变化趋势存在显著性别差异，男生的表现趋近和表现回避目标的上升速度均明显高于女生（徐鑫锫，2018）。

大学生成就动机主要是实现自身的价值，充分发挥自己的潜力，希望这种追求能符合社会需要，并获得社会的承认。调查表明，总的来说，大学生的成就动机水平在四年期间并没有显著的变化。而且，就学业方面来说，从一年级到四年级，成就动机水平逐年下降。通过个别访谈发现，大学生随着年级的增长，越来越不重视学习过程和学习上的成就感，而是转向从其他方面获得成功体验，如社会交往、职业训练等。在这种动机的作用下，大学生学习的功利性、实用性随着年级的增长越来越明显。大学生成就动机的个人取向比较突出，但与社会取向是并存的。所谓个人取向，是指自己选择目标，选择为达到目标所采取的行动，成功的标准也由自己判断，而最终的成功或失败也由自己评价。成就价值具有高度内化性及标准的自主性。社会取向是指将个人的成就与集体或家庭联系起来，评价成就标准是由个人所处的社会规定的交往动机（解翠玲，2007）。

大学生在大学第一年，自主性动机倾向于减少，而控制性动机倾向于增加（Corpus et al.，2020）。而且，男生在情绪-社会学习方面优于女生，但在成就动机方面没有显著差异。这可能是因为在该研究背景下，男生和女生都有高课堂支持和高度竞争的课堂环境，激励他们取得更大的成就。因此，男女学生都有很高的成就动机（Turki et al.，2017）。而且，不同评估反馈类型（个体反馈、任务反馈、社会反馈、无反馈）对大学生的学习动机和学习成绩的影响不同，任务反馈能够提高大学生的学习动机，其余三组会降低学习动机（杨春 等，2015）。同时，对学前教育专业学生的成就动机研究表明，学前教育专业学生的成就动机总分显著提高。其中，追求成功得分相较于一年前并无显著差异，而避免失败得分显著降低（郭烨婕，2018）。

4. 交往动机及其发展

交往动机（affiliation motive）是在交往需要的基础上发展起来的一种重要的社会性动机。交往需要表现在个体愿意归属于某个团体，喜欢与人交往，希望得到别人的关心、友谊、支持、合作与赞赏。

吴育红（2006）对幼儿异龄交往进行研究，结果显示，异龄交往行为发生最多的地方是角色游戏室，其次是玩具室、户外活动区；幼儿因索取物品而进行的交往较多；从交往方式来看，异龄幼儿的交往方式以语言为主，且有时伴随着动作；异龄幼儿交往持续时间较短，不够深入，且小、中班男孩发起交往的主动性比同龄女孩强，大班女孩发起的交往次数是同龄男孩的两倍，异龄的同性交往多于异性。

曹子方和满晶（1989）对3.5～6.5岁幼儿的活动动机、认识动机、个性动机进行分析，结果显示3.5～4.5岁幼儿身上依然表现十分强烈的活动性交往动机。个性交往动机从中间年龄就有所上升，到了6岁左右发展成为交往的主导动机。关于幼儿每种交往动机发生、发展的精确时间，可能因每个幼儿交往环境的不同而表现出某些差异。但在个体身上，幼儿与成人交往的各种主导动机的发展是有序的，并且每一种新的交往动机的形成均依赖于前一种主导动机发展的状况和程度，不能超越。

同伴是影响童年发展的"重要他人"（庞丽娟，2003）。有研究（Chase et al.，1994）表明在混合年龄小组，年长的学生会自然地促进其他学生的行为。另外，其他社会性行为，如帮助、给予和分享等，在混合年龄小组中更为频繁。

当前中学生（少年期）异性交往是比较普遍的，且大多数的中学生都能把握异性交往的尺度，适当交往，在与异性交往的过程中他们往往会有比较积极的情感体验，但仍有部分中学生在与异性交往的过程中出现问题，需要来自各方面的指导。不交往和交往过密的现象也有一定比例的存在，虽然所占比例不大，但我们应当关注每位学生，及时发现问题，帮助其顺利度过青春期（吴莹，2015）。

另外，与异性同伴之间建立良好的关系还有助于青少年（少年期和青年期）获得更多的归属感、安全感，对青少年情绪的社会化、培养其对环境的积极探索精神更加有利，对于青少年获得良好的社会价值也有很大的促进作用。因此，健康的异性交往对处在成长时期的青少年来说起着极为重要的作用。

在社会性交往动机方面，大学校园中的成年人也会有差异，大一、大二阶段的学生对新事物充满好奇，对学习与校园活动都很积极，如结交新朋友、参加社团活动等，从而在网上对社交需求会相对较少。而大三、大四的学生因为学业压力来借助网络宣泄或者考研、工作落定后有充分时间与精力上网，出现了高年级网络交往得分较高的现象（李晓东，2009）。

目前我们正处于网络时代，黄少华（2002）认为网络交往的主要社会心理基础与人追求安全的需要、归属与爱的需要、尊重的需要以及自我实现的需要密切相关，它直接影响人们网络交往的内容和相应的行为后果。成年期的大学生网络交往的动机主要有获取信息、表达情感、确认自我、便利生活以及辅助学业。网络交往动机存在着极其显著的性别差异。网络的特点几乎均能符合男生的需求，因此，男生上网的积极性远较女生高。在辅助学业、便利生活方面，女生要较男生高。因为女生学习一般要比男生认真，同时具有良好的自控能力。她们学习动机较高，即使在网络交往中，也会将大部分的时间和精力投入辅助学业上，男生则相反。此外，网上交易，即通过网络服务便利生活也成为当代女大学生的一种时尚，她们喜欢在网上淘宝和购物等。

5. 动机发展的性别差异

成就动机具有性别差异，女孩对掌握目标的支持度更高，男孩对表现-接近和回避目标的支持度更高（Peterson et al.，2016）。对于二年级到四年级的小学生，女孩和支持智力增长观的学生更有可能追求掌握目标。以掌握为导向和多重目标学生的内在动机价值观显著高于中等成绩导向和目标导向的学生。虽然差异并不总是显著的,但主要是掌握导向的学生得到了最好的学校成绩(Schwinger et al., 2016)。

中学生成就目标发展存在性别差异。成就目标在中学阶段呈下降趋势,而下降幅度最大的是在五年级和七年级之间。女生在中学阶段的掌握目标水平较高,而男生在这一阶段的成绩目标下降幅度更大(Theis et al., 2017)。初一男生显著高于初一女生,初一和初三男生高于初二男生(郭艺伟,2020)。然而,程红梅(2018)的研究表明,初中生成就动机在性别、学校所在地上的差别不显著,追求成功动机、总的成就动机的水平随着年级的增加逐渐降低;初二年级在避免失败动机上显著高于其他两个年级。另有研究发现,女生比男生具有更高的避免失败动机,而合成动机却男生显著高于女生(王文娟,2017)。

第二节 意志品质的发展

意志品质是评价一个人意志是否坚强的标准,它形成于意志行动的过程中,并贯穿意志行动始终。意志品质主要有行动的目的性(自觉性)、果断性、坚韧性和自制性。

一、婴儿意志(动作)的发展

婴幼儿意志的发展主要体现在他们动作的发展上。人类的婴儿与动物不同,动物刚出生不久,就能自由运动。而婴儿在出生后的几个月中,只有两种身体活动:一种是先天具有的反射动作,如吸吮、觅食、抓握、眨眼、惊跳等;另一种是一般性的身体反应活动,如蹬脚、挥臂、扭动躯干等。婴儿动作发展要经历一个相当长的过程,并遵循一定的规律(沈德立,1999)。

二、幼儿意志品质的发展

(一)幼儿自觉性的发展

幼儿前期,个体的行动往往具有无目的性,他们根据自己当前的想法行动。行动的过程中,往往受到外界和当前情景的影响,因而活动可能会终止也可能改变方向。如3岁的幼儿可能正在玩积木,此时如果出现新的活动,如吸引人的电视节目等,那么他们就可能扔下积木,去看电视了。如果你问他们为什么堆积木,他们也不知道为什么。

幼儿往往没有具体的行为目标,如果成人告知幼儿行为的目的,那么他们也能够在成人的要求中完成任务。如成人用语言指导和行为示范,教幼儿一支简单的舞蹈,那么幼儿能够模仿成人,按照一定的步骤学会这支舞。

在成人的引导下,幼儿能够形成一定的行为目的,但是这种目的的自觉性程度并不高。随着年龄的增长,幼儿行为自觉性在增强,在行动中,幼儿能够自己提出行为的目的,如搭积木或者画画时,能够自己确定主题,自觉地选择方法,达成目标。受到认知和语言发展的限制,这一意志行动的顺利完成,还需要成人耐心地引导和帮助。

在幼儿后期,幼儿已形成比较明确的行为目的,他们能够确定自己的行为目的,并且自主选择或者修正达成目标的计划。这一时期,成人要有意识地帮助幼儿自主确定行为的目的,而不能直接给他们设定目的。在幼儿行为的过程中,成人要巧妙引导其意志行动,鼓励他们按照自己选定的行为方法完成任务,达到目标。在引导幼儿形成明确的行为目的时,成人还应该注意引导他们思考行动结果的合理性和道德要求,成人应该在幼儿早期,注意培养良好的意志品质,从而保证儿童意志行为的良好发展(刘万伦,2014)。

(二)幼儿果断性的发展

幼儿在活动中,有时可能会遇到两个或两个以上的目标,这些目标不能同时实现,常常会引起意志行动中的目标冲突或动机斗争。当学前儿童在意志行动中遇到目标冲突时,是坚持已有的目标还是转换目标?这对儿童的果断性具有极大的挑战。意志行动中常见冲突有三种:①双趋冲突:是指两个目标都吸引人们,但只能选择其中一个目标时内心的冲突。②双避冲突:是指两个目标都不是人们想要的,但必须选择其中一个目标时内心的冲突。③趋避冲突:这是同一个目标对人既有吸引力又有排斥力时产生的。学前儿童在解决这些冲突时,就体现并锻炼其意志的果断性。

总体来说,幼儿的果断性还比较差,当他们面临动机冲突时,他们往往犹豫不决,或草率决定,不能在成人的指导或暗示下作出决断。

(三)幼儿坚韧性的发展

密格勒尔(W. Migrel)和艾勃森(E. B. Ebbesen)以幼儿为对象做过如下实验:实验者把被试带到实验室内,让他一个人在室内等着。如果能安静地等下去(最多 15 分钟),可以得到好吃的糖果(延缓报酬)。如果不愿意等,马上按铃叫实验者来也行,但只能得到不大好吃的糖果(即时报酬)。报酬品是否在眼前出现,作为一个实验条件。结果显示,在延缓报酬和即时报酬都看不见时,能等待的时间最长(10 分钟左右),其中有一种看见时,能等待 5 分钟左右,而两者都看见时,能等待的时间最短。可见幼儿的坚韧性已有一定的发展,但这种发展还是极为有限的(李幼穗,1998)。

马努依连柯(1948)对 3~7 岁幼儿进行了一系列的坚韧性实验,实验要求幼儿在空手的情况下保持哨兵持枪的姿势。五个实验要求相同,但实验条件各不相同。实验一:在实验室内,对幼儿逐个个别进行,不告诉被试动作的名称,只要求他维持主试示范的动作。实验二:在幼儿园的活动室内进行,其他条件同实验一相同,该实验只增加了分心因素,因为活动室内有许多小朋友玩耍。实验三:以游戏方式提出要求,使被试感到不是在完成成人交付的任务,而是游戏中担任哨兵的角色。小朋友们扮演工人,坐在桌旁包装糖果,哨兵则在旁边为保护工厂而站岗。实验四:要求被试在游戏外担任角色。告诉被试让大家看看他是否能持久地维持哨兵的姿势,但是没有让他加入游戏。

实验五：让被试在大门外离开集体的地方担任哨兵的角色。

实验结果表明，无论在哪一种条件下，幼儿有意保持特定姿势的时间都是随着年龄的增长而增长的，见表 14-2。

表 14-2 幼儿有意保持特定姿势的时间

年　　龄	实验一	实验二	实验三	实验四	实验五
3～4 岁	18 秒	12 秒	—	—	—
4～5 岁	2 分 15 秒	41 秒	4 分 17 秒	24 秒	26 秒
5～6 岁	5 分 12 秒	2 分 55 秒	9 分 15 秒	2 分 27 秒	6 分 35 秒
6～7 岁	12 分	11 分	12 分	12 分	12 分

从该实验我们可以看出，幼儿活动的坚韧性与活动的性质有关，以游戏方式出现的活动，其坚韧性将显著地延长（实验三）。对于 6～7 岁幼儿，在每种实验条件下都能维持 12 分钟，坚韧性没变化，说明他们已经有了较强的意志坚韧性，所以在各种活动中都能发挥意志控制作用，较长时间地进行活动。

儿童在 2～3 岁开始出现坚韧性，但是 3 岁幼儿的坚韧性发展的水平是很低的。在某些条件下虽然能开始有意识地控制自己的行动，但其行为过程仍然不能完全受行动目的所制约，他们时常违背成人的语言指示，或者难以使自己的行动服从成人的指示。他们坚持的时间极短，如在遇到一些困难时，他们很快就失去了坚持完成任务的愿望和行动。该实验中，3 岁幼儿能保持所要求的平均时间只有 18 秒。有不少儿童在自己姿势已改变时仍无觉察。如出现转头、换脚、挥动左手、右臂放下、手握成拳等。甚至在许多场合下，3 岁幼儿不能接受坚持性任务，即在第 3、第 4、第 5 个实验中，3 岁幼儿都不能按要求行动，以致无法获得统计数据。

坚韧性发展变化最迅速的年龄，也是它受外界影响而波动最大的年龄，因此可以说，4～5 岁是幼儿坚韧性发展的关键年龄，成人应抓紧对这个年龄幼儿坚韧性的培养。

（四）幼儿自制性的发展

幼儿在日常生活中经常遇到不自制（即冲动）的矛盾冲突。自制也是幼儿期的一种重要意志品质。幼儿自制的两种主要表现是抗拒诱惑和延迟满足。抗拒诱惑是指抑制自己不去从事能够满足自己但是社会禁止的行动，它表现为无论是否有人在场都能拒绝具有诱惑力但被禁止的愿望和行动。延迟满足是为了长远利益而自愿延缓目前的享受。幼儿为了更大的满足，去选择并忍受当前的挫折，这种能力的形成，是自制发展的一种表现。

切恩（1969）的实验分为三种条件进行。第一种，不说明规则，只有惩罚；第二种，简单说明规则，如"那不好，你不应该玩"；第三种，详细说明规则，如"那是不好的，你不应该玩这个玩具，那是别人的东西"。结果显示，幼儿处于第三种条件时，抗拒诱惑的人数最多，抗拒的时间最长。而年龄更大的儿童（小学三年级）在三种条件下的行为差异更大，尤其是在第三种条件下的抗拒诱惑人数最多、时间最长。这说明随年龄增长，说理在抑制诱惑中的作用越来越大。

米斯切尔等（1970）实验表明，幼儿期的大部分幼儿能够等待延迟的满足。实验是这样的：实验者告诉幼儿想要得到喜欢的东西，必须等待实验者回来。如果不能等待，可以随时发信号把实验者叫回来，那就可以立刻得到东西，但只是他不大喜欢的东西。结果，平均年龄为四岁半的幼儿，绝大多数能等待很长时间，有的甚至可长达一小时之久。在该项实验中没有一个违反规则的。还有一些对幼儿园幼儿实际等待行为的实际观察也证明了这一点。实际上幼儿已经具有为等待长远目标而抑制即时满足的能力。

幼儿自制性的发展有一个过程。3岁左右的幼儿一般还不善于控制自己的愿望和行为，他们喜欢做他们感兴趣的事情，且容易受外界因素的干扰。他们在游戏过程中，常常因为某个幼儿打岔，就中断游戏，参与到争执中去。4～5岁的幼儿就开始逐步控制自己的愿望和行为，在游戏活动中，能够抑制自己的喜好，将好玩的玩具让给其他同伴，能够遵循游戏规则，完成游戏。5～6岁的幼儿一般已能够主动地控制自己的愿望和行为，服从整体的利益、规则或成人的要求，甚至能抗拒别人的干扰，坚持完成任务。

但是，由于幼儿神经系统发育的不完善，其神经的抑制功能还不强，因而他们的自制力还较差，经常表现出任性，如在和妈妈去幼儿园的路上，看见自己想要的玩具就会执意要求妈妈给他买，如果妈妈不同意就会哭。随着神经系统的发育成熟和成人的教育，儿童的任性会得到逐步改善（刘万伦，2014）。

三、儿童意志品质的发展

我国心理学工作者（傅安球 等，1987）的一项研究较为全面地揭示了童年期儿童意志水平发展的状况。

（一）儿童自觉性的发展

研究者测量儿童意志的自觉性水平时，给1～6年级的学生分别设计了一套有相当难度的语文试卷，题型主要包括判断、选择、改错等客观性试题。每题的标准答案只有一个，但其他干扰性的答案与标准答案很容易混淆。在测试进行到一半的时候，主试分别给答题的被试以暗示（如指着一道做对的题目说："这道题答得对不对？"）和劝告（如指着其中答错的题说："你再仔细想一想。"）。实验结果表明：从总体上看儿童意志的自觉性较差。他们不太相信自己行动的正确性，在行动中大多数被试缺乏能代表自己意志的自主精神。到了六年级，情况稍有改变，但其水平仍然十分低下。他们意志中的消极品质——受暗示性和独断性特征与他们意志的自觉性相比，更加明显（朱智贤，1990；郭亨杰，2000）。

（二）儿童果断性的发展

测量意志的果断性使用的方法是给各年级儿童分别设计两份有一定难度的试卷，而且两份试卷的难度也有差异。同时将试卷发给学生，让他们任选一份试卷答题，看学生作出选择的过程情况以及答题的结果。研究结果表明：儿童意志的果断性品质较为明显，总体看是随着年龄的升高而不断发展。特别是在小学二、三年级，果断性水平的提高较快。另外，儿童的优柔寡断和草率决定的特征，虽然与果断性品质相比，其表现不很明显，但仍然是引人注意的。同时，果断性发展在三年级达到一个高峰期后又呈现出迅速下降的趋势，这种状况到了六年级才得以改变。这一特殊现象需要引起教育者的关心（朱智贤，1990；郭亨杰，2000）。

（三）儿童坚韧性的发展

坚韧性的测量方法是让不同年级的儿童分别去完成有一定难度的填数字游戏，完成这个游戏的时间需要在 30 分钟以上。在有一定的诱因干扰的情况下，看不同年级儿童坚持做这个游戏的时间的长短。结果表明：1～6 年级儿童的坚持时间分别为 15.97、23.43、27.17、28.93、27.67、29.73 分钟。总体来看，儿童意志的坚韧性品质表现较好，但低年级儿童在遇到行动困难时更容易放弃已经开始的活动。同时，意志坚韧性水平随年级的升高而迅速发展，基本趋势为：迅速发展（1～3 年级）—平稳（3～5 年级）—明显发展（5～6 年级）（朱智贤，1990；郭亨杰，2000）。

（四）儿童自制性的发展

自制性的测量方法是在儿童行动的过程中呈现一些特定的干扰。各个年级都选择一篇需要 40 分钟才会背诵的课文，要求儿童默读记忆。15 分钟后出现外部诱因（如在附近安排学生进行文艺表演），想看演出的可以看（5 分钟后劝其回来继续记忆课文），再过 15 分钟出现内部诱因（疲劳），如果想出去活动，允许其出去（5 分钟后劝其回来继续记忆）。再过 10 分钟活动结束。如果内外诱因出现后被试都出去活动，说明受到了内外诱因的干扰；如果两次诱因出现都不受影响，说明其自制性较强。研究结果表明：儿童自制性随年级的升高而稳步发展，其发展趋势为：迅速发展（1～3 年级）—平稳（3～4 年级）—迅速发展（4～5 年级）—平稳（5～6 年级）。低年级儿童自制性迅速发展的原因主要是成熟的影响。中年级以后出现迅速发展的趋势，说明这个时期的儿童已经能够自觉地克服困难，以达到自己的行动目标（朱智贤，1990；郭亨杰，2000）。

四、少年意志品质的发展

（一）少年意志自觉性的发展

少年意志自觉性比儿童时期有所发展。他们在学习活动、人际交往、体育活动、实践活动等领域有了更强的自觉性。他们主动确立行动目标，更少依赖成年人的诱导，能够根据活动的目的和任务的要求自觉做出行动规划并执行。但少年的意志自觉性还具有较强的可塑性，可以通过音乐、体育、团建等活动加以训练。

（二）少年果断性的发展

意志行动的果断性增强，但行动的盲目性较大。少年在行动上的敢为性较强，他们具有一种"初生牛犊不怕虎"的精神，而且行动果断，但是对自己行动缺乏深入思考，因此行动的盲目性还比较大。

（三）少年坚韧性的发展

意志行动有一定的坚韧性，但持续时间有限。少年在完成一件工作时，能够集中精力，并能克服在工作中遇到的困难。但持续的时间，一般为一个半小时左右。如果工作比较烦琐和复杂，他们可能会失去耐心。

（四）少年自制性的发展

意志对行为开始进行调节，但行为还常表现出冲动性。少年有时能够用意志来调节自己的行为，使自己的行为表现出一定的自制性。但他们正处于青春期，身体和心理变化非常剧烈，情绪情感变化大，个性不稳定，因此行为的冲动性大。

（五）少年意志行动的发展

意志行动中动机的社会性成分增多。在少年的意志行动中，具有社会意义的动机成分明显增多了。当问到他们为什么要努力学习时，回答"为祖国明天建设作出更大贡献"的人数增多，而回答"为个人的利益而学习"的人数明显减少。

采取和执行决定的速度由快变慢。儿童在行动之前还不善于思考，往往很快地作出决定并立即去执行。到了少年阶段，他们开始注意思考，如有了动机冲突、方法的选择和考虑行动的后果等心理活动。

五、青年意志品质的发展

（一）青年自觉性的发展

青年的自觉性有了很大发展，表现为行动目的明确，既有长远目标，又有短期目标，并能将自己的行为置于预定目标之下，舍弃一些与之无关的行为，有时还能自觉排除困难来达到预定目的。

（二）青年果断性的发展

青年由于其思维能力的发展、知识经验的增加，他们行动的果断性明显提高。有人曾对童年期和少年期学生的果断性进行了研究，发现在高中以前，学生行动的果断性没有明显的变化，到高中以后果断性才迅速提高。

（三）青年坚韧性的发展

青年的坚韧性发展水平较高，这与他们对任务的认识、个人的兴趣和责任感增强有密切关系。

（四）青年自制性的发展

青年的自制性发展较快，这可以从他们抗拒诱惑能力中看出来。有人让儿童、少年和青年参加一项社会公益活动，即抄图书卡片。结果发现，儿童和少年在没有抄完自己应抄写的卡片时，就开始出现停止自己抄写活动的行为，而青年中的大部分人则能坚持抄完自己应该抄写的卡片。

（五）青年意志行为的发展

青年的意志行为主要包括两个方面：采取决定和执行决定。采取决定是意志行为的开始阶段，它决定着行为发生的方向。执行决定是意志行为的完成阶段，它是意志行为的中心环节。

青年采取决定的主动性和计划性不断提高。他们在采取决定时，不希望教师或父母包办代替，喜欢自己来设计、规划行动方案。青年执行决定的毅力明显增长。决定的执行需要学生对自己的行为有更大的自制性和坚持性（阴国恩，2015）。

第三节　意志发展的性别差异

通常在个体成长过程中，女性比男性意志品质相对更强、韧性更大；男性比女性更果断，但对成长过程的性别差异研究有限。

一、青年期自觉性的性别差异

青年男女在意志行动中都会表现出一定的自觉性，即不轻易受到外界影响，也会听取一些有益意见。不过受暗示性的特征表现得也很明显，甚至有时只有在得到命令、提示或建议时才会表现出相应的积极性。

这种明显的受暗示性倾向决定了青年女性具有依赖性，在需要付出意志努力的活动中，往往难以独立地作出决断。而青年男性不如同龄女性的受暗示性强，在接受或听取建议时，会以其是否有道理为前提，即在遇到困难时，常能摆脱求助于别人的诱惑而独立决策，因而青年男性的独立性强于青年女性。但是，青年男性也比较执拗，具有独断性的特征，常常表现为固执己见、独断专行，因此，独断性同暗示性一样，都是缺乏自觉性的表现。

二、青年期果断性的性别差异

青年男女在各项活动中，一般都具有当机立断、毫不犹豫地采取决定并实现决定的能力。他们在需要行动时，能够不回避、不踌躇；在不需要立即行动或情况发生改变时，又能够立即停止或改变已经执行的决定。

在活动中,青年女性更容易表现出优柔寡断,有时即使作出了决定,还会怀疑所做决定的正确性以及事先决定后的后果。相对于女性而言,青年男性更容易草率从事,即为了立即摆脱选择所带来的不愉快体验等而仓促决定,实际上这是不考虑后果和主客观条件的一种懒于思考的表现。虽然草率从表面上与优柔寡断截然相反,实际上两者都是果断性薄弱的表现。

三、青年期坚韧性的性别差异

青年男女坚韧性的共同点是能在意志行动中抵抗不符合行动目的的主客观诱因的干扰。

在维持时间上,青年男性比青年女性强一些。青年女性的坚韧性表现在坚持的决心上,在行动上,短时间的顽强奋斗或者长时间去克服一般的困难,是可以做到锲而不舍、有始有终的,但若困难重重、屡遭失败,则不容易控制自己的行为,以至于半途而废。男性青年则好一些,只要认准了目标,一般在兴趣和理想的驱使下,能够做到不轻易放弃和坚持自己的决定,但有时也会有些顽固,对自己的行动(如行动途径和方法等)没有进行合理的检查,结果以碰壁或达不到预定目标而告终。

四、青年期自制性的性别差异

青年男女同样都具有克制自己的情绪与冲动的行为、排除干扰坚持执行决定的能力,表现出应有的忍耐性。

青年女性的自制性在一般情况下弱于男性,在迫使自己执行已采取的决定时,往往会受到消极情绪的困扰,导致行动不能够进行到底。青年男性在通常情况下能自觉地控制和调节自己的行动,忍耐力较好,无论是顺利还是挫折,都能激励自己前进。

青年男女在意志品质上的差异应该引起重视,根据各自特点培养良好的意志品质,让其能够在学习与工作中更好地发挥自己应有的能力和作用(傅安球,1988)。

章后小结

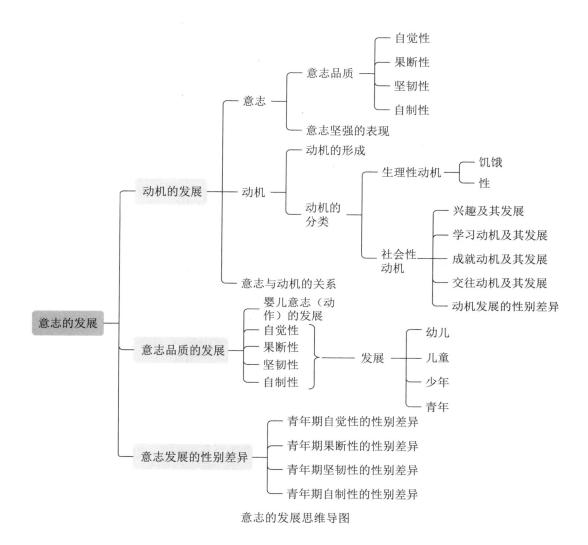

意志的发展思维导图

即测即练

第十五章 朴素理论的发展

童年时光
（毕然然）

童年多乐趣，欢笑总无涯。
兴起秋千荡，闲来口袋砸。
田间掘蚁穴，溪涧逮鱼虾。
敢涉疾流水，能攀大树丫。
盛夏凌骄日，严冬冒雪花。
鞋湿尘满面，踌躇懒还家。
追忆犹陶醉，童心未染瑕。

章前导读

人们是怎样认识客观世界的？如果没有专业人员教导，他们能认识到各种物质的性质及其相互之间的关系吗？他们能区分生物与非生物、理解生老病死吗？他们能理解人具有主观世界、他人的主观世界可能与自己的主观世界不同吗？

发展心理学家认为学前儿童已经拥有关于客观世界的一些重要知识，例如：他们能逐步地理解玩具和工具的结构与功能；开始认识到人类、动物的出生和成长、植物的栽培和生长，以及遗传的强大力量；他们知道怎样预测和影响其周围重要人物的心理与行为。这些本领，在人们一生中是如何发展变化的？这就要去了解人类的朴素理论的发展进程。什么是朴素理论呢？在人类成长和成熟的各个阶段，朴素理论呈现出什么样的发展特点呢？这是本章聚焦的问题。

⭐ 一、朴素理论的提出

心理学中有个经典问题：思维发展在多大程度上是普遍的而非特异的？从 20 世纪初到 20 世纪末将近百年的时间里，人类的认知发展理论经历了从一般领域到特殊领域的过程。皮亚杰的儿童认知发展阶段理论和 20 世纪六七十年代的信息加工理论都是对人类认知发展领域一般性关注。事实上，人对特定领域知识的掌握会影响其认知的发展，如儿童象棋高手远比成人象棋新手对象棋位置的记忆好。人们越来越倾向于认为，人对不同领域内容的认知发展存在着差异。因此，后续研究者开始关注认知发展领域的特殊性问题。朴素理论关注的就是特殊性问题，它在吸收皮亚杰的儿童认知发展阶段理论及信息加工理论的合理成分外，更加强调领域的特殊性和知识经验的作用，且更加重视理论在实际社会情境中的实验研究（张秀超，2009）。

（一）什么是朴素理论

朴素理论是相较于科学的、成熟的、正规的理论而言的，所以也称之为似理论（theory-like）、直觉理论（intuitive theory）、前理论（pretheory）等（张秀超，2009）。该理论体系能对某一特定领域的经验产生预测和解释（屠美如，1999）。它是个体成长过程中自然而然形成的对世界的认识体系。

威尔曼和格尔曼（1992）认为，一个特定领域的朴素理论需包括三方面的内容：第一，该领域认知对象的集合，即能对这个领域和其他领域做本体区分，如将人、动植物归为生物，而将人造物归为非生物；第二，该领域因果关系的集合，能够使用领域内知识对现象和事件进行解释，如用遗传来解释亲代和子代的相似性；第三，在该领域内具有一致性的因果解释框架，即因果原则统一。

（二）朴素理论的构成

朴素理论包括三个核心领域：朴素物理理论、朴素生物理论和朴素心智理论（theory of mind）。

朴素物理理论指个体在没有接受系统的教育条件下，对于物质现象及其相互作用关系的认识。朴素物理理论是朴素理论中研究较多、较全面的一个领域（孙乘，2011）。

朴素生物理论是个体未经系统教育，对生命现象的理解。如对出生、生长、死亡、繁殖、疾病等的认识（Rosengren et al.，2010）。殷纳加奇（1993）认为儿童朴素生物理论形成的标志应包括三方面：能知道生物具有适应性，能将生物与非生物进行区别，能区分身体和心理；能够对于生物的特征和行为进行一致的、合理性的预测；能用因果解释来理解个体的生存过程。

朴素心智理论指人类对自己和他人心理状态的直觉认识（Wellman，1990；张雷，2006）。

二、朴素理论与个体的社会性成长

朴素理论对个体的发展非常重要,因为个体亟须找到关于陌生世界的规律和秩序,以更好地生存和发展(Hatano et al., 2013)。研究朴素理论不仅增加了人类对自身认知发展的理解,同时对科学理论的探索也有重要的意义(王文忠,1995)。

(一)朴素物理理论与个体的社会性

朴素物理理论是人类对复杂的物理现象的简单化理解,使人类能快速地认识和理解外部物理世界。这使人类有效地逃避天敌、成功地生存和繁衍(张雷,2006)。当然,这种能力在合作处理问题中,就会起到一定的作用。例如,将大件商品搬运出库时,对商品与门之间关系的认知,就是朴素物理理论的体现,获得该理论是良好协作的基础。

(二)朴素生物理论与个体的社会性

朴素生物理论是人类对生命现象的理解和解释。了解生老病死的规律、繁殖对种族延续的作用等,这对个体认识自我的成长规律、更好筹划自己的使命,以及生存和发展都具有十分重要的意义(Hatano et al., 1994)。特别是当涉及两性交往的社会化进程时,朴素生物理论的水平,就成为交往的基础。

(三)朴素心智理论与个体的社会性

朴素心智理论是人类对自己和他人心理状态的认识。人类是一种高度社会化的动物,复杂的社会环境要求人类必须学会处理各种复杂的社会关系。特定条件下,处理各种复杂的社会关系比处理人与自然的关系更重要。在与社会环境发生相互作用的过程中,如果能够理解他人的行为、意图和信念,个体就能更好地与他人合作、影响和控制他人的行为,以及防止被他人欺骗等。从宏观上讲,个体就可以更好地适应社会,并获得更好的发展机会(张雷,2006)。显然,朴素心智理论是个体社会化进程的基础。

第一节 朴素物理理论的成长

一、婴儿的朴素物理理论

越来越多的研究者采用习惯化范式、视觉偏好等技术,对婴儿甚至新生儿对物理世界的认识进行研究(孙乘,2011)。

有人利用习惯化范式,对婴儿物理信念进行了探讨。如图15-1所示,研究者给两个半月的婴儿看一个布偶在墙壁后面通过的情境。布偶从墙壁左侧进右侧出,再从右侧进左侧出。在过程中,墙壁会遮挡布偶。研究者发现,尽管在较长的时间内,婴儿是看不到布偶的，但婴儿的视线会随着时间推移而移动。婴儿视线的移动速度，与布偶在墙壁后面移动的速度类似。这说明，婴儿具有了客体永久性。不仅如此，研究还说明，婴儿对移动的速度也有大体的判断，婴儿视线移动的速度还可以与他所判断的布偶的移动速度保持一致。

图 15-1　婴儿对遮挡的认识实验情境（Andrea Aguiar，Canada）

研究者对 3 个半月的婴儿进行了类似的观察，观察情境如图 15-2 所示。研究结果发现，3 个半月的婴儿可以清楚地意识到矮的纸偶可以从墙后面通过，而不被看到；高的纸偶即使从墙后面通过也会被看到，如果没被看到，这种情况是不可思议的。

图 15-2　婴儿对高矮与遮挡关系的认识实验情境（Andrea Aguiar，Canada）

研究者还发现，5 个月的婴儿就可以理解大球可以放到大的容器里，但大球不能放到小的容器里。如图 15-3 所示。当研究者请婴儿观察图 15-3（a）的情境时，婴儿常常瞪大眼睛，反复观看，百看不厌。但如果请婴儿观看图 15-3（b）的情境，婴儿看两次就觉得无聊，不愿意看了。这说明，婴儿对图 15-3（b）中的情境有预期，而对图 15-3（a）中的情境没有预期。

（a）　　　（b）

图 15-3　婴儿对大小宽窄的认识的实验情境（Andrea Aguiar，Canada）

研究者进一步研究发现，7个半月的婴儿，就能理解高的东西只能放到高的容器中，不能放到矮的容器中。在图15-4（a）所示的情境中，研究者把冰棍放到旁边的杯子里。婴儿看两遍就觉得无聊了。但如果让婴儿观察研究者把图15-4（b）中的冰棍放到矮的容器中，婴儿会瞪大眼睛屏住呼吸认真观察。这说明，7个半月的婴儿就理解了事物之间的长短关系。

图15-4 婴儿对长短的认识的实验情境（Andrea Aguiar，Canada）

博克瑟（2001）使用模拟台球移动动画技术考察婴儿的动态空间表征能力。研究指出婴儿在18个月时就已经掌握了下列七个物理概念。第一，距离无作用，即两个不接触的物体不会影响彼此的运动；第二，实体性，即两个物体不能同时占据同一空间；第三，连续路线运动，即物体可以沿着连续的曲线不停地运动；第四，客体永久性，即使个体看不见某物体，该物体还是存在的；第五，一致性，即物体的运动是前后一致的、连贯的；第六，惯性，即在物体运动过程中，当外力停止作用后物体还会持续运动一段时间；第七，重力，即地心引力。研究者推断，婴儿在18个月时就掌握了以上物理概念，由此推断这些知识不是通过后天学习获得的，而是在人类的进化过程中作为适应保留下来的。

婴儿对发射（launching）的理解。发射是碰撞研究中一个重要的概念。如果观察者看到移动物体（A）接触静止物体（B），并且该静止物体立即开始以相似的方向和相似或更慢的速度移动，那么这些观察者通常有一个生动的印象，即来自最初移动的物体的接触导致最初静止的物体的后续运动。这被称为发射效应。Jonathan等（2017）研究了个体对发射效应的理解。他们测量了婴儿对碰撞运动中两个物体运动速度的感知。结果发现，7~9个月大的语前婴儿对因果碰撞事件中A、B速度比为1∶3的事件表现出好奇，而对非因果运动事件（两个物体分别独立运动）中速度比超过1∶1的事件不敏感。这可能是一种早期的因果知觉特性和核心的朴素物理学知识。

二、幼儿的朴素物理理论

鄢超云（2004）认为幼儿朴素物理理论表现出以下特点：第一，幼儿的朴素物理理论是一个有着不同层级的理论框架；第二，幼儿的理论和证据表现出一定程度的协调，但更多的是不协调；第三，幼儿的朴素物理理论具有一定的内聚性和连贯性；第四，对理论本身缺乏意识和反省；第五，定性的、描述性理论强于定量的、解释性理论。其中理论与证据的不协调是幼儿朴素物理理论的一个重要特点，这种不协调具体表现在：难以对理论和证据作出良好的区分；倾向于受到理论和资料的束缚，有时会加工、歪曲证据，有时仅仅描述事件过程。

以对支撑、力、运动和影子的认知为例，其表现出以下的特点。

（一）对支撑的认识

Krist（2017）等试图通过眼动实验来考察2～6岁幼儿对支撑现象的认知发展趋势，实验采用类似于婴儿研究的简单的范式，如图15-5所示。研究结果显示，三四岁幼儿即存在对不稳定物体的显著注视偏好。5岁和6岁幼儿对不稳定的三棱柱有明显的偏好。

Krist等（2018）采用主动搜索范式考察了2～5岁幼儿对运动物体的下落地点的判断。实验情境如图15-6所示。

图15-5　支撑研究示意　　　　图15-6　物体下落地点判断的实验情境示意

研究者考察幼儿到哪里去寻找下落的物体。研究过程是，先请幼儿看到研究情境、即将下落的三棱柱及其所在的位置；然后将屏幕移动到轨道中央，遮挡住三棱镜下降的路线。观察幼儿到哪里去寻找下降物体，是左侧轨道还是右侧轨道。这需要幼儿通过判断物体是否得到了充分支持来预测其被遮挡的下落轨迹。研究结果发现，从2岁到5岁期间，幼儿的判断能力在不断提高。2岁的幼儿还不能作出充分的判断；4岁以后的幼儿才可以作出准确的推断；但5岁幼儿比4岁幼儿正确推断的比例有所增加。

（二）对力的认识

鄢超云（2004）以力、运动为研究对象，采用质量集合的研究策略探讨幼儿的认知特点，具体方法是围绕情境的对话法，包括围绕作品的对话、围绕活动的对话等，发现儿童对力的认知包括：第一，力是某种物质或物质的属性，是可以被传递和消耗的；第二，力可以是外部的（如推拉等），也可以是内部的（如重力等）。

（三）对运动的认识

鄢超云（2004）的研究同样发现了幼儿对运动的认知包括：第一，能区分自我发起运动和非自我发起运动，但倾向于将气体、液体、天体、物体下落等看作是自我发起的运动；第二，物体运动是因为有力的作用，物体静止是因为没有力的作用，物体由运动转为静止是因为力被用完；第三，对物体的运动轨迹有着丰富而细致的认识。

（四）对影子的认知

孙乘（2011）考察了4～6岁幼儿关于影子的认知。研究借助图片选择任务，总结了幼儿对影子现象的认知。研究结果将幼儿对影子现象的认知发展分为四个水平。水平0：对影子没有或者很少有意识；水平1：认为影子是物体的一部分或者是物体的一种属性；水平2：意识到光源的作用；水平3：对影子能有比较正确的认识。4～6岁幼儿对影子的理解，经历了这样一个发展过程：由最初的具体形象感知，如影子是活物，随时可以出现消失，到了解表面因果联系，如影子是太阳照在地面上出现的黑色的东西；最后到理解较深层的因果联系，如影子是光在传播（照射）过程中遇到障碍物形成的东西。4岁幼儿对影子的认知处在混沌的状态，并且带有明显的"泛灵论"倾向，如认为影子是从自己身体里出来的。5岁幼儿对影子的兴趣明显增强，已能初步理解影子现象中表面的和简单的因果关系，如影子是光产生的东西（从太阳里面出来的、从阳光里面来）。6岁幼儿有积极的求知欲望，已经能初步理解影子形成的比较内在的、隐蔽的因果关系，如影子是光源照射物体产生的。

★ 三、儿童的朴素物理理论

童年期较幼儿期的朴素物理理论有了飞速的发展，以影子和光的认知为例，表现出以下的特点。

（一）对影子的认知

皮亚杰在《儿童的物理因果概念》（*The Child's Conception of Physical Causality*）中，将儿童对影子现象的解释划分为四个阶段：第一阶段，平均年龄5岁，认为影子是两种物体相互作用的结果。一种来自内部（影子产生于物体自身），另一种来自外部（影子产生于树、黑夜和房间的角落等）。第二阶段，平均年龄6～7岁，认为影子是物体单独产生的、源于物体本身的一种物质。第三阶段，平均年龄8岁，认为影子是物体的派生物，是一种把光赶跑了，而物体不得不把自己放在光源对面的派生物。第四阶段，平均年龄9岁，儿童能够对影子作出正确解释，认为影子是光源照射物体产生的（孙乘，2011）。之后，也有其他研究证实了皮亚杰的观点，即儿童对于影子的认知水平已接近成人。

（二）对光的认知

李采不（2002）考察了小学二年级到六年级儿童对光迷思概念的理解，结果发现儿童认为光是缓慢的，无须任何帮助即可传递，光在黑暗中比白天传递得更远，在白天无法传递。唐明（2001）考察了小学五年级儿童的对光迷思概念的理解，结果发现儿童将光源当作光，认为光不是直进的，光会照射但不会动，光存在于光源之中或四周，视光为一种明亮的状态，光的行进距离受光强的影响，行进距离和火光能量有关。

四、少年的朴素物理理论

Jonathan（2017）采用纸笔任务考察了小学至本科的学生对静止下落和平抛运动下落轨迹的预测。研究结果显示：在静止下落的情况下，不同年龄中大部分被试都能预测正确的垂直下落；但十二年级的学生比十年级的学生预测得更准确。对平抛运动的物体下落轨迹的预测一般有三个趋势：一个是垂直下落，一个是向后降落，一个是向前降落（当然，正确的答案是向前沿抛物线轨迹下落）。研究者发现，每一个年龄段被试都没有给出"垂直下落"的错误答案。六年级和八年级的少年儿童有一部分给出了向后降落的答案。十年级以上的被试大多给出了向前非抛物线的下降预测。虽然答案与标准答案不完全相符，但也是最接近标准的答案了。

五、青年的朴素物理理论

克莱门特（1982）考察了大学一年级学生对硬币抛到空中，在其上升、下落时受力的情况的认识。研究结果表明，仅有12%左右的人给出了科学的正确答案：只受到一个重力。给出错误答案的学生当中多数认为硬币受到两个力（向下的重力和向上的抛力）：上升时重力小于向上的力；下落时重力大于向上的力。个体是如何解释这个向上的力的呢？他们认为，这是"我给它的力"——"抛力"。克莱门特发现即使在学习过力学课程的学生中，正确回答率也只有28%～38%。

大学阶段的朴素理论已达到成年水平，但仍有偏差。可见即使到了成年阶段，人们的朴素物理理论也没有发展到尽头，需要在学习和生活的过程中逐渐发展、日臻科学。

第二节 朴素生物理论的成长

关于朴素生物理论的研究主要集中在学前儿童，且一致的结论认为婴儿阶段朴素生物理论非常有限，而在幼儿阶段才逐渐得到发展。

一、婴儿的朴素生物理论

婴儿的朴素生物理论的发展非常有限，以对性别的认识为例，2岁左右的婴儿能分辨照片上他人的性别，但是不能确定自己的性别。直到5～7岁，小朋友才开始理解性别稳定性。儿童先理解自我的性别稳定性，继而是理解同性别他人的性别稳定性，最后是理解异性别他人的性别稳定性。

二、幼儿的朴素生物理论

幼儿的朴素生物理论有了较快的发展。宏观来讲，幼儿对人体的认知水平显著高于对动植物的认知水平，但是对动物认知水平与对植物认知水平差异不显著（符太胜，2016）。国内外关于幼儿朴素生物理论的研究主要集中在以下几个领域。

（一）对生物本质的认知

生长是动物和植物共同具有的生命的基本特征，是生物的本质特征。

格尔曼（Gelman）和克雷默（Kremer）（1991）利用简化的反应任务，只要求幼儿做"是/否"的回答，如"人/石头/玩具娃娃会难过吗？"。结果发现3岁幼儿能区分生物和非生物。

方富熹（1985）等测查了我国3～5岁幼儿对生物和非生物的认知。研究通过询问法揭示了3～5岁幼儿也具有区分人与非生物的能力。如将洋娃娃和小朋友区分开等。幼儿并没有显示出"泛灵论"的思维特征，即没有把有关人的属性应用到洋娃娃或石头上。

凯尔（1985）以人和动物的图片为材料考察了4、5、7岁幼儿对诸如"吃""呼吸"等生物特征和对"思考"等心理特征的认知，结果发现，4岁和5岁幼儿能把人和动物区分开来，但直到7岁，幼儿在人和动物的区分上一直没有更进一步的成长。

另有研究（姜亚丽 等，2014）发现，幼儿以自我为参照，并将从自身所获得的关于生长的朴素理论运用到动植物领域，而运用的主要依据则是生物物种与人类的相似程度。

（二）对生物生长的认知

生长特性是生物的基本属性，生物（主要包括人、动物和植物）从出生之日便不断生长，并伴随形态上的变化，而且生长的过程是不可逆的（Bogin，2004）。姜亚丽等（2014）研究表明幼儿最初对于生物和非生物的区分依据的就是"生长"特性。

幼儿对人类生长过程的理解可以通过其对年龄的认知来反映（Friedman，1986）。研究表明，4岁幼儿就已获得了人是要长大的认知，且认识到身高和外貌也会伴随年龄的变化而变化。

在西格勒（Siegler）和麦吉尔（Mcgilly）（1989）的一项研究中，以5张不同年龄的女性彩色照片代表幼年、少年、青年、中年和老年，考察幼儿对年龄的认知。结果发现，7岁幼儿对人物年龄的认知能达到守恒，不受身高或形态的影响。

在幼儿对动物生长特性的认知方面，研究者发现幼儿对动物特征的理解是以自己所具有的特征为参照的。道伊斯（Doise）和威廉（Willem）（1984）认为幼儿认知是由具体到抽象的渐变过程。

有研究证明幼儿对植物生长特性的认知的发展落后于对动物生长特性的认知。例如4岁幼儿已经能认识到动物可以繁殖（Fisher et al.，2005），而即使是6岁幼儿也只有在降低任务难度时才能认识到植物具有繁殖的特性（Richards et al.，1984）。

幼儿对人造物的认知方面，有研究表明6岁幼儿能区分动物和人造物。罗森格伦

（Rosengren）和格尔曼等（1991）研究发现 3～6 岁幼儿知道人造物不能像动物一样变大。

（三）对生物衰老的认知

衰老是人类要面对的一个复杂课题。由于人类寿命的延长和人口老龄化问题，人类对衰老的认知就更加迫切。医学和认知心理学等学科都致力于科学地认识衰老现象（朱莉琪 等，2005）。

朱莉琪和方富熹（2005）研究幼儿能否对衰老作出生物性而非意图的因果解释。结果显示：4 岁、5 岁、6 岁幼儿都不认为心理意图是衰老的原因；认为衰老与生长密不可分；但幼儿对衰老的认知不同步，6 岁幼儿在衰老维度上具有了较稳定的朴素生物理论，即能够把衰老作为区分生物和非生物的一个特征。

（四）对疾病的认知

研究幼儿对疾病的认知为我们了解幼儿的生物学认知提供了重要的信息（刘光仪 等，2003）。

西加尔等（Sigal et al.，1990）在研究中发现 4 岁幼儿能用传染来解释疾病。奥等（Au et al.，1993）发现幼儿有可能意识到细菌的存在，并将其看作疾病传染的载体，这意味着他们能够认识到疾病的起源。赫尔干等（1991）的研究表明，幼儿不仅能以传染来解释疾病，还能将"传染"看作是从另一个人身上获得的疾病，这具有社会意义。卡利什（1996，1997，1999）的研究甚至发现，四五岁的幼儿能够认识到细菌是传染和感染的机制。

另有研究发现，5～7 岁的幼儿也能区分生理和心理障碍以及对每一种疾病最有效的治疗方法（Lockhart et al.，2018）。但幼儿不太能区分急性与慢性疾病的治疗需求。同时，幼儿对疾病治疗效果保持更加乐观的态度。

（五）对遗传的认知

幼儿关于生物遗传的认知包括对生物繁殖、遗传相似性等的认知。

在生物繁殖的方面，希克林（Hickling）和格尔曼（2010）的研究考察了幼儿对种子来源等的认知。结果发现四五岁的幼儿就能理解植物生长源于自然发生机制而非人为的因素。而皮亚杰（1929）研究发现十一二岁的儿童能理解"木头来自树，树来自植物，植物来自种子，种子来自树"的循环生长过程。斯达威（Stavy）和瓦克斯（Wax）（1989）的研究支持了皮亚杰的观点。凯里（1985）也主张，儿童直到 10 岁才能构建起对生物繁殖现象的合理解释。

张丽锦和方富熹（2005，2006）以 4～7 岁幼儿为被试，采用访谈、分类和判断选择任务探查了幼儿对动物繁殖和植物繁殖的认知。结果发现幼儿关于动植物繁殖的朴素生物理论随年龄增长逐步发展，大致经历不理解、部分理解和确切理解几个阶段。大部分 6 岁幼儿基本理解了动植物繁殖的概念，并能对之进行一致的生物学的因果解释。不同的任务形式对五六岁幼儿的认知成绩影响显著。

在遗传相似性方面，密鲁姆（2003）的研究表明：4 岁和 6 岁的幼儿对遗传已有了一定的系统认知，但仍受到无关领域信息的影响。而大多数 10 岁儿童能意识到后代会遗传父母双方的长相特点（张秀超，2009）。

（六）对疼痛的认知

大多数5岁幼儿已经建立了关于疼痛的朴素理论。这使他们能够推测疼痛的前因后果，并与他人分享他们的经历。埃利亚姆（Eilam）在此基础上研究了5～6岁幼儿对痛觉这个复杂、抽象、主观概念的认知理解。结果发现，幼儿对痛苦的表现、原因及其与自我和他人的相关性等方面的认知表明，尽管痛苦是一种抽象的主观感觉，5～6岁的幼儿仍可以很容易地区分自我和他人的痛苦（Eilam et al.，2015），此外，他们还可以将自己的经验和信念应用到新的实例中。在疼痛的情况下，幼儿用他们的朴素理论来描述疼痛在其他人类、动物、植物和无生命物体之间的感觉。他们清楚地意识到动物所遭受的痛苦以及某些刺激对植物和无生命物体造成的伤害。他们还清楚地了解到治疗疼痛的必要性和应对疼痛的方法。

值得注意的是这个年龄段的幼儿可能会应用额外的生命力标准，专门适应疼痛的情况（Eilam et al.，2015）。例如，由于伤口频繁出血，血液成为评价伤口的重要标准。同样，由于植物不运动，但也不是完全无生命的，幼儿会把"在风中的移动"、"喝"水、"有树液（血液）"或"脸"作为判断植物生命力的标准（Inagak et al.，1987）。

有些幼儿认为疼痛可以通过使用认知和心理手段来减少并最终消失，如将注意力转移到其他地方、思考愉快的事情、习惯痛苦，或获得父母的深情安慰（Eilam et al.，2015）。

★ 三、儿童的朴素生物理论

儿童的朴素生物理论有了进一步的发展，表现为能够较为科学地解释各种生物现象，以对生物起源和对疾病的认知为例，具体表现出以下的特点。

（一）对生物起源的认知

埃文斯（2000）在研究儿童解释物种起源时区分了三种解释类型：自然发生论（spontaneous generation）、造物论和进化论。其研究结果显示儿童对生物起源的认识持连贯的发展模式：年幼儿童（6～8岁）持自然发生论即认为物种是自然的；稍微年长的儿童（8～10岁）持造物论的信念；再年长的儿童（10～13岁）持造物论和进化论混合的信念。

刘黎和朱莉琪（2014）的研究采用临床法，通过开放式和封闭式问题情境，测查了5～13岁儿童对物种起源认知的发展。结果显示，儿童对物种起源的解释经历了自然发生论为主、自然发生论与进化论混合到进化论为主这样一个过程，越来越科学。

（二）对疾病的认知

对疾病的认知，儿童可能了解疾病是物理世界的一部分，也知道一些避免传染的知识，但这些要素并没有整合成一个"理论"。研究发现，10岁前的儿童对疾病的原因不敏感，他们判断细菌、毒药和"事件"（如因胡椒引起打喷嚏）传染的程度是一样的。而成人对疾病原因的理解则构成的是一个有内在一致性的模型（朱莉琪，2003）。

研究者探讨了6岁、9岁、11岁的儿童和成人对疾病起因的了解。研究发现，不论是儿童还是成年人，都认为传染和寒冷的天气会使个人染上感冒。他们同时认为，营养、睡眠等生活习惯也是致病因素（Toyama，2019）。

★ 四、青少年的朴素生物理论

对青少年朴素生物理论的研究较少。肖巧玲（2014）对高中生朴素生物学概念进行了调查，发现高中生的朴素生物学概念中仍包含对事物认识片面或不合理的成分。如关于"物质的跨膜运输"朴素生物学概念调查显示，学生根据生活经验正确认识到"物质可以顺浓度运动，如香气飘散和色素在水中扩散"，"有些物质可溶于水，有些物质可溶于油，水和油不相溶"等，但也存在"细胞主动吸收的物质是对生命有利的物质"，"被动运输的过程是外力驱动，消耗能量，细胞不得已吸收有害物质的过程"等错误理解。

Coley等（2016）探讨了直觉生物学思维在青春期和成年早期是如何改变的，越来越多的生物教育是如何影响直觉的生物学思维的。他们认为直觉生物学思维具有三个组成部分：以人为中心的思维（anthropocentric thinking）、目的论思维（teleological thinking）和本质主义思维（essentialist thinking）。研究分别测量了八年级的学生和生物专业的大学生与非生物专业的大学生。结果显示，所有被试表达了相似的直觉的生物思维。八年级学生和大学生在直觉生物学思维的测量标准上表现一致，不同被试组之间虽然存在差异，但差异较小，甚至比不同任务之间的差异量还要小。研究还发现，增加生物学教育对直觉生物学推理确实有影响，但这种效应比人们预期的要小得多。生物学专业的大学生往往表现出与非生物专业的大学生和八年级学生相同的反应模式。研究结果说明了八年级学生所建立起来的直觉生物学推理具有较强的持久性。

★ 五、成年的朴素生物理论

对成年人朴素生物理论的研究也不多，以对疾病的认知为例，成人知道根据症状识别疾病是不准确的，比如：头疼是疾病的一个症状，但这个症状可以是由不同原因引起的。但儿童没有相关生物学的理论性知识，他们对疾病的认知或者是症状（如流鼻涕等），或者是心理感觉（如疼痛等）（朱莉琪，2003）。相对之下，成人朴素生物理论发展较为成熟。

第三节 朴素心智理论的成长

心智理论是个体对他人心理状态的认识。它是人们关于心理领域的内隐观念，由一个抽象且连贯的因果解释系统构成，使个体能够借助诸如信念、愿望、情绪等无法观测的心理状态来解释和预测行为。我们只能从个体在自然情境和实验情境中的言语和行为来推断他们的心智理论水平。心智理论是继皮亚杰关于儿童认知发展的研究和元认知研究之后,又一个探讨儿童心理表征和心理理解的崭新角度(刘希平 等,2005)。

一、婴儿的朴素心智理论

早在1877年,达尔文就发现9个月的婴儿容易将镜中的自己的影像与自己混淆起来,在成人叫他名字时,他会转向镜子看镜中人。有研究者发现在15～17个月时婴儿已经认识到镜子的反射特性,叫他时不再转向镜子。24～26个月时,婴儿才非常清楚地把名字和自己联系起来(Lewis et al.,1979)。Wellman等(1986)发现甚至2岁的幼儿就开始理解信念或愿望对情绪的影响。儿童到了3岁可以稳定区分精神世界和物质世界。研究者发现3岁孩子能够区分一条真狗和一条想象中的狗,哪个能够看得见、摸得着。大部分研究表明3岁的小朋友开始有了自己的愿望并能按愿望行动(Heckhausen,1981)。

贝伦科汉(1994)认为心智理论的社会认知成分建立在社会知觉知识的基础上。即使是新生儿也会朝向不同的社会刺激,特别是人脸和声音(Mehler et al.,1994)。到第一年末的时候,婴儿会对他人面部表达的不同情绪有不同的反应,并且可以通过目光注视来对另一个人正在注意的内容作出推断(Baroncohen,1994;Tager-Flusberg et al.,2000)。多数研究证明婴儿在2岁左右能够理解愿望,到3岁能够认识到他人可能与自己拥有不同的愿望,并能根据行为者的愿望对其可能做出的行为作出推理和预测(刘希平 等,2010)(图15-7)。能够玩捉迷藏的游戏,说明婴儿认识到对于藏住的事物,游戏双方信念不同。

图15-7 捉迷藏(糖豆儿,1岁)

二、幼儿的朴素心智理论

幼儿在3岁左右获得有关信念的基础概念。Wellman等(1988)发现3～4岁的幼儿可以根据信念和愿望预知一个人的行动。Bartsch和Wellman(1989)发现幼儿能够向后推测,例如问"为什么Jane会在钢琴下找她的小猫?",幼儿会回答"她以为猫在那儿"(信念)或"她要找她的小宠物"(愿望)。

在4岁左右,幼儿朴素的心智理论经历一个质的飞跃,即获得对错误信念(false belief)的理解;4～5岁的幼儿能理解他人的信念和善意的谎言(白新荣,2010)。佩尔奈(Perner)和威默(Wimme)(1985)以及张文新、赵景欣、王益文和张粤萍(2004)的研究结果表明,6岁左右是幼儿获得二级错误信念(second-order false belief)的关键期。

幼儿对于不同熟悉度的材料以及不同类型的任务,心智理论也会表现出差异。弗拉维尔(Flavel)与佩尔奈和维默的研究发现在外表-事实区分任务上幼儿的能力发展要优于错误信念任务上的能力发展。而邓赐平的研究却发现幼儿在错误信念任务上的表现要优于外表-事实区分任务上的表现。李晶和刘希平（2008）选择90名3～5岁幼儿为被试，采用熟悉和不熟悉的两种材料来测验幼儿在外表-事实区分任务和错误信念任务上的表现。结果表明幼儿的心智理论水平随年龄增长在3～5岁之间存在明显的发展变化。材料熟悉度和任务类型对幼儿心智理论水平的发展有影响（李晶 等，2008）。刘希平和李晶（2010）还以判断正误和原因解释的得分作为测量指标，采用愿望冲突推理任务考察了3～5岁幼儿对愿望状态推理的偏差情况。结果表明在愿望冲突推理上，儿童表现出了朴素的利己主义倾向。

三、儿童的朴素心智理论

"错误信念范式"为心智理论的研究奠定了坚实的方法学的基础，但所能探讨的都还局限在幼儿阶段而非年龄更大的群体。为了测查年长个体的心智理论水平，斯通（图15-8）和她的合作者首先提出了"失言识别任务"（faux pas recognition）的范式，用来测量7～11岁儿童的心智理论水平。在Stone等人设计的任务中，给被试随机呈现20个故事，其中10个故事含有失言情境，其余10个是无失言情境的控制故事。每个故事后附有8个问题：问题1～4是失言问题，5、6两个问题主要考察对移情的理解，其余2个是控制问题（刘希平 等，2010）。研究表明儿童在11岁左右可以通过失言识别任务。

图15-8　瓦莱丽·E.斯通（Valerie E. Stone，1963—　）

斯通，Queensland大学心理学院的高级讲师。她1985年在Harvard大学获得物理学学士学位，1990年在Stanford大学获得心理学博士学位。1990—1991年在Michigan大学从事博士后研究工作。1993—1997年又到California大学做博士后研究。1997—1998年到英国Cambridge大学做访问学者。1998—2003年在美国Denver大学任助理教授。2003年至今，在澳大利亚Queensland大学任高级讲师。

钱德勒和拉隆德（1996）认为儿童的心智理论是由复制式心智理论过渡到解释性心智理论。儿童能够理解"所见即所知"，即如果人们所获信息相同，拥有的信念就相同；所获信息不同，拥有的信念就不同。达到错误信念理解的个体仅仅认识到外部世界对心理的影响，而没有认识到心理可以对外部世界进行建构和解释，他们拥有的是"复制式心智理论"。而7岁以后的儿童，才获得解释性的心智理论。

四、青少年的朴素心智理论

青少年的朴素心智理论有了进一步的发展，能够从多角度理解并推测他人的心理。博萨斯基等（1999）提出一个测验前青春期心智理论的方法：呈现社会生活中的一个场景，然后通过提出一系列的问题让被试回答，来评估被试在不同层次上的理解，从而考察个体推测人物内心世界的水平。测验对个体的四个方面推理水平进行打分：理解多种视角的能力（概念上的角色采择），识别和理解情绪状态的能力（同理的敏感度），理解一个人在心理层面上具有稳定的人格特质的能力（个人感知），想象多种视角并选择的能力。具体情境，请见表15-1（Bosacki et al.，1999）。

表 15-1 前青春期的心智理论测验

项 目	内 容
场景	南希和玛吉正在看着在操场上玩耍的孩子们。南希用肘轻轻推了一下玛吉,并望向操场另一端那个正在荡秋千的新来的女孩,然后南希看着玛吉笑了笑。玛吉点了点头,然后她俩向那个秋千上的女孩走过去。新来的女孩看到两个陌生的女孩正在走向她,她刚才也看到她俩用肘轻推和互相微笑。尽管她们俩和她在同一个班级,但是她以前从来没有和她们说过话。新来的女孩想,她们想要做什么呢?
理解问题	1. 新来的女孩看见南希和玛吉用肘轻推并互相微笑了吗?是 否 2. 新来的女孩以前跟南希和玛吉说过话吗?是 否 A. 概念上的角色采择(conceptual role-taking) 　1. 为什么南希向玛吉微笑? 　2. 为什么玛吉点了点头? 　3a. 为什么南希和玛吉一起向新来的女孩走去? 　3b. 你为什么这样认为或者你怎么知道这一点的? 　4. 新来的女孩知道为什么南希和玛吉走向她吗?是 否 B. 同理的敏感度(empathic sensitivity) 　5a. 你认为这个新来的女孩的感受是什么? 　5b. 为什么?她还有其他感受吗?为什么? C. 个人感知(person perception) 　6. 选择故事中的一个人物并描述她。你认为可以用什么样的词汇来描述她?你认为她是什么样的人? D. 其他解释(alternative explanation) 　7. 对这个故事你还有其他想法吗?有 没有 如果有,是什么?

资料来源:米勒. 心理理论:学龄儿童如何理解他人的思想 [M].陈英和,译. 北京:北京师范大学出版社,2015:74-75.

五、成年的朴素心智理论

在日常生活中,即使到了成年阶段,很多成年人也经常不能很好地理解周围人们的心理状态,从而错误地判断、推理,进而错误地决策。因此,探讨成年被试的心智理论的发展,应该成为今后研究关注的焦点。毕竟,心智理论的高度发展,为准确地理解他人的主观状态奠定了基础,从而为有效沟通创造了基本的条件(刘希平 等,2005)。

采用经典的错误信念任务范式对学前儿童心智理论进行探讨的研究结果大都表明大多数儿童在 4 岁左右就可以顺利通过心智理论任务。而李晓东、黄艳秋、刘萍和徐健(2007)用成人版的错误信念任务(意外转移任务)考察成人的表现,发现其在错误信念任务上的成绩并不理想。这与成人具有心智理论的事实相悖,可以认为将错误信念任务作为衡量心智理论的唯一评定标准是有待商榷的。目前探讨成人心智理论的任务范式主要有欺骗任务、失言任务、隐喻任务、二级错误信念任务等(大都属于讲故事情境)。但就目前成人心智理论的实验任务来分析,并不能明确其与儿童范式的区别,已经发展较成熟的心智理论任务多数基于儿童个体,直接将考察儿童的任务用于成年人,可能会出现天花板效应。但是,使用与儿童期相同的任务,研究的结果仅在量的水平上对比不同个体心智理论水平的高低，似乎又默认了这样一个假设：在认识和解释心理状态的机制上，成人与儿童相比，仅有量变形式的发展。因此，需要探索真正适用于成人的实验任务，从而为揭示心智理论的毕生发展轨迹提供理论依据（林佳燕 等，2010）。为探讨成年人的心智理论，李晶和刘希平（2010）提出了"矩阵博弈"（matrix game）范式。该范式不仅可以用来测量心智理论的认知成分，还可以用来测量心智理论的其他成分，如意图，以及心智理论与社会性间的关系。萨特（2003）使用最后通牒博弈研究了小学生、中学生和大学生的心智理论和公平概念发展情况，结果发现所有的被试都能够考虑到提供者的意图，并且在没有其他更公平选择的情况下接受一个不太公平的选择。然而，小学生和中学生比大学生更容易拒绝不公平的提议，这说明他们判断一个最后通牒博弈的提议时不仅考虑到对方的意图，也考虑到了提议带来的结果。这个研究说明矩阵博弈情景不仅可以研究如思维这样的高级认知过程，也可以用来探讨如意图这样的社会认知成分，这也为传统研究心智理论的方法注入新的血液（李晶 等，2010）。但目前还未有研究使用该工具对成年人的心智理论进行测量。

威尔曼（1990）认为心智理论的发展由包括信念和愿望逐步发展到包括稳定的人格特质。研究发现 6 岁前儿童的心智理论并不包括特质概念，成人则发展出了从特质来推测和解释他人的行为。可以说，成人的心智理论是以更稳定的人格特质为基础的（白新荣，2010）。

六、老年的朴素心智理论

哈普等（Happe et al., 1998）使用陌生故事测验（strange stories test）测查了老年人的心智理论。结果表明，老年人心智理论的成绩没有随着年龄的增长而下滑，甚至比年轻人的成绩更好。作者认为出现这样的结果是因为使用陌生故事法测量心智理论包含了对社会敏感性的考察，而社会敏感性是老年人智慧中包含的一个核心成分。

还有研究发现，老年的心智理论与年轻人没有区别（MacPherson et al., 2002）。另有研究表明，老年的心智理论随年龄增长逐渐降低。陌生故事测验（Charlton et al., 2009）、解读眼测试（eye test）（Pardini et al., 2009）以及其他的心智理论测量方法（McKinnon et al., 2007）都显示老年人的心智理论随年龄增长成绩明显下降（米勒，2015）。

七、朴素心智理论发展的性别差异

在既往发表的研究中，由于样本数目相对较小，要检测出男女之间真正存在的微小差异非常困难，且使用一级错误信念任务（first-order false belief tasks）的文献很多并未提供关于性别差异的信息。在有限的研究资料中，人们发现心智理论与性别之间的关系尚不明确。

查尔曼等（2002）认为性别差异的效应很小，远远达不到普遍水平，而使用高阶测量方法，如前青春期的心智理论测验（Bosacki, 2000；Bosacki et al., 1999），其结果表明，女孩在心智理论任务上的表现优于男孩。另有报告表明这种差异在儿童和成人身上均存在（米勒，2015）。

女孩在社会推理上优于男孩。查尔曼认为，一方面是社会历史的差异造成的。女孩要比男孩更多参与谈话及情绪的表达（Kuebli et al.，1995；Leaper et al.，1998）。另一方面是基于生物学的考虑。贝伦科汉（Simon Bellingham）认为，女性大脑擅长同理，即为他人着想和考虑他人的感受；男性大脑相对擅长组织和分类，即对物理世界进行组织和推理。因此，女性一般在心智理论或者关于人的心理学上表现更好，而男性在对物理世界或者人类物理学的推理上表现更好（米勒，2015）。

章后小结

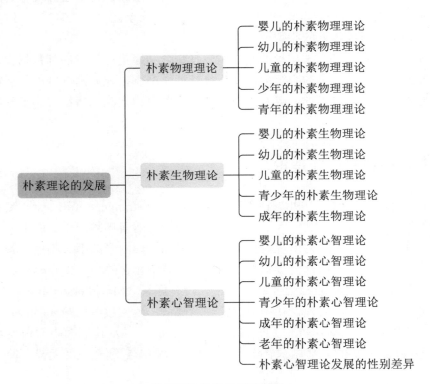

朴素理论的发展思维导图

即测即练

第十六章　积极心理特质的获得

浣溪沙　水
（毕然然）
海纳百川自有容。泽被天下细无声。涤尘濯垢色澄清。
上善无私滋万物，厚德兼爱济苍生。同仁一视无西东。

章前导读

⭐ 一、人本主义

（一）人本主义的基本理论

人本主义心理学于20世纪50年代在美国兴起，六七十年代迅速发展，其理论的产生是对当时两个影响最大的心理学派（行为主义学派和精神分析学派）的反击。人本主义心理学认为，这些心理学学派未能正确阐述人的心理现象的本质属性这一心理学核心内容，该理论反对用原子物理学和动物心理学的原理和方法研究人类心理，主张将人看作整体，研究人的本性、潜能、经验、价值、创造力及自我实现等，并着重研究人的价值和人格发展，故在西方被称为心理学的第三势力。人本主义心理学以马斯洛、罗杰斯、罗洛·梅等为主要代表人物，其主要理论有需要层次理论（need-hierarchy theory）、自我实现理论（self-actualization theory）和人性本善论。

1. 需要层次理论

需要层次理论是人本主义心理学的动机理论，由"人本主义心理学之父"马斯洛提出。他认为，人类生存和发展的内在动力是动机，需要则是产生动机的源泉。动机的强度取决于需要的强度，但只有最为强烈的需要才能成为主要动机。该理论将需要分为两类：一类是人的基本需要（basic needs），包括生理、安全、归属与爱和尊重；另一类是心理需要（psychological needs），包括认知需要、美的需要和自我实现的需要。人的需要会经历由低到高的发展过程，低层次需要得到满足后，就会产生新的高层次需要，且需要得到满足后就会停止。与低层次需要不同的是，高层次需要没有严格的等级高低关系，其越被满足，就越能产生更强的需要。马斯洛主张低层次需要是高层次需要的基础，各层次需要的产生与人的发育阶段密切相关。

2. 自我实现理论

自我实现理论是人本主义心理学个性发展理论的核心。马斯洛认为，自我实现是人的最高动机，是个体人格获得充分发展的理想境界，是人性本质的终极目的。人的自我实现包括完满人性（full humanness）的实现和个人潜能（personal potency）的实现，前者是指作为人类共性潜能的自我实现，后者是指作为个体差异的个人潜能的自我实现。自我实现以人的生理需要为物质基础，因此，自我实现理论以需要层次理论为心理动力学基础。

3. 人性本善论

人本主义心理学基本的人性观是人性本善，人性本善论也是人本主义动机论与人格论的出发点和理论支柱。人本主义认为人生来就有自我实现的潜能，在适当的成长和自我实现的环境中，人性是善良的。而人性的恶是因为人的基本需要没有被满足或自我实现的环境遭到破坏引起的。人本主义心理学家从以下几个方面论述了人类本性：①人的本性中固有着乐观、善良等积极方面；②人是自我实现的，有发展自我潜能的内在趋势；③人是自我决定的，能对自己的生活进行选择并对自己的选择负责，而不是被动地被决定的人；④人是整体的，不能还原为各个组成部分的相互联系的有机体；⑤所有的个体都是具体的存在，因而对他们进行解释时，不能将他们的生理自我和情感自我相分离；⑥每一个人都是独特的存在，与已存在的个体或将要存在的个体都不一样；⑦人是情景性的存在，只有将其放在与他人的关系之中、与环境的关系之中，才能得到最好的理解；⑧从根本上来说，人是社会的存在，他们有强烈的归属需求，希望在家庭中、在社会群体中有自己的地位，并希望自己的存在拥有价值（孟娟，2007）。

（二）人本主义与其他理论的区别和联系

作为心理学的第三势力，人本主义对西方心理学将研究局限于动物或患者提出了批评，反对行为主义将动物和幼儿作为其研究对象，甚至将动物等同于人类，用动物来说明人类的心理；反对精神分析将病人、潜意识等作为研究对象。马斯洛认为研究精神病患者是有价值的，研究动物也是有价值的，然而这是远远不够的。人本主义主张心理学要以正常人或健康人的心理和人格为研究对象，认为应该把人作为一个整体来研究，强调研究人的高级心理活动，如热情、信念、生命尊严等内容。人本主义突破了行为主义和精神分析的理论范式，在心理学的研究对象、内容、方法和心理治疗等方面，特别是在真、善、美及其价值论问题等研究方面打破了传统，建构了一个新的心理学理论体系。

此外，人本主义认为人类的需求和价值超越了任何物质，主张研究人的潜能、成长、自主性、创造性等善性和建设性力量，并把人的价值作为心理学的科学研究对象，扩大了心理学研究的领域，丰富了关于人类精神生活研究的内涵。如人的价值、生活意义、自我实现、意识状态转换、超越自我、高峰体验、生死体验等。人本主义还注重人的正向特质和价值，并强调人的成长和发展，即自我实现。这对于促进人积极向上，充分发挥人的价值和潜能具有正面意义。布勒指出：人本主义心理学的革命性在于：①它提出了一种积极的人的模式；②它的倡导者承认他们自己的存在，认为生活是主观进行的，就像它产生的那样。人本主义心理学家首先是人，其次才是科学家（布勒，1990）。

二、积极心理学

（一）什么是积极心理学

积极心理学（positive psychology）是心理学领域的一场革命，也是人类社会发展史中的一个新里程碑，是一门从积极角度研究传统心理学研究的东西的新兴科学。积极心理学作为一个研究领域的形成，以赛利格曼（Seligman）等 2000 年 1 月发表的论文《积极心理学导论》为标志。它采用科学的原则和方法来研究幸福，倡导心理学的积极取向，以研究人类的积极心理品质、关注人类的健康幸福与和谐发展。

（二）积极心理学关注的焦点

积极心理学主要研究如何提高人的幸福感。2000 年，赛利格曼等人明确指出了积极心理学研究的基本框架主要有三个方面：一是人的积极情感体验；二是积极人格的特征、分类及测量；三是积极的社会组织系统（任俊 等，2006）。具体而言，大致可以分为以下三个层面（Myers，2000）。

（1）在主观层面上，研究积极情绪体验，包括主观幸福感，如对过去的幸福感和满意感、对现在的愉悦感、对未来富有建设性的认知等，如希望、忠诚、乐观等体验，包括它们的生理机制及获得途径。

（2）在个人层面上，研究积极人格特质（character strength），如乐观、爱、胜任、勇气、乐群、美感、宽恕、创造性、天赋和智慧等，主要集中于形成这些积极品质的原因以及这些积极品质对于个人获得成功和幸福的影响。

（3）在群体层面上，研究积极组织系统，主要研究如何创造良好的社会环境促使个体展示其人性中的积极层面，如责任感、利他、文明、忍耐和职业伦理等（严标宾 等，2003）。

（三）积极心理学与人本主义心理学

积极心理学继承了人本主义心理学的理论思想。人本主义心理学家认为心理学应关注人类自由、健康地成长，应给予普通人群积极的关怀和爱护，帮助他们自我探索、自我成长，最终达到自我实现。这也正是积极心理学所追求的目标。积极心理学同样认为传统心理学过多地研究了人的负性情绪、疾病的诊断与治疗等，强调心理学应研究人的积极品质，使普通人能够在良好条件下更好地发展、生活，使人的潜能得到充分发挥。二者均强调人性的优点和价值,探索人类的美德、幸福、宽容、感激、智慧和乐观等,把研究的重点转向人性的积极面。换句话说,人本主义心理学和积极心理学在反对传统心理学对人的消极理解上有着相同的立场,都主张心理学要以人而非动物或机器作为研究对象,都承认人与动物相比,具有独特的属性,如主动性、独特性、社会性等。

积极心理学对人本主义心理学也有所超越和创新。人本主义心理学在研究方法上多以观察法、体验和传记资料等为主,缺乏必要的实验手段和实证研究,故其发展受到了一定的制约。积极心理学则在继承人本主义思想的基础上,并不对主流心理学进行大肆批判,而是坚持客观的研究,如实验法、量表法、问卷调查法、访谈法等,进行一定的创新和变革,对主流心理学进行补充。总体来说,积极心理学是"利用心理学目前比较完善和有效的实验方法和测量手段,来研究人类的积极力量和美德等积极方面的一个心理学思潮"(李金珍 等,2003)。相比于人本主义心理学,积极心理学取得了更大的研究成果,促进了心理学研究的进一步发展。

第一节 积极的心理特质

一、积极心理特质的生物基础

积极心理学强调研究人性的积极方面,具体而言,有以下三个方面(Craig,2002):①积极情感体验,即各种积极情感体验的作用及其产生的机制。②积极人格,即各种积极人格特质的作用及形成过程,在这其中主要以人产生积极行为的能力和潜力等为重点,到目前为止,积极心理学共研究了"24种重要的积极人格特质"(Seligman,2002)。③积极的社会组织系统,即积极的社会大系统(包括国家的法律、法规和政策等)和积极的小系统(学校、社区、工作单位和家庭等系统)。因此,积极心理学的生物基础主要在于积极情绪和积极特质两个方面。

(一)积极情绪的生物基础

随着脑功能成像技术的发展,神经科学家对情绪进行了大量研究,有许多应用ERP、fMRI、PET的研究已经揭示了某些情绪活动的脑定位。戴维森等(1990)运用脑电图等技术提出了两侧大脑的不对称性和情感类型理论。该理论认为,每个人的左右脑结构和功能并不均衡,左、右脑前区分管不同的情感类型:左脑前区控制积极的情绪情感;右脑前区控制消极的情绪情感。他们也设计了量表来测试1 975人的不同脑优势。几项关于成人和婴儿的研究证明:对脑前区基线活性不对称的测量能预测后来的情感反应,那些右侧脑前区明显优势的个体对引起消极情感的刺激更敏感,而左侧脑前区明显优势的个体对引起积极情感的刺激更敏感。除了以上对脑前区不对称影响情绪的研究外,研究者也对脑活动、自我心情报告和人格之间的关系进行了研究。例如,按照脑功能测试分类的被试,左侧优势者自我报告更喜欢处理积极情感而厌恶消极情感，右侧优势者则相反。对婴儿脑前区活动不对称的观察结果也可预测到今后一定年龄范围对情绪的反应倾向性。戴维森（Davidson）和福克斯（Fox）（1989）报告，对 14 名 10 个月大的女婴测试其 EEG 不对称性后提供其母亲离开的情景，场景持续 60 秒（要是婴儿不能忍受就终止），来看不同婴儿对这个压力情景的反应。根据录像记录和 EEG 两个指标对婴儿进行分类。前者根据是否表现苦恼，把婴儿分为对母亲离开敏感和非敏感两类，然后测查其脑前区优势类型，从而分析二者之间的相关。研究者预测：对母亲离开敏感者应是右脑优势者，非敏感者应为左脑优势。结果与预测一致，而且与成人相关的研究结果也一致。可见，大脑的不对称性影响了人的情绪，并进而为人的积极和消极情绪打下先天基础（孟娟，2008）。

1. 前额叶皮层与积极情绪

前额叶皮层（PFC）位于脑的最前方，额叶的运动皮层和前运动皮层的前部。它接受来自丘脑内背侧核的投射，通过背外侧、腹内侧和眶部来执行和发挥不同的作用。PFC 是情绪中枢的重要环节之一，在情绪加工中发挥着重要作用。对心境障碍患者的脑电测量结果显示：PFC 活性左右不对称使得情绪反应调节过程显示出个体差异，左侧 PFC 活性强的患者有可能比右侧 PFC 活性强者更快地从消极情绪和应激状态中得到恢复。左侧 PFC 兴奋导致积极情绪（如快乐等），而激活右侧 PFC 导致消极情绪（如厌恶、悲伤、恐惧等）。

2. 杏仁核与积极情绪

杏仁核是人脑情绪网络结构中的一个重要部位，由多个神经核团构成，主要包括基底外侧核、皮质内侧核和中央核，它们与下丘脑、丘脑、海马和大脑皮层都有双向神经联系。大量研究证明了杏仁核在消极情绪中的作用，而很少证明其参与积极情绪的加工。但在动物身上进行的少数研究发现，杏仁核也参与积极情绪的加工。一项研究考察了人类被试对不同效价、不同兴趣度的情绪图片的反应，发现积极情绪图片引发了左侧杏仁核的激活，消极图片引发了双侧杏仁核的激活（Morris et al., 1996）。

3. 眶额皮层与积极情绪

内背侧核的大细胞投射到前额皮层的眶部（腹侧）皮层，称为眶额皮层（OFC），其位于前额叶皮层腹侧前 1/3 处，接收来自腹侧和加工客体视觉束的信息。研究发现，眶额皮层是刺激奖赏价值的表征区域，刺激-强化之间的联系，尤其是对奖赏的预期。在味觉、嗅觉、听觉、体感刺激中，其也对吸引性强化物敏感，如输钱或赢钱、积极的和消极的言语反馈等。当行为决策是依据反应的奖赏价值时，这个区域就会激活；在呈现愉快刺激的图片时也会激活。这个部位损伤会造成行为紊乱以及面孔表情再认的困难。人类的 PET 和 fMRI 脑成像研究表明，眶额皮层的改变，反映着味觉、嗅觉、触觉、音乐等的愉快或不愉快感受（Berridge，2003）。研究发现人们对愉快表情进行判断时，会引发双侧眶额皮层的激活（Berridge，2003）。也有研究发现，高吸引力面孔是具有奖赏性的刺激，可引发愉悦情绪，会引发内侧眶额皮层的激活（Matsunaga et al., 2008）。

4. 伏隔核与积极情绪

伏隔核（nucleus accumbens）是多巴胺的投射区，位于前脑皮层下的前部，多巴胺具有诱导积极情绪的作用。因此，这个部位经常被脑神经科学家认为是奖励和愉快系统的一般流通渠道，被称为"正性奖励的感情通道"。对药物成瘾者进行的研究或采用药物进行干预的研究都支持中脑边缘系统起着产生积极情绪的刺激作用。以人类为被试的研究也发现，伏隔核的激活与多巴胺水平及自我报告的积极情感之间有积极关联（Ashby et al., 1999）。

5. 基底神经节与积极情绪

基底神经节（basal ganglia）有大量的支配中脑边缘多巴胺的神经，该部位与在诱因性奖赏动机和目标期望过程中出现的积极情绪反应有关。有人对55个采用PET和fMRI技术对正常健康被试的情绪研究进行元分析，考察情绪脑激活的共同模式，分别对愉快、恐惧、愤怒、悲伤、厌恶这五种基本情绪进行了考察，几乎70%的诱发愉快的情绪研究均报告了基底神经节的激活。这表明，这个区域可能对积极情绪，如愉快等来说是很重要的。大量的研究也发现积极情绪产生时，基底神经节会激活，这些研究有的考察对愉快面孔的反应，有的考察对愉快图片的反应，有的诱发被试的愉快回忆。

6. 腹侧黑质与积极情绪

腹侧黑质位于下丘脑前下侧，与杏仁核、神经核团等组织相联系。腹侧黑质对情绪加工，尤其对积极情绪状态起着特殊作用。若腹侧黑质的神经元被损坏，便会失去享乐能力，从而引起厌恶反应。研究发现，腹侧黑质神经元对甜食引发的积极情绪体验起关键作用，腹侧黑质被切除后，由甜食引发的任何积极情绪的奖励作用将消失（Berridge, 2003）。这说明腹侧黑质神经元对甜食的正性感受起关键作用，对人类的积极心境起作用（孟昭兰，2005）。

再者，扣带皮层（cingulate cortex）、隔区（spetum）等脑区也参与积极情绪加工（石长地 等，2009）。

（二）积极特质的生物基础

1. 人格的生物基础——大脑

大脑是人心理活动的物质基础。人格是一个人不同于他人的全部心理特征的总和，包括个性倾向性和个性心理特征。作为最具个性色彩的心理特征，研究已经证实，脑的局部病变或受伤会导致人格和行为的改变，同时，人格的异常也会影响大脑的正常发育和活动。研究发现，在大脑中已经确定的某些部位和激素，与人格关系密切：额叶与深思熟虑、深谋远虑以及预期（Damasio，1994）息息相关；杏仁核与攻击性和某些类型的情绪有关；荷尔蒙对社交性、积极情感、攻击性甚至性能力都有重要影响；神经传导物复合胺对情绪调节有重要影响。

目前，对于与人格特质相关的个人品质的神经生物学基础的研究，还处于起步阶段。纽约康奈尔大学理查德·德皮尤教授（1996）对人格特质理论和来自人类与动物研究中的大量实验数据进行了综合研究，并提出了有关特质相关品质的神经生物学基础假说。

第一个系统是行为助长系统（behavioral facilitation system，BFS），它是由奖赏

信号激活的。BFS 控制着诱因驱动或目标导向的行为，以及与食物、性伴侣、巢穴、其他重要目标和奖赏联系在一起的那些活动。有时也将它模糊地称为神经生物学奖赏系统（neurobiological reward system）。BFS 包括间脑边缘的多巴胺通路，该通路位于中脑的腹侧外皮区，并投射于杏仁核、海马以及边缘系统的伏隔核。奖赏系统还包括中脑的多巴胺通路，该通路源于皮质层的腹侧外皮区，并投射在它的各个区域。BFS 活跃的个体受追求目标的诱因和奖赏的强烈驱动。在人格特质模型中，BFS 正是对应于外倾性。高活动水平的 BFS 跟外倾性有关，而低活动水平的 BFS 跟内倾性有关。

第二个系统是制约系统（constraint system），相当于五因素人格模型中严谨性与宜人性的结合体以及艾森克（Eysenck）人格测验中神经质这一维度测量结果的低分段。该系统抑制了大脑中信息的流转，包括 5-羟色胺的上行通路，也正是这个通路提供了一个脑内神经支配的大范围弥散模式。它能与 BFS 产生互动，并据此调整奖赏的寻求。当某个地方的制约系统非常活跃（且 5-羟色胺水平较高）时，它就会抑制 BFS 的活动。因此，要想引发目标导向行为，就必须有更强烈的诱因。在这种情况下，目标导向行为是谨慎的。当某个地方的制约系统没有那么活跃（且 5-羟色胺水平较低）时，它就会激发 BFS（包括 5-羟色胺）的活动，因此即使很小的诱因也能引发强烈的目标导向行为。在这种情况下，目标导向行为就会变得不稳定、反复无常、易激怒和暴力，甚至自我毁灭。追求长期目标和一个稳定人生计划的能力也就会遭到严重破坏。反社会人格障碍或边缘人格障碍的人，他们的多巴胺水平通常较低，也容易导致攻击性和冲动性自杀。

第三个系统相当于神经质这种特质。它的功能是区分威胁刺激与无威胁刺激，组织或停止可能引起惩罚经验的潜在危险或危险活动。它以去甲肾上腺素的投射为基础，这种投射始于蓝斑，且拥有一个遍及许多脑区的不同神经支配模式。去甲肾上腺素的减少，与选择性注意以及对威胁刺激与无威胁刺激的区分能力的损坏有关，也与蓝斑中的去甲肾上腺素系统的长期过度活动有关，如长期的不确定性、担忧、害怕和唤醒过度等。

2. 人格的生物基础——气质

人格特质是由气质特征决定的，这点可以从早期的气质轮廓及后来的人格特质轮廓之间存在的连续性中得到验证（Rothbart et al.，1994）。气质指的是在婴儿时期即已出现的一种特有的情绪反应风格，主要是由先天或遗传因素决定。关于气质类型的学说主要有以下几种。

1）婴儿气质类型学说

（1）托马斯和切斯三类型说。托马斯（A. Thomas）和切斯（S. Chess）按照气质九维度标准将婴儿划分为容易型、困难型、迟缓型。容易型婴儿，通常心境愉快、生活有规律、容易接受新事物、活动水平中等。容易型婴儿会令他们的父母有成就感，并能使父母更多地给予积极反馈。困难型婴儿，心境常常是烦躁不安的，生活没有规律，非常害怕和排斥新事物，并常常会反应过度。困难型婴儿令他们的父母感到疲劳、沮丧和不自信，并更多地回避自己的孩子。迟缓型婴儿，心境倾向于烦躁，对新事物首先是退缩或抗拒反应，但慢慢能适应新事物，活动水平较低。迟缓型婴儿引起的父母的反应通常也是混合的。

除此之外的婴儿，属于混合型。一个婴儿的气质特点完全与某种气质类型吻合的情况是比较少的，常常是在一些主要的方面符合某种气质类型，同时又具有其他气质类型的一些特点。

（2）布雷泽尔顿的学说。布雷泽尔顿（1969）根据婴儿活动的特点，把婴儿的气质类型分为三类。

活泼型：典型的活泼型婴儿是名副其实地"连哭带斗"地来到人世的。他不像一般婴儿那样要靠外力帮助才哭，他等不及任何外界刺激就开始呼吸和哭喊。护士给他穿衣服时他大喊大叫，脚挺直，或用脚踢，用手推开护士。睡醒后立即就哭，从深睡到大哭之间似乎没有较长的过渡阶段。每次喂奶对母亲来说都是一场战斗。

安静型：这类婴儿从出生时起就不活跃。出生后就安安静静地躺在小床上，很少哭，动作柔和、缓慢，眼睛睁得大大的，四处看。给他第一次洗澡时也只是睁大眼睛、皱皱眉，没有惊跳也不哭，甚至连打针时也较安静而不大闹。

一般型：这类婴儿介于前两类之间。大多数婴儿都属于这一类。布雷泽尔顿指出，活泼型和安静型的婴儿的父母常常忧虑自己孩子的身心是否正常，其实这是没有必要的，婴儿的气质虽各不相同，但这些类型的婴儿都是正常的。

（3）巴斯的活动特性说。巴斯等（1984）根据婴儿心理活动的倾向性，把婴儿的气质类型分为四种。

活动性：这类婴儿总是忙于探索外在世界和做一些大肌肉运动，乐于并经常从事一些运动性游戏。其中，有一些活动性婴儿会显得很霸道，经常与人争吵；而另一些活动性婴儿则常从事一些有益而富有刺激性、启发性但不带攻击性的活动。活动性婴儿比其他类型婴儿更易引起与他人的冲突而导致成人对其采取限制、干预或强制性行为。巴斯认为，活动性婴儿在童年期表现为坐不住、爱活动，而到青年期则表现为精力充沛、活动能力强、有事业心、竞争心强等。

冲动性：这类婴儿突出表现为在各种场合或活动中极易冲动，情绪、行为缺乏控制，行为反应的产生、转换和消失都很快。这类婴儿的活动、情绪都不稳定而多变化，冲动性强。

情绪性：这类婴儿常通过行为或心理生理变化而表现出悲伤、恐惧或愤怒的反应。与其他婴儿相比，他们可能对更细微的厌恶性刺激作出反应并且不易被安抚下来。他们的恐惧水平和愤怒水平之间存在负相关。其中，有一部分情绪性婴儿的主导情绪也许是恐惧，并伴随一般的唤起水平或悲伤水平；而另一部分情绪性婴儿的主导情绪也许是愤怒，同时较少恐惧和悲伤。

社交性：这类婴儿常愿意与不同的人接触，不愿独处，在社会交往中反应积极，在对家庭成员或不相关人员的接纳上都同样积极。但是他们这种强烈的社交要求常会受到挫折或伤害，有时甚至被作为神经过敏而遭拒绝。

（4）卡根的抑制型、非抑制型学说。卡根（1987）经过长期追踪研究后认为，在婴儿期气质中只有"抑制-非抑制"这一项内容可以一直保持到青春期以后而不变。这表明"抑制-非抑制"才有可能是划分婴儿气质的真正的、实质性的内容，才有可能是划分婴儿气质类型的可靠标准。据此，卡根把婴儿划分为两种气质类型，即抑制型和非抑制型。抑制型婴儿的主要特征是拘束克制、谨慎小心和温和谦让；而非抑制型婴儿则相反，他们无拘无束、自由自在、精力旺盛、自发冲动。婴儿的这些不同的行为反应主要并集中地体现在他们对"不确定性"的反应中。

（5）传统体液说。古希腊医生希波克拉底（Hippocrates，前460—前377）认为，人体内有四种体液：黏液、黄胆汁、黑胆汁、血液，这四种体液的配合比率不同，形成了不同类型的人。约500年后，罗马医生盖伦（Galen，约130—200）进一步确定了气质类型，提出人的四种气质类型：胆汁质、多血质、黏液质、抑郁质。

（6）巴甫洛夫高级神经活动类型说。巴甫洛夫（1927）用高级神经活动类型学说解释气质的生理基础。他依据神经过程的基本特性，即兴奋过程和抑制过程的强度、平衡性和灵活性，将人的气质划分为四种类型。兴奋过程和抑制过程的强度，是大脑皮层神经细胞工作能力或耐力的标志，强的神经系统能够承受强烈而持久的刺激。平衡性是代表兴奋过程和抑制过程的相对力量的特性，二者力量大体相同时平衡，否则不平衡。不平衡又可分为两种情况，一种是兴奋过程相对占优势，一种是抑制过程相对占优势。灵活性是代表兴奋过程和抑制过程相互转换的速度的特性，能迅速转化是灵活的，不能迅速则是不灵活的，由此产生四种高级神经活动类型与气质类型（表16-1）。

表 16-1 高级神经活动类型与气质类型

高级神经活动过程	高级神经活动类型	气 质 类 型
强、不平衡	冲动型（不可遏制型）	胆汁质
强、平衡、灵活	活泼型	多血质
强、平衡、不灵活	安静型	黏液质
弱	抑制型	抑郁质

2）气质的稳定性与可变性

①婴儿气质发展的稳定性。采用父母报告法对婴儿气质发展连续性研究发现，婴儿气质的确具有一定的稳定性。②婴儿气质发展的可变性。在婴儿的各种个性心理特征中，气质是最早出现且变化最为缓慢的。但伴随着婴儿的发展，气质本身也在与外界环境相互作用的过程中发生着一定的变化。气质发生变化主要是因为，婴儿期，婴儿的神经系统和心理活动都处在不断发展中，变化的过程中，具有较强的可塑性，后天环境与教育对其发展的影响是不能被忽视的。也就是说，先天与后天的相互作用导致婴儿的气质既具有稳定性又有可变性，并进而表现为气质发展的连续性和不连续性。

★ 二、哲学观至上原理

（一）什么是哲学观

哲学是研究基本和普遍问题的学科，是具有严密逻辑系统的宇宙观。它研究宇宙的性质、人在宇宙中的位置、物质和意识谁是第一性谁是第二性、宇宙运行的基本法则等问题。哲学家们都是以自己认同的哲学观去建构自己的思想体系的。

哲学观是人们对哲学在科学体系中的地位和作用的根本看法，是哲学关心的具体问题在每个人头脑中所形成的答案。人们在成长过程中所形成的哲学观，是影响人们生活状态的基本因素。

（二）哲学观的主要构成

世界观、人生观、价值观均属于哲学观的核心内容。

世界观是人们对于世界上各种各样的事物的总的、根本的看法，包括对自己在整个世界中的地位和作用的看法，具有相对稳定性，一旦形成，便不会轻易发生变化。相对合理的解读是：人作为人类的一分子，在世界上基本就是一粒尘沙样的存在。这是其一。其二，作为独一无二的个人，每个人都有自己存在的价值。世界有自己的运行法则，不以个人意志为转移。

人生观是人们对人生问题的根本态度和看法，包括对人生价值、人生目的、人生意义的根本态度和看法，其中人生价值的问题是人生观的核心。一个人的人生观具体包括幸福观、苦乐观、荣辱观、生死观、道德观、审美观、公私观、义利观、恋爱观等。人生观是人们在社会实践和环境中逐渐形成的，根据成长环境、文化素养和受教育水平等的不同，会形成不同的人生观，同时人生观也会受到世界观的制约。

价值观是世界观的核心，指一个人对周围的客观事物（包括人、事、物）的意义、重要性的总评价和总看法。

人生观、价值观和世界观是辩证统一的。正确的人生观以正确的世界观为基础，人们对人生意义的正确理解建立在对世界变化及其规律正确认识的基础上。与此同时，人生观又是价值观的出发点，人生观也是一种价值观，即对人生的意义和价值的一种总的根本看法。由于对人生价值的看法是人对其他事物的看法的一个出发点，因而一个人对人生价值的看法又必然会影响对其他事物的看法，所以人生观在一个人的整个价值观中占有最重要地位。人的正确价值观的确立和巩固，能不断地促进正确人生观的形成和发展。

世界观、人生观和价值观共同决定了一个人的人生高度、宽度和深度，一个人有怎样的世界观就有怎样的人生观，有怎样的人生观就有怎样的价值观。人生观决定了一个人想成为怎样的一个人，世界观决定了一个人对世界的认识，从而促进其对人生的认识与理解。与此同时，它又决定了一个人对他人和社会的认识，也就确定了他的价值观。所以说世界观、价值观和人生观是紧密相连、互相补充的，对一个人影响巨大，人生观决定了一个人的人生追求，世界观决定了一个人的思想高度，价值观决定了一个人的行为准则。

（三）哲学观对塑造积极心理品质的影响

心理学是从哲学中分离出来成为独立学科的，因此心理学与哲学有着密不可分的关系。积极心理品质主要指在社会生活中能够带给自己也可以带给别人温暖和幸福的人格特点。"人格"是指构成个体思想、情感及行为的特有模式，这个独特模式包含了个体区别于他人的心理品质，标志其独特的个体特征，代表了其独特的魅力。人格的核心内容与世界观、人生观和价值观等个体的哲学观息息相关。哲学观常常决定了人格的基本发展方向。人格是社会文化的产物，因而它并非一成不变，而是随着社会的发展变化呈现动态的、发展的过程。同时，随着个体年龄的增长及环境、集体等因素的变化，人格也会发生变化，这就使塑造积极人格成为必要和可能。人格塑造是知识积累、道德修养和意志磨炼的过程，而推动知识积累、秉持道德修养和支撑意志磨炼的核心人格因素是世界观、人生观和价值观的理念。因此，人格的塑造需要以哲学理论为理论基础。

人格的塑造受到先天遗传、后天经验、主体选择与文化等多种内外复杂因素的影响，是主体有选择地认同、接受并创造性地再现人格的自主性过程，是社会教化与自我修养交互作用的结果。人格的形成是人的思想、追求和人对世界、社会、人生的看法及其对人生实践的总体反映。因此人的理念、信仰、品德、情操、志趣、气质和行为模式等是人的内在素质与外在素质的有机统一。

从哲学的角度来讲，外因是事物发展的必要条件，但不是最终的决定性因素，内因才是决定事物发展的根本原因。积极心理学认为个体生来具有潜在的、积极的、具有建设性的力量及美德和善，提倡应该积极地看待个体的心理活动和心理现象，激发出个体内在的积极力量和优秀品质，利用这些积极力量和优秀品质来帮助普通人或具有一定天赋的人最大限度地挖掘自己的潜力并获得良好的生活。

生理机制虽会对人格产生重大影响，但不能完全决定人格的发展模式，人格是生理机制、外在行为和社会环境交互作用的产物。在个体的生理机制、外部行为和社会环境三者的交互作用中，人格首先是一种外在的社会活动，然后在一定的生理机制作用下内化为个体的一种稳定的心理活动，个体在积极体验条件下产生的新要求主要来自个体内部，是人对内部动机的觉知和体验，所以它更容易和个体的先天气质特点发生内化而形成某种人格特质。因此，从某种程度上说，人格是个体内化其外在活动的结果。若外在的社会活动要被内化为个体内在的积极品质，那么，积极体验则在其中起了至关重要的中介作用，即积极人格可以通过增强积极体验来习得。

积极体验是指个体满意地回忆过去、幸福和从容不迫地感受现在并对未来充满希望的一种心理状态。具体来说，积极体验主要有两种：第一种是感官愉悦。感官愉悦是指个体在保持某种生理或心理上的自我平衡时产生的积极体验，如饥、渴、性等得到满足时产生的体验，这是一种满足机体自身张力的积极体验。第二种是心理享受，心理享受来自个体打破自己固有的某种自我平衡时所产生的积极体验，即个体超越了自身的原有状态后所带来的一种体验。

究竟是什么导致个体在某一个时刻比另外一个时刻感觉更好？通过这种比较，积极心理学寻找到了影响积极体验的各种因素，并把这些因素分为两个方面。首先是个体追求积极的内在动机因素。人的发展不仅仅是来自外在的适应和生存压力，也来自他的内在动机，特别是追求积极的、有快乐体验的动机。无论在什么情况下，人们总是选择能使自己获得快乐体验的行为，如能胜任、有创造性、追求与周围环境相和谐等，这主要是先天性的。其次是外部的社会文化环境。人的积极体验不仅仅受其本能的驱使，也受一定的社会价值观、文化观等影响。

可见，哲学观为积极心理学的核心取向和研究视野提供了哲学基础和价值基础。

三、积极行为应对原理

应对是指个体在压力环境下,通过自身的认知或行为努力,试图控制环境或自身对环境的反应(Connor-Smith et al.,2007)。积极应对是指在问题解决过程中尝试识别压力源和直接寻求问题的解决,目的在于直接应对压力源或相伴随的情绪,如寻求他人支持、自我情绪控制等方式;而逃避应对则是指在压力源面前选择退出、避免面对的方式,目的在于逃避压力源或相伴随的情绪,如假想问题已解决、自我发泄等方式(Connor-Smith et al.,2007)。

(一)积极行为的认知动机过程

认知动机过程涉及价值、意愿、目标和能力信念两类重要因素(图16-1)。由于每个人的需求不同,其对外界事物的价值评价、情感体验、行为目标也不同。当个体认同某种价值、产生某种意愿、设定了某种目标后,其行为就会受到引导,产生与之相符的行为。当个体认为自己有能力采取某一行为且能达到预期效果时,就会促使该行为发生。帕克(Parker)等(2006)将认知动机过程的两方面因素进行了整合,发现灵活角色导向与超角色自我效能感共同预测了自评积极行为。

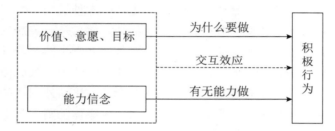

图16-1 积极行为的认知动机过程

(二)积极行为的情感动机过程

情感能影响行为,这是情感动机过程的基本前提(图16-2)。弗里斯(Frese)等(2001)使用"导向"一词提及了积极行为的情感机制,帕克(2007)明确提出了情感机制,并对积极情感相关的动机过程进行了全面阐释。

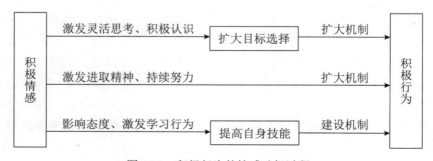

图16-2 积极行为的情感动机过程

四、积极情绪反应原理

积极心理学倾向于以积极情绪的逻辑来寻找或增强自我积极发展的心理学研究。弗雷德里克森（Fredrickson）（2001）认为积极情绪是对个人有意义的一些事件特有的短暂反应，它会瞬间产生愉悦感受，可有意获得、感受长久、经常自由或无目的地流动，它能够激活一般的行动倾向和促使个体交互于他们所处的环境。就构成成分而言，积极情绪包含了幸福和其他的幸福感受（Strümpfer，2006），即快乐感（happiness）、主观幸福感（subjective well-being，SWB）、心理幸福感（psychological well-being，PWB）及福乐（flow）体验等。

弗雷德里克森于1998年在对积极情绪早期研究进行整合的基础上，建立了新的理论观点"拓展-构建理论"（broaden-and-build theory），对积极情绪的整体结构和运作机制进行了系统探究。这个理论的建立始于两个假设：第一，积极情绪产生非特定的行为倾向，而消极情绪则产生特定的行为倾向；第二，积极情绪的特点是能够相对地拓展"思考-行为"（thought-action）的倾向，而消极情绪的特点则在于限制身体行为的倾向。

该理论认为（2004）积极情绪主要由愉悦（joy）、兴趣（interest）、满足（contentment）和爱（love）四个成分构成，它们之间的联系是：愉悦是借由游戏及创造性来拓展认知的推进，兴趣促使其进一步探索，满足则可以通过整合目前的生活情况来赋予自我和环境新的意义，最后，爱使上述这些成分在安全和亲密的关系中再次循环。该理论的基本观点是：积极情绪可以促进行为的方式，并能拓展人类短暂"思考-行为"的技能，有助于建立持久的个人资源，包括物质资源（physical resources）、智力资源（intellectual resources）、心理资源（psychological resources）及社会资源（social resources），并且这些建立起来的个人资源，可以在随后的其他情境和情绪状态下随时调用。当人的生命面临威胁或处于困境时，这些资源将增加其生存和再次成功的可能性。弗雷德里克森和布兰尼根（Branigan）（2005）通过实验研究证实，积极情绪拓展了"思考-行为"的个人资源，而消极情绪则减少了这一资源。

第二节　积极心理特质的形成

一、积极心理特质的构成

（一）积极特质的内涵

积极特质是一种积极的心理品质，是个体核心的人格特质和个性特质，是积极心理学人格理论中的一个概念（Norem et al.，2002）。积极特质概念的正式提出经历了一个发展变化的过程，这个过程也正是积极心理学家从研究"消极"向"积极"转化的过程。美国心理学家希尔森（Hillson）和马德（Made）1999年首次提出"积极人格"（positive personality）的概念；2000年，美国前心理学会主席马丁·塞利格曼在《积极心理学导论》一文中同时提出了"积极人格特质"（positive personality trait）和"积极品质"（positive quality）的概念。随后，塞利格曼又在其著作《真实的幸福》一书中改用为"积极人格"（positive character）一词，并沿用至今。目前，国内外对积极特质的定义尚没有一个统一的、公认的标准，它甚至包括了一系列含义有别的词语，如character strength、value、virtue、good character、positive character 等（Diener et al., 1999）。在更早的研究中，积极特质所包含的意义，是用"被哲学家看作有价值的核心性格特征，用来形成好品质的、特殊的积极的人格特质或个性特质"（Ryan et al., 2000）等来表示的。

积极特质就是积极的人格特质，是性格的积极力量。首先它是特质类的，与幸福生活的实现相联系，满足道德价值，不会损害他人利益，受到公众社会的肯定，在社会角色中有较高的价值意义，可以被有杰出成就的人作为自己之所以成才的例证（Simon, 2004）。其次，与每一条积极人格特质含义相反的性格特质不应具有积极价值意义，同时满足以上两条即是积极特质（Simon, 2004）。

积极品质应该具有以下特征：第一，稳定性。个体所拥有的某种积极力量是一种特质，具有跨情景的一般性和跨时间的稳定性。第二，可塑性。个体的积极品质可以通过后天的干预措施来塑造，并且从生命全程来看，可塑性对于个体的社会适应所产生的作用远远大于稳定性。第三，独特性。每种积极特质都不能再被分解成其他优点。第四，个体差异性。每个个体基本上都具有积极品质，但其种类、数量和程度又各不相同。一个人不可能同时拥有全部的积极品质，只要具备了某一美德中的一种或两种，就可以被看作是具有了良好品质。第五，助人性。积极特质可以帮助自己或他人生活得更幸福。第六，激励性。当个体表现出积极特质时，能激发周围的人也显露出这种特质。第七，示范性。有公认的榜样的存在。第八，跨文化一致性。不同文化历史背景下的个体也可能表现出相同的性格品质，如希望和乐观等。

那些具有积极心理品质的人比一般人具有更良好的社会道德和更佳的社会适应能力，他们具有积极的人格特征，能更轻松地面对压力、逆境和损失，即使面临最不利的社会环境，他们也能应付自如。面对困难和挑战，他们有着更大的灵活性和创造性，总是能勇敢地面对困难并采取有效的手段去克服，他们有良好的人际关系，在他们需要获得帮助时，他们有充分的自信能获得朋友、亲人、同事甚至社会的帮助（任俊 等，2004）。

（二）积极特质的分类

赛利格曼和彼得森把积极人格特质分为美德（virtue）和性格品质两大类，并把性格品质定义为个体获得美德的心理过程和心理机制（Peterson, 2000），在VIA（优势行动价值问卷）分类中，24种积极人格力量和6种核心美德见表16-2。

表 16-2　积极人格特质（Peterson，2000）

积极人格特质	定　义	具 体 表 现
1. 智慧	知识的获得和运用	1. 对世界的好奇和兴趣 2. 爱学习 3. 创造性、创建性和创新性 4. 判断力、批判性思维和开放性思想 5. 个人、社会和情感性智力 6. 大局观
2. 勇气	面临内在或外在压力时誓达目标的愿望	7. 英勇、勇敢 8. 坚持性、勤奋 9. 正直、诚恳、真实
3. 仁爱	人与人交往间的积极力量	10. 慈祥、慷慨 11. 爱和被爱的能力
4. 正义	文明的积极力量	12. 公民的职责、权利和义务，忠诚、团队精神 13. 公正、平等 14. 领导的职责、权利和义务
5. 节制	做事不过分的积极力量	15. 自我控制和自我调节 16. 审慎、小心、考虑周到 17. 适度和谦逊
6. 卓越	使自己和全人类相联系的积极力量	18. 对优秀和美丽的敬畏与欣赏 19. 感激 20. 希望、乐观、为将来做好准备 21. 精神追求、信念和信仰 22. 宽恕、仁慈 23. 风趣、幽默 24. 热情、激情、热心和精力充沛

这 24 种人格力量就是积极心理学研究的 24 种主要积极人格特质。积极心理学研究者曾对积极人格特质与美德的分类进行了大量跨文化研究，得到一系列重要发现：首先，积极人格特质在人类中具有普遍性。其次，在成年人与青少年的人格特质对比中发现，其排列顺序存在一定差异（Park et al.，2004）。例如，对于青少年，希望、团队协作、热情等特质的顺序较靠前；而对于成年人，美的鉴赏力、诚实、领导才能、心胸开阔等特质的顺序较靠前（陈浩彬 等，2008）。另外，热情、感恩、希望、爱心等与"内心"力量相关的特质，比好奇心、好学等智力品质与生活满意度的联系更为紧密（Park et al.，2004），而且这些人格特质与个体取得成功存在着很大关系（陈浩彬 等，2008）。

二、积极特质获得的途径

（一）影响积极特质形成的因素

多项研究已经证实心理现象由遗传和环境共同决定，积极人格特质自然也不例外。个体的积极人格是在遗传基础上加之后天的环境作用形成雏形的。

首先，遗传因素对于积极人格的影响。一项以明尼苏达双生子为基础的研究发现，遗传因素对于人格的影响与对于其他心理特质的影响是相似的。对于 24 种积极特质而言，遗传的决定作用在 14%～59%，平均值为 47%，并且其中 21 项遗传对于其影响达到显著水平，即希望、卓越、自我控制等人格特质在出生前就存在着显著不同（李丽，2016）。

其次，环境因素对于积极人格的影响。有研究证明生活环境及事件的变化对于积极人格具有重要影响。塞利格曼和彼得森等研究发现"9·11"事件发生后两个月，感恩、希望、仁慈、领导力等积极人格特质都有所提升，而这些特质统统与信仰有关。

最后，个体因素对于积极人格的影响。一个人积极人格的构成受到个体年龄等因素的影响。在有关大学生积极人格的研究中发现，是否担任学生干部、家庭经济条件以及学习成绩都会对积极人格的发展有影响。通过对不同年龄阶段的人格力量对比发现，其排列顺序的一致性较低。郑祥专（2009）采用帕克和彼得森等人编制的成人版人格力量测量量表对我国大学生积极人格的发展现状进行研究后发现，我国大学生六大美德力量发展不平衡，并且差异显著。其中，智慧这一美德的发展水平最低，而这一美德与创造性密切相关，仁爱、正义和卓越三类美德力量的发展处于相对较高水平，这三类得分较高，除了受到社会文化因素的影响外，还与大学生的受教育程度有关。大学生因性别、是否担任学生干部、文理科、学习成绩、家庭经济等不同，其在六大美德的发展上也各有不同。同时学业压力和非学业压力，如学校环境、情绪、择业压力等对于积极人格有影响。其中，社会支持起到调节作用，来自家人、朋友的社会支持对于积极人格的形成具有积极预测作用。

（二）积极特质的形成途径

尽管先天的生理因素不可或缺，但人格的形成主要还是依赖于后天的社会生活体验，正是因为经历了后天不同的社会生活体验，人与人之间才出现了不同的人格面貌。积极心理学设想，所有的个体都有一条先天遗传形成的积极的基准线。而在后天的社会文化生活环境中，如果个体经历了更多的积极体验，那么他就会对自己提出比以前更高的要求。在积极体验条件下，人们所表现的要求主要是个体觉知和体验到的内在动机，所以积极体验和个体的先天特质比较容易发生相互影响而形成某种人格特征。积极心理学通过应对模式以及积极体验这两个概念来解释积极人格特质的形成。

应对模式的形成过程主要受到三个方面的影响。首先是个体经历的日常事件。在面对日常生活时，每个个体都在已有先天遗传的基础上，根据自己的理解来对日常生活作出解释，并且选择看到日常生活中的积极方面或消极方面。其次是情感成分。个体在日常生活中，会对日常应激有一定的情感倾向和情感态度，促使个体作出某种倾向性的选择。从这种角度来说，情感成分是促使个体作出选择的动力因素，情感成分也就促进了应对模式的形成与建构。最后是符号表征系统。个体在社会生活中经历选择之后，同时会经历由选择带来的积极或消极的结果，这个过程也就是获得生活经验的过程，进一步经过一定的抽象、转化后，生活经验将转化为一定的符号，表征在头脑中。经过这个符号表征的过程之后，个体就形成了区别于他人的、独特的、相对稳定的、具有消极或积极性质的应对模式。而应对模式的形成标志着个体通过社会化过程，形成了积极或消极的人格特质。如果个体在日常生活中选择看到生活中更多的积极方面，经历了更多的由选择带来的积极结果，那么个体将产生更多的积极体验，导致个体在形成应对模式的过程中，就会由于这些积极体验的促发，内化形成个体积极的人格特质。

彭凯平带领的清华大学积极教育小组，开展了积极心理学的应用研究。

第三节　积极心理特质形成的性别差异

郑祥专（2009）调查发现，大学生在智慧和勇气上的得分性别差异非常显著，男生得分显著高于女生得分。郑祥专认为根据多元智能理论，这说明男生和女生有不同的发展方向或类别。因为智慧与知识力量中的创造力、逻辑判断、批判性思维、整体性思考问题等都体现出抽象思维特点，因此结果所表明的应该是在抽象逻辑思维的发展水平上男生比女生高（伍新春，2004）。男生更具勇气美德力量，说明男生更具勇猛和活力。

金晓雨、肖晶和崔丽霞（2013）的调查发现，不同性别的大学生在社交表现上并无明显差异。在性格的内外向、稳定程度及部分认知情绪调节策略的因子上存在显著差异。女生在积极重新评价、重新关注计划、积极重新评价策略 3 个分量表中的得分均高于男生，且均具有显著性差异；在人格特征的外向及情绪不稳定的得分均高于男生，且具有显著性差异。

一、女性的积极心理特质优势

唐卫海、张红霞、刘珊珊、刘希平（2014）采用问卷调查法，对 430 名中学生的性别角色观进行了研究，结果发现：①女生性别角色正价特质排在第一位的是漂亮；②男女生均认为漂亮、温柔、可爱、体贴、自信、细心、善良是女生的正价特质，此外，女生的正价特质中，男生还认为有纯洁和真诚，女生认为还有孝顺和亲和力。

张积家和张巧明（2000）采用人格特质词分类法对大学本科生的性别角色观进行研究发现，在女性特质因素结构中，有四个正价因素，分别为：坚韧独立、大方合群，慈爱细心、温柔贤惠，热情宽容、爱美单纯，美丽高雅。

王道阳、张更立、姚本先等人运用问卷调查法，结合人格特质词分类法对 140 名大学本科新生的性别角色观进行了研究，发现女性角色的主要正价特质依次为：善良、真诚、可爱、温柔、宽容、热情、自信、体谅、聪明、文静、漂亮。

二、男性的积极心理特质优势

唐卫海、张红霞、刘珊珊、刘希平（2014）采用问卷调查法，对 430 名中学生的性别角色观进行了研究，结果发现：①男性性别角色正价特质排在第一位的是勇敢；②男女生均认为勇敢、幽默、善良、浪漫、阳光帅气是男性的正价特质，但是在阳光帅气这一特质上有显著的性别差异；③初中生与高中生皆将勇敢作为男性正价特质的第一位。

张积家和张巧明（2000）采用人格特质词分类法对大学本科生的性别角色观进行研究发现，在男性特质因素结构中，有三个正价因素，分别为：勇敢负责、忠诚执着、理智多才，聪明灵活、潇洒健美、活跃外向，进取独立。

王道阳、张更立、姚本先等人运用问卷调查法，结合人格特质词分类法对 140 名大学本科新生的性别角色观进行了研究，发现男性角色的主要正价特质依次为：勇敢、坚强、稳重、真诚、负责、宽容、自信、刚毅、善良、幽默。

章后小结

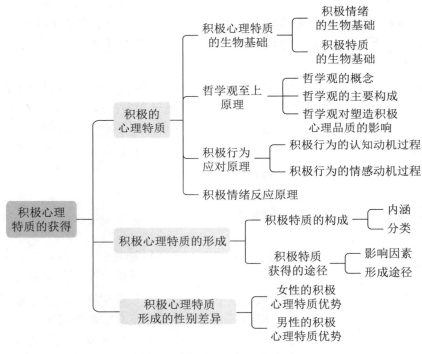

积极心理特质的获得思维导图

即测即练

第十七章 人格成长理论

> 青春期
> （毕然然）
> 青春年少起彷徨，独立追求向远方。
> 矛盾失衡生忐忑，偏执幼稚扮顽强。
> 心无旁骛何容易，偶有疏狂莫紧张。
> 花样芳华当砥砺，人格养成好时光。

章前导读

★ 一、社会认知与社会行为

社会认知（social cognition）是个人对他人的心理状态、行为动机、意向等作出推测与判断的过程。社会认知既是根据认知者的过去经验及对有关线索的分析而进行的，又必须通过认知者的思维活动（包括某种程度上的信息加工、推理、分类和归纳）来进行。

人类的社会行为（social behavior）很多，根据行为后果可以分为两种：一种是有助于与社会和他人互动的行为，称作亲社会行为（prosocial behavior），如助人行为和利他行为；另一种是导致社会和他人远离主体的行为，称作反社会行为（antisocial behavior），其核心表现是攻击性行为。

社会认知是社会行为的基础，个体的社会行为是社会认知过程中作出各种裁决的结果。

★ 二、社会性与人格

社会性（sociality）是在社会行为的基础上形成的。社会性是个体作为社会的一员在与社会环境相互作用的过程中形成的、有利于社会交往的特点。社会性是个体不能脱离社会而孤立生存的属性，如依赖性、利他性、协作性、宜人性等。

社会性发展的最终结果是形成个体的人格特点。人格（personality）也称个性，是个体在遗传素质的基础上，通过与环境的相互作用而形成的相对稳定而独特的心理行为模式。人格具有独特性、稳定性、统合性和功能性的特点。

人的本性是什么？人格结构是什么？人格发展的动力是什么？人格是先天的还是后天的？人格的发展是连续的还是阶段性的？遗传、环境在人格发展中究竟起什么作用？对这些问题，心理学家进行了大量的论证，并逐渐形成了不同的人格心理学理论体系。

第一节　弗洛伊德的人格发展理论

一、弗洛伊德的故事

弗洛伊德（图 17-1），奥地利精神病医师、心理学家、精神分析学派创始人。弗洛伊德 1873 年进入维也纳大学医学院学习，1881 年获医学博士学位。1882—1885 年，他在维也纳综合医院担任医师，从事脑解剖和病理学研究。1895 年，他正式提出精神分析的概念。1899 年 11 月，他的《梦的解析》出版，使精神分析心理学在 1900 年之后得以传播。人们认为 1900 年是精神分析心理学诞生的年份。1919 年成立国际精神分析学会，标志着精神分析学派最终形成。

图 17-1　弗洛伊德（1856—1939）

弗洛伊德开创了潜意识研究的新领域，促进了动力心理学、人格心理学和变态心理学的发展，奠定了现代医学模式的新基础，为 20 世纪西方人文学科提供了重要理论支柱。

二、弗洛伊德的精神分析

精神分析（psychoanalysis）是治疗精神病患者的一种方法。

1895 年，弗洛伊德与布洛伊尔将共同研究歇斯底里病症的成果写成《歇斯底里症研究》一书。这本书的出版为弗洛伊德精神分析学的创立奠定了理论基础。在研究歇斯底里症的过程中，弗洛伊德第一次使用了"精神分析学"这个概念。

在早期，弗洛伊德治疗精神病人时发现，有些患者并不能有意识地回想起有关自己病因的情绪体验，但当处于催眠状态时就有可能回想起这些情绪体验。因此他认为人的意识有不同的层次。它包括意识（conscious）、前意识（preconscious）和潜意识（unconscious）三种。

意识是个体能觉察到的心理部分，是人类理智作用的表现。弗洛伊德认为心理学除了要研究人有意识的部分外，还有一些本能冲动、被压抑的欲望或生命力，因不符合社会道德和本人的理智，无法进入意识被个体所觉察，这种潜伏着的无法被觉察的思想、观念或痛苦的感觉、意念、回忆等心理活动被称为潜意识。前意识存在于意识与潜意识的中间层次，是潜意识中可被召回的部分。换句话说，个体的一些不愉快或痛苦的感觉、知觉、意念、回忆会被压存在前意识这个层次，一般情况下不会被个体所觉察，但当个体的控制能力松懈时，如醉酒、催眠状态或梦境中，偶尔会暂时出现在意识层次里、让个体觉察到，从而影响个体的发展。这就是早期弗洛伊德提出的人格结构理论。

★ 三、弗洛伊德的人格发展理论具体内容

（一）一种内驱力——力比多

弗洛伊德认为人与生俱来就有性本能，性本能携带着数量一定的心理能量——力比多（libido），或称精神能量，它具有驱使个体行动以获得满足和快感的作用，性本能是一切行为的最根本动力。性本能从幼儿时期就以口唇性欲、肛门性欲等形式存在，其发展阶段呈程式化，若正常的发展受阻，个体就可能会产生性倒错形态，如性变态等。

（二）两种本能

弗洛伊德认为人的精神活动的能量来源于本能，本能是推动个体行为的内在动力。本能主要包括两种，一种是生的本能，一种是死的本能，或称攻击本能。

（1）生的本能指向生命，代表爱和建设的力量，保证了个体的生存，如呼吸、吃、喝、性和机体的其他需要，主要是为了个体的生存与种族繁衍。

（2）死的本能指向毁灭，代表恨与破坏的力量，是指机体返回自己先前无机状态的取向。弗洛伊德说：一切生命的目标是死亡，生命本身就是一种紧张，只有死亡，才能最终解除这种紧张。因此人生下来就具有死亡的本能（郑雪，2001）。它有两种不同的表现形式，一种是向内的，指人的自我谴责、自我惩罚、自我毁灭、自杀倾向等；另一种是向外的，指在有可能向外发泄的情况下，企图毁坏他物，表现为破坏、侵略、离间、斗殴、战争等方式。

（三）三种人格结构

在早期人格结构理论中，弗洛伊德将人格结构划分为意识、前意识和潜意识三个层次。后期他将人格结构重新分为本我（id）、自我（ego）和超我（superego）。

（1）本我。本我是人格的生物面，主要是为了满足自己欲望、获得快乐，是人格的立法者，其基本机能是寻求能满足机体本能的对象，提供能量或动力。弗洛伊德认为，本我是非理智的，它不能区别现实和现实事物的想象（郑雪，2001）。本我满足自己欲望的方式主要有两种，一种是反射动作，如新生儿哭、蠕动嘴唇、等待妈妈喂奶等；另一种则是想象实现。本我遵循快乐原则，指向本能需要的直接满足。

但是本我仅靠反射动作及想象并不能完全满足自身欲望，它需要一个新的结构帮助其满足欲望，也就是自我。

（2）自我。自我介于本我与外部世界之间，是人格的心理面，是人格结构中理智、符合现实的部分，是人格的执行者，当力比多从本我转化为重要的认知过程，如知觉、学习和逻辑推理等时，理性的自我就出现了。

自我遵循现实性原则，即寻找一种现实的途径来满足本能需要。一方面，自我是本我的仆人，服务本我，考虑各种灵活行为方式，选择一个可行的计划来满足本我的基本需要；另一方面，自我也是本我的主人，延缓本我需要的满足，直到现实性的机会出现。

（3）超我。超我是人格的社会面，是人格中最文明、最有道德的部分，是人格的法官，它是人格当中内化了的道德标准。超我由良心（惩罚性、消极、批判性的部分）和理想自我（积极的雄心、理想的部分）构成。超我的作用在于指导自我、限制本我。

自我在满足本我欲求时，既要考虑现实条件的可能性，又要受到超我的制约。与自我不同，超我是社会道德的化身，按道德原则行事，它总是与享乐主义的本我直接对立和冲突，力图限制本我的私欲，使其得不到满足。弗洛伊德将自我比喻为三个暴君统治下的臣民，它要尽力满足专横的本我的欲求，要应付严酷的现实环境，还要遵从神圣的超我规范。自我在三个暴君之间周旋、调停，力图使三者的要求都得到满足，以便达到一种相对平衡的状态。可见，自我是人格结构中维护统一的关键因素（郑雪，2001）。

（四）弗洛伊德的人格发展理论——心理性欲发展观

弗洛伊德不仅重视人格的发展及其阶段，而且强调婴幼儿时期的生活经验对人格发展的重要意义。弗洛伊德强调性本能是个体发展的主要动力，其人格发展理论是以泛性论为基础的，认为人格发展需要经过五个阶段，每个阶段都有其特点和特殊问题，各个阶段发展的先后顺序是固定的，这种固定的发展顺序是由成熟过程决定的（郑雪，2001）。

弗洛伊德根据力比多（性欲）投放的部位，将儿童心理发展划分为五个阶段（表17-1）。

表 17-1 弗洛伊德性心理发展的五个阶段

性心理发展阶段	年龄	描述
口唇期	0～1岁	力比多的释放集中于口唇，吃奶和吸吮给儿童带来最大快感和满足。 由于"停滞"或"退化"，口腔性人格特征为：只对自己感兴趣，而对他人的看法完全从他能给我什么出发；追求安全感、被动、依赖、退缩、好嫉妒、苛求别人、易怒、易仇视人；行为上咬和吮手指、吸烟、酗酒、贪吃和接吻等
肛门期	1～3岁	力比多的释放集中于肛门，排泄给幼儿带来最大快乐。排便训练是该阶段重要的教育内容。 ①过严：羞愧、胆怯、吝啬、节约、强迫、固执、洁癖，（过分）讲究秩序和整洁等（肛门便秘型）。 ②放纵：浪费、拖沓、无条理、不修边幅、生活无规律等（肛门排泄型）
性器期	3～6岁	力比多的释放主要集中于性器官。性器期是性别角色获得的关键期。这是一个激动不安的时期，性器是儿童快乐和满足的主要来源（主要以游戏的方式来完成）。 男孩出现恋母情结，女孩出现恋父情结。 性别角色获得的途径或方式：认同/自居；不然，可能也是"自恋"的起源

性心理发展阶段	年　龄	描　述
潜伏期	6～11岁/13岁	力比多呈现一种停滞、退化现象（由压抑所导致的）。力比多投入学校学习和大运动量游戏中去。潜伏期是一个相对平静的时期。自我与本我统一，形成道德观念，羞耻心更为明显
生殖期/青春期	11岁/13岁以后	力比多通过社会认可的方式释放，并逃离父母。获得友谊，谋职、求爱、结婚

四、对弗洛伊德理论的评价

弗洛伊德的人格心理学体系对人格心理学发展的积极意义与贡献是多方面的。第一，弗洛伊德在前人忽视的人格及人格变态领域中，勇敢探索，进行了开创性的研究，获得了丰硕的成果，建立起现代心理学史上第一个系统的人格心理学体系。第二，弗洛伊德对意识和无意识的关系，人的生物性和社会性的关系，人格结构，人格动力，人格发展阶段与发展规律等问题的探讨，对人格心理学的发展起到了重大的促进作用。第三，弗洛伊德体系在人格心理学的研究方法上也有重要贡献。弗洛伊德创造了一套与实验心理学方法显著不同的研究方法，如自由联想、梦的分析等，开创了人格心理研究临床法的传统。

但不可忽视的是弗洛伊德的理论也有很大的局限性。第一，在意识和无意识的问题上，弗洛伊德过分强调无意识过程，贬低意识过程。第二，弗洛伊德把人和动物所共有的本能，特别是把性本能当成行为与人格发展的根本动力，过分夸大本能的作用，忽略人特有的社会需要。第三，弗洛伊德的概念、理论与假设往往是不精确的、缺乏操作性的，难以通过实证性的研究加以验证。第四，弗洛伊德的理论都是在他对精神病人的分析上建立起来的，忽视了对正常人，特别是健康人的人格心理资料的收集与研究，这使得弗洛伊德理论难以全面解释人格的本质与规律，造成了弗洛伊德理论的片面性（郑雪，2001）。

第二节　埃里克森的人格发展理论

一、埃里克森的故事

埃里克森（图17-2），美国著名精神病医师，新精神分析派的代表人物。1902年出生于德国。母亲是犹太人。1933年，他在维也纳加入弗洛伊德的精神分析学会，并跟随弗洛伊德的女儿安娜·弗洛伊德从事儿童精神分析工作。1933年，他到波士顿，成为当地第一位儿童精神分析学家。1950年出版《儿童与社会》，提出了心理社会发展的八个阶段论。1960年被任命为哈佛大学心理学教授。1970年退休。

图17-2　埃里克森
（Erik. H. Erikson, 1902—1994）

二、埃里克森的人格发展阶段理论

精神分析学派从创立时起,就一直在分裂。20世纪30年代,精神分析学派再次分裂,其结果是新精神分析学派的形成。新精神分析学派的代表人物包括沙利文(Harry Stack Sullivan)、霍妮(Karen Horney)、弗罗姆(Erich Fromm)。他们不赞同弗洛伊德学的本能论,抛弃了力比多的概念和人格结构说,把文化、社会条件和人际关系等因素提到了精神分析的人格理论和治疗原则的首位,即重视社会文化的作用,因此又被称为社会文化学派。

而弗洛伊德也在不断地调整自己的精神分析理论,经过不断的发展,逐渐由本我心理学向自我心理学转变,经过安娜·弗洛伊德和哈特曼的发展,逐渐形成了自我心理学体系。在这期间涌现出一大批自我心理学家,其中最具代表性的就是埃里克森。埃里克森不仅强调自我的作用,还将社会因素纳入理论体系中,从生物、心理、社会环境三个方面考察自我的发展,提出了以自我为核心的人格发展阶段理论。

三、埃里克森的人格发展阶段理论具体内容

埃里克森是自我心理学的杰出代表人物,强调人类心理发展过程中自我的作用。其人格发展阶段理论如下。

(1)埃里克森的人格发展阶段理论既考虑了生物学的影响,也考虑了文化和社会的因素。

(2)他认为在人格发展中逐渐形成的自我过程,在个人及其周围环境的交互作用中起着主导和整合作用。

(3)每个人在生长的过程中,都普遍体验着生物的、生理的、社会的事件的发展顺序,按一定的成熟程度分阶段向前发展。每个阶段都有特定的心理社会任务。

(4)生命周期:个体出生到临终的一生。

埃里克森接受了弗洛伊德理论的基本框架,但更强调自我的作用,认为人格是生物、心理和社会三方面因素组成的统一体,个体人格发展要经过一系列的阶段,每个阶段都有其特定的目标、任务和冲突。各个阶段互相依存,后一阶段发展任务的完成依赖于早期冲突的解决。

埃里克森将人的心理发展分为八个阶段(发展任务与人格品质),如表17-2所示。

表17-2 埃里克森的人格发展阶段理论

发展阶段	发展任务与人格品质	重要事件与社会影响
婴儿期 (0~1.5岁)	满足生理上的需要 发展信任感 克服不信任感 体验希望的实现	亲子关系(依恋)对儿童信任感的发展具有十分重要的作用。若父母给这一时期的婴儿以爱抚和有规律的照料,婴儿将会产生基本信赖的情感;反之,就会产生不信赖的情感

续表

发 展 阶 段	发展任务与人格品质	重要事件与社会影响
儿童早期 （1.5～3岁）	获得自主感 克服羞怯和疑虑 体验意志的实现	此阶段，儿童能"随意"地决定做什么或不做什么。这就使其介入了自己意愿和父母意愿两者相互冲突的危机之中。父母的教养方式对于自主感的发展起着关键作用（安全环境，自由探索）。父母既要根据社会的要求对儿童的行为有所限制和控制，又要给儿童一定的自由。此阶段的危机若得到积极解决，儿童就会形成良好的自控和坚强的意志品质；反之，就容易形成自我疑虑
幼儿期 （3～7岁）	获得主动感 克服内疚感 体验目的的实现	此阶段，儿童开始了创造性的思维、活动和幻想，开始了对未来事件的计划。若父母肯定和鼓励儿童的主动性或想象，儿童就会获得主动性；若父母经常讥笑和限制儿童的主动性或想象，儿童就会缺乏主动性，并感到内疚。若此阶段的危机得到积极解决，主动超过内疚，就会形成有方向和有目的的品质；反之，就会形成自卑感
学龄期 （7～12岁）	获得勤奋感 克服自卑感 体验能力的实现	此阶段的儿童大多数都在上小学，学习成为儿童的主要活动。儿童在此时最重要的是"体验从稳定的注意和孜孜不倦的勤奋中来完成工作的乐趣"。儿童可以从中产生勤奋感，满怀信心地在社会上寻找工作。若儿童不能发展这种勤奋，他们将对自己能否成为一个对社会有用的人缺乏信心，从而产生自卑感
青少年期 （12～18岁）	建立同一感 防止同一感混乱 体验忠实的实现	忠诚是指忠诚于社会或职业。此阶段的青少年必须思考所有已掌握的信息，包括对自己和社会的信息，为自己确定生活的策略。若在此阶段能做到这一点，就会获得自我同一性或心理社会同一感。若此时青少年不能获得同一性，就会产生角色混乱或消极同一性。角色混乱是指个体不能正确地选择适应社会环境的角色；消极同一性是指个体形成与社会要求相背离的同一性。此阶段的危机得到积极解决，青少年就会获得积极同一性，形成忠诚的品质；若是消极同一性，就会形成不确定性
成年早期 （18～40岁）	获得亲密感 避免孤独感 体验爱情的实现	只有建立了牢固的自我同一性的人才能与他人形成爱的关系，热烈追求和他人建立亲密的关系（或共享同一性）。而一个没有建立自我同一性的人，担心同他人建立密切关系，从而有了孤独感。若这一阶段的危机得到积极解决，就会形成爱的品质；若是消极解决，就会形成混乱的两性关系
成年中期 （40～65岁）	获得繁殖感 避免停滞感 体验关怀的实现	这是一个人已由儿童变为成年人、变为父母，建立了家庭和自己事业的时期。若一个人很幸运地形成了积极的自我同一性，并且过着充实和幸福的生活，他就试图把这一切传给下一代或直接与儿童发生交往，或产生和创造能提高下一代精神和物质生活水平的财富。若此阶段的危机得到积极解决，就形成关心的品质；反之，就会导致假亲密、自私自利
成年晚期 （65岁以上）	获得完善感 避免失望、厌倦感 体验智慧的实现	此阶段，人开始回忆往事。前面七个阶段都能顺利度过的人，具有充实、幸福的生活和对社会有所贡献，他们有充实感和完善感，怀着充实的感情向人间告别。这种人不惧怕死亡，在回忆过去的一生时，自我是整合的。如果生活中的主要目标尚未达到，就会体验到失望。如果这一阶段的危机得到积极解决，就形成智慧的品质；如果危机被消极解决，就会有失望和毫无意义感

埃里克森认为人的一生随着生理的发育可分为八个阶段。每一阶段都会出现一个自我发展的主要任务，但这个主要发展任务能否顺利完成，受社会文化因素的制约。这样一来，每一阶段都会出现一个自我发展要求与环境制约之间的核心冲突或危机。人格就是在个体解决危机的过程中得到发展的。个体人格特点的差异取决于个体以什么样的方式解决不同阶段的危机。另外，他非常强调自我在人格发展过程中的主导作用。他认为，在人格发展的各阶段尽管受社会文化环境的制约，但自我在发展方向的选取上起主导作用。

（一）婴儿期（0～1.5岁）

这一阶段的主要心理冲突是基本信任和不信任；发展的主要任务是获得信任感，克服不信任感，体验希望的实现。这一阶段如果能够满足儿童的生理需要，他们就会感到安全，对周围世界形成信任感；反之，儿童对周围世界就会形成不信任感。如果这一阶段的危机成功地得到解决，个体就会形成对人信任、对事充满希望的人格特征；反之，个体就会形成怀疑他人、胆小怕事的人格特征。

（二）儿童早期（1.5～3岁）

这一阶段的主要心理冲突是自主和羞怯；发展的主要任务是获得自主感，克服羞怯和疑虑，体验意志的实现。这一阶段，儿童学会了走、爬、推、拉和交谈。随着能力的提升，他们渴望自己活动，体验自我意志的实现。但是顾及他们的能力弱小以及其他效率因素，照看者往往会代替儿童做很多事情，这样做的后果是，儿童对自己的能力产生怀疑，从而形成退缩的人格特点。因此，此阶段照看者应按照社会所能接受的方向，控制儿童行为而又不伤害儿童的自我控制感和自主性。

（三）幼儿期（3～7岁）

这一阶段的主要心理冲突是主动和内疚；发展的主要任务是获得主动感，克服内疚感，体验目的的实现。这一阶段，儿童的动作、言语和思维能力进一步得到增强，独立性开始形成。他们不再满足于有限的活动空间和范围，开始把自己的活动范围扩展到家庭以外，表现出对世界强烈的探索欲望。如果儿童的主动探究行为受到许可和鼓励，他们就会逐渐形成主动的人格特征。这对他们将来的创造性至关重要。如果主动探索的愿望没有达成，他们就会对自己的目的和能力产生疑惑，逐渐形成退缩的人格特点。

（四）学龄期（7～12岁）

这一阶段的主要心理冲突是勤奋和自卑；发展的主要任务是获得勤奋感，克服自卑感，体验能力的实现。这一阶段，儿童通过努力学习社会技能获得他人认可，体验自己是有能力的。如果儿童通过自己的努力学习得到了教师和家长的认可与鼓励，他们就体验到自我能力的实现，产生自信。如果自己的努力没有得到他人的认可，儿童就会对自己的能力产生怀疑，形成自卑。

（五）青少年期（12～18岁）

这一阶段的主要心理冲突是自我同一性和角色混乱；发展的主要任务是建立同一感，防止同一性混乱感，体验忠诚的实现。进入青春期后，个体自我意识高涨，把自己的过去、现在和将来统一起来认识，形成内在的同一感。在形成自我同一感的基础上，确定自己的未来。如果这一阶段的危机成功地得到解决，就会形成正确的自我意识，对未来有确定的方向感；如果危机不能成功地解决，就会形成不确定性或是缺乏归属感和方向感。

（六）成年早期（18～40岁）

这一阶段的主要心理冲突是亲密和孤独；发展的主要任务是获得亲密感，避免孤独感，体验爱情的实现。个体需要在自我同一性基础上获得共享的同一性。如果个体通过对社会负有义务，并在社会和家庭生活中相互分担苦与乐、相互关怀而拥有美满的婚姻和纯真的友谊，获得合作的伙伴和亲密感，他们就会形成爱的品质；反之，他们就会体验到孤独感，形成混乱的两性关系。

（七）成年中期（40～65岁）

这一阶段的主要心理冲突是繁殖和停滞；发展的主要任务是获得繁殖感，避免停滞感，体验关怀的实现。繁殖感不仅指生殖能力，而且指关心下一代成长的需要和能力。这一阶段，个体把对自己和伴侣的承诺扩展到对整个家庭、后代、工作以及社会的承诺。如果个体积极关心下一代、关注家庭和社会、积极投入工作，就会形成关心他人的品格；相反，如果沉湎于自我中心，过分追求自由，就会形成自私自利、自我关注的人格。

（八）成年晚期（65岁以上）

这一阶段的主要心理冲突是自我调整和绝望；发展的主要任务是获得完善感，避免失望感，体验智慧的实现。这一阶段，个体回顾自己的人生，当回顾一生感到所度过的是丰富的人生时，就会体验到满足感，面对死亡时，无所畏惧；反之，则体验到失望感和自卑感，对死亡充满恐惧。

埃里克森认为，在心理发展的每一个阶段，由于解决核心冲突的方式不同，解决冲突后所产生的人格特质也不同。如果各个阶段都采用积极的方式，个体人格就向积极品质发展，该阶段的任务也就顺利完成，逐渐实现了健全的人格，否则就会产生心理社会危机，出现情绪障碍，形成不健全的人格。

★ 四、对埃里克森理论的评价

作为弗洛伊德精神分析学派的一员，埃里克森发展了弗洛伊德的精神分析学说，修正了弗洛伊德只强调生物的、性的因素的人格结构说，强调社会和教育在人格发展的作用，为精神分析学派的发展与进步作出了重要的贡献。

埃里克森的人格发展阶段理论不再终止于青春期，提出心理发展的八个阶段涵盖了人一生的发展，较早地对成年的心理发展给予了相当的重视，这使得他的理论更加完整并具有较强的现实性。埃里克森的理论把分析重点从本能冲动的无意识方面转移到自我与社会之间相互作用的意识方面。他强调自我的作用，引进了心理危机的概念，并相应地重视家庭和社会对儿童与青少年的教育作用。他对于各阶段发展危机的描述，为儿童和青少年的教育工作提供了重要的理论基础，提醒我们重视每个阶段的教育。特别是他所提出的"自我同一性"和"自我同一性混乱"，对于我们研究和解决青春期问题有着很重要的启示作用。同时，埃里克森虽然也十分强调发展的顺序性，但在他的理论中，并不存在发展与不发展的问题，而只有发展的好坏。发展的成功与否和发展的阶段无关，每个人在自己不同的发展阶段中都可能出现成功或不成功之处，这会影响下一阶段的发展内容，但并不会影响下一阶段的出现。每个人都会完成八个阶段的发展，但是他们在每个阶段中的发展质量是有差别的。这种发展理论对儿童心理发展的阶段性问题提出了新的解释。

但是，埃里克森的理论也有着一些不足之处。其中最为突出的是他认为每一个社会成员都要经历心理发展的八个阶段，这一点是值得商榷的。我们知道，不同的社会有着不同的文化和习俗，这些文化习俗对于个体的发展必然会产生不同的影响。

★ 五、弗洛伊德和埃里克森的区别与联系

弗洛伊德强调本能的作用，将人格发展局限于母亲－儿童－父亲这个狭隘的三角关系中，特别强调早期经验在人格形成中的作用；而埃里克森则更强调自我的作用，将个体发展置于更广阔的社会背景下，重视社会文化对人格发展的影响，认为人格发展是一个渐成的过程。弗洛伊德对人格发展阶段的划分只到青春期，而埃里克森则将人格发展阶段扩展到了人的一生，扩展了人格发展理论。但是，埃里克森的发展理论从根本上还是对弗洛伊德理论的继承、扩展与修正，并没有摆脱弗洛伊德理论的缺陷。

第三节 布朗芬布伦纳的生态系统理论

在生态系统理论出现之前，大多数研究者只针对个体的某一特定行为进行实验或观察，有时更是为了得到想要观察的行为，进行一些条件控制，或对个体的行为进行约束，这样的研究大大降低了实验的生态效度，难以得到推广。

传统心理学中一直围绕三个问题进行争论：第一，遗传和环境在心理发展中的作用问题。第二，发展的主动性和被动性的问题。第三，发展的连续性和阶段性问题。布朗芬布伦纳用生态系统理论对人类发展的基本问题和争论作出了与众不同的解释，对环境对个体发展的影响进行了详细的分析。

一、布朗芬布伦纳的故事

布朗芬布伦纳（图 17-3），著名的心理学家，提出了生态系统理论，同时是美国问题学前儿童启蒙计划的创始人，也是第一位关注"儿童研究和儿童政策之间的相互影响"的人。布朗芬布伦纳出生于俄国，6 岁时，随父母迁往美国。曾就读于康奈尔大学，并取得心理学和音乐双学位。之后就读于哈佛大学，取得发展心理学硕士学位，并于 1942 年取得密歇根大学博士学位。

图 17-3 布朗芬布伦纳
（Urie Bronfenbrenner，1917—2005）

二、布朗芬布伦纳的生态系统理论具体内容

布朗芬布伦纳提出的生态系统理论（图 17-4），强调发展个体嵌套于相互影响的一系列环境系统之中，在这些系统中，系统与个体相互作用并影响着个体发展。布朗芬布伦纳认为，自然环境是人类发展的主要影响源，这一点往往被人为设计研究个体发展的实验室所忽视。他认为，环境（或自然生态）是"一组嵌套结构，每一个环境嵌套在下一个环境中，就像俄罗斯套娃一样"。换句话说，发展的个体处在从直接环境（比如家庭）到间接环境（比如宽泛的文化）的几个环境系统的中间或嵌套于其中。每一系统都与其他系统以及个体进行交互作用，影响着发展的许多重要方面。

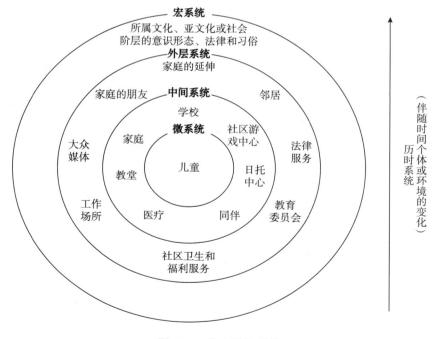

图 17-4 生态系统理论

第一个环境层次是微系统（microsystem），指个体活动和交往的直接环境，这个环境是不断变化和发展的，是环境系统的最里层。对大多数婴儿来说，微系统仅限于家庭。随着婴儿的不断成长，活动范围不断扩展，幼儿园、学校和同伴关系不断纳入婴幼儿的微系统中来。对学生来说，学校是除家庭以外对其影响最大的微系统。

第二个环境层次是中间系统（mesosystem），是指各微系统之间的联系或相互关系。布朗芬布伦纳认为，如果微系统之间有较强的积极的联系，发展就可能实现最优化。相反，微系统间的非积极的联系则会产生消极的后果。例如，儿童在家庭中与兄弟姐妹的相处模式会影响到他在学校中与同学间的相处模式。如果在家庭中儿童处于被溺爱的地位，在玩具和食物的分配上总是优先，那么一旦在学校中享受不到这种待遇则会产生极大的不平衡，就不易于与同学建立和谐、亲密的友谊关系，还会影响到教师对其指导教育的方式。

第三个环境层次是外层系统（exosystem），是指那些儿童并未直接参与但却对他们的发展产生影响的系统。例如，父母的工作环境就是外层系统影响因素。儿童在家庭的情感关系可能会受到父母是否喜欢其工作的影响。

布朗芬布伦纳强调发展也出现在宏系统中——微系统、中间系统和外层系统嵌套于其中的文化、亚文化和社会阶层背景。宏系统实际上是一个广阔的意识形态。它规定如何对待儿童、教给儿童什么以及儿童应该努力的目标。当然，在不同文化（或亚文化和社会阶层）中这些观念是不同的，但是它们都在很大程度上影响着儿童在家庭、学校、社区等其他机构中获得的经验。例如，在反对体罚儿童、提倡以非暴力方式解决人际冲突的文化（宏系统）中的家庭（微系统经验），虐待儿童的概率也很低。

最后，布朗芬布伦纳的模型还包括了时间维度，或称历时系统（chronosystem），他强调了儿童的变化或者发展。生态环境的任何变化都影响着个体发展的方向。例如，青春期的认知和生理变化似乎增加了父母与青少年的冲突。环境变化带来的影响也取决于时间变量——儿童的年龄。例如，即使离婚对所有年龄的儿童都会有很大打击，但是青少年比幼儿认为是自己引起了父母离婚的负罪感要轻一些。

布朗芬布伦纳对环境影响的详细分析表明，儿童和青少年有许多最优发展的途径。例如，一位职业母亲，她很少有时间与自己困难型的婴儿建立友好的关系。在微系统水平上，成功的干预可以让父亲承担照料儿童的部分家务，做一位对儿童反应敏感的伙伴，同时他也应该鼓励母亲对孩子敏感、耐心一些；在中间系统水平上，如果儿童所在社区有父母养育课程或育儿群体，父母可以在那里说出自己的困惑，接受别人的情感支持，互相学习如何抚育婴儿，那么父母与婴儿的关系就可以得到改善；在宏系统水平上，一个很重要的干预方案是社会政策要确保父母有权选择是否去工作，从而有时间照顾家庭事务，允许烦恼的父母解决与孩子交往中的困难，宣传家庭问题解决对社会健康发展的重要意义。

三、对布朗芬布伦纳的生态系统理论的评价

尽管生态系统理论有许多优点，但它还未能全面解释人类的发展。布朗芬布伦纳认

为其理论的特点是生物生态模型，但是他很少论述具体的生物因素对人类发展的影响。他还强调发展中的个体与不断变化的环境之间有着复杂的互动。这既是他理论的优点，同时也是缺点。发展的标准模式在哪里？我们必须为不同环境的人构建不同的模式吗？为 20 世纪 40 年代出生的泰国妇女构建一个，为 20 世纪 70 年代出生的拉丁裔美国妇女构建另一个吗？如果独特的个体影响着独特的环境，又受独特的环境的影响，那么每一种生命都是独特的吗？总之，生态系统理论过分强调了变化的意义，不能提供一个人类发展的连贯的一般模式。正是由于这个原因，它只是其他人类发展理论的补充，而并非替代。

第四节　积极心理学的人格成长理论

一、塞利格曼的故事

马丁·塞利格曼（图 17-5），美国心理学家，著名的学者和临床咨询与治疗专家，积极心理学的创始人之一，主要从事习得性无助、抑郁、乐观主义、悲观主义等方面的研究。曾获美国心理协会两项大奖——威廉·詹姆斯奖及詹姆斯·卡特尔奖，曾获美国应用与预防心理学会的荣誉奖章，还获得该学会的终身成就奖；现在宾夕法尼亚大学任教；曾登上《纽约时报》《时代周刊》《新闻周刊》等流行杂志，著作超过 20 本，并被译成多种语言，畅销全球。1998 年当选为美国心理学会主席。

图 17-5　马丁·塞利格曼（Martin E. P. Seligman, 1942—　）

二、塞利格曼的PERMA理论

20 世纪末，美国首先兴起了积极心理学运动。积极心理学的诞生并非一朝一夕之事，它的研究最早可追溯至 20 世纪 30 年代。当时特尔曼结合实际问题，进行了天才和婚姻的幸福研究。20 世纪五六十年代以马斯洛、罗杰斯为代表的人本主义心理学的问世，对积极心理学的发展起到了直接的影响，但是人本主义心理学家的努力并没有改变主流心理学以消除异常为主的研究模式。随着整个人类社会的和平与发展，对正常人的研究越来越引起心理学家的重视。正是在这种时代背景下，积极心理学的概念一经提出就受到了广泛的关注。

1998 年在旧金山举办了美国心理学协会年会，心理学家提出以"心理疾患的预防"作为会议的主题，至此关于人性中的积极方面、人类力量和美德的研究成为心理学研究的一种全新思潮。伴随着这种思潮的兴起，积极心理学受到了心理学界广泛的关注，如 1999 年 Templetion 基金会设立了"积极心理学奖学金"，奖金总额共计 20 万美元；《美国心理学家》杂志于 2001 年 1 月和 2001 年 3 月分别出了关于积极心理学的专栏和专刊。关于积极心理学的研究近年来也不断增加，我们相信它势必使现代心理学更加面向社会、面向未来（李金珍，王文忠，施建农，2003）。

2011年，积极心理学研究先驱和领导者塞利格曼在对积极心理学领域已有研究进行深入的理论思考基础上，提出PERMA理论，代表了积极心理学领域的最新进展。该模型认为可以通过充分发展五个元素促进个体达到快乐、丰富和有意义的生活状态，帮助个体、社区甚至国家达到蓬勃发展。PERMA是五个基本积极元素的缩写，即积极情绪（positive emotions）、投入生活和工作（engagement in life and work）、积极人际关系（positive relationships）、意义（meaning）和成就（accomplishment）。塞利格曼认为，通过在工作和生活中有意识地增强这五个基本元素，可以帮助个体、社区乃至整个国家和世界获得真正可持续的幸福。大量的实证研究也表明基于积极心理学理念和方法的校园干预计划取得了令人鼓舞的成果，在减少抑郁、焦虑、学习和行为问题及促进幸福感方面卓有成效。

PERMA模型非常适合作为目标来指引个体及群体追求幸福和蓬勃发展的方向，并作为一个系统、全面、清晰的标准来评估当前的幸福和蓬勃程度。在日常生活中，体验到积极情绪的频率和深度如何？生活中有多少时间和事件能够处于专注的状态？是否能感受到正在做有意义的事情，正在过有意义的生活？人际支持是否充分、有效？是否能够自主决定并达到自己所设定的目标，客观的成绩如何？对这些问题的思考和回答能够清晰地勾勒出个体或群体的幸福水平。

此外，该模型的五个因素自身能够实现自成系统的良性循环，这些因素间存在着相互影响和相互促进的关系。例如，意义感能够增强努力和投入，带来积极情绪；积极人际关系既可以增加积极情绪，又可以通过拓展个体内外资源，提高成就水平；而积极情绪也能够提升成就、润滑人际关系。该系统内一个因素或几个因素水平的提高必然能够带来整个系统的提升，使其在良性循环中顺畅运作。不但在单个个体的小系统层面，在像学校和社区这样中等规模的系统层面和国家、社会这种大规模的系统层面，同样可以通过提高模型中五个因素来提高整体的幸福和蓬勃发展程度。

三、积极心理学的人格观

关于人格的思想一直蕴藏于心理学思想之中而未形成一种独立且确切的理论。主流心理学形成之后，人格依旧是一个极为抽象和模糊的概念，不同领域的研究者对人格的本质理解莫衷一是，但主流心理学在人格的某些认识上也达成了一些共识：①人格是人所特有的，区别于他类事物的本质属性，这在一定意义上说明，人格是区别于一切"非人"的一种标志；②坚信人格具有个体性，即每个人拥有其自身的、独特的人格特质组合，使之有别于他人而成为独特的主体；③人格具有稳定性，这种稳定性可导致行为表现的规律性；④人格具有内在统一性，即人是一个由不同的人格特质所组成的、有组织的结构体。

20世纪五六十年代的人本主义心理学对人格也有自己独特的见解：①相信人是向"善"的，即人会一直向着积极的方向发展变化，始终能追求"自我实现"；②人性能够不断地自我成长，即只要为个体提供一个适当的成长和自我实现的环境与机会，人就不断地向着健康的方向发展；③人性是自主的、能进行自我选择的，即人是生活的主动建构者，通过自己的自由选择，可克服现实生活中的种种限制，发展和完善自我。

相比之下我们发现，人本主义的人格观是对主流心理学人格观的继承与发展，它既承认主流心理学关于人格是人所特有的、具有组织性和结构性的特性这一观点，同时又认为人性向善并具有成长性，这是对主流心理学人格观的一种发展，是一种较新的人格观。

人格作为心理学的重要组成部分之一，也受到了积极心理学家的关注。首先，积极心理学家坚信人格优势会渗透于个体的整个生活空间，对人产生长期的影响，所以他们特别重视关于积极人格特征的研究。例如 Hillson 和 Marie 的研究区分了积极的人格特征和消极的人格特征。L. Medvedova 研究了积极的人格特征有助于个体采取更为有效的应对策略，从而更好地面对生活中的各种压力情景。还有关于乐观等个性特点的研究也为数不少。其次，积极心理学家强调心理学应该研究人类积极的个性特征、情感和行为，他们认为这是使个体更加健康、幸福成长的一种有效措施，同时也是发掘人类的潜能、让人拥有更加美好生活并促进社会发展的有效渠道之一。在这种思想的引导下，积极心理学形成了别具一格的全新人格观，我们认为这种人格观既不像人本主义心理学那样过分强调人的能动性和"人性本善"的论点，也不像主流心理学一样认为人格是稳定不变的，其主要有以下特点。

（1）崇尚积极的人格特征。积极心理学家认为积极的人格特征对人的健康发展是有利的，他们强调心理学家应倾注心血研究积极的个性特征，如关于乐观（optimistic）个性等方面的研究等。积极心理学家认为乐观会使人有比较好的主观感受。同时积极心理学也特别强调积极的人格品质的研究，如爱、宽恕、同情、幽默、意志、自信、自尊、适应等，积极心理学家认为拥有积极品质的人才能更好地体验生活的意义，更好地发挥潜力，拥有更加美好的生活质量，最大限度地实现自我并促进社会的发展。总之，站在积极的角度来研究人格的发展成为积极心理学人格观中最显著的特点之一。

（2）人格具有一定的可塑性。积极心理学家认为人格是稳定性与可变性的统一。在一定的时期内，它是稳定不变的，可以用来推断和预测某一时期内个体的特定行为，但与此同时人格又具有可变性，可以通过一定的干预和培养予以改变。在此人格观的指导下，积极心理学家进行了一些关于良好个性和道德品质等方面的干预研究，以期个体形成积极的人格并使其对现实的生活和工作产生积极的影响（余娟，2009）。

（3）强调人格形成过程中各因素的交互作用。首先，积极心理学承认个体特定的生理机制会产生与它相应的行为模式，但这种生理机制对行为模式的影响既不是直接的，也不是不可避免的，更不是持久的。也就是说，"人不是按照由基因图谱规定的固定路径来发展自己的，人格主要是在人与社会文化环境的交互作用所形成的一个复杂的因果活动过程中得到发展，内在因素、外部行为、社会文化环境三者是交互作用的。"（任俊，叶浩生，2005）其次，积极心理学认为外在的行为和社会文化环境会对人的生理机制产生重大的影响，并在一定程度上会改变人的某些生理机制的功能、结构等。积极心理学的这一观点已被神经科学研究所证实，不同社会文化背景条件下学习的个体，其同一种知识在大脑中的脑定位也可能不同，如北京师范大学舒华教授等人的研究就显示，中国孩子和美国孩子在学习英语时，他们的英语知识在大脑中的定位位置是不同的。从一定程度上说，个体现有的生理机制既是生物体属性本身进化的结果，同时也是个体行为和社会环境起作用的结果。可见，积极心理学在人格研究中虽然也不忽视先天生理因素的影响，但更强调后天社会文化环境对人格的影响。在个体的生理机制、外部行为和社会环境的交互作用中，积极心理学强调人格首先是一种外在的社会活动，然后在一定的生理机制的作用下而内化为个体的一种稳定的心理品质。因此，人格从某种程度上说是个体内化其外在活动的结果。

（4）强调人的能力及潜力在人格形成过程中的作用。积极心理学之所以强调人格是人的内部生理机制、人的外部行为和社会环境之间的交互作用，主要是为了更好地说明自己的理论观点，即人格的形成和发展是个体主动建构的过程，人格心理学在研究人的各种心理问题时也应研究人的积极力量，也就是研究影响人积极人格的成长因素。因为，既然良好的行为和外部环境是积极人格形成的一个重要来源，而人在自己人格的建构过程中又具有主动性，那么我们就能通过发展人的良好行为和建构良好的社会环境来建构或改善个体的人格。而要发展人的良好行为和建构良好的社会环境，我们又可以通过发展人主动的积极行为能力，因为当个体具有了主动的积极行为能力之后，他就可以对自己的心理体验、行为方式以及周围的环境有意识地施加一定的积极影响，从而影响自己的人格建构。

这样，一个人的现实能力（包括人对自己行为的评价、制订目标、实现目标计划等所有涉及行为形成的能力）就被纳入人格的建构之中，并且成为影响人格的一个重要力量。不仅如此，这种交互作用的观点也使人的潜力被纳入个体的人格建构之中，因为潜力总是在特定的社会环境中和其他事物发生关联时才能被人意识到（也即上述三种因素的交互作用就必定使个体的内在潜力得到表现），而个体的潜力一旦被意识到，就会表现出与现实能力同等的作用。

★ 四、如何形成积极人格

积极心理学家提出了以下实现积极人格的途径。

（1）增进积极体验。积极体验是指个体满意地回忆过去、幸福和从容不迫地感受现在，并对未来充满希望的一种心理状态。

（2）培养良好的自尊。自尊是个体自我评价后作出并长久保持的一种对自己持赞许的看法，它表明了个体对自己的能力、重要性和价值性的一种认同程度。

具有高自尊的人能管理自己、指导自己和监督自己，能有效地应对生活中出现的种种挑战和各种问题。高自尊的人相信自己在这个世界中的价值和意义，能坦然接受别人的尊重和期待，表现出较为明显的心理幸福和心理健康。

★ 五、对积极心理学人格观的评价

积极心理学关注人的积极品质的学科性质，促使积极心理学形成了全新的人格观，它强调积极的人格特征，强调人格的建构性和可塑性，这种认识有利于心理学研究的各个分支更加注重积极人格力量的培养和调动，从而使教育、心理治疗等具有更大的价值和效能，并且积极心理学也有助于我们创建一种和平、愉悦而先进的社会格局。

但是也不得不承认，由于人格结构的复杂性以及积极品质的多样性，在一定程度上加大了人格具体研究的难度。这就需要积极心理学家的积极努力，以促进积极心理学视角下人格观的发展。

章后小结

即测即练

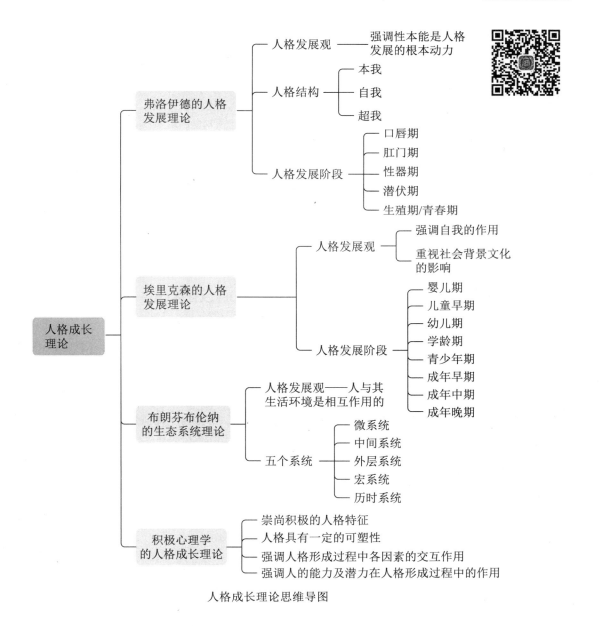

人格成长理论思维导图

主要参考文献

蔡任娜，2015. 两因素情境下老年人的元认知监测 [J]. 佳木斯职业学院学报（5）： 339-340.
陈霓虹，方方，2015. 视觉学习与成人大脑的可塑性 [J]. 生命科学，27（7）： 820-826.
陈思远，黄国坚，叶军，等，2015. 早期干预对早产低体重儿智能及运动功能的影响 [J]. 右江医学，43（5）： 575-578.
程红梅，2018. 初中生父母教养方式与成就动机的关系： 意志控制的中介作用 [D]. 西安： 西安体育学院．
程润红，2016. 农村初中生学习动机、学业情绪与心理健康关系的研究 [D]. 保定： 河北大学．
戴健，2017. 元认知训练促进初中生数学深度学习的实践与认识——以翻折与轴对称图形的教学为例 [J]. 中学数学月刊（8）： 22-28.
党晓鹏，2017. 维生素 B_{12} 对神经系统发育和生理功能的作用 [J]. 江西饲料（2）： 10-12.
杜瑶，2017. 儿童学习动机、学习投入与学业成就的关系： 情绪的调节作用 [D]. 石家庄： 河北师范大学．
范永玲，2020. 基于元认知策略的初中生语文阅读能力培养对策分析 [J]. 散文百家（新语文活页）（8）： 50.
傅路军，2017. 4~6岁幼儿科学操作性游戏元认知的发展研究 [D]. 哈尔滨： 哈尔滨师范大学．
符太胜，2016. 4~6岁城乡幼儿前科学概念的研究 [D]. 长春： 东北师范大学．
顾芮莹，2019. 4~5岁幼儿父母心理控制与幼儿自我价值权变性、学习动机取向的关系 [D]. 上海： 华东师范大学．
郭烨婕，2018. 基于学生核心能力培养的"问题导学式"案例教学研究与实践 [J]. 佳木斯教育学院学报（6）： 15-16.
郭艺伟，2020. 初中生的成就动机、完美主义、师生关系与其学习投入的关系 [D]. 天津： 天津师范大学．
赫中华，2019. 儿童持续注意和抑制控制： 性别的调节作用 [J]. 中国健康心理学杂志，27（10）： 98-101.
胡小桃，2016. 儿童兴趣发展的教育作为 [J]. 现代中小学教育，32（6）： 53-55.
黄红梅，2017. 高三学生数学解题元认知的调查研究 [J]. 韩山师范学院学报（3）： 83-88.
计艳楠，2016. 小学低年级学生元认知监控发展研究 [D]. 石家庄： 河北师范大学．
季淑梅，刘亚飞，苑冬梅，2015. 面孔表情加工的结构编码和特征编码ERP特点研究 [J]. 中国生物医学工程学报，34（2）： 136-142.
简晓艺，2018. 青少年注意发展研究综述 [J]. 计算机产品与流通（12）： 273-274.
康诚，2014. 情绪记忆的增强效应： 自动与控制编码加工 [D]. 西安： 陕西师范大学．
伯克，陈会昌，2014. 伯克毕生发展心理学 [M]. 4版．北京： 中国人民大学出版社．
李丽，2016. 积极人格的研究现状及展望 [J]. 中国培训（2）： 92.

李商，马慕云，林晓冰，等，2021. 中年人听觉选择性注意的老化：来自事件相关电位（ERP）的证据 [J]. 中国健康心理学杂志，29（5）：651-658.

林嘉滢，2020. 高一学生数学反思性学习现状与培养策略 [D]. 南宁：南宁师范大学.

林秋萍，2019. 高一学生学习三角函数的元认知策略的发展研究 [D]. 漳州：闽南师范大学.

刘爱书，庞爱莲，2013. 发展心理学 [M]. 北京：清华大学出版社.

刘国雄，2017. 儿童发展 [M]. 北京：科学出版社.

刘金花，2013. 儿童发展心理学 [M]. 上海：华东师范大学出版社.

刘黎，朱莉琪，2014. 5～13 岁儿童对物种起源认知的发展 [J]. 心理科学（6）：1366-1371.

刘琳慧，2013. 学习判断与学习时间分配的关系 [D]. 金华：浙江师范大学.

刘啸莳，曹中平，2014. 儿童最早记忆特征的初步研究 [J]. 心理科学（4）：19.

米勒，2015. 心理理论：学龄儿童如何理解他人的思想 [M]. 陈英和，译. 北京：北京师范大学出版社.

任洁，2015. 学习时间分配的权衡决策：一种动态的过程 [D]. 金华：浙江师范大学.

沈洁，2017. 高中生心理控制源、时间管理倾向与成就动机的关系研究 [D]. 南京：南京师范大学.

宋红霞，2020. 高中生自我同一性、成就动机与职业成熟度的关系 [D]. 兰州：西北师范大学.

苏涛，2016. 执行意向与性别对大学生基于事件前瞻记忆影响的实验研究 [J]. 洛阳师范学院学报（11）：75-78.

孙喜英，2017. 小学中高年级学生数学元认知和数学成绩的关系：家庭环境纷杂度的调节作用 [D]. 济南：山东师范大学.

田曲平，金学品，席旭琳，等，2014. 元认知学习策略对不同性别学习者大学英语词汇习得影响的研究 [J]. 海外英语（22）：254-255.

涂琳，袁柳芬，2017. 教养方式对婴儿早期智力发育的影响分析 [J]. 中国医学创新，14（13）：117-120.

汪军，马兰，李恩荆，等，2017. 儿童少年脑电活动年龄特征及其速度素质 [J]. 北京体育大学学报，40（3）：46-51.

王宝玺，唐晴，芦婷，等，2020. 注意分散对老年人错误记忆的影响 [J]. 心理学探新，40（5）：425-430.

王群，吕岩，2014. 疼痛特异性学说与闸门控制学说：争论还在持续 [J]. 中国疼痛医学杂志，20（9）：609-613.

王舒云，2019. 大班幼儿学习主动性的现状与影响因素研究 [D]. 福州：福建师范大学.

王文娟，2017. 中学生完美主义、成就动机和学业自我设限的关系研究 [D]. 西安：陕西师范大学.

吴升扣，姜桂萍，李曙刚，等，2015. 动作发展视角的韵律性身体活动促进幼儿粗大动作发展水平的实证研究 [J]. 北京体育大学学报（11）：98-105.

吴升扣，姜桂萍，张首文，等，2015. 3～6 岁幼儿粗大动作发展特征与体质健康水平的研究 [J]. 中国儿童保健杂志，23（2）：172-175.

吴先超，2019. 青少年元认知控制跨时间准确性及一致性发展研究 [J]. 教育研究与实验（4）：75-80.

吴莹，2015. 中学生异性交往现状研究 [D]. 济南：山东师范大学.

徐鑫锫，2018. 高中学生成就目标取向与学业适应的关系：一项三年追踪研究 [D]. 上海：华东师范大学.

杨春，路海东，2015. 不同形式的评估反馈对大学生的学习动机和学习成绩的影响 [J]. 心理与行为研究，13（2）：237-241.

杨历波，裴晶晶，2016. 母乳喂养与混合喂养对婴儿早期生长发育的影响 [J]. 现代诊断与治疗，27（7）：1340-1341.

杨莉，耿达，柳铭心，等，2019. 4～6 岁幼儿持续性注意的发展：基于时间进程的证据 [J]. 学前教育研究（2）：48-56.

杨天亮，辛斐，雷旭，2015. 人类大脑结构和功能的性别差异：来自脑成像研究的证据 [J]. 心理科学进展，23（4）：571-581.

杨志新，汪玉林，2015. 自我概念长时记忆表征的性别特征：自我参照实验范式的检验 [J]. 心理与行为研究，13（1）：18-24.

阴国恩，2015. 发展与教育心理学 [M]. 北京：高等教育出版社.

余丹，2016. 中学生自传体记忆中自我参照效应的研究 [D]. 成都：四川师范大学.

余雪，李开强，刘玥，等，2015. 比较两种工作记忆训练对 ADHD 儿童的干预效果 [J]. 中国临床心理学杂志，23（2）：201-205.

余正台，2018. 老年大学学员学习动机与主观幸福感的关系研究 [D]. 南昌：南昌大学.

詹慧佳，刘昌，沈汪兵，2015. 创造性思维四阶段的神经基础 [J]. 心理科学进展，23（2）：213-224.

张琴芬，屠文娟，李红新，等，2017. 新生儿大脑两半球认知发育特征的事件相关电位研究 [J]. 中华神经科杂志，50（5）：338-341.

张亚杰，2016. 基于元认知融入的幼儿园活动模式研究——以数学领域为例 [J]. 教育研究与实验（2）：79-84.

张志杰，王铭维，2015. 老年心理学 [M]. 重庆：西南师范大学出版社.

赵佳，陈功香，2015. 元记忆研究的脑神经基础 [J]. 中国特殊教育（10）：15.

赵萌，2014. 搞好职业院校的美术教育之我见 [J]. 时代报告（7）：25.

赵萌，2014. 角色游戏对幼儿感知运动能力发展影响的实验研究 [D]. 大连：辽宁师范大学.

O'LEARY A P, SLOUTSKY V M, 2017. Carving metacognition at its joints: protracted development of component processes[J]. Child development, 3(88): 1015-1032.

ARIAS V B, 2020. Effects of a teacher training program on the motivation and satisfaction of history secondary students[J]. Revista de psicodidáctica, 26(1): 45-52.

BILGIN C U, BAEK Y, PARK H, 2015. How debriefing strategies can improve student motivation and self-efficacy in game-based learning[J]. Journal of educational computing research, 53(2): 155-182.

COLEY J D, ARENSON M, XU Y, et al., 2016. Intuitive biological thought: developmental changes and effects of biology education in late adolescence[J]. Cognitive psychology (92): 1-21.

CORPUS J H, GOOD K, 2020. The effects of praise on children's intrinsic motivation revisited[M]// BRUMM-ELMAN E. Psychological perspectives on praise. London: Routledge.

COSTA A, SEBASTIÁN-GALLÉS N, 2014. How does the bilingual experience sculpt the brain?[J]. Nature reviews neuroscience, 15(5): 336-345.

DESTAN N, HEMBACHER E, GHETTI S, et al., 2014. Early metacognitive abilities: the interplay of monitoring and control processes in 5 to 7-year-old children[J]. Journal of experimental child psychology (126): 213-228.

DÖRRENBÄCHER-ULRICH L, WEISSENFELS M, RUSSER L, 2021. Multimethod assessment of self-regulated learning in college students: different methods for different components?[J]. Instructional science, 49(1): 137-163.

EILAM B, MATTATIA M, 2015. How young children construe pain experienced by self and others: a case of naive theory[J]. Journal of experimental education, 83(2): 236-265.

TAYLOR G, SLADE P, HERBERT J S, 2014. Infant face interest is associated with voice information and maternal psychological health[J]. Infant behavior and development, 39(7): 597-605.

GIOVANNELLI F, GIGANTI F, SAVIOZZI A, et al., 2016. Gender differences in time perception during olfactory stimulation[J]. Journal of sensory studies, 31(1): 61-69.

GOUPIL L, KOUIDER S, 2016. Behavioral and neural indices of metacognitive sensitivity in preverbal infants[J]. Current biology, 26(22): 3038-3045.

GOUPIL L, KOUIDER S, 2019. Developing a reflective mind: from core metacognition to explicit self-reflection[J]. Current directions in psychological science, 28(4): 403-408.

GRAY S J, BROOKSHIRE G, CASASANTO D, et al., 2015. Electrically stimulating prefrontal cortex at retrieval improves recollection accuracy[J]. Dortex (73): 188-194.

GUR R C, GUR R E, 2017. Complementarity of sex differences in brain and behavior: from laterality to multimodal neuroimaging[J]. Journal of neuroscience research, 95(1-2): 189-199.

INGALHALIKAR M, PARKER W A, BLOY L, et al., 2014. Creating multimodal predictors using missing data: classifying and subtyping autism spectrum disorder[J]. Journal of neuroscience methods (235): 1-9.

JISHA P R, THOMAS I, 2015. Role of personal and methodological factors in time perception[J]. Psychological studies, 60(1): 84-90.

HOWE C, 2017. Developing understanding of object fall: going beyond inhibitory processes[J]. British journal of developmental psychology. 35(3): 463-468.

KARAMAN M A, WATSON J C, 2017. Examining associations among achievement motivation, locus of control, academic stress, and life satisfaction: a comparison of U.S. and international undergraduate students[J]. Personality and individual differences (111): 106-110.

KAWA T K, UENO Y, HASHIMOTO R, et al., 2021. Development of metacognition in adolescence: the congruency-based metacognition scale[J]. Frontiers in psychology (11): 565231.

KEANE L, GRIFFIN C P, 2018. Assessing self-assessment: can age and prior literacy attainment predict the accuracy of children's self-assessments in literacy?[J]. Irish educational studies, 37(1): 127-147.

KEEN R, LEE M H, ADOLPH K, 2014. Planning an action: a developmental progression in tool use[J]. Ecological psychology, 26(1-2): 98-108.

KORIAT A, NUSSINSON R, ACKERMAN R, 2014. Judgments of learning depend on how learners interpret study effort[J]. Journal of experimental psychology: learning, memory, and gognition, 40(6): 1624-1637.

KRIST H, KRÜGER M, BUTTELMANN D, 2020. Which object is about to fall? development of young children's intuitive knowledge about physical support relations as assessed in an active search task[J]. European journal of developmental psychology, 17(1): 1-15.

LAO A C C, CHENG H N H, HUANG M C L, et al., 2017. Examining motivational orientation and learning strategies in computer-supported self-directed learning (CS-SDL) for mathematics: the perspective of intrinsic and extrinsic goals[J]. Journal of educational computing research, 54(8): 1168-1188.

LEROY N, BRESSOUX P, 2016. Does amotivation matter more than motivation in predicting mathematics learning gains? a longitudinal study of sixth-grade students in France[J]. Contemporary educational psychology, 44-45: 41-53.

LEWIS F C, REEVE R A, JOHNSON K A, 2018. A longitudinal analysis of the attention networks in 6- to 11-year-old children[J]. Child neuropsychology, 24(2): 145-165.

LIBERTUS M E, LEA F, ULRIKA A, et al., 2017. Deficits in approximate number system acuity and mathematical abilities in 6.5-year-old children born extremely preterm[J]. Frontiers in psychology (8): 1175.

VON DER LINDEN N, LÖFFLER E, SCHNEIDER W, 2015. Effects of a short strategy training on metacognitive monitoring across the life-span[J]. Frontline learning research, 3(4): 37-55.

LOCKHART K L, KEIL F C, 2018. Reasoning about side effects: influences of temporal and spatial expectations Monographs of the Society for Reeach in Child Development, 83(2): 100-122.

MARIE G. CHRISTINE B, 2018. Behaviors speak louder than explicit reports: implicit metacognition in 2.5-year-old children[J]. Developmental science, 20(2): e12742.

MATSUSHITA S, SATO K, MURAKAMI K, et al., 2018. Eye movement patterns in infants suggest illusory motion perception induced by stationary gradation[J]. Scientific reports, 8(1): 3775.

MATZEN L E, TRUMBO M C, LEACH R C, et al., 2015. Effects of non-invasive brain stimulation on associative memory[J]. Brain research, 1624(1): 286-296.

METSPELTO R L, TASKINEN P, KRACKE B, et al., 2017. Changes in achievement values from primary to lower secondary school among students with and without externalizing problems[J]. Learning and individual differences (58): 75-82.

MILLER J L, HURDISH E, GROS-LOUIS J, 2018. Different patterns of sensitivity differentially affect infant attention span[J]. Infant behavior and development(53): 1-4.

NAZARI M A, BONAB S F, KHEIREDDIN J B, 2016. Different perceptions of time passage among older people: a comparative study in terms of age and gender[J]. Salmand, 11(1): 80-89.

NIEBAUM J, MUNAKATA Y, 2020. Deciding what to do: developments in children's spontaneous monitoring of cognitive demands[J]. Child development perspectives, 14(4): 202-207.

NIEDŹWIECKA A, RAMOTOWSKA S, TOMALSKIP, 2018. Mutual gaze during early mother-infant interactions promotes attention control development[J]. Child development, 89(6): 2230-2244.

OPPERMANN E, BRUNNER M, ANDERS Y, 2019. The interplay between preschool teachers' science self-efficacy beliefs, their teaching practices, and girls' and boys' early science motivation[J]. Learning and individual differences (70): 86-99.

PARTOVI T, RAZAVI M R, 2019. The effect of game-based learning on academic achievement motivation of elementary school students[J]. Learning and motivation (68): 101-592.

PETERSON S K, KAPLAN A, 2016. Bayesian analysis in educational psychology research: an example of gender differences in achievement goals[J]. Learning and individual differences(47): 129-135.

ROEBERS C M, 2017. Executive function and metacognition: towards a unifying framework of cognitive selfregulation[J]. Developmental review (45): 31-51.

ROEBERS C M, MAYER B, STEINER M, et al., 2019. The role of children's metacognitive experiences for cue utilization and monitoring accuracy: a longitudinal study[J]. Developmental psychology, 55(10): 2077-2089.

ROEBERS C M, KÄLIN S, AESCHLIMANN E A, 2020. A comparison of non-verbal and verbal indicators of young children's metacognition[J]. Metacognition and learning, 15(1): 31-49.

RUIGROK A N, SALIMIKHORSHIDI G, LAI M C, et al., 2014. A meta-analysis of sex differences in human brain structure[J]. Neuroscience & biobehavioral reviews, 39(100): 34-50.

SCHNEIDER W, 2015. Memory development from early childhood through emerging adulthood [M]. International Publishing Switzerland: Springer.

SCHWINGER M, STEINMAYR R, SPINATH B, 2016. Achievement goal profiles in elementary school: antecedents, consequences, and longitudinal trajectories[J]. Contemporary educational psychology(46): 164-179.

THEIS D, FISCHER N, 2017. Learning and individual differences sex differences in the development of achievement goals in middle school[J]. Learning and Individual Differences, 0-1.

TIAN Y, LI L, YIN H, et al., 2019. Gender differences in the effect of facial attractiveness on perception of time[J]. Frontiers in psychology (10):1292.

TOYAMA N, 2019. Development of integrated explanations for illness[J]. Cognitive development (51): 1-13.

TURKI F J, JDAITAWI M, SHETA H, 2017. Fostering positive adjustment behaviour: social connectedness, achievement motivation and emotional-social learning among male and female university students[J]. Active learning in higher education, 19(2): 145-158.

VAN LOON M H, DE BRUIN A, LEPPINK J, et al., 2017. Why are children overconfident? Developmental differences in the implementation of accessibility cues when judging concept learning[J]. Journal of experimental child psychology(158): 77-94.

WANG F, QIN Q, JIANG Y, 2016. Allocation of study time in Chinese junior school students: habitual responding, item difficulty, and time constraints[J]. Frontiers in psychology, 7.

XIE W, MALLIN B M, RICHARDS J E, 2018. Development of infant sustained attention and its relation to EEG oscillations: an EEG and cortical source analysis study[J]. Developmental science, 21(3): 1-16.

XIE W, MALLIN B M, RICHARDS J E, 2019. Development of brain functional connectivity and its relation to infant sustained attention in the first year of life[J]. Developmental science, 22(1): 1-18.

YU C, SUANDA S H, SMITH L B, 2019. Infant sustained attention but not joint attention to objects at 9 months predicts vocabulary at 12 and 15 months[J]. Developmental science, 22(1): 1-12.

ZACHARIOU A, WHITEBREAD D, 2019. Developmental differences in young children's self-regulation[J]. Journal of applied developmental psychology(62): 282-293.

扫码阅读更多参考文献

后记

当清华大学出版社邀请我，希望我可以围绕发展心理学的话题、结合自己的研究撰写一本著作的时候，我实在是纠结了一番。纠结的原因是：市面上已经有不少发展心理学的著作。作者有德高望重的前辈，有初出江湖的少年；著作结构有横断叙述，也有纵向贯通；写作风格有疾风骤雨，也有涓涓细流……有什么理由再出版一部发展心理学的著作呢？

编辑部的电话又来了。各种推脱之后，又开始纠结。最近几年来，结合发展心理学的研究成果，自己对利用心理学的原理、借助积极行为塑造、对青少年进行心理建设等，也有颇多体会。如果把多年积累的思考写出来，跟读者有个交流，是不是也不算太过嚣张？

那么如何组织才能使这本发展心理学的书籍对读者有所启发呢？我想，第一，这本书应该是可以说服作者本人的书籍。有些发展心理学的著作写得不错，但读完之后，对人的一生心理的发展变化没有深刻的印象。究其原因，可能是作者采用的是横断的组织方式。因此，这本发展心理学的著作应该尝试采用纵向的结构组织，期待读过之后，读者对心理品质的成长趋势有所了解。第二，应该没有或少有在阅读其他发展心理学著作时的困惑。对于那些不具备心理学基础知识的人来讲，直接阅读发展心理学，会产生各种误解。本书的撰写，应该用尽量小的篇幅，引导读者对基本概念和原理有所理解。在此基础上，再行介绍发展心理学的内容，期待读者可以灵活取舍，理解更多。第三，科学性与通俗性并重。为了提高读者阅读的吸收率，尽可能通俗表达科学原理，应该成为本书的基调，期待所有的介绍有理有据、有说服力。第四，具有一定的前沿性。书稿中材料的组织，尽快反映发展心理学最新的研究成果，为读者提供思考展望的空间。第五，充分反映本土化的研究成果。在引用前人研究成果的过程中，特别关注中国心理学家的研究，期待读者能够感受到更强的文化自信。

有了这些思考，本人决定接受这次挑战。把发展心理学领域的历史积淀和新近的研究成果结合起来，把科学原理与日常生活结合起来，把基本原理和发展原理结合起来，把个人的研究和实践与其他心理学家的研究结合起来，更重要的是把国内发展心理学家的研究与国外发展心理学家的研究结合起来，试图为读者提供一本带有中国特色的发展心理学的读物。

为了实现上述目标，本书共有四处细节处理。

其一，书稿分成五编：第一编，绪论；第二编，心理发展的物质基础；第三编，动作和言语的发展；第四编，认知的发展与智慧的形成；第五编，社会性与人格的发展。具备心理学基础的读者可以看出，其中直接关注个体发展的是第三、四、五编。而第三编关注的，不是心理机能本身，而是心理活动的外化。因此，读者从上述结构中，就可以形成初步的印象，心理发展主要包括认知与智慧的发展和社会性与人格的成长。

其二，发展心理学的使命是描述心理发展变化的规律，解释心理发展的原理，优化心理发展的过程。所以，在每章的具体内容中，都不同程度地表达了这样的理念。在介绍、解释心理发展的规律之后，都安排了相应的心理发展优化的内容。期待为读者把发展心理学的原理用到生活中去，提供一个思路。

其三，每章之前，都安排了"章前导读"，用不大的篇幅，对阅读该章的具体内容提供相应的心理学基础知识。这样，即使没有心理学的背景，读者也可以借此做个补充。基础好的读者，自可以跳过此段内容。每章最后安排了"章后小结"，期待读者在阅读该章之后，有一个思想上的提炼。读者可以在阅读小结之前，自己尝试先行提炼，再行对照，以锻炼自己的思考加工能力。

其四，在每章开篇，我们用诗词表达了本章最核心的心理学内容。17首诗词，大部分都是我邀请我的学生毕然然创作的。她用文学的形式反映了心理学的精髓，实在令人佩服。读者读起来会感觉朗朗上口。我的同事和好朋友郭宇，动员家人，无私提供了所需要的与发展有关的照片。大家再也不用读着中国人写的发展心理学，看着外国人的照片了。期待这种组织和创新，可以给读者带来好的感受。

书稿撰写分四步完成：首先由三位封皮作者落实撰写提纲；然后由课题组的同学帮助收集文献，并按照提纲进行初稿的撰写；之后，由唐卫海和张胜男对初稿进行了审阅；最后，由刘希平补充照片、审核书稿、确定终稿。初稿撰写的工作安排是：第一编第一章，第二章，第三章，刘希平，唐卫海；第二编第四章，第五章，张婷婷；第三编第六章，钟汝波；第七章，付敏；第四编第八章，储月；第九章，李楠；第十章，班琦；第十一章，王心怡，唐从媛；第十二章，张胜男；第五编第十三章，王贝妮；第十四章，刘美佳；第十五章，李娟；第十六章，王晨艳；第十七章，唐卫海。姚维鑫和刘树祥同学对全书的参考文献进行了核对，储月完成了所有PPT的制作和试卷的编制，刘希平对PPT和试卷进行了审校。

本书撰写过程中，使用了大量前人研究的资料，虽然文后附有主要参考文献，但难免挂一漏万。如有疏漏，请您原谅，并指正，为盼。

感谢清华大学出版社编辑对书稿出版做出的各种努力。

刘希平
2021年11月18日

教师服务

感谢您选用清华大学出版社的教材！为了更好地服务教学，我们为授课教师提供本书的教学辅助资源，以及本学科重点教材信息。请您扫码获取。

》 教辅获取

本书教辅资源，授课教师扫码获取

》 样书赠送

公共基础课类重点教材，教师扫码获取样书

 清华大学出版社

E-mail: tupfuwu@163.com
电话：010-83470332 / 83470142
地址：北京市海淀区双清路学研大厦 B 座 509

网址：http://www.tup.com.cn/
传真：8610-83470107
邮编：100084